中国当代民间史料集刊 15

华东师范大学中国当代史研究中心 编

陈修良工作笔记（1945—1951年）

本集刊出版获得东方历史学会资助

中国出版集团 東方出版中心

出版说明

《中国当代民间史料集刊》是一套记录1949年以来中国历史的资料丛书，由本中心组织编辑。这套丛书收录的是流散于社会的各种民间文献，包括日记、笔记、记录、信函、小报、表格、账册、课本等等。与已经出版的许多中国当代史资料不同，这套丛书以反映社会底层的政治、经济、文化状况和日常生活、人际交往、家庭关系、个人境遇等为内容，为读者提供记录底层历史变迁的原始资料。

相对于中国古代和近代各种民间史料，中国当代民间史料数量更大，种类更多，抢救、发掘的难度理当比前者要小得多。但实际的情况却颇不乐观。由于在相当一段时间里政治运动频发，特别是经历过"文化大革命"以后，许多私人记录性史料大量抄没、毁坏或遗失。而各种运动过后，尤其是改革开放初期"拨乱反正"，也曾将大量个人材料交还个人处理，或由组织代为销毁。再加上单位变动频繁，过去曾经保存在单位里的各种油印资料或个人记录材料，也不断地被处理或销毁。所有这些都使得原本应该浩如烟海、取之不尽的当代民间史料，如今竟成急需抢救的"国宝"。

近十几年来，意识到并重视当代史料搜集和抢救工作的民间人士和专业研究者，已不在少数。但十分遗憾的是，这方面的工作迄今为止仍处于一种分散游击、割据自守的状况。由于收藏者多将自己搜集到的史料藏诸深山、秘不示人，从而使得原本就显得十分稀少的民间史料愈显其缺。

历史研究，关键在史料。当代史料通常有几类，一是官方档案文献；二是口述或回忆；三是影像或录音；四就是民间记录的各种文字材料了。在所有这些史料当中，官方档案的形成、留存和开放，都难免会受到时政的极大影响，因而具有很大的片面性；口述回忆史料因时过境迁，加之当事人的主观意向和记忆误差，也极易造成对历史的误读。至于影像录音之类的史料价值，自然局限更为明显。因此，当代史料当中最大量的，也是最能够真切反映社会当时各种情况的，恰恰是这些民间史料。如今，当代中国历史的研究正方兴未艾，已有越来越多的学者和学生开始关心和研究当代历史的问题了，但因为民间史料查找不易，除极少数近水楼台者外，真正能够利用民间史料来做研究的学者和学生，还寥寥无几。

本中心成立不久，但深信应该在这方面有所建树。因而不惜大家动手，不取分文，费时费力并以极为有限的财力资源，编辑出版这样一套丛书，以利推动民间史料的整理与出版，进而逐渐打破现在史料收藏过于分散、难以利用的情况。

必须说明的是，本中心在民间史料搜集上着手较晚，故我们所推出的史料无论从面上，还是从点上，都不成系统。同时，由于整个当代史料的整理和出版工作在全国范围也都还只是处于起步阶段，无论编辑还是出版工作都还有一个摸索适应和逐渐规范的过程，因此，在许多方面都难免存在着缺失甚或不当之处。凡此种种，还有望各方读者包括原文作者及时提醒和指正。

华东师范大学中国当代史研究中心

2010 年 7 月

编校说明

一、本辑资料为陈修良工作笔记及所附之件，部分为陈秘书笔记。除标题中具体标明为他人讲话、报告或某部门文件者，一般均为陈所撰所记。少数无法确定记录人或主撰人的篇目，亦保持原状，不做推测和辨析。

二、本辑资料多为陈当年的草稿和速记稿，文中原有涂改、添加、省略和不确定、无规则的大小序号甚多，导致阅读困难之处比比皆是。为了在保持原文原意基础上使今人阅读不致产生太多歧义和疑惑，编者在编校时对原文做了以下三类加工处理。特说明如下：

（一）代码处理。原文中的代码除个别量词作者在一篇文稿中混用时统一改为一种形式外，一般基本保持原状，只在第一次出现时加括号说明。

为方便读者查找，正文中作者经常使用的代码列表备查。

（二）旧式用法处理。原文使用的多是繁体字，遣词造句多为旧式用法，有些不改容易造成歧义；有些不改不易造成歧义，修改反而数量太大太多。故此项处理采取了下述两种办法：

1）直接改成今日用法。凡旧用法容易产生歧义，统一改成简体字及新用法更便于阅读理解者，均直接改过，不加标示说明，如：

"狠"（程度副词），直接改成"很"；

"底"（助词），直接改成"的"；

"回报"，直接改成"汇报"；

"行叶"、"工叶"、"农叶"、"商叶"等，直接改成"行业"、"工业"、"农业"、"商业”等；

“什志”、“什货”、“什粮”等，直接改成“杂志”、“杂货”、“杂粮”等；

“智识”及“智识分子”等，直接改为“知识”及“知识分子”等；

“介释”、“介决”、“介放”等，直接改为“解释”、“解决”、“解放”等；

“正风”、“挨正”、“正顿”等，直接改为“整风”、“挨整”、“整顿”等；

“史(大林)”、“史大林”、“史达林”，直接改为“斯大林”。

2）保持原状不动。一般旧用法不妨碍理解的，不做修订或修改。这一类字词数量较多，仅列几种以供了解：

旧式用法	**新式用法**
那（那个，那里，那时等）	哪（那个，那里，那时等）
二（二个，二种等）	两（两个，两种等）
他（中性、女性）	它，她
须（须要）	需（需要）
份（如成份、份子）	分（成分、分子）
付（如付业、付部长）	副（副业、副部长）

（三）一般坚持原文照录的处理原则，不改变原文的体例、格式、文字。但篇目标题，除部分原有且保留不变者外，多由编者依据内容所拟或改拟。正文遇下列情况，亦照下述办法加工处理：

（Ⅰ）原文中的错、漏、衍字和难以辨认的字做了如下校订：

1. 错别字以〈　〉符号订正，错别字在符号内，正确的字置于错字符号之后。

2. 漏字以[　]符号填补，漏字在符号内，置原位。

3. 衍字以□符号注明，衍字在符号内，置原位。

4. 难以辨认的字以■符号标明，一字一符，置原位。

5. 语句缺漏、不通，又需加说明之处，用页下注的方法在需要说明的文字或语句之后标注说明。

（Ⅱ）原文无标点，或仅黑点，或缺标点且读不通者，均重新断句并标点。

（Ⅲ）对原文繁杂不一的序号做了如下处理：

1. 序号不连接的，如缺序号、重复序号等，一般应加注说明；只有一个孤立的序号的，删除不影响文意的，一般予以删除。

2. 序号为两层且意思明白者，保留原序号。

3. 序号为两层，但序号的数字用法（如汉码、阿拉伯码、罗马码）不一，且层次不明者，应按大小层次调整为统一用法的序号。

4. 序号层次超过两层者，不论原文序号的数字如何，一律使用单一数字用法的序号；序号基本上是汉码数字者，全文应统一使用汉码数字，非汉码数字均改为汉码数字；序号为罗马数字者，全文应统一使用罗马数字；余类推。

5. 序号层次过多，大小倒置，容易发生歧义或按原标注序号无法继续延伸者，应按下列序号层级重新编排：以汉码数字一、二、三为一级序号；以汉码数字（一）、（二）、（三）为二级序号；以阿拉伯数字 1、2、3 为三级序号；以阿拉伯数字（1）、（2）、（3）为四级序号；以英文字母 A、B、C 为五级序号；以 a、b、c 为六级序号。原文中个别非序号排列，而使用实心圆点符号者，可保留，但应与正文字号大小相同。中文数字序号后应使用顿号“、”；阿拉伯数字和英文字母后应使用小圆点符号“.”，置数字后右下角。

6. 凡序号过多，须造字才能解决者，应照（5）项办法处理。

7. 序号数字经改动者，应标题注，即在本文标题后加 * 号注，并在页下注中注明：“本文序号数字为编者统一编排。”

正文代码查询表

ブル　或指资产阶级，或指资本家，或指资本主义。

ブロ　指无产阶级。

インチリ　指知识分子。

CP　指共产党。

CCCP　指苏联。

K、KMT　均指国民党。

UF　指统一战线。

M　指群众。

MAX　指马克思。

Tob　指同志。

Stalin　指斯大林。

Sovet　或指苏维埃，或指苏联。

Fascist　指法西斯。

Ton　量词，指吨。

KW　量词，指千瓦。

E　量词，指亿。

TB　指肺病。

No. 1　指拿摩温，亦即领班。

目　录

整风自传

1945年1月25日

目录

一、革命前的环境与参加党的动机（从幼年至一九二五年）

生长在宁波城内，幼年时[家]有田五十亩，[有]钱庄与当店股份，氏族的公有财产。十二岁前是一个富裕的地主商人家庭，[但]周岁丧父，全靠母亲支持。十二岁时因与异母兄及亲戚中土豪劣绅为分拆财产问题，诉讼十余年，到后来家产荡然。在我十五岁进中学之前，家中已渐破产，以后不动产就完全陆续卖尽典光。

母亲思想比较开明，大革命失败后，及抗战后，为我们党住过多年的秘密机关，是一个反抗性握强烈，性情急躁，意志刚强，富有才干的好人。一贯对我党是一具积极的同情者。

孪生同胞姐姐一人，前夫是梅善南同志（1932 年在东江苏淮埃区域牺牲，共产主义青年团中委）。她大革命时也是党员，因无政治兴趣，就脱离了党，是一个革命的同情者，亦为党住了几年机关机。抗战后嫁与徐承志为妻（革命的同情者，前为我党瓦窑堡兵工厂工程师），现在在桂林。沦陷后，不知下落。

我的幼年因天资聪敏，很被母亲所偏爱与娇养，自幼嗜好中国的旧文学，喜学碑帖从十岁时开始学习写字，如此几乎在九年中无一间断，养成勤勉与有恒心的习惯。母亲坚忍不屈的奋发性给我很大的影响，从小没有进过小学，在家延师教读，颇受了一些中国清高的名士派作风影响，养成一种任情放纵、狭隘固执、清高自负的性格。

十五岁时因家庭破产，累年涉讼，坐不暇暖，就下决心离开旧家庭，想求一技之长，自食其力，［因此］进了宁波女子师范学校肄业。在学校中很用功，是一具刻苦自励的优等学生，对旧社会的恶浊环境深表不满，但还没有革命思想。江浙军阀的混战，孙中山先生北上开国民会议，鼓吹革命思想，开始对中国革命问题发生兴趣，参加了中山先生逝世的追悼大会。示威游行后，曾对我有决定的影响，有了朦胧的爱国思想。一九二五年五卅惨案发生后，因与当地党员很有接近（那时姐姐已是党员），党的刊物上政治主张给我很多启发，就积极参加了爱国运动，组织校中学生自治会，代表女师参加宁波学生联合会，曾几度被学校当局强迫退出学联，表示不屈服，因此深遭当局的忌视。五卅高潮被国家主义派破坏后，就被当局用军警力量借故开除（旧制四年级毕业的最后一年）。全市学生为了接助我们，曾总罢课一次，包围女师，要求收回成命。这次运动失败后，就被 当局目为“过激派”，不能立足。就在同年十月间离开了宁波，进杭州女中高上肄业。又因杭州政治运动沉闷，不愿久留。这时受《新青年》的影响已很大，所以 1926 年二月间就进了上海国民大学肄业，三月间自动的要求参加党。

参加党的主要动机是受了党的政治宣传影响，觉得只有共产党才能改造中国过程。这种民主革命思想，促成了我强烈的革命要求。从女师被开除后，我对旧社会就像划了一个鸿沟，这就是我企图为革命终其一生开始时的情形。

小结

1）由于我的幼年环境，陶养成了性格上的任情放纵、狭隘固执、清高自负的恶性，另一方面也养成了爽直、勇敢、果断的个性，勤俭朴素的生活习惯。由于没有出路，上进心、求知欲很强。

2）旧社会的压迫、腐败的国家统治，及异族的〈略〉掠夺、党的政治宣传，这些客观环境影响，使我有旺盛的正义感与反抗性，这也是我坚决要求参加革命，绝对不留恋旧生活的主要原因。但是另一方面，由于我出身于小ブル家庭，个人主义思想浓厚地存在的，所以在这个时期中很有出人头地，做一个不平凡女性的思想。

二、入党后至大革命的失败(一九二六年三月至一九二七年十月)

入党以后就在支部领导下面参加校内工作，主要是与当局及学生中国民党右派思想上的斗争。在校外参加沪西纱厂工人的教育工作，及参加个别纱厂支部的工作，开始同工人运动有了接触，对政治活动、对革命的理论感到很大兴趣。对中国的旧诗文及碑帖的兴趣日渐降低，改变了企图做一个能文善诗的志愿，思想确实在基本的转变。当时因为广州是革命根据地，因此暑假时就要求组织[让我]离开上海，转学广州中山大学。那时党中央决定学生支部归共主主义青年团领导，所以进了中央之后，我就成了青年团员。在中大时期负责小组的工作，继续做对国民党右派的思想与组织斗争。在这时期中政治上认识有飞跃的进步，曾提拔为广东青年团省委宣传部宣传委员。一般的学习都很努力，只是对学校功课非常不注意，忙于支部工作、自我学习，实际上读书是挂名的。

同年十月间就与李求实同志(少共中央委员)恋爱，在广东反动前夜因李调赴长沙工作，我也就到长沙团省委宣传部工作，担任训练干部及领导团学校支部工作。马日事变前夕调到汉口党市委宣传部任秘书，主持党训班。这时起又转到党的组织里来。武汉叛变前夜，调任湖北省委宣传部任宣传(教育)科长。汪精卫叛变革命后，省委机关编小，就调任区委工作。因形势十分严重，白色恐怖屠杀，党调动大批干部到莫斯科受训。起初有些不愿意，想在武汉坚持工作。经说服后，在十月间就离开武汉，经过上海到莫斯科去受训。

小结：

1）大革命火焰般的阶级斗争加强了自己的阶级意识，理解了党在革命中伟大作用。在党的教育下，使我确定了要做一个革命职业家的思想。大革命的失败、清党的屠杀，更加激起了阶级斗争的仇恨心，血的斗争没有〈息〉熄灭我青年革命的基本热忱。

2）[对]党中央的机关主义领导，经过五次党代表大会后初步的有了一些认识，主要的是认识了正确的路线与政策对革命有决定的作用。

3）当时的工作作风，主要特点是热情高，自己政治认识幼稚，没有主见，很积极，肯苦干，在党内关系上都很协调。党认识我是一个可培植的女干部，所以进步很快。但由于"一帆风顺"，因此思想的"自命不凡"的思想有了发展的余地。入党前思想上劣根性基本上没有克服，在某些方面反而助长了自己的自高自大的毛病。

三、莫斯科中国共产主义者劳动大学受训（一九二七年十一月至一九三零年七月）

在莫斯科大学受训大致可以分为二个时期：第一时期即初进学校至一九二八年暑假为止；第二时期是从一九二八年暑假起至回国为止。

在第一时期自己的确很想好好学习理论与研究中国革命的策略问题，而且我的学习有相当的成绩，支部鉴定是："政治发展好"。在学习中是一个积极分子，在支部中担任过一定的工作，如组长、支部组织部组织委员、墙报编辑、"盖柏鸟"的情报员。当时联共党内〈正〉整风，反对托派及布哈林派斗争。在这些斗争中我都是积极参加者。但当时支部内部实际上是继续了东方大学时代派别斗争的影响的，同志间的不协调与对抗现象普遍存在。由于托派分子的公开活动与中国代表团向忠发在大会上指出中大支部有托派的积极活动，如江浙同乡会等以后，当时我幼稚的头脑中就很主观的深信核心内有不少反革命分子，因此对一部分主观上认为是反革命的托派分子抱着仇视态度，自己不自觉的参加了拥护支部一派的小宗派。后来知道所谓江浙同乡会问题是夸大的，反对托派的思想确是正确的，但对人对事不分清敌我，这就做了宗派主义的俘虏。这是我这一时期中主要缺点。

第二时期，一九二八年暑假以后，因为开始对支部的领导发生不满，认为支部的领导是官僚主义的领导，路线不正确，对支部派的以王明、张闻天为首的“廿八个布维什维克”深为不满。我反对支部的主要动机是，支部派同志乱加帽子，打击同志，批评中共及代表团路线右倾，认为支部局的同志是“右派”，反对支部局的就是反对“国际路线”，觉得这批人有“取而代之”的野心，非常愤慨。我当时是相信中共中央领导是正确的，认为支部的大多数同志都不是“右派”，支部领导的确脱离群众的，这些思想使我坚决的站在反支部派这方面来。后来由于我与代表团关系的接近，对支部局问题看法受了一些影响，这使我对于那些邪气十足、盛气凌人的少数支部负责人，深恶痛绝。这种反支部局的态度，我的出发点虽然并无个人企图，主观上还是认为正义的，纯粹为党的利益，但我实际上是犯了以宗派反宗派的错误的。我的错误主要是：

（1）不理解党内斗争的原则性，对人不对事的思想，促成了我参加无原则的纠纷。

（2）违反党的民主集中制原则，服从党与服从个人分不清。服从党的领导以领导人是否正派作为我服从的条件，因此事实上就与党的支部站在对立的地位。

我的宗派思想根源就是感情用事，片面的看问题，以及自高自大，看不惯支部负责人的多种行为。

一九二八年下半年因同余飞结婚，不久就受孕，身体极不好，又因支部内的问题，学习环境不安定，影响了我的情绪，学习成绩就不很好了。一九三零年七月同余飞一同回到上海，没有参加清党。

小结

1）在苏联学习期间的主要收获，就是真正的看到了工人阶级力量的伟大，社会主义建设的成功，明确的认识了共产主义的胜利必然要到来的，确定了自己共产主义的人生观，阶级意识有了进一步的提高，自高自大的思想受了打击后，没有很大的发展。

2）由于我教条主义式的理解党是在两条路线斗争中巩固起来的原则，面对于党内斗争的原则性问题，认识不足。这就使我参加无原则的派别斗争，而在实际上则是站在宗派立场上来进行党内斗争的。

3）因为结婚生育、参加派别斗争的关系，学习上理论与实践〈连〉联系不够，学习上没有达到应有的成绩。

四、回国后工作至反四中全会决议（一九三零年七月至一九三一年春）

（一）回国后工作与被捕

从苏联回来就派到上海丝厂工作委员会内，担任组织丝厂工人的工作。在立三路线的领导下面，曾领过一次上海丝厂总罢工。实际上这次罢工是错误的，盲目的执行立三路线，企图把经济罢工转变为政治罢工，实行上海总暴动的盲动路线。自己在工作上曾觉得强迫罢工，冲公安局，党的组织与赤色工会混淆不清，有点不妥，而且也提出了不同的意见。后来被中央领导者徐锡根认为"右倾"，也就做了思想上[的]尾巴。盲目的服从，说明过去教条主义式的学习方法，在回国第一次考验中，证明理论在具体问题上运用是不够的。

工作了二个月以后，就在第一次罢工中，在厂门口被黄色工会工贼指认，被捕入闵行路捕房。即日就押在第一地方法院的女牢中，曾在法庭上审问过二次，我的口供始终如一，不承认是罢工的领导者。我的假口供是说那天大清早刚经宁波轮船上岸，因到虹口丝厂里找丈夫，看热闹被捕来的，不承认工贼曾经看到过我。因为我的主要目标是常穿黑湘云纱短衫裤[的]，而这种衣服在工人中很普遍。我说的宁波土话，土气十足，所以法官也就不以为疑，就当堂判为"误拘"，即行释放，坐牢时间共十天。

[我]被捕时用的是陈小妹的化名，被捕后报上就发表了一个新闻，赤色救济会因此派了一个辩护律师（张醒悟（甦悟）——原注）到庭辩护，而法官又是郁达夫的哥哥（郁曼陀，郁风之父——原注），还是比较不算凶恶的，所以我就很快的由律师保释出来。我的父亲及姐姐那天都在法庭旁听，事实经过当时党中央完全知道。

在牢中思想很简单，口供都是事先想好的，所以也没有什么恐惧心理。革命的气质教育，对我有很大的作用，在牢中就表现很坚决。我是准备受刑与牺牲的，党的机关与同志关系我是决心无论如何不说的。

出狱后不久，就调到全国海员总工会担任秘书及代理宣传部长的工作，编辑《赤海》周刊，在工作中没有什么特别不好表现，一般说还是努力的。只是反对四中全会，曾犯了一次错误。

（二）反四中全会的前因后果

三中全会经共产国际指出其调和路线以后，四中全会决议发到海总党团讨论时，总党团书记陈郁同志表示不同意见以后，海总党团同志几乎都不满意，推我执笔起草了一个反对四中全会的决议。这个决议中有“立三路线可能使中国革命延迟”这样一句话，后来周恩来同志代表中共中央指为海总党团“右派”的证据。我经恩来同志的解释说服后，当场首先承认了自己的错误，并且恩来同志还言赞美过我能坦白承认自己的错误，“有布尔塞维克的精神”。我反对四中全会的主要意思是：(1) 认为四中全会的决议仍旧是继续三中全会的调和主义路线；(2) 反立三路线不具体，仍旧是继续立三路线，要求开七大解决问题。有些问题因为年代久远，已经记不起了。

我为什么要犯错误，原因是下：

(1) 我对王明、博古同志有宗派成见（指王明、博古），觉得由他们来领导的四中全会不会有正确的结果。而且由于三中全会错误的，这就对党的决议没有信心起来。

(2) 对党的民主集中制没有理解，对党的决议不够慎重，随便发表意见。这也是从莫斯科反支部局[斗争]带来的不良作风再一度的表现出来。

(3) 我是受了余飞及陈郁同志的影响的，他们在四中全会开会时都是坚决的反对者（张〈志〉执一同志因为他当时是做保卫员的，曾参加四中全会的旁听，他知道余飞在会场上是反对者之一，这可证明并非我策动余飞去反对四中全会的）。

小结

1) 苏联的阶级教育，我回国后在艰苦危险的下层工作中及被捕时的非常坚决，在与阶级敌人作斗争中是收到了实际效果的。

2) 宗派思想根源的潜伏，及对党的民主集中制认识不足，主观的希望党的领导完全正确，不顾客观效果，这是我的主要错误。

对党中央的领导问题，不加慎重考虑，随便轻信别人的意见，发表附和的反对意见，这表现自己的错误。在当时的政治认识下面，认真的承认了自己的错误，这也说明我并非要与党对立，而是充分的说明自己政治上的幼稚。

五、生育，失掉组织关系，与余飞的离婚
（一九三一年至一九三二年十月）

四中全会以后，大约在 1931 年春天，党中央就把四中全会时的一些有错误的同志，从海总调出去。我同余飞住在一起，他仍负责全总工作，党也不给我工作，我曾给中央写了好几封信，要求分配工作。我当时以为我对反四中全会的错误已经诚恳的申明了，党总不会来计较我的。但经过几个月时间，始终不给回答，也不找我谈话，这个时期我感到非常苦闷。经再三写信给中央，过了很久，中央来信决定分配我到闸北去工作。正巧那时[我]正在开始怀孕，不能进饮食，卧床不能起，每天下午发烧，四肢无力。庸医说我是肺病第二期，需要休息，因此自己也很着急，只得再给中央回信，请求暂时休息，进红十字会医院诊疗。照了 X 光以后，方知不是肺病，而是怀孕的反应。但身体仍然很不好，终日无力，因此只得再由余飞向党说明，要求给我一些较轻便的工作。但据余飞说，他同王明同志谈过，要工作仍回丝厂方面去工作。我因身体不好，实在不能跑马路的工作（那时丝厂工作是终日要跑的），而且腹内孩子已有五六个月了，因此只得请求休息，一心想把孩子生下后再去工作。因为白区党的秘密，我的组织关系仍由余飞个人〈连〉联系着，党也从来没有派人与我谈过话。那时余飞仍在工会中工作，同年秋夏间余突患急性胃脏炎，因病重请假，那时我休息在沪西，而他的工作地区是在沪东。因我身体不好，就决定住在沪东党机关内去。他不常回来，只是到红十字医院看病时，顺便到我处坐一会。一直到我十一月间生孩子时，他的病还是没有完全好，尿中仍有蛋白质。因为我与他关系不密切，这一时期内他的工作表现我不知道，我主观上只相信他所说的一切是真话。直到后来（1934 年后）吴先清、沙重叔同志（他们都是做党内保卫工作的，所以知道叛徒情形）告诉我后，方知那时的余飞情形，方才恍然大悟，得知他那里是住在他的前妻梅平地方（他与我结婚时是骗我已与其离婚），而且还生了一个孩子，年龄比我的孩子还大了几个月。由此可以推想他回国后，就与她继续了关系，所有一切是说的谎话。他当时对党的关系到底如何，我也不明白。据他自己说，组织关系在病中仍是继续的，而且说是住在党的机关内。所以我根本对他没有怀疑。他有时也常常与我来谈一些时局问题，“九一八”后党的宣传品有时也拿来与我看，所以对他的政治上，我完全相信。他

的情绪有时的确也表现对党的干部政策表示不满，如党中央对徐锡根（他也是反四中全会决议的，而且参加过罗章龙派的）信任，对他政治上不信任，当他发牢骚时我[始]终劝他，不要计较这些，不要忘记过去的光荣斗争历史。而我的确相信他是工人出身，受过党内阶级教育的，不至于对革命全产生消极的思想。但我对他不大求进步，不爱学习，生活习惯合不来，的确觉得很不协调，私人关系并不很好，但也并无与他离婚的决心。我对于一个工人出身的同志，总觉得自己有义务帮助他进步，这一贯来的思想支配着我与他几年来的关系。

我在生产的休息时期中，我的个人学习是努力的，每天看理论书籍，作为我消磨时间的唯一方法。在医院生产后，住院一个月，正在打算把孩子送到安庆余飞家中去抚养时，"一·二八"战事发生了。那时据余飞说，他已去工作了，人仍住在沪东机关，不大回来。等战事结束，开始长江通航，我就托余飞把孩子送回家去。他与我约定送到后就回上海来与我一同去工作（后来据说那时他把老婆孩子一齐带回安庆的）。这时我一个人仍住在沪西，生活费用由母亲从宁波寄来，维持着最低限度的生活。但余飞到安庆去后就不再回来，也不回信，党也从不来人接关系，因此我很着急，只得在马路上找关系。第一次在1932年春天霞飞电车上遇到黄平（前赤色职工国际代表，现已叛变），就在国泰大戏院门口请他转口讯给中央，与我接组织关系。黄平马上答应我可以分配我的工作。我的通讯处是马浪路正明律师事务所曹正华转（我住在赫德路大鹏坊内——原注）。不久他就来信约我到先施公司（或永安公司）文具部去约会，但因曹正华（他是余飞幼年时邻居，不是同志，在事务所做职差的）回信转得迟，我的约会又白白地过去了。因此只得再到马路上再找组织关系。在同年夏天马路上又找到了张文秋同志（女的），她是余飞在湖北秋收暴动时认识的，余飞在上海时她为党住机关，见到过几次，因此我又要求为我设法转信给组织。正巧她那时因为怀孕住在共产国际代表处做机关工作（后来查到张文秋住上海平心家中，陶尔斐司路——原注），她告诉了我这个关系后，我就写了一封信给国际代表，请求派我与余飞回去中央苏区工作。不久国际代表由张文秋传达口讯与我，决定我与余飞同去中央苏区。我因此立即写了一封快信给余飞，并给他五十六元旅费，要他速即回上海。此信去后，余飞回我一信，说家中尚有要事，要料理一个月，方能回沪。谁知就在这个时期内（大约九月底），他就在安庆家中被捕。他家中来信通知我，已解到南京去了。正在这个时候，我还来不及通知中央(因张文秋同志地址我不知道，她常与我来会面的地址是在环龙路白拍尔德国人英文补习学校内)，张登同志(即沙文〈汗〉汉)方从南京来上海找组织关系。他见到了我以后，就要我到南京他大兄沙孟海(教育厅秘书)处设法营救。因此我第二天就到南京去找沙孟海设法，沙对我十分冷漠，毫无援助之态，只得再回上海。过了几天张登同志的四弟沙童叔同志就将余飞在南京报纸上发表的叛党宣言寄给我，我就立即搬家，并写了一个申明书与中央，申明与余飞脱离关系，要求中央即时分配我工作，并说明如中央需要把他暗杀，我可帮助党来进行这个工作。这个申明仍请张文秋同志与我转上去，同中央约定的通讯地址原是上海美术专向学校沙季同转。中央不久即来信加以勉励，约我到南京某旅馆见面。我因南京不熟悉，怕遇到叛徒，就请张登同志当天晚上坐夜车到南京去找中央来人。不料约定的旅馆内并无约定的人，去问了好几次均说没有其人。在南京住了三天就与张登同志同车回上海，中央以后就不再来信约我，连张文秋也不再来，组织关系因此失掉了。

即附沙童叔同志的证明信(1944 年 12 月来信证明)

1932 年我在南京，去年余飞被捕，秀兰(陈的代名)来京设法营救，后余飞叛变，我以此消息转告秀兰后，彼即移居，并不再来信。然不久，我又见秀兰偕张登来南京居鼓楼旅馆，我因惊问为何此时冒险来京，彼等初答因在沪与其母争吵，来京系为寻母。约居二三日准备回沪，秀兰于此时始告我，自余飞叛变后，即向中央申明与余飞断绝关系，并得中央嘉勉函件，党嘱其来京于鼓楼旅馆接组织关系，迄未如愿云。

当时我极惊奇此种接关系地址的特殊。及至 1934 年，我在沪曾与胡世杰提起此事(胡曾做过情报工作，后也叛党)，并表明我惊奇之点，胡答："党在当时有计划使秀兰跟余飞叛过去，有使其展开叛徒工作之拟云，由此始释其疑。"(沙童叔在华中党校写的证明信)

这一次失掉关系，大约十一月间，因为我与张登同志都是孤苦不堪，同有"天涯冷落人"之感，因此我就与他因多年的世交与友爱关系同居了。我是深爱张登同志的忠厚纯朴的，我们都决心在艰苦的道路中找到志同道合的伴侣，继续为革命努力。

小结

四中全会后，我对党对革命的忠心始终没有什么变化，也没有什么个人打算。党的阶级气质教育是支配着我的，生育妨碍我的工作使我非常苦痛，所以坚决的把孩子送掉。失掉关系后不断的找组织关系，余飞叛变后坚决与他断绝关系，这说明我把党看为我的唯一的家庭。党对我虽很冷淡，但我对党并无任何怨恨之心。在孤独的生活中是能"慎独孤"的，自我学习是注意的。

六、在日本共产国际情报系统内时期（一九三三年二月至一九三五年十月）

我与张登同志同居以后，张文秋同志在十二月后（大约一月或二月记不清）又来信约我谈话。可是这一次，她因南京机关被破获，带着一个孩子只身逃到上海（住在平心家中），也失去了组织关系，要我设法找党。我就据实以告，给她一些经济的帮助，我们以后就没有再见过面，也不知其下落如何。

我因为找不到组织关系，就由张登同志写信到日本汪寿达（即汪成模，又名汪乃萍，顾明的小娘舅，现在华松），探问其有无关系。我们就一同到日本东京去找他，张登 方面找到一个小学教员的位置，并准备回来后暂时安身；我的一些家用杂物均放在小学校内。到东京后，汪答应我们如留在东京，可以与日本党发生关系。但没有几个星期，日本当局因留日本学生捐款援助江西红军，实行大检举，汪就被捕，驱逐回国。幸汪在未被捕前曾把我们的情形告诉了陆久之（东京方面国际情报组织系统的负责人），汪被捕后[陆]就来找我们谈话。他说明我们来历都知道，可以恢复组织关系，而且要求我们留在东京工作。我和张登就填了一张履历表给他，组织关系就算恢复了。我因怕回国后一时找不到关系，而且又怕余飞到处来找（他曾找过我的母亲，幸未被见到），所以就决定暂住东京。但我精神上觉得苦闷，因为情报组织没有正式的党的生活，又不能随便做政治活动，另一方面[我]又不懂日语，不能工作。陆就叫我努力学日文，半年内日文进步很快，但不能说话，只得埋头读完一部《资本论》，同时研究一些日本政治经济问题。

一九三四年夏天，知道沙童叔同志在上海，接其来信，猜想其可能有党的关系，因此向陆请假回上海一次，设法找中央。第一天去旅馆中与童叔见面，即请他设法接党，正巧沙童叔的领导是吴先清同志，是我的留俄同学。因此我就即刻请他约吴与我谈话（此段历史已有沙童叔证明），次日我就见到吴先清同志。吴当时告诉我，她很知道我与余飞脱离关系的经过，因为她一向是在中央情报系统内工作的。她还说，中央对我的行动很赞美，党对我很信任，组织关系没有问题。我也就我们在东京的情形告诉了她。即日下午她就约我去见她的上级萧同志（亦留俄同学潘汉年同志知道），萧要我们仍回日本去。我们到日本后，萧仍派陆久之来与我们联络组织关系。不久吴先清同志也从上海到东京去工作，我们就经常在一起（宋亮同志当时也在日本，他知道吴那时常与我们在一起，但他不知道我们有党的关系）。

一九三五年夏秋之间，因上海国际情报组织系统被破获，负责的外国同志被捕（即怪西人事件），吴接到了国内电报后即匆匆返国。我们与陆久之仍在日本。后来陆久之来说，自上海组织破坏后，日本方面关系也因此断绝了。因此我们三人就在十月间一同返上海找党。我与张登的履历表由陆带着，先由陆去找关系。但当时实际上上海党组织也已经完全破坏，十分混乱，他找来找去没有办法，就通知我们要我们自己设法找组织，他因事又回东京去了。我与张登就留在上海设法找党。

我在日本的经济供给全靠母亲，因为当时日金很低，一元可换日金一元四角，每月六十元大洋可以维持二人的生活。

小结

在日本时期实在没有什么工作成绩，因为不懂日语，又无社会关系，所以唯一成绩就是在理论上加以努力。对于此种工作始终觉得没有办法，回国之念，是无日无之的。

七、上海地方党组织重新建立时的活动（一九三五年十月至一九三七年抗战止）

回国以后政治活动与工作可以分两个时期来说：

第一时期——回国后的文化活动与重新找到中央情报系统时期

陆久之回日本以后，我们一时因无法找到上海党的关系，无事可做，就决定暂时自动的参加文化活动。那时正值华北自治运动，全国走私运动，给全国政治上发生很大的影响。上海抗日反蒋的文化运动普遍发展，各种抗日刊物纷纷出来，我们就向几个刊物匿名投稿（化名莫湮）。但为了不愿暴露自己面目，与外界接触很少，经常往来的只有宋亮、冯宾符、魏友棐、徐承志（姐夫）、季步龙（季明）等，季那时在上海征信所工作，职业界救国会的组织者，“时代论坛”发起人之一。他由徐承志那里得知我们的来历，为着发展组织，他就以接稿的关系，经常与我们讨论救国会的工作问题。大约在一九三六年初，他向我们说明，他是党员，问我们有无组织关系，因此我们就托他介绍组织关系。季答应介绍给“中央”。不久即由高原（前军敌工部敌工科长）经常来领导我们工作。高原同志说明我们的组织是属于中央情报系统的，他要我们多写文章，与参加救国会国内的活动，同时又叮嘱不要暴露面目。任务决定后，我们就更积极的写一些经济政治的论文，在报上与杂志上发表，宣传抗日反蒋。同时我又打入妇女救国会的上层活动，与妇女生活社一批作家发生了联系，在妇女抗日活动、文化活动中起了一些作用，利用群众关系教育一批妇女干部。

第二时期——重新建立上海党组织时期

一九三七年春王尧山同志正式受延安中央委任，重新建立与恢复上海党的组织，我们的组织关系就由领导人曹伯华同志（已在江南牺牲）转给王尧山同志，以后一直就在党的正式组织系统内工作。

王尧山同志来了以后，我们就更有系统的准备由半公开的活动，转入到完全地下党的秘密活动。因为党员非常少，有些工作尚须半公开的去进行以外，其余工作方式都是逐渐由党的秘密组织去推动，工作中心移到领导秘密党组织上去了。我的工作主要的就是[在]文化活动与妇女、学生、女工（夜校的）中间，开展与恢复党的组织。

小结

1）从日本回国以后工作情绪很高，虽在开始时找不到组织，但自动的参加政治活动，一贯的思想就是想做地下党的秘密活动，恢复党的组织，在掩藏自己的面目这一点是成功的，始终没有暴露自己的政治面目。

2）对党的抗日统一战线策略，逐渐的在实际工作中有了新的理解，特别是在西安事变之后，一九三六年十二月党中央的决议，使我在统[一]战线问题上有了更进一步的认识。

在掌握政策上，一般说还正确，依赖群众来开展工作的观点是比从前明确得多了。但关门主义的传统作风，还是没有完全克服。这就是只能依赖抗日的积极分子，而不能积极的去发现群众中更多的积极分子，工作的推动也只停留在上层中间，对救国会的关门作风没有很好的纠正还来。另一方面，因为注意掩藏自己的面目，不能向下跑，所以对群众干部的领导只能做到思想上领导与推动。

八、抗战及在上海党内工作

“八一三”以后，上海党内成立了一个群众工作委员会，我也参加了这个委员会。作为关于上海工作的领导机关，这一时期的主要任务是发展党的组织与发动群众参加抗战。

一九三七年十月江苏省委成立，我担任妇委书记。这个时期妇女工作已转入到生产部门。一九三八年春（时间已忘记了）因为秘密环境，横的组织太多不好，决定取消妇委，调〈作〉去开辟基督教方面的统一战线，及[在]其群众组织中（如教会中学等）建立党的秘密组织。

一九三九年夏（已记不清时间）兼任代表省委领导上海学生工作委员会。省委下面当时组织分工人工作委员会、学生工作委员会、职业界工作委员、基督教工作委员会等。这一工作一直做到一九四一年夏天为止，其中也有二次调兼纪多教育界工作委员会，但时间不长。

这一时期我的工作与思想值得说的有下列几点：

第一，对于党的政策把握，一般说还没有很大偏差，在工作中把握了党的“积蓄力量，保存力量”的基本方针，正确的运用了统一战线的政策。所以长时期中党的组织没有遭受破获，在巩固的基础上发展了党与群众的组织，党的政治宣传在群众中起了相当作用。但在运用统一战线的策略过程中，在个别关系问题上，以及个别领导群众斗争中，表现了自己还有或左或右的倾向。如在抗战初期对统一战线是有若干右的了解的，这表现在工作上只注意上层统一战线，发动数全运动×××献金运动等，〈在〉从右的观点出发，警觉性就不够高。大量发展党员时期，在审查干部中，都没有很好的注意同志的历史、社会环境。而在武〈汗〉汉失守后，因为看到国民党三青团的反动性，在执行政策中就有过左的倾向。例如思想上认为教职员都不可靠，〈在〉对争取其统一战线不很注意。一九四零年汪精卫上台，领导上海学生反汪民主运动中，在掌握政策上有过左的倾向。虽然这一斗争有他客观的巨大的政治影响，但由于主观上有企图利用群众力量，拒绝伪化教育的幻想，因此在斗争中弄得过火，暴露了一部份同志的面目，撤退了一些同志，在学生中的统战工作也没有完全做好，对国民党三青团与汪派三青团分不清，一律加以打击，促其联合，孤立了自己，使党的力量突出。

第二，领导作风与工作的积极性，一般说在一九四零年以前我的工作一贯来都很积极，在党的原则方针领导内还能够独立的创造与开辟自己的工作。但工作上终有一些缺点，领导作风是有不科学的、主观主义的成份的。

1. 对于领导目的的认识不足，是不正确的。基本问题就在于只有单纯的党的观点，缺乏正确的群众观点，不了解领导与群众打成一片的原则与具体运用。我对于领导问题认为党是群众的先锋队，通过党与群众〈连〉联系原则，有一种教条主义的了解。因此我在领导方法上就无形中发生这样一种公式："党的上级——我——下级干部——群众"。这种错误思想，表现在工作中就是不照顾群众的利益，不大爱听群众的意见，只相信下级干部的汇报，作为工作的基础。第二，机械的执行党的决定，命令群众接受我的意见，不在实际工作中审查党的决定是否是完全正确与其实行的可能性。

2. 只能原则的把握党的方针，但不注意工作的步骤。由于步骤的混乱，就往往不够贯彻工作的方针与一定的工作中心。例如为了执行省委的决定，把所有的决定与学委的决定一齐交下去，使得下级不知道如何做起，有时甚至一样也做不好，这样的事情是经常有的。

3. 凭自己的工作经验热情地去进行工作，虽然白色环境很严重，不允许自己亲自动手，但思想上对调查研究了解情况是不够的。下级同志由于领导作风的影响，也往往很少能够深入群众，了解具体情况。所以我们有些工作决定不能被下[面]的同志所理解，在执行中发生错误，群众也不能接受我们的意见。领导与群众的脱节，工作上老一套的现象，就普遍的要发生。这表现在一九三九年决定解散"上海学生救亡协会"，学生工作"(按班级工作)学业化"方针提出后，干部与群众开始时不能理解与正确的进行执行，形成自流[和]有部分群众离开我们的现象。

4. 领导的核心问题，在我过去也是很少注意的。这表现在把群众干部固定化(如学协干部)以政治水平高低、民族意识强弱，作为干部的标准，在群众发现典型问题上很不了解，对于群众中的落后份子的团结与教育更加不够。原因就在于不了解群众运动中必有积极分子、中间分子与落后分子的存在。这种可以看出关门主义的一个侧面。

5. 总结工作与检讨工作——我的总结工作与检讨工作往往是为了执行党的命令，为了汇报去进行。由于这种不正确的观点，所以工作中的经验教训就没有很好的总结出来(自然也不是完全没有),有时往往为了上级限期的催促总结,妨碍了当前的中心工作。

我的领导作风为什么有这些毛病?原因就在于:(1)受了党内一贯[以]来白区工作传统的主观主义领导方法的残余影响。(2)政治上有关门主义的右倾思想,不大相信群众。(3)个人“自以为是”的思想支配,不够虚心的倾听群众的意见,过早的下结论。另一方面也反映自己个性的弱点,冲动性与急躁性,作事不够沉着与精细。

第三,干部政策

1. 提拔干部一般说都还能照顾到干部的四大标准,能大胆的提拔新干部,能兼顾德才两方面,没有用人唯亲的倾向。这就是优点。缺点在于对干部的全部历史了解不够,直接的去了解干部不够,往往因为受环境的限制,只听下级的意见,因此有些提拔起来的干部有个别的是不适合标准的,有个别的干部甚至来历不明。而有计划的配合干部、提拔干部的注意也很不够。

2. 爱护干部与教育干部——基本上我对干部是爱护的,这表现在我从来不随便打击干部与得罪干部,能放手让他去工作,注意与检查工作,对其错误能坦白诚恳的批评,对于保存干部是有充分注意的。如注意其环境的安全,职业与社会化等。我的主要缺点是有时往往急躁,批评干部有时态度不太好,不看对象,想到就说。有时往往引起干部反感。在说服与教育上有时要表现不大耐烦,特别是对工作能力过于弱的,积极性不大高的干部,批评过多,使其不快。

第四,一九四零年后我的政治苦闷

经日本回国至一九四零年以前,党对我是信任的,在我的工作表现中觉得我很艰苦与积极,我建立了党的一部分生产部门的工作,一九三九年省委曾决定成立上海市委时,指定我为市委书记,可见那时党对我政治上是信任的。但一九四零年省委个别同志与我谈过以后,省委内又有个别负责同志对我的态度就起了很大的变化。据张登同志告诉我,长江局(王明、张闻天领导的——原注)方面认为我历史上有问题,但也从不与我谈话。所谓问题,即是莫斯科及支部局问题、反四中全会决议问题,以后同余飞的关系问题等等。后来在一九四零年审查上海干部时,我认为反支部局(反王明路线问题——原注)问题是我当时政治上幼稚,参加了无原则的纠纷,省委个别负责同志(刘长胜同志——原注)不同意我“政治上幼稚”的态度,[认为]好像还有别的问题。这使我莫明其妙,感到苦闷。我为了避免引起反感,没有争辩,也无勇气敢直接的、正面的提出对我怀疑的原因。而我主观上明确认为自己历史清白,过去的错误我也承认了,余飞同我从他叛党那一天起早已完全与断绝了关系,党对我不应该有任何无根据的猜疑。但是在日常工作中,我总觉得问题的严重。一九四一年皖南事变后决定把我与张登都调到延安去审查,而上海个别同志因为认为有问题的,也有过调到延安与根据地去的事情,这一切使我很敏感到党对我有重大的怀疑,内心中感到不安与苦闷。皖南事变后,我们终于走不成,但我从〈个〉那时候起对工作不安心了,积极性也降低了,急于想法到延安去解决问题。延安的路线既然走不通,我就下了决心到根据地来,希望到华中局后再来解决问题。皖南事变后饶政委住在我家里,我来根据地决心就更大了。我深深知道,如果把这个问题提出来,作为我去根据地的理由,那是一定会走不成的。因此我就决计强调我与张登二人感情不好,家庭问题需要到根据地去。同时我的确在思想上也很想了解农村工作的情况,家庭问题也是我的一个累赘。所有这一切坚定了我一走就了事的决心。至于别人的猜设我是在所不计的。我觉得一个共产党员被党在政治上不信任,这是不能忍耐的苦恼。另外由于对我的怀疑,也连累了对张登同志的信任问题,这也是我所最不能忍受的。而在当时上海党内情况看起来,我预料着问题是无法解决的。

除此外,在抗战后五年的工作时期中,从来没有与任何人发生不协调问题,我对党是信任的,对工作的分配也从来没有计较过或拒绝不去的事情。这就是我在上海党内工作时期的一般情形。

小结

1) 在抗战后上海党内五年工作中,表现了在党的领导下面,我个人在掌握政策及秘密工作与合法工作的〈连〉联系上,比较内战时期基本上有了改变的,一般说还是正确的。但是由于老的传统关门主义倾向,在思想上没有很好克服,在领导作风上还可看到其残余影响的。

2) 1940 年以前我的工作一贯来都很积极,政治上与工作上的进步是超过了过去任何一个时候的。在实际工作的锻炼中,对于群众工作的规律性,已经有更进一步的理解。在处理党内问题上,也比以前好了许多。“与人为善”,党内团结，在思想上有了相当的进步。但由于个别负责同志"旧事重提"，无故的猜疑，这又使我感觉苦闷，甚至于多少影响了工作情绪。这又说明我的情感脆弱，经不起考验，小的意识又流露出来了。

九、到了根据地(一九四二年一月到现在)

(一) 开始的四月(一九四一年十二月至一九四二年四月)

到了根据地后，本想跟少奇同志到延安去解决问题的。但因交通不便，华中局没有允许，就留下来了。开始决定在华中局宣传部内工作，研究了一些中央文件，旁听了一次华中局扩大会议后，多少了解了一些根据地的情形。扩大会议后，决定我做华中局妇委书记，因妇委建立不起来，就替饶政委整理群众工作的材料。五月间，决定调到新华报当总编辑兼社委会书记。

(二) 在新华报工作时期(一九四二年五月至十一月)

华中局决定我这个工作时，心里有点不愿意。因为我没有编报的经验，心里还想做一些下层的实际工作，了解农村的工作。但因组织决定，不得不服从。由于我缺乏编报的经验，不大理解根据地的工作，做不好社论，自己觉得工作成绩很差，特别在对黄源、×××同志的问题上表现了自己团结干部的无能。

黄源问题——开始时我们关系很好，我很器重他把报纸编好，但由于自己的狭隘与急躁，看不惯他不负责任的态度，工作上缺乏民主精神，包而不办的作风，引起下级干部的不满。我就表示对他不满与批评，他不接受意见，我们的关系弄得很不好。我对他的态度，主要缺点是：① 耐心说服精神差；② 为了顾全他的面子，没有经过党内组织进行思想上的教育，这就变成两个人的私人关系问题了，对他的教育效力很少。由于我们两人关系弄不好，又影响了馆内的一些日常工作。这个责任应由我负责。

×××同志问题——他担任了新华通信社社长的工作后，订出了一个印刷发电稿编辑的方法计划，要我们采用。根据他的计划，我们报馆内的工作同志表示反对，都认为这种方法只能在大城市应用，不能在敌后农村运用。理由是：(1) 机关人员都要大大的增加，不合当时精简的原则。(2) 做夜工工作大家的身体支不住，而且汽油浪费太大，盐阜区根本买不到大量的汽油，浪费人力物力，而收效不大。他的目的是希望电稿好早二天发表，重要消息先用铅字印好,可以在报纸出版前送与首长去看。我们觉得农村中新闻迟一天发表无妨重要,不必〈化〉花更大的人力物力化价。意见分歧主要如此。又由于双方有些技术问题上的误会,结果我们为了解决问题,就由报馆内各部门负责人联合签名向华中局提了一个报告,主张:(1)重要新闻用油印不用铅印,工厂不做夜工。(2)电稿一起发下来,不要抄听一般通讯社的发稿方法,这样人员可以不增加,编辑与译电同志不做夜工。

这个意见先都与×××同志谈过,但他的误会更大,以为是阻挠他的工作,因此就闹到华中局去,我与×××同志关系[就]闹僵了。

这件事我的错误检讨:

(1)只照顾局部利益,如为节省人力物力,没有照顾到全局。我们的意见虽是对的,但我当时根本没有想到×××是从大后方来的文化人,应当多少照顾,否则会影响到争取文化人来根据地。事后经饶谈话,才恍然大悟,知道这是狭隘与固执。

(2)看不惯其作风,如认为他为了争面子,一定要贯彻自己不正确的计划,毫不顾及公家的利益。虽然在报馆内觉得他拉拢一部分人作小广播,背后批评,甚至向华中局去说我不登解放日报的社论,觉得他不正派,很不以为然,因此就急躁起来,态度也不大好,而联合签字向党提意见,这也是不合组织手续的。

总说起来,这就是由于自己对人对事胸襟不够宽大,急躁病乘机发作,不能照顾全局的宗派主义思想又支配了我的行动。

当受了华中局批评后,心里着实有点不高兴,自以为一切都是为了党的利益打算的,我们的意见又是对的,为什么不批评他,而专门批评我。后经饶解释后,自己反复的想了很久,这才觉得自己的思想上有毛病。他会发展成为无原则纠纷的。自觉修养不够,又会重复已往的错误,党的批评是对的,多责备老干部也是对的。另一方面也更深深地体验了自己出身于白区,[处理]人事关系比较简单,这次产生了很不好的结果。新华报事件给我的影响太大了,这是我以后处理党内问题上的一个里程碑。

(三)盐阜区准备扫荡以后(一九四二年八月至一九四三年九月)

华中局因我与×××同志关系弄不好(×××在一二·九学生运动时去北大破坏学生运动,在国民党大公报当记者,此人可疑。当时我告诉了饶漱石,他非但不听，而且还批评我不应追查人家的历史。后来他把新华报工作也由X一个人搞，此中可能有阴谋。——原注），一方面又因扫荡情况很危急，新华报与新华通讯社合并，我也就调到华中党校去当总支部的副书记了。

在党校工作不到一个月，因情况危急，党校解散，因知张登同志在淮南根据地，我就要求去淮南。又因情况严重，区党委要我去打埋伏，心里很不高兴。当时有些同志告诉我，江苏省委开了一个会，又在讨论我的问题，而且当场给他难堪，说他与我结婚，给他做省委还是宽大的。一个负责同志还劝张登同志与我离婚，希望他与另一女同志结婚。后来又决定调张登到延安去，这一刺激使我非常痛苦。本来我是坚决想留在淮南做地方工作的，但由于自己被党长期的怀疑与不信任，历史问题要解决，这就更促成我要去延安审查历史。但又怕区党委方面不了解我的苦衷，只好推说与等到地方去打埋伏，不如让我去延安（江苏省委又决定我与张登同去延安，可以经过上海由秘密交通路线到延安，但不允许我说明这条路线，只得要求暂回上海）。这一来又遭区党委负责同志的误会，以为我怕扫荡，批评我一顿。后来经饶政委批准允许我去延安，不久又决定调到浙东与张登一同去工作，同年二月底就离开淮南，在上海家中住下来。其中因办理到浙东去的通行证，等待交通员，又等张登同志再回华中局汇报工作及再去浙东，这一来就耽搁了半年之久。后来华中局又决定把我调回来，九月十五日方离沪，重返淮南地区。

在上海这一时期我的情绪很不好，原因是一连串的受到刺激，而我的历史问题始终没有结论。淮南区党委又不了解我，随便批评我一顿，而且对我的态度很冷淡，深感天地之大，无我容身之地，因此一心一意只想到浙江去，革心换面，重新振奋自己的精神。但华中局的命令不得不服从，只得再回淮南来。

（四）淮南的一年（一九四三年十月至一九四四年九月）

十月二日调到淮南党校做帮助整风工作，没有一定的工作名义，只是在开始时（学习文件阶段）参加支部，也不参加任何一种校部的会议。我的工作就是解答问题，与参加小组的讨论。对于党校一切计划与方针完全不知道，实际上"无职无权"的一种地位。这一时期因与学员可以自由接近，对于地方干部的思想发展规律性，侧面的了解了一些路东地方党工作的情形。所以这一时期对于我的学习工作，还是多少有些进步，工作情绪也很高，上下级关系还不差，做事很慎重，怕犯错误。

十二月间开始反省阶段，我就不参加支部委员会了。决定宣布戒严办法后，造成全校一种恐怖状态，整风方针完全以锄奸为主，审干为次。我觉得很不以为然，想提意见又怕不见得会被采纳。再一想，明知不对，不提意见是自由主义。各种矛盾心理在内心中交斗起来，最后还是鼓起勇气婉转地向党校负责同志提出了下列的意见：

（1）我认为党校方针偏重于锄奸不对，整风主要是以改造思想为主，审干、锄奸与改造思想虽为三位一体，但基本上应以改造思想为主。

（2）锄奸方法——我虽不了解党校内有多少特务，我认为特务是少数，大多数同志都是只有思想问题，不能一律对待。而锄奸方法，主要的也是在思想上争取，即以宽大的政策去说服教育他；其次才是用群众力量去推动。戒举方法造成党校恐怖空气，工作方法又不注意教育（如讨论三民主义问题变为审查党派问题），锄奸目的是不能完成的，相反的反而会被特务利用。因一律看待，有所掩藏，而好臭不分，会造成党内秩序混乱，造成同志间互相猜忌，这是不对的。同时所谓骨干，因为突出，与群众对立，也是不能起作用的。

（3）造成严重状态，思想自由被压制，改造思想根本谈不到。党校学员从戒严后，都怕说话。这种现象很不自然，使整风变成恐怖，大家觉得不愉快。这使同志们对党委引起反感，打击与处罚同志（批吴德荣失钱问题）不应过分。同志有错误，应从思想上说服，是非没有弄清楚，随便处罚同志，是不对的。

（4）对党的宽大政策执行上不正确，生活上弄得太严重，而且阻止了坦白。

这个意见终于没有被采纳，反而在支部大会上遭受一顿批评，否认党校内没有思想自由。以后就三个月内没有给我任何工作，问过三次，均置之不答。

此外又由于我曾向华中局一个负责同志（是他问我的）说过党校的戒严问题，该负责同志曾对区党委负责同志提议不要太左，但区党委刘顺元同志及党校闵廉同志均不承认这是事实。因为知道是我说的，就被批评为“不老实”、“效果极坏”（指与彭康同志谈戒严问题）。在这赋闲时间，我内心中有两种思想剧烈斗争着——一种是正确思想；一种是小思想。前一种思想使我愉快，我从刘少奇同志的《论修养》中悟出了真理的结论，忍耐着一切党内的打击，甘心于在这种被冷遇的环境考验，记着“光荣的孤立”这句话！后一种思想使我烦恼与悲愤，甚至伤感倍至，不可终日。我痛恨不民主的作风，看不惯党内的许多措置，想提意见，又怕再受打击，而且也是于事无补，闹得更不团结。向华中局去说吧，又懊悔自己在新华报的错误，怕被误会是闹不团结问题。同时也不了解华中局整风方针到底为何，这使我苦闷异常。后来又渐渐觉得区党委个别同志对我历史有怀疑态度，因为连干部登记表都不许我看。有一次在桌上偶然翻一下登记表，刘顺元同志就马上拿过去了。并且由于日常生活中负责同志根本以不理睬态度对我（八个月工作中刘顺元同志没有与我谈过一次工作问题，见面也不打招呼），这又使我想起了许多历史问题和过去在党内所遭遇的不幸。因此二月间就要求离开淮南，到华中局来审查。到了华中局就写了一个自传，但到底问题还是没有解决，又决定到淮南党校去工作了！

三月间二师（整风队）三队开始学习文件，决定我去帮助学习文件。这个时期中，我的思想上又起了一个变化，我想我的意见也许是主观的，党的民主集中制是严格遵守的，既然不能把我的意见和他们打通思想，只能服从需要与执行他们的方针吧！因此一切听其支配，省得麻烦，自然内心中还是不服从的。我以为这样可以争取"团结"，其实这是表面的。我在这种环境中听说延安党外来来的干部有百分之六十四有政治问题，这又使我动摇起来。我想以前的看法恐怕不对，还是自己警惕性不高的缘故，因此从积极反对的态度，又变为怀疑的态度。但是学习文件的领导上，我仍认为沟通思想是我的任务，审干问题反正与我无关，所以在外表上更加不能有所表示，而是为了"一致"，在某些问题上我的工作方法上也犯一些左的倾向。如在学习时事问题时，对一部分发表错误意见的同志，就注意其立场问题（原因是知其为典型），而且公开批评了这些同志，在教育方法上是不够耐心的。

由于区党委领导的不明确，我的理想的整风方针与现实的方针，即对毛主席的整风方针相差太远。在五月间离开党校前，又向负责同志当面提了一次意见。我认为过去的方针太左了，但结论是仍旧没有"左"，反而被批评为"文化人"意见多，没有实际工作经验，认为我有关节问题。再就是被加上了一些"小思想的幻想"等帽子。这一来又使我很不愉快，伤感的情绪更加浓厚了！

五月底调到二师政治部整风三队领导学习整风文件，因为那里的工作可以比较放手，所以我就照着自己的理想去进行这一工作，抑制着自己伤感的情绪。我虽然很明白党对我不信任，但我想整风是党的重要任务，必须努力去完成他。

这个队里的同志绝大部分都是被肯定有政治问题的(一部分是禁闭室来的,一部分是鉴定有政治问题的),因此大多数同志对整风都认为是搞政治问题,对于改造思想毫无兴趣。在这种情况下,我的方法是说明整风目的主要是改造思想,把握了"思想自由"、"联系实际"的两大原则。工作进行步骤为:(1)说明整风目的是改造思想,不是专搞政治。(2)安定学习情绪。(3)揭思想错误。(4)打通思想。(5)改造思想。工作作风以身作则,绝不用刺激为基本方法,因此在四个月的时间内,最消极的同志也转变过来了,使他们了解党还是爱护他们的。悲哀与恐怖的心理,大大减少。在这个时期中工作作风主要缺点是太民主,对干部有点过分信任,因此在某些地方工作上抓得不够紧。我的伤感情调在大家融洽与快乐的空气中,也有了转变,和同事的团结也非常好。但每一想及淮南党校事,精神上的刺激又如冷水浇背一样,感觉历史问题,必须彻底弄清,自己思想也需改造,因此就不断地向区党委及华中局打报告,要求整风学习,以利"舍去我的历史包袱与思想包袱"。我在这样的心绪下,九月中旬到了新浦的华中局党校。

(五)在党校整风学习

初到党校时,情绪还是很不好,自信力不够强,常常要伤心流泪。在不断的回忆历史中,感觉到一贯来被党的某些组织怀疑,冤屈与被打击的事情也太多了。同时也痛恨自己的过失,在忏悔与悲痛中,内心斗争异常剧烈。在淮南所受的刺激,终是不能忘记。看了《前线》的主角以后,对我有启发。我深深地感到自己不够有伟大的共产主义者的胸襟,受不起考验与委屈的一种小ブル思想支配了自己。当我想通了这个问题以后,我的心境逐渐畅快了。我相信在这短短的时期内,党校生活的精神治疗,对我今后的一生,是有决定作用的。我要更加坚强起来,与自暴自弃的思想作彻底的斗争。我应当永远的"常保赤子之心"、"胜则不骄,败则不馁"作为我的戒条,展开我今后历史新的一页吧!

小结

1)到了根据地人事关系处理不好,这还是由于从白区到根据地政治上狭隘性的一种反映,同时也是由于感情用事,主观地看问题的思想方法,没有很好克服的缘故。这表现在新华报问题上。但这一件事对我个人有很大的教育意义。在淮南的一年因为环境的非常不顺利,因此时常内心伤感,自信心与自尊心受了严重的打击,长期想不开,影响了自己的进步。到党校以后,想通了这个问题以后，对自己今后思想的改造，处理人事关系上，是会有很大作用的。

2）对整风方针政策的把握与认识基本上是正确的，能直言不讳向党提意见，这也是对的。但为了受几次打击，没有更坚决的、不断的提意见，而只是在内心中苦闷，这正表示自己战斗性不够坚强。

3）在整风三队中工作上有太民主的倾向，这是我对于不发扬党内民主者的另一极端的反映，以后应当注意这个倾向的发展。

十、自 我 鉴 定

姓名：陈修良

原名：陈逸

年龄：三十八

生于 1907 年

籍贯：浙江鄞县城内

家庭出身：商人兼地主的家庭

党龄：一九二六年三月入党，同年八月至一九二七年四月是青年团的团龄，一九二七年起算党龄。

1. 出身略历与工作历史

十二岁后因家庭产业被族人土劣掠夺破产，成年后就无家可归，寄读在宁波女子师范学校。自幼丧父，只有母亲与胞姐一人，都是革命的同情者，为党住过机关。此外没有什么社会关系。

五卅运动时组织学生自治会，代表老师参加宁波学生救国联合会，后被地方当局目为“过激派”，借故开除。因无立足之地，进杭州女中高中肄业，思想上已有参加党的动机，因杭州政治运动沉闷，就于一九二六年初进上海国民大学一年级肄业，自动要求参加党，介绍人是徐伟（团中委，已牺牲）、孙鸿湘（已消极）。入党后在校内参加学生运动，在校外参加工人的教育及纱厂支部的工作。同年夏因羡慕广州是革命的首都，要求组织转学广州中山大学，文科一年级肄业。从那时起，团中央决定学生党员一律归团组织领导，我就算是一个团员。在校内参加反国民党右派的斗争，校外曾调作团省委宣传部宣传委员。同年十一月间与李求实同志（团中委，已牺牲）同居，不久随李赴长沙，在团湖南省委宣传部任干事。一九二七年四月调到汉口，在党市委宣传部任秘书，主持党训班。此时又编入党的组织。经数月后调湖北省委宣传部任宣传科长。武汉清党，省委机关缩小，又调作区委工作。因形势严重，党调我去苏联学习。十一月间到莫斯科中国共产主义劳动大学受训，曾参加过反托派的斗争，又参加过反支部局的无原则的派别斗争。一九二八年冬与余飞结婚（李求实去上海与别人结了婚，因此我与余结婚）。1930 年返上海工作，回国后在上海丝厂工作委员会内工作，曾经领导过一次丝厂工人总罢工，约两个月。因领导罢工，在厂门口被捕，因口供很好，没有承认自己是罢工的领导者，获得党的营救，十天功夫被判为“误拘”释放。出狱后即调到全国海关总工会任秘书，后又兼代理宣传部长，主编赤海报。因反对四中全会决议，被调出海总，后有数月没有分配工作。经再三要求分配工作，才决定调到闸北区委去工作。后又因怀孕生病不能起床，只得请求休息。身体较好后，曾要求分配作轻便一点的工作，但党没有分配任何工作，组织关系与余飞联系着。一九三一年十一月间生孩子，一九三二年三月准备把孩子送到安庆余飞家中抚养，即去工作。余飞在“一·二八”后带孩子回家，即一去不复返，故失去组织关系，只得在马路上找组织。春天时，一次找到黄平（赤色职工国际代表，现已叛党），因约会误事未成。同年夏天在马路上又找到张文秋同志，托其转信给共产国际代表，要求与余飞一同调到中央苏区去工作。经国际代表决定，调到苏区去。随即去信安庆，嘱其即回上海。但不巧因余飞不久即在安庆家中被捕，押到南京。我得到其家人来信后曾到南京沙孟海家设法营救，没有结果，数日即返上海。不久余飞即在报上登出叛党宣言，沙孟海同志见报后，即通知我注意，我即搬家另居。一面即刻写了一个申明书给党中央，申明与其脱离夫妻关系，要求立即分配工作，并申明愿帮助党暗杀余飞，以灭其口。中央即来信嘉勉，并约我去南京鼓楼旅馆中接组织关系。因技术上没有弄好，约定的人并不在此旅馆中，接不到关系，即返上海。此事曾被党误会过，以为我消极不去找党。继返南京后与张登同志同伴的。（沙孟海同志对于此事已有书面证明）此后中央也不再来约我，因此又失去了关系。同年十一月间与张登结婚。一九三三年二月与张登同志同赴日本找汪成模（即汪孝达，又名乃萍）同志接洽，找到共产国际情报组织系统，组织关系又恢复了。一九三四年夏回上海，再找到沙孟海同志，与吴先清同志见面后，又接上了中共中央的组织关系，再派回日本做情报工作。一九三五年下半年上海党组织被破坏，日本方面组织与中国党关系失了联络，因此在十月间我与组织负责人陆久之一同返国找党。但因上海党组织已经几乎全部被破获，又失去了关系。一九三六年初因自动参加文化活动，才由季步飞(即季明)同志介绍到中央情报系统，与高原同志接上关系，指定做文化工作与救国会工作。一九三七年春中央派王尧山重新建立上海组织，才正式转入地方党组织。这个时期的主要工作，即是一方面恢复党的组织工作，一方面半公开的做救国会与文化活动。

抗战后参加上海群众工作委员会，十二月间江苏省委成立，担任省委妇委书记。一九三八年后妇委取消，开辟基督教内群众工作及上层统一战线工作。一九三九年开始代表省委领导上海学生工作委员会，其中曾有二度领导过教育界工作委员会。一九四零年后因长江局方面通知省委负责同志，怀疑我有问题。据张登同志说，是因为反对支部局，反对四中全会决定，及与余飞的关系问题，因此心中不安。后因调赴延安去审查的路走不通，就要求到根据地来，想在华中局或经过江北到延安去解决问题。一九四二年一月到苏北军部，五月间分配做新华报总编辑。因为同级关系不协调，准备大扫荡，报馆与通信社合并，就调到华中党校任总支副书记。不到一个月，因党校解散，要求到淮南地区来工作。一九四三年调到浙东去工作，路经上海，因无通信等原因，在沪逗留数月。后又调回淮南，去淮南党校和整风三队帮助整风工作。后一年，因被怀疑有关节问题，内心中苦闷，自动要求整风学习。

2. 紧急关于几件事情的自我鉴定

① 被捕入狱

被捕后在牢中与法庭上表现非常的坚决，没有招出任何不利于党的口供，在阶级敌人面前没有表现过动摇与恐〈怖〉惧，没有承认是罢工的领导者，判为误拘释放。

② 失去组织关系

因怀孕生病失去组织关系，后曾不断的找党的组织团体。余飞叛党后，其中有一次因技术问题赴南京约会误事，曾被党误会过，以为消极，不去找党。现在有沙孟海同志的书面证明，及张登同志的口头证明，确实曾赴南京中央的约会。在失去关系时，对党对革命没有动摇过，从未曾参加过任何政治派别或做对党不利的事情。

③ 与叛徒余飞的关系

余飞叛变前，在党内工作时，不曾有过策动他反党的企图。他叛变后，即向中央郑重申明过脱离夫妻关系，曾经当时中央来信嘉勉，以后就完全与其没有任何关系，党的立场是十分坚定的。

3. 个人与党的关系

（1）组织观念好的方面

全部历史过程中表现对党的事业一般说是忠诚的，有相当坚定的革命人生观，愿终身跟着党走。在紧急关头中，没有表现过动摇，没有犯过对党不利的事情；没有泄露过党的秘密，给党损失；没有犯过纪律与处罚。工作表现中不大计较自己的地位，分配工作没有拒绝不去的事情，犯了错误只要能明确的解释，能诚恳坦白的接受与改正。对党的工作，一般说是经常积极与负责的。（但被党误会怀疑时，曾有一度不安心工作。）

（2）组织观念表现不好的方面

① 违反党的民主集中制，宗派主义立场，参加无原则的派别斗争。我去莫斯科中大时反对党的支部领导，对党的四中全会决议不尊重，不加详细考虑，随便发表对四中全会的反对意见，影响党内团结。

② 对同事闹不团结。如去新华报工作时，与×××、黄源关系不协调，主要原因是主观的看不惯别人工作作风，自以为是，骄傲狭隘，固执态度对人，引起别人不满。对人耐心说服表现不够，不能“善与人同”。

③ 傲上——对上级要求过高，认为领导不明确，态度不民主，不能接近下级的上级，就心怀不满，不愿自动的接近，表现傲上。

④ 对下级虚心与耐心不够。不顾具体对象，批评与责备过多，引起个别下级的反感，这种现象是经常要发生的，主要原因是主观与急躁。

4. 思想意识与思想方法

1）入党前的思想与个性特点

幼年时受了一种名士派的思想影响，养成清高自负、独善其身的个人主义。在中学时代家庭经济破产，愤恨旧社会，能刻苦自励的做一个好学生，滋长了“自命不凡”的思想。在个性上养成狭隘、任情放纵、急躁冲动、多情善感的个性。另一方面也养成了直爽大胆、果断、热情、敏捷、有反抗个性的一种个性。

参加了五卅运动后，产生了民族与民主思想，同时不断的受了党的宣传影响，就决定参加党，改造中国的社会。那时阶级意识是模糊的。

2）入党后思想在每个时期中的表现：

① 大革命时期

初入党时，受了革命思想灌输，开始放弃名士思想，对共产主义思想感到无限的兴趣，认识了社会的阶级剥削制度问题。但这个时期中，个人主义思想还是占着中心，不过为革命的热情所掩盖着，没有什么表现。

大革命时期因为党内工作，接近党的高级领导机关，参加一些革命运动，以及清党时的大屠杀，大大提高了阶级意识，体验了党与工人阶级力量的伟大［和］阶级斗争的残酷性，开始想做一个革命的职业家。在这个时期中，一切都是凭热情去干，勇敢性与积极性都很高。但由于党的看重与提拔，“自命不凡”的思想在潜伏中是发展的。

② 在莫斯科学习时开始第一年环境很好，思想自高自大，没有克服。但受了打击后，思想上有了一些转变，党的阶级教育、集体主义的思想，压倒了个人主义的思想，阶级意识大大的提高。

思想方法，主观主义是非常浓厚的，感情用事，片面武断地看问题，教条式的学习，宗派主义思想支配了行动。

③ 回国及十二年的白区工作时期

环境是严重的白色恐怖，党内阶级教育很强，布尔什维克思想是占优势的，表现在自己没有个人利益打算，享乐观念、地位观念都没有什么表现。回国后就到下层去做工人工作，过的生活简单朴素的，从来个人没有拿过党的生活费用，以及贪污腐化的事情。一九三八年后工作是“有权无职”的，内心中后来没有什么计较。打击别人、抬高自己的事情也从来没有表现过。这种思想除了党的思想教育，深恶“野心家”的品质，特别是因为受了党内过去的许多折磨，是有关系的。另外一贯来的“亲君子”、“远小人”，独善其身的名士思想，也有若干关系。

一九四零年后因被党误会、怀疑，心中总是苦闷，工作就有点不安心，这表现了经不起考验，个人主义的思想没有完全克服，共产主义者的伟大胸襟是不够的。

做事对人仍很片面，急躁性与冲动性都没有很好克服，自高自大，自尊心都很强，原因是独当一面，开展工作与创造工作都有一些办法，对下级的领导威信高，因此表现出不大虚心，粗枝大叶，轻易下结论的作风。

④ 到了根据地后的思想

因为华中局对我政治上信任，“自高自大”的坏思想又抬头了，这表现在新华报时间内。地位观念没有很大的发展，因为自知缺乏根据地工作经验，不想担负大的责任。看到若干干部的架子，很看不惯，经常在想：“不要学这个坏样子”，“君子不忘本”。但另一方面有时也想，有许多干部能力并不好，思想意识也很坏，甚至有叛变过的，地位都比我高，这个时候心里就有点不大服气。这种思想是从个人主义立场出发的，是地位观念的萌芽。

受了冷遇、打击、冤屈时，要经常的伤感与悲愤，丧失了若干的自信心，从个人立场来看问题，觉得自己没有什么对不起党的，党太不爱护干部。“自高自大”、自尊心受到严重打击。进了党校后，这些问题想通后，心境颇觉畅快，伤感情调已大大减少，表现在学习上的认真、上进心与积极性仍很好。

5. 政治认识与把握党的政策

(1) 对陈独秀机会主义路线认识——因参加党不久，政治上很幼稚，不懂得所谓路线与政策问题，后到党的五次、六次代表大会后，对中国革命的性质，基本政策与路线问题，才有了比较明确的认识，对托派的政治主张，是坚决反对的。大革命失败后，对于要不要三民主义的旗帜问题，在认识是“左”的了解，有一切皆斗的思想。对中国、农民问题、武装斗争问题等，认识上都很模糊，也可以说基本不懂。

(2) 对李立三路线的认识与执行——在执行中基本上是做尾巴，没有正确的认识，只有对参加黄色工会工作问题曾有明确的认识。对于实行总罢工、大暴动计划表示怀疑，但也无明确见解。后到四中全会后，才多少了解立三路线的基本特点。

(3) 对左倾机会主义政治——在政治上比较明确，特别是对白区工作问题，如公开与秘密、合法与非法斗争问题，体验了过去的错误，所以在抗战后对白区工作的基本方针是把握正确的。

(4) 统一战线的认识与执行——基本上认识是正确的。但在抗战初期有些右的了解，如警惕性不够高。后来对个别问题上又有左的错误，如表现在一九四零年上海学生反汪民主运动的领导上。

(5) 整风方针的认识与教训——基本观点是正确的，曾坚决的反对过左的方针。我认识整风方针是从党的三风不〈整〉正，使党遭受到损失，肃反问题的错误政策，莫斯科三年的派别斗争中教训认识到的。但自己因被可怕的党内特务统计数目字所吓倒，曾有一度表示怀疑，不敢自信，又怕被打击，没有继续的向党建议，表示沉默。收获在于自己的警惕性及时提高了。

6. 工作作风与领导作风

优点——积极性一贯很高，能负责任，有创造性，能注意把握方针与原则，尚能相当接受别人的意见。

缺点——

工作作风——深思熟虑不够，判断问题过快，存在粗枝大叶、深入下层不够。在改变工作作风过程中，曾犯过太民主的倾向，如在整风三队时所表现的。

① 对领导目的认识不够正确，不太理解"领导应当与群众相结合"原则，对于"党员是群众的先锋队"，"通过党员与群众联系"，有教条式的理解。因此领导作风中无形中有一种公式："党的上级——我——下级干部——群众"，这说明群众观点是很不够的，工作是为了党在进行的。因此往往机械的搬用党的决定，不大坚信群众。

② 能注意把握原则与方针，但缺乏工作的步骤，工作中心不明确。

③ 了解的情况不够，缺乏调查研究，命令主义代替群众意见。在白区时，关门主义思想没有完全克服，对党外干部信任不够，对落后分子不够争取。

④ 总结工作经验不够，检讨工作不从实际出发，往往是为执行党的命令去进行。

产生这种作风的原因：

① 受了白区党过去传统的关门主义、命令主义的领导作风的影响。

② 思想上"自以为是"，不够虚心。

干部政策：

① 提拔干部一般说还能照顾四大标准，没有"用人唯亲"的倾向，但对干部的全面历史了解很不够，有片面性。

② 爱护干部与教育干部，基本上还能爱护，如不轻易打击与处罚同志，能够放手信任干部，能注意给其原则方针，对其错误诚恳坦白的批评。在白区时对保存干部有充分的注意，但主要缺点是耐心说服不够，不重视工作较弱干部

的教育，批评有时要过火。态度不好。

7. 学习

对新的事物有兴趣，上进心很强。所以一贯来对学习能积极的，对政治问题、理论、新的工作经验，平日都很注意。但由于学习方法不好，理论与实际联系注意不好，不重视工作经验的总结，进步很不够。再就是由于长期的被党不信任，对我的政治上帮助觉得也不够。另一方面内心中苦闷情绪的阻挠，我的进步与自己的党龄不大相称。我希望党今后对我实际工作与政策教育多加注意，我自己也必须彻底改变已往的学习方法。

8. 生活习惯

简单朴素，特点是勉励，生活尚有秩序，能守时间与制度。爱开玩笑，好动，不大注意小的礼节。待人接物不够注意，心直口快，常要得罪别人。

9. 今后努力方向

1)“败则不馁，胜则不骄”，全心全意为革命是今后努力的基本方向。

2) 克服个性的基本缺点，特别是急躁病与冲动性、狭隘性，充分的注意团结干部。

3) 特别要加紧实际工作的锻炼与加强政策的掌握，不断学习毛主席的整风文件。

一九四五年一月二十五日

(完)

三队七组完全同意

王光，张志一，吴福海，刘叔行，刘明凡，王中一，许震，李彬山，魏文伯

(文件编号：I1)

华中局党校干部审查委员会鉴定

1945年3月16日

本会审查了陈修良同志的自传与自我鉴定，除同意外，并作补充鉴定如下：

（一）陈同志在入党的长期中，曾因在莫斯科参加过“中大”无原则的派别斗争，回国后在上海工作，反对过四中全会决定。后因领导罢工，一度被捕，再后余飞被捕叛变，几被牵连，从此失掉组织关系（在南京与中央未接上关系），便往返日本、上海间，以上事实经过，均较复杂曲折。党外个别负责同志一时未了解真相，在白区严重环境下，为要巩固党的组织，不能不加考虑，以致辗转多年，未曾解决。此次本会检查陈同志的自传反省，和陈同志本人多次谈话，并搜集有关陈同志的证明材料（先后接得陆定一、张崇文、吴福海、何能、潘汉年、王尧山、张登、沙重教等同志的电报、书面与口头报告）。经分别研究后，判明陈同志在这些事件过程中并未参加过其他政治派别，并未做过对党不利的行为。关于“中大”与反四中全会的决议，仅由于当时陈同志的政治认识薄弱，与斗争经验缺乏，某些个别错误是有的，但不能得出其他的结论。并且这些错误，经党指出后，陈同志随即坦白承认错误，同时几次失掉组织关系，主要由于客观原因（如怀孕、生产、避免余飞的追捕）。而陈同志仍积极找党，不得已时曾参加过共产国际情报系统的工作。

（二）根据上述实情，对于陈同志在1933年三月经陆久之同志负责恢复组织关系，1936年由高原同志负责接上组织关系，1937年春经王尧山同志负责调他做地方党的工作等各阶段办法，本会完全追认有效。所以陈同志的党龄决定从1926年三月陈同志入团到1927年五月算为团龄，党龄从1927年六月计算。

（三）陈同志经过长期秘密工作考验，尚能忠实于党。余飞叛变，陈同志便毅然报告中央，和他脱离夫妇关系。来根据地工作后，表现虚心学习，力求进步。但另一方面，陈同志具有相当政治文化水准，革命历史较长，又经历一些艰苦生活，有时候表现高傲，不够虚心，看不起别人，自尊心与主观性较强，对事对人不够冷静沉着。富于工作热忱，能负责认真，对党能“直言不讳”，但组织修养不够，心胸不够宽畅，受批评或受刺激容易冲动，有时就会伤感悲愤，甚至因而影响工作。待人接物诚恳坦白，可是性情急躁，不很注意对象环境，有时因而引起同志间不应有的误会与反感，因此还望陈同志努力克服小的感情作用，扩大胸怀，学习冷静涵养，这样才能容易不断的提高自己，团结同志与改进工作。

（四）此次整风在学习阶段中，自传反省事实，叙述较直率认真，但希望陈同志还必须继续整风精神，更深入检讨自己思想意识上、作风上的一些弱点，把自己规定的努力方向，更加具体化，多多向别人学习，向发展着的新事物学习，取得更多的直接工作经验，以求得理论与实际进一步的联系。

华中党校干部审查委员会

一九四五年三月十六日

（文件编号：I2(5)）

上海局给南京市委的指示信

1948年9月21日

一

根据目前的军事形势，第三年战争解放军正在华北努力肃清敌人残留的大小据点，使华北解放区更大的连成一片，同时把胜利之矛指向着蒋区的后方，准备比过去的二年更大地歼灭敌人有生力量，争取决定性的伟大胜利。大战不可避免的要移向京畿附近地区，南京也可能遥遥地被数面包围，首都极有可能受到更严重的威胁，使其前线城市的特点更形明显。但是，现在还不能过早地估计第三年战争解放军要占领首都。因为第一，敌人必将死守首都，集中大军保护京畿，使其仍能成为军事政治的指挥中心点，而解放军也不会过早地付出过大的代价去强占其首都。第二，解放军尚未大规模的渡江，皖西苏南广大地区问题尚未完全解决，而我们在这些地区的力量，也还相对的不够强大。第三，解放战争南移的目标很有可能向湘鄂赣川推进，不亟亟先解决长江三角洲敌人的心脏地区。

随着军事局势向南发展，敌人必将用全力保卫这个指挥军事中心的大南京。因此南京及其附近大小城市的政治条件，亦必引起巨大的变化。这就是：第一，敌人要行军事的戒严，加强各方面的控制力量，加强特工军警的侦查网，残暴无比的镇压人民的自由，屠杀正义爱国人民，竭力企图摧毁我地方组织，取消、控制人民合法组织，压制人民的反抗斗争。第二，这就是敌人垂死的挣扎，必将更无所顾忌与掩盖来掠夺人民的财产（所谓币制改革、物资物价管理、苛捐杂税等），而造[成]天怒人怨、民怨沸腾的局面。前一条件的恶化，无疑要增强我们工作上的许多艰苦困难条件；而后一条件的恶化则对我有利。同时胜利的解放战争也将更大地鼓舞人民革命的情绪，坚强人民的信心。解放军正确的城市政策，事实会击破今日敌人各种欺骗蒙混的宣传，解除对我们疑惧，而仇恨统治者一切横行不法的措施。为着求生存，争取自由，反卖国，反戡乱，斗争将用各种方式与花样繁多的形态出现，斗争的目标也将更趋向着反卖国、反独裁、反人民的法西斯统治的总目标，逐渐地走上殊途同归的方向，造成我们更有利的条件，来教育与团结人民，发展组织与扩大政治影响。其次首都是敌人党政军的中心，是统治者上层首脑冠盖云集的地方，也即是各派系间倾轧与矛盾最尖锐明显的地方。前方的节节失败，后方将是责难纷纭，意见分歧，互争权势，新的结合与分化更将层出不穷（立法院的争论、革新运动的呼声，象征着内部矛盾的尖锐化）。这种分崩离析的结果会更大地消弱敌人的统治能力，有利地打击统治阶层中最凶顽的一些派系及其首脑分子。

二

为着执行党的总方针，“认真做到在充分准备，抓紧时机，跳跃发展的总方针下，加强与扩大自己的力量，争取群众的优势，建立战略堡垒，深入敌人心脏，来有效地发扬第二战线作战，加强支援解放战争”，我们目前应完成下列任务：

（一）继续为巩固与扩大党的组织而斗争

数年来的努力，我党的基础已有相当大的发展，但还非常的不够。而且流动性颇大，秘密工作还很差，迭遭组织的破坏，对于蒋区工作积蓄力量方针尚未被认真注意。因此，许多重要的产业部门，特别是敌人心脏机关内，还仅仅有一些播种工作，所起的作用不大。事实需要我们必须坚决地向着下列的部门巩固与扩大我们的力量：即四条铁路、公路、煤矿、仓库、军事工业、公用事业、重要的民营工厂、中央和地方机关、党政军机关，特别是前方和后方的部队、特工系统等。青年群众及知识分子组织（如学校），虽然也很重要，还需更大努力，教育与组织他们在一定时期内起着号召的作用，但更要紧的工作，是通过他们作为社会工作的桥梁，调查每个党员及同情分子的社会关系，建立上述重要部门的工作。教员、职员及其他部门人民中间的组织，也应除去本单位工作以外，积极谋得与社会相结合，来多方面打开这类有战略意义的重要部门内的关系。各部门各级的负责干部，除精通其单位的工作能力以外，同时必须要学习与研究新部门的工作的方法，以便分散齐头并进，反对任何一种本位主义倾向，怠工疏忽的错误。只有这样深入敌人心脏，才能更大的制其死命。党的发展方针，仍是精干政策，有针对的发展，严防奸细及不良分子混入党内，党内必须经常检查组织生活思想工作作风等。

为着党的发展，暂时避过敌人的疯狂正面进攻，目前全党的工作，即近数月内工作的中心，主要步骤是巩固与整编党队伍。我们应即采取下列方式以完成任务：

(1) 严密党的组织，加强与群众联系，精通与学习保密工作的技术。这是为扎稳阵地，迎接更剧烈斗争的先决条件。任何轻敌的观点，自由散漫，不遵纪律，终日空谈斗争的现象，必须严格的批评，以减少党员的暴露、被捕、流浪、撤退等的数量。这样才能谈得到充分准备与保存力量。特别在有些有重要战略意义的党细胞，要小心保护其存在，而需要在适当时机起决定作用的党员或组织，更要注意其隐蔽的可能。

(2) 提高全党的战斗力，作到“人尽其才，才尽其用”。根据每个党员环境、能力、社会关系、工作岗位，决定其一定的工作，帮助其订出具体工作计划，完成一定任务。

(3) 普遍地提高党的教育，不仅要提高政治水准、策略，组织问题，工作方法，气节教育等基本教育，更需要检讨工作上的各种倾向、各种经验主义，纠正不良作风及不正确的思想意识等。轻敌的冒险主义倾向与短视畏缩的保守主义倾向，都不允许在党内有新的发展。事务主义的作风也要肃清。只有更高的提高政治原则性，更多的思想领导，才能纠正以往的错误，加强党内的团结。

(4) 党与群众积极分子的组织必须完全分开；公开工作与秘密工作必须分开组织；党的组织与群众公开组织混淆不清的地方，必须清理整顿；未整编的组织必须刻不容缓进行整编，不得藉口忙其他次要工作，或藉口工作困难，拒绝或拖延。暴露分子可能遭到逮捕的，尽量注意隐蔽、撤退或转移。未隐蔽的党员在组织上严格分开，各部门各地区的党没有必要时尽可能的减少〈精移〉发生关系，让其独立地去进行一定的工作，这就是避免敌人疯狂进攻组织上应有的必要处理。

(5) 严格保护各级领导机关及负责人的安全，提高警惕性，防止重大破坏。

(二) 相机进行策反怠工破坏工作

所谓加强敌人心脏内部的工作，必须要有具体的日常工作内容。发展组织，开辟新关系固然还是非常重要，但更重要的是即刻着手注意通过现有社会关系，利用自己的业务关系，联络社会各个角落里不满现状的同情的分子。敌人内部的反对派，甚至是投机分子，只要肯支援解放军，想主动赎罪的各种分子，都要看成为策反线索的对象，采用各种方法进行前线倒戈、后方怠工，麻痹其行政效力，分化其内部，乘机破坏其军事设备等的工作，纠正有些同志思想上的忽视、畏惧等心理。同时又要精密细心的布置，不准随便暴露自己，急利求功，不择手段。慎重注意敌特的红旗政策与二面派活动，这一工作应当看为全党的任务、各部门同志的责任。把革命运动的方法多样化起来，真正配合解放军的战斗，起里应外合的作用。

（三）研究敌人政治军事经济的动态

首都的政治动态是关系全国的，了解敌情作为我们日常的重要工作之一，不仅为了要应付地方的局部的工作问题，同时还应为着掌握蒋区对敌政策不可或少的一件工作。身处政治中心，对敌人情况与动态熟视无睹，漫不关心，这是一种政治的麻木症。今后必须一齐努力共同注意，不断的了解研究，按时报告上级。如关注敌人重要决策、派系人物的动态及其主张、重要会议内容、外交动态、经济动态、反共反人民具体措施、敌人军队的调动番号、驻军城防机密等。同时研究问题必须要有中心，随时决定应了解的问题，做到分工合作，分头亲自动手，随时整理与研究材料（指一定的人员），熟知敌情不但对工作上有绝大的帮助，且可丰富我们实际上的政治教育。同时按照实际条件的可能性，对于今后管理大城市的调查研究工作亦必须有计划去进行，坚决执行中央的指示，并研究华北各大城市管理城市的新经验。

（四）开辟文化宣传部门工作

敌人主要派系在首都几乎均有自己的报纸和杂志，反映他们自己的政治意见，互相攻讦，流销蒋区城市烦广，有他一定的政治影响。因此，我们认为，利用与掌握敌人的宣传武器，揭露敌人矛盾，侧面烘托我党反蒋反美反卖国等的主张，扩大我若干政治影响，展开舆论上的统一战线工作是重要的。我们应有打算，开始着手开辟与展开这一部门的工作。

（五）建立外县近郊农村党的组织和输送干部至解放区

南京的铁路沿线长江口岸的各城市党组织在可能条件下应积极建立，作为侦查敌情，策反，进行二面派工作，掌握地方实力派与其地方武装，联络当地各阶层人士的支点，以呼应解放军渡江与准备我军占领此类中小城市后建设与管理城市之用。近郊农村工作的对象应是农民、手工业者、小学教员、乡村下层行政机关的办事人员、地方自卫队员及当地士绅商民等，任务应是掌握当地的行政与武装力量，侦查敌人京畿防卫的实力，兵临城下时，配合我军作战，在平日可作为转移与隐蔽之用，凡站不住的干部科转移至上述地区工作，应尽量先行输送，着手开展工作，一部分技术干部，或被逼通缉或无法立足者，则送往解放区。

三

过去一年来，群众运动基本上已有相当成就，克服了消极埋伏保守倾向，但也有许多弱点与倾向。根据党的指示（参看另一指示信）以及目前敌我斗争关系，特别要指出今后斗争的几个主要策略方向。

（1）尽量避免少数突击、个别阵地突击，照顾中间的多数，合理合法，阵容整齐，上下和节，内外分明（公开与秘密），与敌人周转。过去某些部门的工作就其运动的客观意义说是获得了应有的政治影响的，组织力量也随着相当发展，但由于领导上组织性计划性不够和思想上轻敌的左倾关门倾向，没有积极地争取广大中间分子和[做]上层的统战，党员与积极分子过多的暴露，遭致实力的损失，实际上违背了积蓄力量、稳扎稳打的方针的。党要信任群众力量，领导群众斗争，起核心作用，但不应先锋突出，包办与命令，所谓“带头”，必须确定领导群众这样作风，才能避免敌人今后更大的打击，加强群众与党的密切联系。

（2）尽量利用敌人的矛盾，谙熟敌人各派系的内幕，党员与群众积极分子有可能条件的，应在敌人内部用二面派的面貌以推动各种活动，加强同盟后备军的力量。今后敌人各派系要更多地利用群众力量来作其反动的活动，我们应顺水推舟，利用其作掩护，以开展斗争与组织群众，但决不能失去自己立场，作别人尾巴。同时，我们又要独立自主的酝酿群众性的各种斗争，在时机成熟时，登高一呼，争取胜利。

（3）蒋区斗争趋势是目标渐趋一致，共同斗争，各方面上下层统一战线可能条件在成长扩大中。但目前斗争策略基本上要分散进行，而又能各方面无形中互相呼应（如学生要求公费与救济，教授要求待遇改善，具体要求可以不同，而要求生活改善则为共同目标）。酝酿不足，准备很差，条件不齐，而为着求得扩大主观的希望声势壮大，一击打溃敌人的冒险斗争必须避免。

（4）采取多样性的斗争方式，适合各种群众的生活环境与其政治觉悟性是必要的。为着避免无情的打击，争取胜利，应力求群众性的自发性的形态出现，使敌人无法压迫（例如商人反对限价，不做买卖，有行无市，无声的抗议，××工人斗争的经验，公务人员无形的怠工等）。不仅经济斗争方式要多样性，政治斗争亦要采取巧妙灵活的多样性，在敌人心脏城市随便进行的刺激敌人，机械正面暴露的过早地提出政治宣传口号，使敌人镇压有所借口，今后必须避免。

（5）逐个争取敌人的群众组织，保护自己的团体，同时又要创造群众自己的组织。估计今后敌人又要利用暴力抢夺群众的组织，或包办式的建立各种组织，强迫参加，供其御用。争取各种群众是艰苦复杂的工作，绝非轻心简易可以成功。凡是敌人控制的团体，确定带有名义上的全体性的（如公会、学生会），我们策略主要的是提出群众要求，要其为群众服务，揭露其虚伪的诺言，以分化与孤立其领导分子，逐渐渗透群众的力量进去，或根本乘机夺取领导权，甚至打垮他，另行组织。凡敌人不能完全控制的团体，我们应加强其群众力量，迫使其上层分子孤立或愿与我拉拢，以便进行群众工作。凡过去由群众斗争中建立起来的一切组织，今后组织上必须多做福利事业，为群众所需要的各种事业，克服一切包办的作风。有些合法存在很久的团体（京沪的小教联）也[遭]下令取消，所以我们组织群众团体的方法，还要更多的创造。有些地方尽可不用名义，而有实际组织活动与一定的事业中心，但却是人事上的密切联络，互通声气，一呼百应。此外如落后的封建性的教会性的各种组织也必需尽量利用之。

（6）每一时期群众运动应有一定中心。币制改革后，公务人员及平民生活更加痛苦，目前应以此为中心，分头积极准备为生存斗争的活动。目前还需按待遇不同而提出各种要求，逐渐推向共同要求——解除冻结生活指数，取消限价的斗争。前线军事大失败，绝无对群众让步的可能，这将引起不可想象的群众愤怒，怠工与离心作用日益增加，这将有利于我们完成各项任务。

此指示信系根据党的指示，适合南京环境决定的，其中关于国内形势一般经验教训及策略不再重复。接到此信应即付讨论，检讨以往主要倾向，检查目前工作是否已经战斗化。任务方针不够明确的部门更应重新布置（如学生工作的任务应有改变），具体决定各部门各个组织各个党员应当如何执行。此信只准发到委员会并定时编号回收，下级只准口头传达，遗失者严重处罚，并望认真与迅速讨论之为要。

九月廿七日

（文件编号：D144）

关于划分城市阶级成份的决定(未定稿)[①]

1949年初

一、手工业劳动者

1. 手工业劳动者(或称手工业者)是占有少量财产,或者还真有少量的原料,小的作坊或店铺,以从事独立的手工业劳动,作为其全部或主要来源的人们。一部分手工业劳动者例如纺纱织布的,榨油的,做豆腐的,开小饭馆的人们,以及制造成品的额木匠,铁匠,皮匠等,他们自己生产商品,直接卖给消费者或商人,另一部分手工业劳动者例如自有车、船、马的车夫,船夫,脚夫,理发匠,骡马匠,补锅匠,不制造成品的木匠,铁匠,皮匠等;因为阿门劳动的对象属于消费者,故直接以自己的劳动满足消费者的需要。凡合于上述条件,并从事这种生活满一年者,则成立手工业劳动者的成份。

2. 手工业劳动者一般不雇佣工人,其有本人参加主要这要劳动者;同时只招收少数学徒性质或助手性质的学徒和工人或店员,但仍以本人的手工廉价劳动为主要生活来源者,仍应认为手工业劳动者,如果人们的其他条件是以这些学徒,工人或店员作为其生产业中主体,本人只有附带劳动,或只居于监督管理地位者,则应认为手工业资本家。

3. 手工业劳动者一般不受雇于手工业资本家,如果自己不占有所需要的生产资料,而受雇于占有该项生产资料的手工业资本家,包工头,或独立的手工业劳动者,例如手工纺织厂所雇的纺织工人,脚行所雇的脚夫,理发店所雇的理发工人,包工头所招的建筑工人,独立手工业劳动者所招的学徒,学生,被雇者向雇主领取工资作为主要生活来源,则应认为工人。

4. 手工业劳动者是劳动人民的一个重要部分,其利益在土地改革和新民主国家中,应受得坚决的保护。

5. 乡村中的贫苦手工业劳动者,其手工业收入不足维持生活,需要一部分土地或其他财产者,应分给一部分土地或其他财产,其原有一部分土地,因

① 原发文单位不详。

无力耕种而出租，或雇佣工人耕种，赖以维持生活者，仍应允许其在适当地租或工资条件下继续保有，不予征收分配，手工业劳动者之因手工业收入而生活属于富裕者，其物产一概不得侵犯，但也不应再分给土地或其他财产。手工业劳动者兼地主富农的成分时，这些劳动及其一切不与地主土地相连的土地财产应受保护，不在没收分配之例。但其余地主土地相连的土地财产，应全部接收分配。

6. 手工业劳动者的劳动，也是有益国民经济者，均应积极帮助其推广改进，其雇佣学徒，工人，店员而过恶者，应予以必要和可能的改善。（本节完）

二、自由职业者

1. 自由职业者是独立的脑力劳动者，其性质一般也类似手工业劳动者，一部分自由职业者，自己生产商品，如著作家，艺术家等，另一部分自由职业者，因为其劳动对象是消费者，直接以自己的劳动，满足消费者的需要，如医生，律师等，凡合于上述条件，并连续生活满一年者成立自由职业者成分。

2. 自由职业者，因为执行业务的必要，而雇佣一二个助手或仆役时，不得认为剥削行为。

3. 某些自由职业者，虽为资本家所雇佣，或为国家所任用，如报社记者，书店的编辑，电影厂的演员和导演，私立和国立学校的教师，私营和国营企业中的工程师，国家研究机关中的学者等，因为其劳动条件比工人或普通人员带独立性，故仍可认为自由职业者，但是新民主国家所任用的脑力劳动者，则不应认为自由职业者，而应认为革命职员。

4. 自由职业者的利益，在土地改革中，在新民主国家中应受到坚决的保护。

5. 自由职业者的家庭，一般占有或多或少的土地，或其他生活资料，但一般不作为本人的主要生活来源，少数的自由职业者，则自己同时是地主富农或资本家，其与土地的关系适用第一章第三节固定的原则。

6. 中国的自由职业者，一般仍与其他劳动人民一样，受到帝国主义，封建主义和官僚资本的压迫，自由职业者的上层，在政治上常常偏向给自由资产阶级，自由职业者中下层，一般地同情人民民主革命，或者在革命与反革命斗争时期中保持中立地位，自由职业者仍在与（漏五字）从事文化工作的一部分在资产阶级影响之下，在近三十年的中国发展了左翼文化运动，对于中国人民革命斗争和马克思主义思想的传播是有贡献的。自由职业者由于其生活方法的影响，一般地带有重视自己个人，轻视劳动群众的缺点，自由职业者的极少数，都是右翼分子，则站在反革命方面。自由职业者的智能是建设新中国所不可缺少的一份力量，必须细心地团结他们的绝大多数，为人民共和国服务，和这同时，必须针对他们的缺点和错误思想给以逐步的和适当的改造。(本节完)

三、小 贩 商

1. 小贩商是或者占有资本，例如(漏二字)资本、运输工具、店铺等，或者不占有资本(以赊欠、挑担子、摆摊子等项方法进行营业)，也不雇佣店员、运输人员、摊铺员等，向商业资本家或小生产者购入商品，向消费者出卖自己从事商品过程中的劳动，例如采购、运输、销售等，作为其主要生活来源的人们，小商贩有时取得小量利润，有时完全得不到利润，有时还要从其他方法弥补，才能维持生活，甚至要负债，连续小商贩生活满一年，即成立小商贩成份。

2. 只为商人担负运输，自己并不贩卖者，不被认为小商贩，而应参照其与商人关系，分别认为手工业劳动者，或商人的雇员。

3. 只对商品作简单的加工，其主要劳动属于商品流通范围，而其他条件同于小商贩者，例如卖花生，卤肉，馄饨等简单食品的人们，不应认为手工业劳动者而应认为小商贩。

4. 小商贩因较少资本，甚至没有，其能担任流通的商品数量和区域都很小，而所受商业资本和其他剥削阶级剥削的却很多，其利润一般很少，甚至没有，所以一般不需要也不可能雇佣店员，运输人员，推销人员，推销员等。商业资本家因为资本大，其剥削条件多，因而其利润多，他们一般需要也可雇佣多数店员、运输人员、推销员等。因此，在一般情况下，是否雇佣店员、运输人员、推销员等，可以作为区别小商贩和商业资本家的标志，但是如果其他条件同于小商贩，因为人手不够，只雇一两个学徒或店员者，仍认为小商贩；如果其他条件同于商业资本家，因为家庭人手多，不需要雇人，或因为并不从事商品流通过程中的必要实际工作，例如从事于买办。

5. 对于运输商人，开运载行，住旅馆等商人，开摊栈的商人，开荐头店的人们，以及从事其他有关商业活动或类似商业活动的人们，在划分其成份，判断其属于小商贩一类或属于商业资本家一类的时候，一般都可以适用本章规定的原则。

6. 小商贩的利益，在土地改革中，在新民主国家中，应受到坚决的保护。

7. 小商贩与土地的关系，见前章第五节(指第一章)。

8. 小商贩的主要地位，是独立劳动者和被剥削者，在多数情形下，类似于商业中的雇佣劳动者，其中许多人还只是一种贫民，只是极少数才能成为剥削者，他们的商业劳动，虽然不增加任何国民财富(如果不加以调节，有时还可能产生某些不利于国民经济的影响)；但在一定范围内，在真正满足同一区域或不同区域的生产者和消费者互相需要的范围内，他们的劳动，确实整个生产过程所需要的。在新民主国家的国营商店，国营运输业和人民消费合作社事业没有充分发展以前，在民主政权指导下的小商贩，对于整个经济建设的发展，仍有一定重要的贡献。(本节完)

四、学　　生

1. 在学校中受教育的人们，叫做学生。旧中国的学生，尤其是中等以上学校的学生，多数是剥削阶级的子女，但是他们一般没有直接剥削过劳动者，他们在择业后又多数从事脑力劳动的职业(自由职业者和职员等)，因此对于剥削者家庭出身的学生，一般不应按剥削者待遇，但是劳动者家庭出身的学生，则应论为劳动者。

2. 在中国经济政治实际状况教育下，在人民革命运动的影响下，学生愈来愈多的成为劳动人民的同情者和人民革命运动的参加者。其他的学生一般的也能在革命与反革命斗争时期保持中立地位。学生中只有极少数站在反革命方面，学生是人民民主革命队伍中知识分子的主要来源，参加人民民主革命队伍的知识份子叫做革命知识份子，而革命知识份子则是人民民主革命事业和人民共和国建设事业所不可缺少的力量，因此必须细心地团结学生的绝大多数为人民共和国服务。

3. 在民主政府下，学生的成份已有改变，民主政府必须注意劳动者及其子女，并在这种教育中有计划地培养劳动人民的知识份子，这是首先重要的任务，忽视这种任务是错误的。但是同时，在情况许可下，对于现在正受教育的地主富农资本家的子女，则一般不应排斥，而应加紧对于他们的革命改造的教育,使他们经过这种教育以后,能够为人民共和国服务,他们在土地改革和其他人民革命斗争中,与后道各种情况(附本节尾)不同者,适用该节规定。

【附】在土地改革和其他人民革命斗争中,革命职员之由地主富农和其他剥削阶级出身,违反革命纪律,包庇地主、富农官僚资本家,反对或妨害土地改革或其他人民革命斗争,利用地位侵占人民的利益者,应根据情况,分别予以批评、警告、降职、撤职、清洗、开除共产党员党籍、交付人民法庭审判,或其他必要和适当的处分。其曾经表示某些动摇,但是经过教育以后愿意服从土地改革法令和其他革命法令,服从革命纪律,继续革命工作者,则应当继续予以教育,并分配适当工作。其革命立场坚定,工作要奖积极者,则应受到鼓励,并使其继续工作,而不应因其家庭出身,予以打击或歧视。

五、贫　　民

1. 劳动者丧失职业,或没有固定职业,生活贫苦,连续三年以上者,叫做贫民。

2. 失业不满三年的劳动者,以失业以前的成份论。

3. 本人从未是劳动者,因为丧失或缺乏劳动力,或因受了其他不应有和不可防的打击,被迫依靠他人的劳动作为全部或主要的生活来源,例如依靠亲友接济,出租土地房屋,放债,雇工劳动,商业利润等作为全部或主要的生活来源,连续三年以上,而其生活状况不超过乡村中一般中农的水平,或城市中一般中级职员的水平者,认为平民。

4. 本人从来不是劳动者,其他条件与第三节相同而其生活状况不及乡村中一般中农的水平,或城市中一般中级职员的水平者,认为贫民。

5. 如果人们的其他条件与第三节第四节相同,而其生活状况超过各章节所说的水平者,依其剥削方法认为各种剥削者。

6. 为便利计,对于一切生活贫苦,而其阶级成份不易判断的人们,认为贫民。

7. 为便利计,对于一切生活贫苦,其阶级成份虽易判断,但无需专列一项的人们,认为贫民,例如穷塾师,穷说书人,穷的旧戏剧职业者,及其他艺人,按其生活方式,应列为自由职业者,但在没有这种必要时候,即可列入贫民。

8. 贫民与游民的区别,见本文件另有规定。

9. 对于一切属于劳动者的贫民，如第一节和第三节所说的，应该认为劳动阶级的一部分，对于不属于劳动者的贫民，入第四节所说的，应该认为是阶级社会的产物，对他们予以适当的教育改造，而不应按照剥削阶级的待遇。

10. 对于乡村中一切能耕地而缺少土地的贫民，在土地改革中应一律分给土地，使其从事从业劳动，对于不能耕种，但能从事其他劳动的贫民，以及城市中一切能劳动的贫民，亦应采取各种办法，吸收他们到生产中来，其完全丧失劳动力，绝对不能劳动者，则应暂时允许其依靠各种不劳动的收入，或采取其他可能的办法，使其维持生活。（本节完）

六、游　　民

1. 不占有，或只占有少量的生产资料，不从事劳动，或不以劳动作为主要生活来源，而以偷盗、抢劫、欺骗、敲诈、乞食、贩卖违禁品、赌博、卖淫、开设烟馆、赌坊、妓院等不正当方法作为其主要生活来源，并连续三年以上者，叫做游民。

2. 仅有不正当习惯者，例如懒惰、浪费、嫖过、赌过、吸过鸦片的人们，不用认为游民。仅以不正当方法为暂时（未连续三年）或附带（不满总收入三分之一）的生活来源者，也不应认为游民，而应按其经常的和主要的生活来源，决定其成分。

3. 原属劳动者，完全因为被迫而成为游民的人们，例如因逃难成为乞丐，因被拐卖成为娼妓，本人积极脱离游民生活，恢复劳动生活者，虽以不正当方法作为主要生活来源，并连续三年以上，亦不应认为游民，而应分别情况，认为劳动者或贫民。

4. 一般游民，应取教育政策并强迫其生产。

5. 乡村中的游民，在分配土地时，应先给予在政府及农会监督之下的使用权，暂时不给予所有权，以防其出卖。

6. 游民之有重大犯罪行为者，应由人民法庭审判并决定处理办法。

7. 对于成份不属游民，但有游民行为的人们，亦应加强教育，改变其游民行为。

8. 游民转入劳动，以劳动为全部或四分之三以上的生活来源，不犯重大罪行，普通份子满三年后，特殊份子（例如首领份子，犯过重大罪行者）属于剥

削阶级者,满五年后即可改变其成份。(本节完)

七、宗教职业者

1. 是以宗教或迷信为职业,作为其全部或主要的生活来源,并连续这种生活满三年者,叫做宗教职业者,成为宗教职业者成份。宗教职业者,在其停止宗教职业,而以劳动或其他生活方法为主要生活来源满二年者,即可改变其成份。

2. 宗教职业者为人民群众所不积极支持,并有危害人民行为,因而为民主政府禁止者,民主政府并强迫其纳入劳动,其在乡村,需要土地者,应分配给土地,同时禁止其继续欺骗及危害人民。

3. 宗教职业者之第一部份群众(教徒或其他信仰者)所积极支持,并因此为民主政府所允许者,其合法的宗教活动应受到保护,对于外国传教士,亦适用此项规定。

4. 乡村中的合法宗教职业者之生活极端困难,查明属实者,在当地群众同意下,得酌量分给一部分土地财产。对于外国传教士,不适用此项规定。

5. 无论何种宗教职业者,如果他们利用宗教掩护而进行反革命活动者,按反革命罪处理,但与反革命罪毫无关系的宗教职业者,不受牵涉。

6. 祠堂、庙宇、寺观、教堂等所占有的耕地,应由农会接受分配,但附属于祠堂、庙宇、寺观、教堂等的不大的田地,不在接受分配之列。(本节完)

八、资本家和官僚资本家

1. 资本家是占有较多的或大量的生产资料,直接地或间接地利用商品生产,剥削劳动者的剩余劳动,取得各种形态的利润或利息的人们。因为对生产过程的关系不同,主要地可分为工业资本家和商业资本家,银行资本家等类;因为资本的积累和使用方法不同,对于帝国主义,封建主义和整个国家经济的关系不同,从而资本的数量也不同,对于上述各类资本家可分为官僚资本家和普通资本家两类;官僚资本家在资本数量上是极大的资本家,对外是买办资本家,对内是垄断资本家;普通资本家在数量上一般是中型和小型的资本家,也有少数大资本家,对外一般是民族资本家,对内一般是自由资本家,连续官僚资本家生活满一年者即成立官僚资本家成份,连续普通资本家满三年者,即成立普通资本家成份。

2. 工厂、商店、银行中的不占有资本的普通职员、股份公司的小股东、银行的小存户以及各种追随的资本家和资本家制度，进行各种附属活动，但不占有资本，或只占有少量资本，经常不能取得利润，或只能取得少量利润的人们，其主要地位属于被剥削者，故均不应认为资本家或官僚资本家。

3. 普通工业资本家占有机器、工厂、原料、货币、资本等，雇佣工人劳动，生产商品，剥削工人的剩余劳动。手工业资本家，农业资本家及旧式当农，性质上是这种资本家的一部分。这种资本家，特别是机器资本家，乃是资本主义生产方式的资本构成者。

4. 普通工业资本家的生产方式，虽然也是剥削劳动者，但是这种生产方式的发展，依靠于商品生产和扩大再生产(不是自给自足经济)，依靠于自由劳动力(不是附属于地主及其土地的农民)，而商品扩大再生产的迅速发展又依靠于机器工业(不是手工业)，所以工业资本家的生产方式在中国目前和将来的一定阶段上，有其进步的作用，他们与帝国主义、封建主义联系很少，并受到帝国主义、封建主义和官僚资本主义的压迫、损害或认出。因此，虽然这种资本家对于工人有许多应该减轻或废除的剥削和压迫；虽然他们在反帝、反封建、反官僚资本的斗争中，有显著的应当警惕的软弱性和动摇性，他们的右翼还站在反革命方面，但是整个地来说，他们的多数却能对人民民主革命运动保持中立，在某种条件下和某种程度上，甚至还能参加这种革命运动。因为这些资本家的财产和营业应当受到坚决的保护，而不允许加以侵犯和破坏，在新民主国家中，应该使这种资本家在新民主国家的经济领导下，从事有益于国民经济的生产活动，根据公私兼顾，劳资两利的方针，达到发展生产，繁荣经济的目的。

5. 普通商业资本家占有货币资本和商店，或者还占有堆栈和运输工具，他们雇佣店员、运输人员、推销员等贩卖大量商品，从中剥削生产者和消费者。这种资本家，因为自己不进行生产，所以不能构成任何生产方式，而以不同的地位存在于进行着不同程度的商品生产和阶级社会中。

6. 中国的普通资本家，因为中国是处在几种不同生产方式，同时存在的过渡时期，所以他们既有附属于自由资本主义的生产方式的一面，也有其附属于帝国主义、封建主义和官僚资本主义因而妨碍着(漏二字)资本主义生产方式的一面。参加于发展民族生产事业而对帝国主义、封建主义和官僚资本主放贷事业的资本家,在帝国主义、封建主义义有妨碍的商业资本家,其地位类似于普通工业资本家,新民主国家对他们的政策也和对待普通工业资本家的政策一样,其他的商业资本家例如从事于买办、高利贷、官僚资本主义的统治被推翻以后,其地位将必然地发生重大的变化,新民主国家应当禁止他们的非法活动,并且要求他们在新民主国家经济的领导下从事有益于国民经济的正当活动。一切从事于正当活动的商业资本家的合法财产和合法营业,都应当受到坚决的保护,而不允许加以侵犯和破坏。

7. 银行资本家占有货币资本和各种证券(包括债券和股票等),常常还占有作为资本的地产企业,商品等;向工业资本家和其他生产者或消费者,进行资本的买卖,以利息的形式间接或直接剥削劳动者。银行资本家的资本叫做借贷资本。虽然资本主义国家的银行资本,特别是银行资本与产业资本相结合而形成的金融资本(亦称财政资本)是在资本主义生产方式的基础上发展起来的,是一种特殊性质的借贷资本,但是借贷资本本身与商业资本一样,也不能构成任何生产方式,也是不同的地位存在于不同的阶级社会中。

8. 中国许多银行资本家或金融资本家,虽然也是与资本主义的生产方式同时发展的,但是其发展都不同于资本主义的生产方式同时发展,而恰恰表示了资本主义生产方式的不发展。许多银行资本是与帝国主义剥削主义相结合的,而官僚资本主义的经济基础,正是建立在这种与帝国主义、封建主义相结合的银行资本上面,他们不但是完全寄生的资本家,甚至还利用帝国主义作买办,利用金融机构和其他各种机构,利用高利贷等方法,对于民族生产过程产生积极的破坏作用,他们与资本主义以前的借贷资本家即高利贷者并无本质上的不同,因为这样,新民主国家对于一切在国民经济中起着破坏作用的银行资本,这主要地是属于官僚资产阶级的银行资本,必须没收,加以改造,使其为新民主主义的国民经济服务。对于其他的银行资本,则不在没收之列。新民主国家对于一切从事于发展民族生产事业,愿意在新民主国家经济领导下从事有益于国民经济的正当活动的银行资本家,当予以保护。

9. 官僚资本是利用官僚特权,掠夺并积累大量资本,或者由官僚个人或某些官僚集团用私人名义经营或控制,或者因属于官僚的国家机构由某些官僚集团用国家的名义经营和控制,在经济上从而在政治上代表着帝国主义和封建的利益，并从而对于国民经济占有垄断地位的人们。官僚资本家的主体是金融资本家，他们的性质是帝国主义金融资本在中国的代办，是中国封建主义在其与帝国主义相结合以后的变种，因此他们在剥削方法上虽然在封建主义的基础上加进了资本主义，但是在生产方式上，就整个来说，都是与旧式的地主阶级同样是资本主义发展的基本障碍，而且因为他们是帝国主义和封建主义统治中国的主要代表，即中国反革命的主要领袖，所以还是这个发展的障碍。

10. 官僚资本家阶级，当作一个阶级，必须和地主阶级一样地予以消灭，官僚资本家的土地财产，必须全部没收；其属于地主部分的土地财产，应当分配给农民；其属于工商业部分及其他部分的土地财产，应当由新民主国家接收。官僚资本家的领袖就是汉奸、内战罪犯，和反革命的领袖，必须追寻他们到天涯海角，务使其归案法办。但是对于官僚资本家中犯罪较轻，愿意悔过份子，以及官僚资本家的没有参加犯罪的家属，则应当按照具体情况分别对待。

九、工　　人

1. 工人是一般不占有土地，工具或其他生产资料，以向资本家或其他雇工生产者出卖劳动力，或在新民主国家企业中劳动，取得工资，作为其全部或主要生活来源的人们。适合于上述条件，并连续这种生活满一年者，即成立工人成份。

2. 生产中的各种工人，例如产业工人、手工业工人、雇农、店员等，是工人阶级的基本成份，而在大企业中从事集体劳动的产业工人，则是工人阶级中最进步者，此外国家机关、公共团体和个人为行政或消费的目的所雇佣的集体劳动者或单独劳动者，也应当认为工人阶级的一部分。

3. 工人阶级是中国最进步和受痛苦的阶级，因此是中国人民革命的主要领导者，工人在土地改革中和新民主国家中应当积极负起领导的责任。

4. 工人一般没有土地也不需要土地，其占有土地或因特殊情形需要土地，并得农会同意者，适用第一章第五节规定。

5. 新民主国家必须保证一切公私企业中的工人获得生活改善，反对或忽视这种改善是错误的，但是这种生活的改善不应当超出经济情况所许可的范围，不应当违背发展生产，繁荣经济，公私兼顾，劳资两利的总原则。

6. 在新民主国家的企业中,工人处于不受剥削的主人地位,应当与企业中的领导者(同是工人阶级的一份子)通力合作,为人民及其国家发展生产,为战争胜利和国家的建设而奋斗。

7. 在新民主国家的私人企业中,工人一方面还要受到一定的剥削,另一方面又已处于国家主人地位,因此,工人应当与资本家根据发展生产,劳资两利的原则,共同进行生产,以便一方面使工人生活获得相当的改善,另一方面使资本家获得相同的利润,并团结起来共同为战争的胜利和国家的建设而奋斗。

8. 在反革命统治下的旧中国,对民族的自由的中小资本家,工人一方面首先应当保护自己的利益,反对过度的剥削和压迫,适当地改善劳动条件;另一方面,应当唤起资本家与工人携手,以便共同反对帝国主义、封建主义和官僚资本家的压迫。对于官僚资本家和帝国主义,主要是美国帝国主义者,工人应当进行坚决的但是不是冒进主义的斗争,以便有效地配合人民解放军的革命战争和农民的土地改革,获得最后的胜利。

9. 共产党员应当经常教育工人群众,使他们充分了解并积极参加国家的和地方的(首先是城市的)政治生活,并积极增进自己和其他劳动人民的联系。(本节完)

十、职员和革命职员

1. 职员是在企业中,在国家政权系统中,在人民团体中,被雇佣或任用从事脑力劳动,取得薪水,作为其全部或主要生活来源的人们。合适上述条件,并连续这种生活满一年者,即成立职员成份。

2. 旧中国的职员有各种不同的情况,他们一般是知识分子,其中许多人的家庭占有较多或少的生活资料,但是一般不作为本人生活来源。所有下级职员与一部分中级职员与工人的地位相同。在许多企业中,作为工人阶级的一部分而加入职工会;另一部分中级职员和一部分高级职员和所有最高级的职员,则是地主、资本家、官僚资本家或官僚自己。在土地改革中和新民主国家中,应当按照他们的不同情况,给以不同的待遇,不可把一般职员(工人或劳动者的一部分)与地主资本家、官僚资本家或官僚相混淆。

3. 在蒋介石统治的国家机关中,特别是被那些特务组织所控制的机关,例如国民党干部等,有一部分是站在反革命方面的,但是,罪恶最大和反动最坚决的人们,则占少数。民主政府对这些人的基本原则,则是首恶必办,胁从不问,立功者奖。

4. 在新民主国家机关和人民革命团体中工作,并以这种工作为职业的全体人员,无论其分工如何,都叫做革命职员。革命职员一般都是工人阶级和劳动人员的一部分,属于无产与半无产阶级政党共产党的革命职员,是无产阶级和劳动人民的最觉悟的一部分。

5. 劳动者出身的革命职员,在其担任工作以后,即可取得革命职员成份,剥削者出身或剥削家庭出身的革命职员在其担任工作满二年以后,即可取得革命职员成份,但其本人出身或家庭出身不因此而改变。其在革命工作中建立殊熟者,或因公牺牲者,得由上级机关提前改变其成份。革命职员因过失撤销一切革命工作者,其革命职员成份即同时被取消。

6. 不脱离家庭经济生活,而担任革命工作者,其成份不变更。

7. 革命职员必须忠实服从所属国家机关,或人民革命团体的一切纪律和决定,无条件地反对帝国主义和封建主义。拥护土地改革,积极参加消灭封建制度,没收官僚资本,建立新民主国家的人民革命斗争。

8. 在土地改革和其他人民革命斗争中,革命职员之由地主、富农或其他剥削阶级出身;违反革命纪律,包庇地主、富农、官僚资本家,反对或妨害土地改革或其他人民革命斗争,利用地位侵占人民利益者应依据情况分别予以批评、警告、降职、撤职、清洗、开除共产党员党籍,交付人民法庭审判,或其他必要的和适当的处分。其曾经表示某些动摇,但是经过教育以后,愿意服从土地改革法令和其他革命法令,服从革命纪律,继续革命工作者,则应当继续予以教育,并分配其适当工作,其革命立场坚定,工作忠实积极者,则应受到鼓励,并使其积极工作,而不应由其家庭出身予以打消或歧视。

9. 革命职员的直系家属,即其父、母、妻、子以及十六岁以前的劳务,在革命职员担任工作时间内,无论其所属为何成份,都按照革命家属待遇。如果革命职员脱离了家庭经济生活,而其家庭多在乡村以农业为生活,在分配土地时,一般应将本人计入家庭人口,但是如果在同一家庭中这种人员在二人以上,或其家属并不需要多分土地者,则应酌量处理。

10. 革命职员家属生活极端困难,查明属实者,得当地政府酌量财务对待革命军人家属办法,设法予以帮助。革命职员家属能够维持生活者,则不得要求这种帮助。革命职员家属,因为没有劳动力或缺少劳动力而出租或雇工耕种土地者,不得认为剥削行为。(本节完)

(文件编号:D110(4))

中央组织部向毛主席的报告

1949 年 3 月

三月份的综合报告，由于二中全会及中央搬家等原因，迟至现在才送呈。五月份的综合报告，当尽可能于本月底写好送上。

中国革命将要取得完全的胜利，新解放城市的青年知识分子已经或将要大批地涌入革命队伍里，参加工作或学习。如何团结、教育和改造他们，使之更好地为人民来服务，就成为党在目前必须善为解决的一个重要的问题。

这些青年知识分子一般是有热情、有能力，但存在着浓厚的自由主义，不习惯于有组织、有纪律的生活，而且高傲自大，不切实际。其中一部份甚至是不老实的，对自己的历史和思想有夸大或隐瞒的错误。出身于地主富农的人，对土地改革，消灭封建的任务，或者是口头上拥护而实际上反对，或者只是笼统地、抽象地赞成，而不是具体地认识。党应针对这些情况，在他们参加革命队伍之后，立即向他们诚恳坦白[地]讲清楚以下几个问题，使他们在思想改造的路程上少走或不走弯路。

（一）要告诉他们必须采取老实的态度，有什么说什么，是什么就是什么，绝不应有任何的虚伪性隐瞒。举凡家庭情况、个人历史，社会关系、社会活动及其他等等，都必须向组织彻底坦白清楚，以免将来一旦发现事实与所说不符时，就必然增加组织上的麻烦和个人的痛苦。要使他们了解，不管曾经参加过什么组织，做过什么对不起人民的事，只要今天坦白说出和认识清楚，我们的党和人民是不咎既往的。反之，凡不肯老实说明自己的历史与思想的人，就不可能获得党和人民的信任，并且到了一定的时候，是会受到很大的痛苦的。

应该用过去延安审查干部的经验教育他们，要老实告诉他们，那时所以错戴了许多特务帽子，除主观上的缺点外，还有其客观原因。这就是许多青年知识分子在抗战初期参加革命队伍时，对组织没有采取老实的态度，隐瞒和假造了自己的历史。一旦到整风审干，便矛盾百出，不能自圆其说。再加之以往所犯的自由主义的错误，使思想问题与政治问题纠缠不清，于是不少的人被误认为是特务分子（也有一些真是特务分子），而受到了许多不必要的痛苦。这样的事情今后还可能发生。因为假若客观的原因还继续存在，则势必造成主观上的若干错误，这对党和他们都是很不好的。

最近的经验证明，只要我们选择适当的时机，召开一个会议，向新参加工作的青年知识分子讲清上述的道理，将会很快收到效果的。他们必会感到党是真正爱护他们的。为了避免将来的麻烦，应赶快向党讲老实话。于是纷纷要求改正他们曾经填写过的表格和自传，或向党坦白他们过去应该说而没有说的事情（有曾参加过反动组织的，有曾进行过反动活动的，有曾当过警察和宪兵的，有曾有过吃喝嫖赌之腐化生活的，有隐瞒家庭真实情况的，有假报学历和年岁的，以及各种性质不同的大小隐瞒等）。之后，我们再个别的找他们谈话，恳切地问他们是否已经讲完，还有没有其他的隐瞒。如果已经讲完了，再没有隐瞒了，那么也就算了。这时应切实注意不采取任何逼的办法，也不主动地提出他的什么问题。经过这样教育，好的和较好的，一般可以解决问题，其余少数，俟将来获得确实材料证明他们是不老实之时，再正式提出审查。既可以解决问题，又不致脱离群众。

（二）要告诉他们必须站稳正确的立场。千百万农民起来，实行土地改革，彻底消灭封建，是正义的、革命的，只准拥护，不准反对。地主富农出身的或与地主富农有亲友联系的，应当机立断，决心与自己家庭或亲友断绝联系，不准暗中包庇或抵抗。假若有这样的事情，必会受到人民的惩罚。

应该用过去各地土改整党的经验，教育他们。要老实告诉他们，那时党内有一部份地主富农出身的或与地主富农有亲友关系的干部，曾经暗中包庇过其家庭或亲友，甚至公开抵抗过农民的土地改革，结果都吃了大亏。有些是受了党和人民的应有的惩罚（如开除党籍，留党察看及其他党纪之处分，以及群众斗争等），也有些是过重地受到了这种处罚的（甚至有被群众打死的）。

最近的经验证明，只要我们讲清上述的道理，有些人是会在内心里经过一番激烈的斗争后，切实站到农民方面来。也有些虽然还不愿意同农民站在一起，但同时也不敢包庇自己的封建家庭，更不敢公开反对群众的行动。假若经过这样的教育，仍然有人暗中包庇其家庭或公开反对群众的土地改革斗争，那么，这正足以说明他是偶然参加革命的，或是投机分子，而不是我们革命队伍里的人。

（三）要告诉他们必须学习实事求是的作风。自以为是、夸夸其谈、理想很高，但脱离实际，这是一般知识分子最易犯的毛病，也是障碍他们进步的最大原因。要告诉他们：必须深入下层，埋头苦干，联系群众，虚心学习，用正确的批评和自我批评的方法，逐渐地改造自己与提高自己。任何高傲自大、不学习、不进步的人，在革命队伍中，终究是会落伍掉队的。同样，我们也必须以老实的态度对待他们，是则是，非则非，有错误、有缺点，即公开承认。那种害怕承认缺点，企图避免予新来参加革命的人以不良影响的想法是错误的，有害的。因为新来的青年知识分子，在他们未来以前，对我党、我军、我解放区、我老干部是理想化的。但当他们接触了我们之后，又很容易转到另一个极端，即是说我们的什么也不好。如果此时我们不敢公开承认自己的缺点，就不但不能克服他们片面的认识，而且会使他们的这种认识更加顽固化。当我们敢于公开承认自己的缺点错误之后，再用许多具体的事实，说明我们基本上是好的，而且那些缺点和错误，随着革命的发展是会逐渐克服的，这样才会使他们达到正确认识的过程可以缩短，新老干部之间的关系获得改善。在这个基础上，逐渐进行反对自由主义，加强组织性和纪律性的教育，是事半功倍的。

总之，我们对于新来参加革命的青年知识分子，不但在他们犯了错误之后应帮助他改正错误，而且在他们未犯错误以前应帮助他们防止可能避免的错误。这是我们的责任。

上述的意见是否妥当，请你指正。

（文件编号：D80(1)）

三野来时交代报告

1949 年 4 月 24 日报告提纲

（一）组织情况

1. 发展与特点：

(1) 抗战前后与目前的总数、分布的所在部门：

工人：两浦、京沪、永利、被服、兵工、汽车厂、水电厂、邮政、电信、三轮车、码头、印刷……

学生：十个专科学校、中学（市立）十余所、小学教师，市立学校的大多数（全市 168 所）。

公务员：中央各部会、各院系及所属之附属机关、市政府主要部门；武职机关：联勤、国防部大撤后我们保存一些机关。

商店职员：各大商场，旧式商店少。

银行职员：主要大银行（地方等中央以上银行均撤走，51 所是空的）。

文化界：各个报馆（十余个）、广播电台、三个剧团、多个学术机关。

武装组织：警察、义警、工人自卫队、医院。

(2) 组织系统

原则：① 按照产业。② 郊外分区。③ 城内产业部门工人、小教、警察，分区。④ 公开秘密绝对分开（支部与党团）。⑤ 青年老年不分，男女不分。

市委：

① 策反：二个情报系统（史永），武职机关。

② 宣传（王①）：大中小学；

文委——报纸、电台、剧团；

统战。

（各个委员会）

③ 工人（陈②）：警察、工人武装；

---

① 疑为王明远，时为市委委员。

② 疑为陈慎言，时任市委委员。

工委——各行各业工人，郊区。

④ 公务员（高）：中央各部会、市政府、保甲、各个委员会。

⑤ 职员（汤）：金融——二个系统；商店职员。

⑥ 市委以下各项机关：电台、机关、保管处、调[查][研]究工作者。

⑦ 外地：镇江、淮南煤矿；芜湖、安庆；徐州、京沪沿线各小城市（六■、龙潭、无[锡]、苏[州]、常州、丹阳）。

2. 领导方法原则：

(1) 路线与政策集中讨论，各部门独立作战（集中又分散）。

(2) 互不打通，书记负总责任（各级），一元化。

3. 缺点与优点：

优点：① 敌人不易侦察，分散。② 工作任务统一，容易领导群众一致行动。

缺点：① 级数太多，指挥不灵。② 干部专业化，其他不懂。

（二）迎接解放与地方治安维持

1. 掌握 K 军 97 师的力量，配合解放军（主力军 97、96[师]、炮台、警察、工人武装），先占领城市，组织各界代表会（名单决定），维持治安。

2. 解放军歼灭敌人，我们配合维持治安。① 组织各界代表会出面，民主性的。② 立即成立警察指挥部（保留工作事先有布置），组织工人、职员、各机关的全体员工自卫组织，22—25 日四天。

维持工作的经过情况：一般良好，解[放]军与义警的误会，西郊迎接解放军。

现在维持治安与武装问题的解决办法：① 警察指挥部（4 000）派特派员指导，正式成立各局。② 地方帮助清查人员，支部分配到各局以便控制与教育群众。③ 一律先缴枪，统一再发。④ 义警开花名册，臂章军[管会]统一发给，地方党保〈障〉证没有特别[人]持枪，枪支登记。⑤ 工人自卫队及各机关员工枪支一律交出，机关派解[放]军保护，青木棒不交。

（三）接管工作（反撤退工作的斗争）

原则：① 接与管分开。

② 凡实力强大的与简单的（如大中小学校），由党的组织先复工、复课、复业，以后清查与调整改造，节省麻烦。

③ 凡属空机关组织公务员联系会，集中看管，造好清册等待接收，一律不准移动。

④ 各个仓库，重要物资所在地通知解放军看管，事先由地方武装保护（如被服库，粮食仓库等）。

⑤ 党的组织系统按照接收原则，维护各重要企业（如电信、邮政、水电等）。

⑥ 以党为中心，动员最大多数 M 共同看管。

⑦ 由支部提出今后接管意见，各个单位配备具体接收人员——分为三种。

⑧ 统一的接收机关的计划（看表）。

⑨ 各个机关在六个月以前收集材料——土地、各机关的现有财产、调查隐藏的物资、集中特务、电台的名单地址。

⑩ 各机关人员的调查——公务员、技术人员、技工政治背景。

⑪ 研究税则、税源，管理工商业，金融机关，交通，节省公用事业的浪费方案。~~⑫ 党员干部接收工作人员的具体分工按照现有组织，“一人领头，动员全党”，军管统一分配，“只提意见，不作决定”。~~

（四）群众运动问题

1. 群众的组织状况：（南京学生联合会）

① 学生——全市大中学联，大中学如有自治会组织，全部由党控制，教授、员工、校警联合一致。

② 教员——小学教师、教职员工联合会、中学教师联谊会全部由党控制。

③ 工人——N[①] 市工人联合会筹备会，否认一切的 KMT 的老工会。

各业工人的组织——印联、电信、电灯、自来水、永利、汽车工人、被服厂、军事工业、铁路津浦、江浦两路（党控制）。

④ 职员——百货业工人联合会（党控制），银钱业员工联谊会，其他尚在筹备中（老高）（全部控制），商界职工联合会。

⑤ 各行各业筹备“商人联合会”，准备取消市商会——可以控制一部分。

⑥ 文协筹备会（全部控制）。

---

① 指南京市。

⑦ 其他，妇女、新青团组织的计划。

⑧ 维持会应当取消，各界人民代表会应当筹备起来。

2. 目前群众运动中心任务：

(1) 大刀阔斧搭起组织机构以便号召开展下属的组织。

(2) 改造与取消一切不合民主原则的团体——① 凡属 KMT 的群众组织取消。② 凡属用国外、用 KMT 合法名义，被 M 怀疑的改组（如小教协）。③ 凡属灰色娱乐，而无领导性改造（银联）。

(3) 一律建立党团，发扬民主精神，提拔[积]极分子。

(4) 筹备五一节，欢迎解放军游行——请指示。

（五）全部改组党的组织

① 暂时原有组织不动，零星的调整，建立支部，分工。

② 进行党内调查，登记表等。

③ 进行思想教育——“思想解放”，改造地下作风，扫除妨碍。“与人为善，互相学习”，提高团结性，与外来干部合作，反对宗派主义、功臣观念、地位观念。

建设的经验！

（文件编号：D106）

陈修良致华东局并请转中央函电

1949年5月2日

甲、四月廿十一日晚，敌军警宪仓卒撤离南京时，全市即陷入无政府状态，到处抢劫……

解放前全市有97个单位[中]，有关系者64局所：

1. 商店组织义务警察约1 000人，工人纠察队3 000余人。

2. 各专科以上学校师生员工组织，各政府机关公务员联谊会，组织起来的员工，混乱时即将敌人遗弃枪支，多少不等武装了自己，青木棒不计其数，此项群众数[目]相当巨大，无法统计，至少七八千人。

3. 在维持治安中仅死亡廿一人，贫民死伤数人。

乙、南京政治犯七十六名，经地下党疏通，已在解放前全部释放。除南京地下党六名分配工作外，其余已各自走散，但名单尚在。普通犯全部在狱。

丙、由马青苑等所组织之维持会，除开会出布告并放纵江南挺进队（敌特武装）到处肆扰接管，与地下党对立地组织人民团体以外，并无维持治安的实际作用。廿九日维持会已自动取消。现在我们正在进行对其统战工作，详情容续报。

丁、此次教训是：

① 入城部队应与地下党事先有联络，避免自己人缴自己枪支及逮捕我党员等情况的误会。

② 军队未入城前，如无法维持，必有抢掠者，应让调地下党掌握及组织人民武装及敌人军警宪内应工作，避免地方糜烂。

陈修良

五月二日

（文件编号：R34）

南京市委向中央及华东局五月份综合报告

1949年5月23日

毛主席、华东局：

第一，我们进城后的工作概况。

南京敌于四月二十三日全部撤走，我三十五军于二十四日入城，即将全部物资看管，五月一日宣布警备司令部成立，由三十五军担任警备部队，现已与三十四军换防。市委于二十六日带主要干部三十余人赶到南京，即与秘密党市委会师，于二十八日军管会宣布成立，军管会组织辰微电已有报告。四月三十日新华日报开始出版。五月一日在华东局直接领导下召开解放区与地下党干部三千余人的会师大会，随即开始接管工作。迄今接收已大体完成，市政府已于五月十日宣布成立，自十三日起召开各界座谈会(工人、学生、文化界、工商界)，至十八日开完。电灯、自来水一日未停，学校始终未辍学停课，商店自"货币决定"公布后均先后复市，市内火车、公共汽车原已停驶很久，现已复业。

第二，我们对南京市初步的了解：

南京市为敌之反动统治中心，是一个畸形的庞大臃肿的官僚消费城市。二十二个外国公使馆均在此地，经济上几乎完全依赖美国联系上海，形成一个典型的半殖民地城市。解放前连公营企业在内，共有工商业一万六千家。全市人口：估计工人约二十万(包括店员在内，内有产业工人五万)，大中学生三万，小学生十二万，公务员二万(最多时约十万，敌撤前大部撤退疏散)，教职员一万五千，警察一万八千，贫民(及其家属)十万，城郊农民(及其家属)三万。上述人员连其家属在内合计共二十万户，约一百三十万人。敌撤退后人口当有减少，现尚无确实统计。因之南京的特点是：工厂少，衙门及公馆多(房产即占全市百分之七十五)；工人少，公务人员多。少数之公营工业(除军需工业及马鞍山硫化铁矿厂外)多属市政消费性质(如水电)，机器工业则属装配性质，不能独立生产，半殖民地色彩浓厚。原领导之机构重重叠叠，下属生产单位极少，其中冗员又多。因此，一切官办企业，无不赔本(如电厂、农场等)。较大之私营企业亦极少，只有永利化学厂与有恒面粉公司两家。私营小型机器手工业作坊，如化学工业及钢铁机器业等约两千余家。因此，今后如何把消费的南京变成生产的南京，还是一个难题。据永利化学厂工程师说，硫酸铵（即肥田粉）工厂，中国只永利一家，日本一小国尚有二十余家，他们有决心来发展硫酸铵工业。又说，肥田粉农田使用后，可增产三四倍。我们正考虑，如何在工业建设上使此类主要工业发展。

第三，我们与各方接触中所见到的各阶层动态。我们除已分别开过各界座谈会外，并从多方面了解情况，现了解尚不全面，就已知者简述如下：

入城来秩序尚安定，特别是工人、学生，过去长期受压迫剥削，初获解放热情很高。一般反映，感到我军纪律好，对我之艰苦作风[很]称赞。目前在业工人要求复工，对工资尚无过高要求；失业工人要求有工做，要求救济；现正抓紧解决工资、复业与失业三大问题，求得能首先稳定与依靠工人阶级。但工人对旧职员及旧制度仍存不满，现在抓紧教育与领导，求得逐步的合理的解决。如有劳资纠纷须经过职工会协同劳动局来研究处理。学生们要求参加工作，改进教育制度，加强学习，并解决生活问题。他们的要求有些是合理的，有些是过高的，现正进行教育说服。工商业界对清算斗争还有顾虑，经我解释及事实表现后，则对我大大捧场，要求我们协助解决原料、燃料、运输、转业等困难，要求贷款。有些人要求是正当的，有些则想完全靠我们帮助，去办他们的事情，讨我们的便宜。工程师、技师一般表现还好，虽然有一些人以为不依靠美国不能恢复生产（如资源委员会系统），绝大多数对我建设方针极为拥护，对南京建设亦提出很多积极有益的意见。所谓民主人士，实际是一些中间偏右的人士和亲美的学者，他们对我们当权会不会腐化怀疑，要求给他们的地位与"充分的民主自由"，要求我们把美国留学生请回来领导技术，实际上就是要我们依靠他们这些人来建设新中国，就是要取得美国的援助。总之，其中有些是好的，表示愿意靠拢我们，有些则是想钻我们的空子，争取地位，在革命阵营中建立反对派。经过各界座谈会后，一般反应尚好，准备由各部门继续分别召开座谈会，宣传我党各种政策，倾听群众意见，并决定由政府各部门对相关各界建立有系统的经常不断的联系制度，使其政府声息相通，一切设施与之讨论，并接受其建议，以打下今后建立人民代表会的基础。

第四，干部情况：

现在的干部情况，计：自解放区及解放军调来共约三千人（内包括地方调来的干部二千一百九十人；二野各兵团调来干部四百五十二人；二野后勤、特纵、卫生部及中央调来之航空、制影、公安、外事及华东局调来之银行、书店干部约五百人），原地下党参加公开工作者八百人；学生一千五百人（内军大一千人，中学生四百四十二人）。一般说来数量虽不少，但工作能力不甚强（属县团级以上干部三百七十九人，干部统计好后别报）。区级以下农民干部很多，新来学生亦多。现在一方面感到干部不够，另一面又有些分配不下去。因此，抓紧政策教育与思想领导，尤其逐步统一干部的思想，提高干部政治觉悟、工作能力，特别要在工作中学习生产的技术，管理生产，管理市政的方法，是非常重要的。为解决干部困难，拟开办各种训练班及华东大学分校或南京大学。现工运干部训练班已开课（到二百五十人），军大已招生，报名很踊跃。其他如工人学校、财经训练班等正在筹设中。至于干部中发生坏的倾向是骄傲退化，要好公馆、好汽车，浮华铺张浪费，甚至玩弄舞女，以胜利者自居，盛气凌人，动辄称人为伪职员，带兵的不大听指挥，我们已抓紧此种倾向分别教育与斗争。

第五，我们接管工作情形及处理的问题：

此次撤退后，除军警特务机关一部分被敌人自行破坏及少数地方为游民偷窃外，其他大部完好。尤其工人、职员、学生在地下党领导下，为了保护资材，早已组成了“员工联谊会”、“应变会”等团体，作用很大。这是我们能完成接收任务主要因素之一。目前接收工作已大体完成，已接收大批物资（统计好后即报）。在接收中，多数干部都能深入城市政策与纪律教育，坚持请示报告制度，稳重处理一切问题，虽有时流于迟缓，但未出大的乱子。为顺利进行接管工作，我们会抓紧解决下述几个问题：全党在思想上、组织上、政策上完全会师，贯彻华东局关于会师的指示。此项已报告于辰巧电内。

其二，是金融。即处理和排除伪金圆券。五月二日公布比价及限兑办法，不过八天，已基本上完成排除伪币工作。经验证明，由于伪币本身猛然贬值和群众厌恶，只要我们有正确的政策，排除伪币是比较容易的。物价问题虽已发现南京物价较镇江、芜湖为低，由于有些同志盲目的满足于低物价政策，缺少有计划、有步骤的加以领导，致使预借工资时，市面物价自发上涨，引起波动很大（现在物价已趋平稳）。收购物资，我动手太迟，征税由于税收机关成立过迟，未能有力配合人民币的发行。现时对银元市场正进行管理，逐步禁止流通，工人、贫民非常讨厌银元买卖波动物价。只要我们掌握好，困难亦不大。

其三，是在职的员工生活。根据职工的反映，怕工资降低，怕发薪太迟，怕失业，希望我们快接管，解决他们生活问题。因此，我们一面加紧以原职原薪为依据，研究工资标准；另一面于四日即决定发放工人、职员、教员第一次工资预借费人民币二千元，十七日又发第二次预借费三千元。对公费学生处理方法，采取先经学生会讨论，文教会批准后，再发生活补助费一千元。第一次领取预借费及补助费者约九万人（此项财政开支很大，我们正拟解决办法）。两次预借，对职工、教员、学生情绪起了稳定作用；且使我们争取主动，赢得时间来研究问题。

其四，是外侨问题。由于从长期反帝思想中深入对外政策教育不够，以致出了很多乱子，不断纠正。现又抓紧陆续调来部队与干部，不断进行对待外侨的守则与纪律教育。此项问题历次均有电告。

第六，今后工作之布置：

其一，恢复生产为中心任务。我们对公营企业、私营企业与手工业生产组织及其原料、制造、销路及至轮船、火车、邮电等交通问题，正由各方调查研究，并拟以政府为主，吸收适当数目的工业资本家、工程师、科学家、职工代表，组成生产设计委员会，作出三个月恢复生产的初步计划。此项计划须与生产密切联系的商业与银行工作结合起来，以免发生无系统地、盲目的在城市进行恢复生产的工作。同时，照顾历来城乡矛盾的问题，特别在农村大兵灾破坏之后，如何使城市生产协助农村恢复生产，并互相配合。

现在城市生产要迅速解决的问题：

一是复工问题。电厂、水厂、矿厂、机械厂、兵工厂、被服厂（该厂每月可生产军装十万套）等均已先复工，凡有益于国计民生的一切公私工商业亦拟有步骤的协助复工。南京失业的人很多，劳动力不缺。这样，一方面满足军民的急切需要；另一方面吸引了大批员工安全生产之基础。并修理多年未用的水道、长江堤防等工作，以防水患。

二是工资问题。拟依原职原薪标准于本月底完成工薪研究（根据南京调查材料，敌人三个月后发之工资差额甚大，求平均数较困难，因此，我们依据实际情况作出决定），下月即分级发原工资，这样可以稳定工人、职员情绪，安定人心，也可减少市场物价波动。

其二，处理失业问题。除积极复工恢复生产外，拟组织转业与开办工人学校，以安置失业工人。对公务人员，我们意见：有专门技能及特种研究之专家、学者、技术人员及政治纯洁、年轻体健、有改造前途者，留职或送训；因老弱疾病、即无专长只能消费的人，送回原籍从事生产或转业。我们拟主动疏散人口，收容散兵游勇，遣散逃亡地主、贫民回原籍农村去生产。处理意见辰文电已有报告，具体计划办法正在确定中。并在这样处理失业问题之中，加强公安工作，维护社会治安，保护工商业之恢复。

其三，文化科学教育。南京大中学校及研究院近百所，今后须使之围绕生产建设的中心工作而进行文化教育工作，其教育制度、教育计划，已指示教育局召集教育家具体研究，作出有步骤的计划，另电呈请示。

此报告作为五月份综合报告，上述意见是否有当，请示。

南京市委

五月二十三日

（文件编号：D80(6)）

南京市委向中央及华东局关于接收工作报告

1949年5月30日

南京军管时期主要的接收工作已完成，现仅有少数点收未清和某些公私纠葛尚待了解研究者，至应接收而尚未发现之仓库机关等为数恐不多，正在调查中。兹将接收情况，简报如后，整个接收总结，容后详报。

（一）现已接收的单位共计七〇七个，其中原属伪南京市系统的四〇六个，属伪中央系统的三〇一个。在此七〇七个单位中，大小工矿三十八所（如华中矿务局、马鞍山矿场、中央电照厂、中央电瓷公司、皖南电厂、首都电厂、中央无线电公司南京厂、中央有线电公司、农药机械公司、长江碾米厂、中央机械公司南京厂、中央化工厂等）。研究试验的学术机关十六处（如资源委会经济研究所、资源委会矿产测勘处、中央地质调查所、雷达研究所、物理研究所、地质研究所、社会科学研究所、中央农业试验所、棉产改进处、中央图书馆、中央博物馆、中央林业实验所等）。大学二所，专职学校十三所（如药专、音乐院、东方语专、水利学校、助产学校、护士学校、戏剧专科学校、边疆学院等）。中学十四所，小学一六九所，医院十五所，卫生机关十所。此外除报馆（十五）、银行（三二）、农场（九）及数十处企业部门外，尚有近二百七十个单位以上的官僚机构。

（二）接收的主要物资为银元三八万元、黄金六三五两、美钞三八〇〇元；各种粮食二七九五万斤。炮一七九门、机枪一八六挺、步枪万余支，这些都是坏的居多。炮弹四〇万发、子弹一四三九万发、高射机枪弹五〇万发。布五七七三匹，各种单罩衣四七万件、衬衣三九二九七件、鞋十万双、袜子廿八万双、毛巾二五万条。汽车一一五五辆（大部是坏的）、机车二二六辆（有四五辆待修）、货车皮一〇三三辆、客车四一四辆；大小轮船十三艘。汽油二三〇四五桶，另一九一九一加仑。医药器材二万箱（主要在各医院）；农场土地三十万亩。

（三）各已接管单位现有之职员、工人、警察等共近七万人，计职一员二万余（内有技术人员四千余），工人三万（内产业工人一万七千余，茶役万余人），学校教职员三千余人，受补助之学生五千名（南京现有大专学生四千余，中学生七千余)，旧警察五千余名，救济院孤老难民一千六百名。

(四) 接收之房产为数甚多，除各机关外，公馆住宅亦不少。因公馆住宅问题复杂，许多都因无人而予以代管，并未宣布接收。整个数目现无法查清，约占全南京市房产百分之四五十。

(五) 接收工作的进行，由于有地下党同志的配合，一般都很顺利。然南京为国民党反动派统治廿年之久，特务势力亦最雄厚，故问题甚多。如中大之师范学院教育系，几全为CC所把持，已跑之CC大将陈鹤亭，上海解放后又跑回中大。体育系为朱家骅系所把持，艺术系为张道藩系所把持，边政系则仅有一个教授较进步。有的学校过去的打手均未及逃走，整个南京中等学校大部均非CC或三青团不能立足。工厂方面除马鞍山铁矿及被服厂、兵工厂(大部均搬走了)外，资源委员会所属工厂几全部为装配性质，零件全属美国货，农具厂机器尚好，但厂内一切文件全为英文，一切图样均属从美国及上海送来，这都有待于今后逐渐加以解决。但群众情绪是好的，各工厂的技术人员，中大大部份教授，均积极要求进步，这对于我们是非常有利的条件。各机关的旧有人员，除我们必须留下的职工外(包括铁路员工约五万余人，看守房产者约需二千人正在编制中)，要求回家者五千人，要求学习者五千人，待遣散或改业者尚有数千人，这些工作我们正开始。已组织了回籍人员处理处，及举办工人政治学校，筹办华东大学第二分校，会计训练班等，对这一问题，尽可能从速解决。

南京市委

五月卅日

(文件编号：D80(8))

关于接管委员会党委会组织工作指示

1949 年 5 月

为了加强目前各接管委员会党委的组织工作，使各级党委在领导的接管工作中，能够保证党的政策正确执行，并能有计划的、有步骤的，更顺利的建立与健全各级群众组织与政府组织，特对各接管委员会党组织工作，提出几点意见，希即研究执行。

（一）各级党委的基本任务是执行市委的决定，掌握党的政策，完成接受任务，因此各级党委不应拘泥于行政事务的范围，也不应单纯处理机关党务工作，其重心应全面掌握党的方针，加强党与行政组织的领导，为着认真执行华东局指示的原则："如果仅有自上而下按照系统的接收，而无自下而上工人、职员的审查和检举相配合，是接收不好的"，不能忽视通过由军事代表、党支部、工作组所组成的三人委员会（当未组成工作组的地方要与支部或党员及群众积极分子合作），有计划地了解各被接收机关内之实际情况，组织与教育群众，更多与群众相结合，来克服接收工作中各种困难解决复杂问题，是目前各级党委所应特别注意的。

（二）按各接管系统整理与健全党的组织机构，首先健全各接管委员会党委会，重新整编总支、党组、支部。按照部门大小，党员数量多少与集中分数的分布情况，分别组成总支或直属支部。并必须从上级党委到支部，建立组织部门配备组织干部，并加强其工作。

（三）抓紧执行了解干部与熟悉干部工作，尤其是有计划地提拔培养群众中有威信的干部，掌握干部思想情况，及时进行干部教育。各接管委员会应以最大努力，采取各种方式，充分利用各种机会，不断进行训练与提高党与非党干部工作，整理干部材料，自上而下逐级进行干部登记和统计（包括外来干部与本地干部），除去所有干部均须填简明登记表外，其余军事代表或相当于军事代表及解放区来的县团以上干部，与地方党现任科长以上干部，均另填登记表。

（四）严格党的组织制度：

1. 切实建立各级党的会议、学习、请示报告等制度。其中心内容为：

一、会师团结；二、政策学习；三、联系群众；四、纪律教育四项。由各党委会讨论做出具体决定，并送交市委组织部存查。

2. 在执行接管工作中有关一般原则性等问题，均应经过党委认真讨论，并保证执行。(发布原则性的书面指示应先提交市委审查)

3. 以后干部调动须实行两级鉴定制(同级与直属上级)，并须严格执行接转关系正式手续。干部有需调动(县团级以上或从地方党转入各接管部门，或各接管委员会间互调)时，必须经市委组织部批准。过去未经市委组织部正式介绍关系之干部，各接管部门党委亦必须开列名单，并填简明登记表，连同原有材料，补送市委组织部审查后，补转正式关系。

4. 必须按月按级缴纳党费。

(五) 今后各接管委员会党委组织部须定期向市委组织部实行书面与口头〈回〉汇报(特别重要的应即以电话报告)。其中心内容规定如下：

1. 思想情况(反映在干部生活、作风、团结等各方面)。

2. 执行政策、遵守纪律情况。

3. 组织概况与干部调动情况。

(南京)市委

五月十二日

(文件编号：D76)

张鼎丞致陈修良并转南京市委函[①]

1949 年 6 月 1 日

一、我们同意成立临时区委，并提出如下意见，望研究执行：

（一）南京市的人口、经济、政治、文化是集中的，而又是很复杂的，因此，在党的领导中心应更加集中于市委和支部，而辅之以区委。“党的组织，是按照地区或按照生产部门多标准建设起来的”（党章十五条）。南京市党的组织，在目前仍应按行政地区划，建立党的区委，但同时亦应按生产部门去建立党的区委。例如：应建立产业区委与市总工会配合起来，管辖总工会所属工厂企业的各支部。又如应建立学校区委，与学联、教联等配合起来，管辖各学校的支部。即是说，目前在城市中，应采取按地区、按生产划分组织的、健全的组织办法。为了争取基本群众及生产建设的主要要求；市委的领导和党的组织建设，应着重于工厂企业、学校和重要的解放区。这就是说，党的领导上，党的组织建设上，任务的规定上，都应注意掌握这个重点。至于那一种区委或那一个区委应配备较强一些，则可由你们按实际情况，予以决定。

（二）区委可按城市的性质，区分为三种：工厂企业区委、学校文化区委、行政管理区委。即建立工厂企业区委来管理全市各工厂企业方面的工作；建立学校文化区委来管理全市各学校文化团体方面的工作；建立解放区委管理各街道一般市民行政方面的工作。行政区委则可按旧行政区划分。

（三）三种区委的建立，也应有重点。例如：先工厂企业，后学校文化，再行政区。例如，工作指导上应更多照顾工厂企业和学校和重要的行政区；例如，干部和质量的配备，应更多照顾工厂企业和学校文化区和重要的行政区。

（四）临时区委会之分工，同意分为书记、组织、宣传等职别，但成立临时区委则须注意如下问题：

第一，党的委员会是党的代表大会闭幕后的最高权力机关，因此，委员会委员的人选，必须十分注意党性和政治经验，以及斗争历史。就是说必须选择党性坚强的，经过革命运动阶级斗争锻炼和考验过的，有政治经验能力的去

---

① 此件正式发文时标题改为“华东局组织部致南京市委组织部”。

选任。

南京市各区委一般应以地委，个别按地委以上的地位去安置。在适合当区委会委员资格的干部不多的情形下，则区委名额可规定少些；对各区委员名额也不必一律规定一样多（重要的区可多些，次要的区可少些）。总之，对委员会的委员人选，应十分郑重、十分严肃，应按当前干部质量去选择任用。当委员的干部不够时，宁缺毋滥。

第二，工厂企业区委和学校区委的分工，只设书记、组织、宣传、工青妇职责，不要设行政的、公安的和农运的部门。

第三，各行政区的区委，够委员资格的干部不多时，则任青、妇、农、公安等职的干部，可不必为区委委员，但重要会议可吸收其参加。

第四，临时委员的任务，是辅助市委领导支部工作，经常调查研究及反映区范围的情况给市委，并按照市委的一切重要决议、指示去管理支部工作。一切重要问题，凡属于市委已有决定或原则指示者，则督促支部执行，并负汇报和检查之责；凡属于市委未有决定或原则指示时，应报告市委决定和批准，然后进行。这就是市委更须集中的领导方式，以便更统一、更迅速来开展全市的建设的各种重要工作。

（五）会师问题与外来干部和地方干部的集合问题。我们领导机关负责同志注意这个会师和集合，掌握现实问题，来鼓励与教育全体同志，使之更加意志集中、更加团结，发挥一切力量开展新的工作为目标。同时发扬一切优点，防止偏差。会师以后，则所有在南京市委领导下的党、政、军、民，都是自己的人员，是一个整体的力量，都一视同仁，不分彼此。作风正派，工作有成绩者应发扬；犯错误者，即应批评纠正。在干部会合问题上，也是一样的精神态度来领导他们的工作，并发挥其力量。外来干部与当地干部集合以后的分配工作，则服从党的利益，按工作需要，按德、资、才三者统一的标准，参照实际情形，酌情使用。至于各级党的组织的最高领导机关代表大会和委员会的代表或委员，则必须十分郑重的选任或委任党性坚强的而有政治经验的、合格的干部去充任，这就丝毫不能随便。

南京市各区委的委员，望遵照上述原则，在市委领导下，[当作一样]的干部去选择任用，不可分外来干部或本地干部去配备。

上述意见望组织部研究后，再经市委审查批准后，执行为盼。

二、五月七日来件中有一条关于公开党的问题，我们认为很重要，因为：

（一）今天南京的形势完全改变了，过在南京的党员处在秘密条件下，所有党员不得不采取分散的、隐蔽的方式进行活动，并进行合法斗争。当时，只有善于秘密活动才能保持有生力量与巩固党的组织，只有合法斗争才能领导群众来取得胜利。过去南京市委是这样做了，因而保存了党的组织，领导了群众合法斗争，取得了胜利，这是正确的有成绩的。

现在南京市的党已成为当权的党，情况变了，党的组织形式虽应随之改变，才能适应新的条件，以领导全市各方面的工作。因此，我们认为市委对公开地下党的组织[的意见]是完全必要的。但你们规定："公开百分之七十……党内公开；暂不在群众中公开……"是不太妥当的。因为，照这样规定：(1)有百分之三十的党员不能参加支部生活，不能完全享受党员的一般权利，不能得到党的经常教育，不能受党的严格的组织生活的监督和锻炼，这将使这百分之三十的党员，不能得到应有的进步。要知道，过去他们不能过严格的组织生活，是不得已的，现在如果再不使他们享受这个权利，就不妥当了。(2)党是一个战斗团体，没有严格的组织生活，就不会有坚强的战斗力量，所以，所有党员必须编入支部过严格的组织生活。(3)在特殊情况下，应该允许个别的党员暂时不参加支部，而采取个别的联系，以便于进行其特殊的任务，但这只能是个别的党员，为数不多的党员，而且对于这样的党员，也应讲求特殊的方法，使之能够获得党的教育与锻炼。(4)所谓公开，如果系指将党员编入支部过党的生活，则公开二字的含意并不妥当；如果系指向群众公开，即以共产党员的公开面目，在群众中进行活动，则不宜公开百分之七十这样多。而且要采取慎重的原则，凡须在群众中以共产党员的面貌出现的党员，必须经过党的组织的决定，其条件必须是正派，积极与群众有联系只能执行党的政策的同志，以免在群众中丧失党的威信。根据以上理由，请你们重新考虑与改变上述的决定。

（二）公开党（不是公开每一党员）是为了加强党的领导力量，是为了更便利于对庞大群众的宣传教育，更便利于放手发动群众，更广泛地联系群众。过去南京建立秘密组织时期，党员在分散隐蔽的活动条件下，由于客观条件的限制，党的群众路线是受到限制的，党员的群众观点是可能薄弱的，党的政治主张和各种政策很难甚至未能向群众作公开的、明确的宣传教育，党的政治影响不能及时地传播到广大群众中去，因此，群众基础是〈困〉很难雄厚起来的。

现在新情况下的南京市委，应该十分注意党的群众路线；必须引导我们所有党员自觉的贯彻一切为了群众、一切依靠群众的路线；引导所有党员增强全心全意为人民服务的观念；把党的政治主张和各项政策广泛而深入的进行宣传，务须把党的政策主张变为群众自己的行动。优秀的共产党员应该公开，一切共产党员应根据党的政策主张和口号及党的各项具体决定，进行行动。如党员犯了错误，得罪了群众，而为群众不满者，应在党内弄清楚后给予教育，必要时得向群众公开进行自我批评。必须使广大群众亲身体会我们党是正确的，认识到我党是全心全意为人民服务的，是社会上良善的、优秀可靠人物。只有如此，我们才算紧密的联系了群众，才算教育与领导了群众并取得了群众的信任。只有最广大的群众信任的党，才是不可战胜的。

（三）必须改变党的领导方法，组织形式和活动方式。以往南京市的党，由于国民党的恐怖统治，使之不得不采取分散隐蔽的措施。由于这种正确的措施，保持了、发展了党的组织。但是也同时带来了另一方面的不健康的因素，这就是使党员很少参加组织生活，很少甚至没有过支部生活，对于中央的各种决议、指示，很少或者没有在党的组织中进行深刻的研究讨论。本市党委的决议、指示往往比较简单，由负责人或其几个领导干部所决定发出的。这就使党的民主生活缩小了；而且组织上的民主选举则更谈不到。因此，党的集体领导与民主作风就很难发扬起来，党员的思想原则、纪律观念，就很难树立与提高。因此，容易产生分散主义的倾向，很容易产生个人工作的作风。

因此，南京市委现在应该根据党的民主集中制的原则，教育党员学习集体领导，严密党的组织纪律，发扬民主，健全党的正常的组织生活。为此就必须把所有党员正式编入组织参加支部生活。要改变过去的领导方式和工作作风，把集体生活健全起来（因特殊工作仍须个别秘密的党员，可以例外）。

（四）南京市建设党的过程中，除发展了真正的工人党员外（已是很宝贵的），但据说也发展了不少的国民党机关中（党、政、军、民、学）上层职员成份的党员。这批党员在一定条件下，虽然也起了作用，但又必然会带来许多非无产阶级的思想意识到党内来。又因缺乏严重的，公开的阶级斗争的锻炼，和过去所处严重的环境下很难深入的进行毛泽东的思想的、政策的、纪律的教育，因此，非工人成份的党员中（特别是最近半年来发展的党员）阶级觉悟可能是薄弱的，其动机可能是各有不同的，对毛主席思想，对的党的路线政策和阶级观念可能是认识不清的。

因此，南京市委应特别注意党的阶级路线，重视工人党员的培养与提拔。对一切党员，特别是上层职员成份的党员应注意，在信任他们的基础上，加紧马列主义、毛主席思想以及党的路线、政策和纪律的教育。要注意倾听群众的意见，发扬批评与自我批评的精神，克服党内各种不良倾向，增强党性，改变作风，达到党内意志统一，政策统一，组织统一，行动统一的真正布尔什维克的工人阶级先进的有组织的部队。

张鼎〈臣〉丞 1949,6,1

（文件编号：D81(1)）

南京市委组织部综合报告

1949 年 7 月 9 日

由于我们缺乏组织城市工作的新经验，由于对外来干部情况不熟识，自从解放以来，工作上缺点很多，现在把大概情形报告如下：

（一）解放后一个月，党的中心任务是接收。因此，外来干部绝大部分都派去担负了这一工作，地下党也动员了 800 人去参加这一工作。这一方面是有成绩的，但同时产生了几个缺点：第一，在一个时期中把原来党的各组织系统工作大大放松，如过去文委、学委等工作因调动了主要负责人去担任接收工作，就任其自流，甚至造成许多错误。第二，地方干部调得太多，接收完毕后，有些同志没有迅速调回产业支部去，又影响了支部的群众工作。

从接收工作中看到了这个缺点后，我们当即提出整理组织、教育党员为我们中心工作，提出“一切党员归支部”的口号，〈从〉重新整理支部。但由于直属党委因无干部，至今尚未建立，以致有许多支部还尚未统一领导。现在干部和一般党员的教育工作正在积极进行中，各机关、各支部学习的主要内容是中央华东局的会师指示与二中全会的决议。党训班也已开办，第一期 250 人，主要为地下党员，学习党章和二中全会决议等。解放以来，一般党员对管理城市方法与党的政策、组织原则已有若干的提高，但还缺乏有系统的教育。

（二）南京党的组织工作，主要问题是事先没有通盘的计划，解放后又未好好处理与研究（主要原因也还是经验不够），组织情况至今尚呈相当混乱状态。例如市政府的编制至今还未决定，党组也没有正式成立，编制混乱。各接〈受〉收委员会原有党委组织系统下的军事代表等，和工委、学委的支部，有一部分还未完全合并，市委虽有过决定，由于我们检查不够，下面没有执行得好，各项工作中互相配合很不够。又如浦口党委，解放后地下党与解放区干部各有一区委，另有铁道部、军官分会及总工会的分会等，造成多头组织，意见分歧，以致影响会师，党员情绪低落，调整后情况已有好转。

组织上各级虽有分工，但组织关系不够明确的也有，协同性差是目前我们工作中一个重要的问题。原因尚在研究与克服中，初步了解结果，恐有如下原因：第一，军管会、市政府、市委三个系统，工作上互相有关的很多，这些组织关系不够明确。例如军管会从市政府成立后没有挂过牌子，没有一定独立机关，外界有事均找市政府，不但影响政府管理工作，而且有些事情处理得不快。第二，各级党委负责同志兼职太多，工作表现有些忙乱现象，互相间的情况也不甚了解。城市人口集中，处理问题应集中又要迅速，但现在还是很少做到，因此也难于集中地、主动地去及时领导各部门的工作。有些同志反映我们解决问题迟缓，缺乏主动性，这也是事实，值得我们深刻检讨。

（三）干部情况与会师问题。中央决定二野接收南京，是临时决定的，因此干部思想与组织准备均不够。解放区调来的干部，原定适宜于接收小城市与广大农村的，接收南京也不太合适。地下党过去因秘密关系，负责干部人数极少，多系普通党员。因此在解放后干部数量、质量极为缺乏。进到管的阶段，各项工作需要得力干部，而各部门编制又无一定，因此，造成干部恐慌的现象。全部现有干部，包括非党干部，仅四千余人，准备即行调二野的规定二千人。从精兵简政原则说，少一些也好，但事实上不补充一批得力干部，南京工作很难维持。由于得力干部奇缺，只好一人兼数职，造成实际困难。过去干部工作分配由于不了解情况，分配得不合适，现在拟逐步再行调整。

干部思想，因来源〈种〉众多，情况复杂。解放初期，乡村与部队干部多因对城市工作无经验、无信心，有些要回华北故乡，有些表示苦闷。地下党的干部对新的政策理解得很差，工作是空前的繁重，解放后信心也就降低了。经过二个多月的实际工作，大体都提高了一步，干部要求学习的情绪很高。二野西进消息传出后，干部情绪又起很大波动，不愿西进的颇多，主要原因怕吃苦跑路，离家过远，留恋城市的繁华生活，表现苟安心理，止步思想。我们正在积极教育中，华东局给我们的任务，一定如期完成。

会师问题，一般说还能做到互相尊重，大问题没有，小问题颇多，特别在初期，主要原因多从双方互有经验主义，互相不了解情况而致。为瞻前顾后计，我们必需学习这次会师的经验教训：(1) 凡属双方虚心倾听别人意见，能取长补短者，会得好。老一套的经验主义办法，自以为是者，会得不好。(2) 组织调整得好，上下配合，关系明确者，会得好。相反的，多头领导，各自为政者，会得不好(如有些军事代表与支部合并得慢，关系弄不好)。(3) 坦白诚恳，善于打通思想者，会得好。表面一团和气，有意见不提者，会不好。

克服会师中不良现象的办法，现在正在进行的，主要为：(1) 加强政策思想上教育。(2)组织上调整关系，军事代表、工厂职员与工人、学校中的教员与学生，尚未合并的支部，即行调整，以军事代表为支部书记，另一个副书记，如有特殊原因者至少要参加支委。已无必要的组织，各接管委员会党委存在时期三人小组，决定取消，成立直属党委，以求组织上更统一。

(四)工委方面现在要求发展党员，条件是解放以来，组织完整，未有大混乱。经过多次的斗争与教育，工人中进步分子已有入党条件者不少。部门多，党员少，很难开展运动，要求发展若干党员，我们觉得应当根据党章，允许发展，请求示复，以便工作。

(文件编号：D63)

市委关于各接管委员会党委会组织调整的决定

1949 年 7 月 14 日

一、接收工作已基本结束，各部门工作业已逐步进入管的阶段。在接收阶段，市委为集中统一而又能及时处理问题起见，曾经决定在各接管委员组织党委会及三人小组。这一组织在接收当中确是起了领导作用，但随着工作的进展，各部门今天的中心任务在于如何管好，同时学区党委会、职工党委会、各地机关总支等亦已先后建立或正在建立，所以各接管委员会各级党委会及三人小组等组织形式，就不能适应今天新的工作需要。为使各部门的工作迅速走上正规化，充分发挥各系统的力量，这种组织形式必须即时改变。为此特决定：

甲、各接管委员会原有党委会及各单位的三人小组的工作即行结束(接收工作未全部结束者亦同)，党委会及三人小组的组织形式即予取消。

乙、各工厂、仓库、学校、银行及一切机关所有行政负责同志及军事代表，凡系党员必须一律参加支部，过党的组织生活。

丙、各支部的工作由所属上级党委会或总支领导。

二、接收工作虽基本完成，但是军事管制的时期尚未过去，所以各部门的军事代表制则不能削弱，以保证党在军管时期的政策及一切决定，经过军事代表在各单位能够确实实现。由于军事代表是管制委员会的代表，也是党的代表，所以他与支部及行政关系应该是：

甲、军事代表对于上级党和上级军政机关的决定、命令、训令，均须坚决的执行。

乙、各单位行政负责同志在政治上要接受并尊重军事代表的领导，军事代表应尊重行政负责同志关于技术方面的意见并诚恳的学习。

丙、军事代表应代表上级党指导所在单位支部的工作，支部除接受其上级党委的领导外应接受同级军事代表的指导。指导的办法：

(1) 凡是只有候补党员无正式党员的支部，军事代表一律兼任支部书记，除执行军事代表的职务外并要认真进行党支部工作和群众工作。

(2) 凡已有正式支部的单位，军事代表可根据具体情况决定是否兼任书记，如兼任书记时可另设副书记一人，担任处理日常党委工作及组织群众运动。

（3）正副书记均应经市委组织部批准。

丁、军事代表在执行其上级规定的指示中必须了解实际情况，着[重]于掌握群众路线，首先倾听党员的意见，定出执行办法。如所提意见，不得支部大多数同志的意见通过时，则应请示上级决定；如在处理紧急情况时，则一面执行军事代表的意见，一面请示上级作最后的决定。

三、加强支部的领导保证完成任务，支部应经常注意：

甲、说服推动和组织所在部门的群众，一道实现上级党政军和本单位所决定的各种工作计划，发动所有党员在各种运动中起模范的带头作用。

乙、组织学习与研究党的政策和一切指示及其实现方法，提高党员及群众的政治觉悟，在企业部门中须树立新的劳动观念，并提高劳动积极性。

丙、密切联系群众，了解群众在工作及生活中的情绪与要求，并经常和军事代表研究解决必须解决的问题，如有不能解决的问题则加以说明。

丁、讨论上级及本单位的一切计划并将执行情形及工作情况均须定期向上级报告。

戊、从运动中发现培养积极分子，随时注意吸收新党员。

四、以上决定各部门要切实执行，并将执行情形作出书面报告市委。

南京市委

1949 年 7 月 14 日

[补充]通知(发至支部)

一九四九年七月十四日发出《市委关于各楼管委员会党委会组织调整的决定》中第三项戊条“从运动中发现积极份子随时注意吸收新党员”是就支部的一般任务而言，并非指现在即行发展党的组织。在华东局未正式指示本市无正式发展党的决定以前，南京市各支部仍要遵照华东局暂停发展党的指示，不得发展党员，而应集中力量整理原有党的组织，教育党员提高政治觉悟政策水平业务技能。

此致

南京市委

一九四九年七月十五日

（文件编号：D75）

党训班开幕词

1949 年 7 月

计划中问题：

1）会师问题。

2）支部任务。

3）参考资料问题。

1. 地下时代的学习情况与同志水平情况。

党员的主要特点[①]：

（1）组织工作的弱势——秘密原则，分散，单线，高度的集中，组织生活散漫，正规的不懂。

（2）思想情况——革命的热情，但是不理智的，解放后情绪低落，有笼统的为群众服务观点，但策略性问题不大懂。

（3）政治水平——~~对党的信心，肯干，但个人与党的正确关系（权利与义务）不清楚。~~党的阶级性问题是不糊涂的，党的任务、政策很模糊（如反特务问题）。

主要参考：毛主席《改造我们的学习》。

2. 现在如何学习？——精通党章，把握党的方针与政策。

建党问题：

（1）不要饥不择食——看大部书，愈深愈好；囫囵吞枣，愈多愈好。要对症下药，先把基本问题弄清楚——党训班的目的。

a. 弄通党是什么，个人与党的关系，怎样建党（支部建设）。

b. 弄通党的总方针与建设党的新任务。

（2）不重书面教条，要〈连〉联系实际——主要是反省自己，把自己入党后的思想作一个小总结，也要有中心、有典型。例如个人过去主要问题是什么？

---

① 本文方框为原有。

不要千篇一律，人人找出自己的特点。

（3）集体互助学习。

（4）要认识党章是二十八年来斗争的结晶体，包括无数失败与成功的教训，要在自己的斗争历史中去对照。将来还要学习党史（高级党校去学）。

路线政策：

争取全国胜利的总方针，在城市范围内要注意下列问题：

学习二中全会决议——管理城市问题。a. 依靠谁？b. 城乡关系如何？c. 与敌人如何做公开与秘密的斗争？d. 城市中党、政、军、革命团体如何组织？e. 经济与财政问题如何处理？f. 统战问题。g. 党员的作风思想问题。

3. 会师问题——党的团结问题。提议党日以会师问题检讨为中心，准备再一次的会师。小组做总结，书面材料。

态度：

（1）要知己知彼，互相认识问题，会师要作高度的思想准备。

（2）要善责备自己，对人宽大，互相学习与帮助，要虚心倾听意见。

（3）要坦白诚恳，与人为善，不要一团和气，当面不说，背后乱说的自由主义，但同时要照顾对方的自尊心，不要心急，态度要好。

（4）要抓住原则性，枝节问题、技术问题、方法问题要减少［干预］。原则性要强——什么是原则性问题要参考（论修改党章）。

例如工资问题——不管是错的，标准太高太低不合原则，解释不够，说服不够，还不是原则错误。

4. 学习上的技术问题：

（1）每个人要做笔记，要精读文件。

（2）每次提出中心问题讨论，不要咬文嚼字，在字句名词上推敲。

（3）学习班更要掌握问题中心，要节约时间，按照计划，不要超过时间，问题一提问太远了，要［超］过时间。

检查与办转党手续

（文件编号：D71）

南京市委组织部对华东局组织部的工作报告

1949 年 8 月 28 日

（一）南京地方党简史，解放前组织情形，与迎接解放的准备工作

反动统治中心的南京在十年内战时期地下秘密组织被破坏以后，很长时间没有正式的党组织。抗战末期才由华中局城工部派来从上海派出的少数干部进城埋伏。抗战胜利后，伪临时大学有一个很小的支部，津浦路有一小组，其他均系零星的一些个别党员。六师区党委派来少数干部，临大也有一个小支部。一九四五年十月间，华中局城工部成立了南京工作部，对南京工作上仅能隔江相望，做原则上指导。一九四六年四月南京工作部取得成立了南京市委后，把原有六师城工部系统的党员统一组织起来，连干部在内共有一百几十人，正式支部只有几个（如临大、钟点中学、津浦路、京沪路）。自卫战争爆发后，党在不断地与敌人作斗争中强大了自己的队伍，但也经过了数次下层组织的破坏。三年来党员干部被捕者数十人，幸未有叛变者（仅铁路一个工人叛变，干部被捕数人），党的领导机关没有受到影响。学生部门对准备力量的认识不够，在淮海战役前夜撤退了，四百余人到解放区，学生最多，当地力量一时削弱颇大。

南京解放时为止，党的组织根据不完全统计约有党员二千人。镇江、芜湖、上海、徐州、淮南煤矿等地也有一百余党员，其中镇江、芜湖及淮南煤矿有正式的组织。党的主要成分是工人、学生、小学教员、店员，国民党机关下级公务员中有几十个党员，警察部门有一百四十余人（其中有一部分是派去作警察工作的）。在三年的自卫战争中，因为环境的恶劣，撤退与转移地区的频繁，党的下级不能不提拔大批的新干部，党员的成分也有不少的变动。

党的外围组织直接或间接地受党领导与影响下的群众组织，在学生组织方面，南京市[有]十个专科以上大学的应变会，包括教授与工友组织若干市立与私立中学的自治会小学教师的小教协进会（中学教师联谊会仅有若干影响）、大学的助教联、中大校友会青年会的团契联、各大学的新民主主义青年社（秘密革命组织）、秘密的南京区学联等。大商场有店员自励会；工人方面因为敌人不许成立工会，在淮海战役后室内公用事业交通机关等企业都组织有各

厂的应变会;三轮车夫有一个工会在我们的掌握之下。其余手工业方面的组织力量极弱。国民党机关内公务员在敌人大撤退时期中留在南京的尚约有六万余人。此外在商人、妇女、科学家、工程师等群众中也有一些小规模的组织,在解放前后作为商会与民主妇联的班底。在新闻文化事业中间,南京主要报馆,如中央日报、和平日报、新民报、南京人报、益世报及其他小报,都有党的组织与新闻工作者的群众组织,在宣传工作中主要是[在]揭露黑暗,冲淡其反动性上,起了若干作用。此外在敌人反动统治机构内,如国防部、联勤机关情报、特务、部队中,只有长期埋伏的个别党员与策反关系的组织。

党的组织方式,按照产业与工作需要,主要部门是组织部(书记兼)、宣传部、策反部情报部、文委、学委、工委、教委、警员工作委员会、银钱业工作委员会、店员工作委员会、公务员工作委员会等。

根据中央指示,解放前半年,我们的中心工作是:(1) 瓦解敌人军警力量准备内应。(2) 组织群众,争取护校、护厂,保护机关、仓库,维持地方治安。(3) 调查敌人机关人员、物资、地产、特务组织,准备接管。

根据这些政治任务,当时党的组织方式与干部的配备也不能不有所改变。第一,我们抽调了一些得力的干部,去组织工人、店员、苦力、学生等的人民自卫队,与各机关公务员的应变会。这些组织在敌人匆匆撤退时就收拾了敌人留下的枪支,武装了一部分。有的是用青木棒当武器。这种人民武装数目颇难统计。据工人、苦力、店员组织起来的约有八千人,大学生与工友基本上都组织起来,保护了学校。警察内部有约二千人左右在我们的控制下面,解放军未进城前共同维持城市的治安。第二,解放前二月,我们已与国民党的警卫师九十七师师长王宴清联络好,准备起义。其他二个师装备差,京市内十三个警察局大部分均有组织与统战关系,江宁要塞第一台台长是党员,驻浦口,军队上有关系。当时我们估计,我军可能首先占领南京左右两翼,包抄南京西南方,切断京芜、京沪路时,我们以九十七师为主,即可里应外合,活捉李宗仁,首先占领南京。但因事机不密(据我们情报消息,九十七师问题由江北方面被敌特探知),王宴清被传问,次日即在江宁起义,仅一个团渡江。由于情况的变化,当时只好放弃这个计划。第三,积极动员全党进行各机关、各工厂学校等的接收工作的准备。例如中央大学组织了教授、员工、学生五十人,清点物资,造好清册。我们有计划的进行攻心战术,对各机关的主管纷纷发出了通知,宣传我党的宽大政策，要他们保人民财产，获得很大影响。同时我们对各机关亦均纷纷进行调查，对旧人员政治背景也进行了大规模的调查。[对]南京市全市土地、财产、房屋的全面调查，造好了三百余本的图册。第四，接收工作的准备与组织上的合并等。根据我们调查的结果，南京市应当接收的系统，可以分为这几类，即：(1) 国民党中央及市级行政机关及其附属单位；(2) 国防部联勤司令部的军事部门系统；(3) 教育文化机关系统；(4) 银行、金融、贸易等各系统；(5) 公营企业及官僚资本的企业机关；(6) 房地产部门。

为着完成接收，配合解放军干部的工作，我们把有些组织合并起来，集中与准备近八百个党员去参加接收工作。首先合并的是情报与策反二个部门，准备去做公安局的工作；宣传部与文化教育部门党员去接收文教部门的机构；国防部联勤部门的党员集中起来，去接收军事部门；财经干部去接收银行邮汇局等部门工作；公务员大部分去接收行政机关；工人、学生、店员去组织工会与学生自治会，加强党支部的工作基本上不动；集中妇女干部去组织妇联；警察委员会以下组织全部移交到公安局去充实下层。党的各方面负责人带头，在解放之后，按市委决定分配到各接管委员会去工作。一般说，地方党原来的计划与解放军进城前所准备的计划是基本上吻合的，因此配备与调动干部中尚未遇到手忙脚乱的现象。

(二) 从接收到管理阶段中党政组织形式的变换经过和其中存在的问题

南京解放后，市委于四月二十六日进入南京，首先与地方党市委会师。五月一日在华东局直接领导之三千余人会师，大会上正式成立新的市委。四月二十八日军管会正式成立，下设军事、财政、交通、政务、文教、房地产六个接管委员会及公安部，工业各成立党委会。由市委组织部指派专人担任各党委会组织部长，整理与健全各项党的组织。同时在下层各单位由军事代表、党支部书记、工作组长组成三人小组，以便协同完成接收工作。五月中，接收工作告一段落，即先后分别改变组织，各接管机构，如政务接管系统改组为市政府办公厅、民政局、劳动局、卫生局、人民法院等；财经接管系统改组为财委会、工商局、财政局、建设局、人民银行、外贸局、公司等；文教接管委员会改组为教育局。所属各机关，公安部改为公安局，军事系统都由野战军及后勤部兼管。交通接管系统所属铁路、航运、邮电、公路等部，接管完成后先转移领导，交由华东局所属新的企业机构统一领导。五月底全市仍按旧行政区划成十三个区政府，各区同时成立党的区工作委员会。其组成基本上以党、政、公安、警备等部门主要干部组成之。为了集中领导，遵照华东局组织部指示，采取按地区按生产划分组织的混合组织办法，除按行政区成立十三个区工委外，同时按生产部门建立了工区党委会（管辖全市工厂企业的党支部）与学区党委会（管辖全市各学校的支部），并将工厂中的工人职员党员和学校中的学生和教职员党员，首先建立统一的支部。

这一阶段中各级党的组织在了解情况完成接收、发动群众和党内会师政策教育等问题上，确实起了一定的作用，取得了不少的成绩。但另一方面，还存在着许多缺点。主要的是：

（1）军事代表、工作组、支部建立了三人小组，在工作上虽有配合，但事实上是两个党委系统在领导。例如，某些工厂军事代表、工作组等是受各接管委员会党委领导的，而支部是由工区党委领导的，三人小组由谁领导当时没有确定。当引起争论时，不能及时解决。组织上各有系统，往往各自为政，有许多事情互相不接头，甚至抵消力量。

（2）接管委员会党委多为各部门主要负责同志所组成，因为忙于行政工作，对党的支部工作的领导不够注意，作风上也往往强调行政领导。各党委的上级是军管会，亦即是市政府，与市委的领导关系很不密切。市委对接管经过没有经常性的具体检查与领导，党委的工作实际上是一种行政组织[工作]。有些单位（如公安局）党的组织生活经常不健全，组织部虽派有各党委的组织部长一人，事实上也只是一些转移关系等业务工[作]的联系，不能起多大作用。这使支部同志觉得吃不开，党支部不能起应有的作用。

（3）市委、市政府的直属党委的组织建立太迟，市政府只认识支部，又无专人负责，实际上领导不了。有些支部原来地方组织系统取消后又没有参加接管工作，支部关系只好由市委组织部自己管理，形成零乱现象。例如某些私立银行、私立医院支部，放在哪个党委都不合适，组织生活不能健全。

（4）中央系统的支部，如农林、水利、学术研究机构相当多，接收工作告一段落后进入管理阶段时，我们一直不能决定应当留在那一方面去直接领导。因为行政上业务的领导已各有系统，不属我们所能管辖的范围，而党的支部仍留我们这里，很难取得配合一致。例如裁减冗员问题，邮政电讯等单位军事代表到上海开会回市后布置执行，支部还不知道，未能及时布置酝酿动员。及至群众不满，出了问题之后，方才由支部反映上达。

为了解决这些问题，我们首先决定取消各接管委员会党委会及三人小组，各单位所有行政负责同志及军事代表，凡系党员必须一律参加支部。其次除已成立的工区党委、学区党委及公安局党委并未取消外，另成立市委直属党委会及市政府常委会(负责人至今没有，这个党委还尚未正式成立)。各支部按照性质划分领导关系。例如工厂企业支部由工区党委领导；学校支部划由学区党委领导；各公安分局、各派出所所属的组织划由公安局党委领导；政务系统的支部划归市政府党委领导；党务系统的支部划归市委区属党委领导。其中也有变通的情形，如军事工业的支部划归三野政治部；私立银行支部划归人民银行总支；私立医院划归卫生局分党委会(人民银行总支与卫生局分党委会均归市政府直属党委)以资统一。中央系统的企业，如资源委员会的五个工厂支部，仍归工区党委，其他中央尚未决定的机关支部，暂由市政府直属党委代管。

十三个区工委的情形也有变动。按照南京特点，城内六个区地域较小，所有工厂、企业、机关、学校几乎全部集中于此。郊区五个区，地广人稀，除散布一些商业小镇集及靠近城区，有个别工厂外，全为农业区。另外下关、浦口为交通枢纽，铁道、航运码头运输及商业均甚集中，而离城区又较远。同时，我们党的组织分布点均集中城内，郊区仍是一片空白(两浦铁路有党的组织)，城内各工厂、企业、机关、学校党委组成的领导，现各有其垂直系统，区工委下面没有街道支部，企业支部又不归他领导。二个月来，除了了解情况，配合政权与治安工作而外，因为停止党的发展，党务工作极少作用，因此，我们根据上述特点及目前干部情况，市委决定城内六个区工委即予取消，各区只设区公所，改编为市政府派出机关，由民政局管辖。这样须更集中于市一级来领导。相反的，郊区五个区则予加强，成立正式区委，由市委增设城郊工作部统一领导。城郊工作部开始时权力较大，兼有党委性质，凡属郊区之党务、政权、民运，统由其一元领导。待将来群众发动工作开展以后，即能变为市委农民部。下关、浦口两区因情况特殊，仍保留其党委性质(亦拟改成正式区委)，市委直接领导，由市委指定，暂由组织部负责，在行政方面属于市政府，并指定由民政局负责。这种组织方式在实际中尚有困难，亟待研究后作改变。

(三) 干部的配备和训练培养情形

本市干部来源，据七月份统计为：冀中五百三十人；冀鲁豫五百三十六人；豫皖苏六百七十七人；皖西二人；先遣纵队十七人；华东局派来邮电队五十八人；铁道队一百零四人；新闻纵队二十余人；二野来地方工作干部八百九十八人；军事接管工作干部五百零七人，加上中央派来的干部及原地方党干部，全市共有干部四千六百四十八人（解放区三千四百人，解放军四百零五人，地方党八百四十三人，地方党撤退解放区回京工作包括在内）。除军事接管工作干部五百零七人仍属二野后勤部外，归市委领导之干部总数为四千一百四十一人。（此次调给二野上西南干部，及给三野调来干部，容后专题报告，均未统计在内。）级别，党员与非党员，及各系统干部比例如下：

（1）级别：地委以上干部九十一人，占全市总数2.2%；县团级三百一十二人，占7.6%；区营级七百零三人，占1.7%；区营以下三〇三五人占73.2%。

（2）党员干部占70.2%，非党干部占29.8%。

（3）以干部工作性质分，党群干部一一六五人，占28.1%；公安部一一三四人，占二七.一%财经干部八百零三人，占19.4%；政务文教干部六百二十人，占15%；其他（包括外事交通邮电干部等）四百一十九人，占10.2%。

鉴于财经、公安、文教干部之缺乏，曾有一批党群干部改行。县委以上干部计有八人转入财经部门（区党委委员一、地委级二、县书三、县委级一、团级一）；二人转入公安部门（县书一、地委委员兼县书一）；十二人转入文教部门（地委级一、付县书一、县委委员十），共二十二人没到。县以下党群干部没到者百余人。

干部分配问题，在开始阶段是根据干部工作性质，各按部门，整批拨配。以后组织形式变换，干部亦是整批转移。这种方式，在接收之初大刀阔斧展开工作确实可发挥效能，分配上亦便利不少。进入管理阶段以后，干部配备更须精密细致。但始终因为我们人手太少，经验不够，组织变动又多，主要的还是对干部不够熟悉，配备上有不够恰当之处。例如有的不能称职；有的政治面目还不清楚；外来的农民和兵团干部，有的文化程度低，对某些工作无从插手；地方党干部历史短，不明政策，也很难适当分配。此外由于各战略地区提升标准不一致（如冀中干部提得快），共同工作，职位不能〈平〉相称，也易引起意见分歧，互相比等级。其后组织巡视组突击了解几次，情况了解不少。这些情形必须加以适当调整。不过我们意见，目前只能个别进行，待编制确定后，九月份即可进行较细密的调整工作。一般原则，凡解放区来的干部，再进一步研究了解其历史品质与能力，并根据进城后的实际表现，适当的加以调整，使能更发挥其积极性。原地方党同志，拟先进行分批调到党训班学习，积极进行思想教育，提高其认识，另一方面也可比较有系统的搜集材料，进行初步的了解与密查。

关于干部培养训练情形，各单位分别举办者主要为下列几种。兹分述如下：

(1) 工运干部训练班。南京市总工会筹备委员会于五月二十日开始成立工运干部训练班，每期十八天，已办了三期。受训及正在受训之产业工人、手工业工人、店员、学徒等共有六百八十人(第一期二百六十人，第二期二百五十九人，第三期一百五十三人)。学习内容包括：(A) 纠正学习态度。(B) 诉苦教育。(C) 政策教育和工会组织教育。根据过去两期的经验，以诉苦教育所收效果较大，打破"先有根，先有苗"等宿命论，分清敌我，认识到今天自己做了主人，树立新的劳动观念。回到工作岗位，领导群众学习，节省器材，工作中起模范作用；工作中懂得政策，资本家也高兴，欢迎工人到总工会去受训(如永利钢厂)。受训学员大部分是回到原部门工作，一部分留下，作为下一期训练班的骨干和到工人政治学校做骨干。一般说来提拔的新干部都能以身作则，起模范作用，也有个别的自高自大，脱离群众。

另有由各产业部门自己举办的干训班，计有京沪路职工办了一期，受训者一百一十人；首都汽车公司职工办了一期，计一百零一人。

(2) 工人政治学校。为了部分救济失业工人，并施以阶级教育，市委职工运动委员会举办了工人政治学校，收了二千多学员，于六月二十一日开学。因其中一部分参加西南服务团和经总工会介绍及自己找到职业而离校，参加生产，现有之学员人数为一千四百零三人。教育计划是三个月中讲授中国革命问题、社会发展史、职工运动、工商业政策、劳动态度和农民问题等课程，最后做鉴定毕业。由于学员家庭生活困难，进行临时补助及动员上西南等影响，学习情况时有波动。过去八周时间中仅有五周进行正式学习。

(3) 中小教师暑期讲习会。由教育局举办全市分十个班进行，七月十一日开学时间共一个月，已于本月十三日结业。参加学习的中小学教职员及师范毕业生共有三千三百九十一人，普遍在思想上、政治上以及生活上都提高了一步，对今后南京教育的改进初步打下了思想基础。

(4) 市委会党训班。第一期于七月十日开学，抽调原地方党、工人、职员、学生、中小学教师、大学助教讲师，及在公安局工作的党员共二百八十二人参加学习。他们大部分为新党员，对党的认识相当模糊，所以教育内容主要学习党章，特别是党的性质、入党条件、党员的权利与义务、民主集中制度、支部工作等主要内容。其次，为建团工作、文教政策和劳资两利方针。

① 学习方法：党建学习由专人作启发报告没经过阅读文件，互助组漫谈小组，讨论联系自己，作对党认识、入党动机、组织观念等反省。最后作学习鉴定，写自传，毕业。关于建团工作及政策学习，因时间限制，只作到一般的讨论或漫谈。

② 学习的效果：第一，从学习态度上看，纠正了要学党史、资本论等好高骛远的偏向，体会到学习中联系自己的重要性，并在集体学习中打破了个人学习的旧观点，建立了对集体学习的信心。第二，认识到要党信任自己，首先是自己对党忠实，在这个正确认识下，坦白了自己过去对党隐瞒的事实(四十三人)。第三，展开了批评与自我批评，但还存有戴大帽子和批评中把握原则性不够的偏向。第四，加强了纪律性和组织观念，改变了以对待普通学校来对待党训班的态度，克服了自由行动和小广播。第五，对党的认识提高了一步，感到自己与党员的标准相差太远，部分地克服了自高自大的思想，认识到政治生命的重要，某些同志克服了脱党思想，知道共产党员应该有立场地看问题和办事，但还有个别同志存在着"为谁改造思想"、"人生为什么"等糊涂观念。第六，通过对左倾的错误思想(取消党的领导，极端个人主义思想，拒绝改造，坚持错误)的讨论和批判，进一步认识到非无产阶级思想对党的危害性和保持党的纯洁性的重要。第七，一般反省都能做到暴露自己错误思想和行动。

在了解党员的过程中，发现有不少同志的候补期不明确，不少同志曾经参加党派、帮会，失去关系、被捕，及因机密工作环境组织生活不正常等历史问题。有十余人入党手续不清(如不知道入党还是入团，入党后还不知道自己是党员，赤色群众被误当为党员而接上关系等)。个别落后分子还存有脱党思想。我们对这些问题是根据以下几个原则处理：第一，知识分子候补期半年还是一年，一般暂不处理，俟华东局组织部规定统一处理办法后，再行确定。但个别正式党员及其候补期符合党章之规定，原则确定之。第二，个别有政治问题及历史复杂未弄清之党员，因时间限制未能进行研究，先留在党内，通过支部收集材料，将来还交原单位之党委派专人继续审查处理之。第三，参加其他党派及有被捕、脱党、被俘、失去关系等历史问题，而无可靠材料者，一般不作结论，通过支部收集材料，将来送交原单位审查处理。但因工作需要，由当时组织决定参加其他党派，且有确实证明的材料者，可作结论。第四，入党手续不清者，基本上不承认其党籍，由支委会及党委会加以审查后，凡不合格者除名或转为团员，合格再补办入党手续，重新批准入党，并得按各人具体情况，对其党龄酌情伸前计算。第五，一般落后份子应加强其教育，个别不堪教育或坚持脱党，再按党章准其脱党或取消其候补党员的资格。

第一期党训班将于八月二十八日结业，一般地在政治上、组织上、思想上都提高一步。我们认为党训是整理地方党组织及训练基层干部的极好方式，今后将陆续举办轮训地方党员。第二期将在九月上旬开学。

除上述外，尚有市委宣传部与新华日报社举办之新闻训练班（学员三百多人）；公安局举办之公安学校（学员三千多人，其中学生九百多人，工人一百多人，多为旧警察）；华东人民革命大学二分校在京招生（已招收学员一千八百八十三人，其中学生六百零四人，中学校长、教导主任七十一人，旧公务员一千二百一十人）；青年团办的暑期学习团体，训练建团干部，还有一些小单位办的干训班，各机关在职干部进行了政策学习，个别机关（市委会）并举行了学习测验。

（四）目前干部思想情况

干部进城以来，主要的思想情况是下面几种：

（1）苟安心理，止步思想。表现在进城以后，有些干部认为大功告成，享乐思想是有发展的。有些干部自己想分配一个终身职业，不愿再有调动，想在此安家立业，不愿远走西南；有的想趁此机会休养治疗，弄个百病消散，如不能满足他个人要求，觉得难以继续工作下去，而且常常以爱护干部的大原则与组织进行思想上，甚至行动上的对抗。

（2）功臣思想，地位观念，摆老资格，对组织不尊重。表现在进城以后有些干部好比历史，好比党龄，好比成绩，好比地位，好比等级，好比待遇。如部队干部反对县团级与区营级相提并论，表现不满，认为团营[级]应比县区级高。部队怨地方提得快，解放区怨地方党提得快，这个战略地区怨那个战略地区提得快，往往是借题发挥，从侧面发牢骚，弄得情绪很不正常，不安心工作。

找同事、找老上级,小广播,发牢骚,习以为常,似已变成一种风气。

(3) 自馁心理,悲观论调。表现在进城以后有些干部特别是农民干部因为缺乏城市知识与科学常识,文化程度低,碰了一些钉子,认为自己在城里没有适当工作可做,没有发展前途,对自己估计过低。有些部门领导思想也有偏爱学生青年的倾向,总觉得土包子不行,不能胜任愉快。这样就逐渐引起农民干部的反感(部队干部也是如此),产生悲观心理,觉得进洋城受洋罪。大米吃不惯也助长了北方干部的自绥情绪,有的要求回农村,回原地区去工作,部队来的要求回部队去工作。

(4) 享乐观念,腐化思想。表现在进城以后有些干部急于要求满足个人欲望,不够或不愿去体谅目前财政的严重困难,过早或过分的要求配眼镜、镶牙齿、装假眼、安臂膀、照 X 光;要求买药、要求保健、要求长期休养;个别的还在招待所避暑,打算秋后工作。有的干部为了自己的亲属,要党员负责人生活。有的过分强调物质困难,至少是[要求]维持原有标准,不能减少(如部队来的同志)。有些负责干部生活比较铺张,汽车兜圈子,上跳舞厅,嫖妓院的事都已发生。无原则与旧人员谈恋爱,报社文工团的同志未批准结婚而弄大肚子者已有三起。农村干部觉得老婆不能长离,来了又不能工作,感到苦恼。有的同志揩油没收的日用品,×××同志竟以三百袋面粉换吉普车二辆,既不请示又不报告。

(5) 临时观点,本位思想。表现在入城以后有些干部不爱惜人民宝贵的财产,随便破坏房子设备,霉烂物资无人过问,自己需要东西不经过上级批准随便运走物资器材等,不顾影响,不顾今后建设(如对中央卫生实验室设备随便迁走)。有些旧人员就批评我们"一代不如一代"、"天下老鸦一般黑",对我党政策怀疑。有些单位干部的提拔调动还有些山头倾向没有克服,某些地方还表现迁就放任,领导抓不紧,出了问题不能认真负责,追根究底,弄得议论纷纷,影响团结,影响工作。

地方党员在解放以后思想情况的变迁。在刚一解放时,地方党员因为长期受敌人的压迫,对解放区干部怀着异常高度的热望,工作情绪极好。但往往主观要求过高,见到不如意的事也容易消沉埋怨。一般党员只求解放后的自由,对地位观念还无所谓。但个别干部思想意识原来有毛病的,看到各部门主要干部均系解放区来的,自己不能发号施令,表现了个人英雄主义的地位观念,对党所分配的工作表示不满。

综合起来说,地方党员在解放后一个短时期内表现了无限的热忱与积极性。但经过了一个月以后,有一个相当普遍的消极倾向。我们分析其主要原因是:

(1) 在接收过程中,地方党员不满意有些外来干部单纯的行政命令作风,不尊重支部意见去接收各机关,认为群众路线结合不够。有些党员与积极份子在接收时期反而觉得无事可做了,对于地方党已经整理的好的材料不够重视,大家觉得以往的心血有些白费。

(2) 对于旧人员问题的看法与处理上意见极不一致。地方党员多认为旧人员中表现好的有用人才不少,应当被重视,不能一脚踢开。在解放前地方党员曾作为旧人员的小传达数千人①,而外来干部一提起旧人员就有点嫌恶的态度,对于他们的处理不够慎重。解放后各机关旧人员大多数是无条件被开除,对他们的出路根本没有很好考虑。如有一个外来干部在群众会议上公开宣布[旧人员]全体不留用,说话态度也不好,引起不少人的反感。

(3) 最严重的是生活问题。参加接收的干部,甚至在企业部门、学校等机构的地方党员,在解放后市委办公厅规定,本人一律采用供给制,这使得家属生活陷入了绝境。并且正式待遇、等级均未确定,供给部门又硬性规定非照等级发待遇不可,引起不少纠纷。小孩的保育粮、生病、生育、抚恤、保健等,因无等级规定,申请无门,均无着落。政治待遇未确定,参加会议与看文件也发生了困难。凡此一切均使地方党员深深觉得,党对他们的照顾不够,有吃不开,活不下去之感。工人中间发生集体脱党的事件,个别要求脱党的也不少,也有家属发生自杀的。津浦路工人就这样表示:“地下党员说一百句,还不如穿军衣的说一句。”有些支部这样反映:“我们现在已成没娘的孩子了。”情绪之恶劣达到极点。此外,地方党员在解放之后,多少有些脱离群众的思想倾向,有些党员都想做干部,在领导机关内做工作,过去埋头苦干,做群众模范的决心已不如前。而原来当干部的,更表现了不愿去参加生产,做群众工作,好像这样是犯了错误被处罚一样。这又说明了地方党员的地位观念,也在今天胜利的环境中逐渐滋长着。在工作中的表现是事事等待上级命令,党支部的自动性

① 原文如此。

差，在工人与学生的积极份子中有不少已对我们党员表现着歧视的态度，不如过去的尊重与亲切了。

以上这些思想变化按一般情形来说，在接收时期问题较少，待至接管的阶段问题即增加了。这是因为：

(1) 解放区来的干部开始动员比较深入，进城当工作员的思想是经过一番教育与整理的，所以一开始还能兢兢业业，说啥干啥，不闹地位。解放军来的干部在行动中仓促抽调，有的单位分头来京，思想、组织、物质准备均较差。到京后又值接收快告结束，一时无法分担工作，各方面照顾也较差，因此思想较乱，怨言较多。地方党干部开始情绪很高，但政策认识差，会师精神准备不够。时间一长，四面八方来的干部思想认识自然未能一致。

(2) 干部提升调配上有缺点，一时又难以适当调整(情形已如前段所述)。

(3) 各级党的作用不能尽量发挥，领导上对干部思想变化掌握不紧，未能及时深入的进行动员教育，有些地方甚至放任自流，形成被动应付。

(4)〈各〉个人的非无产阶级思想意识的发展，对自己打算有过高的不合实际情况的要求。

(5) 组织系统紊乱，分工不明，上情不能下达，下情不能上达，各部门之间互相推诿，经常碰头，使有些同志东推西闯(多来找组织部)，紊乱情况至今未能停止。我们意见是要从整理组织、整理思想与整顿作风与纪律着手。

目前尚存在的几个问题：

(1) 团结问题。就南京目前情况来说，基本上是团结的，特别是接收过程中意见比较少，转到管的阶段，问题较多。如外来干部嫌地方干部政策原则性较差，历史短，生活作风不相同，提拔得太快。有的确实不够称职，外来干部自己也暴露了一些经验主义、农村作风的弱点，相互之间的认识似乎没有像开始进城时那样好了。领导与被领导之间，关系也不够正常。我们觉得这四个月过程中各级均表现忙乱，问题看法也有距离，下级一般反映都认为上级对于工作方针、步骤、计划等不够明确，传达教育不够及时，机构又重叠庞杂，头绪较多，职权不够分明，解决问题拖拉迟缓，东推西推，经常碰头。再加上有些干部思想意识不够健康，犯自由主义。从实际情况来看，自上而下的团结还不是那样融洽、巩固的。

(2) 政策纪律问题。政策水平一般讲是不算高，极易搬用别处经验或教条式的理解政策原则(如对外交政策、工资政策),执行起来还不够稳当、实际,违反纪律的事情,如调动干部不尊重组织意见(如有些同志说调动干部是不讲党性的),甚至不经过一定组织手续,随便抽走。接收东西随便据为己有(如六〇兵工厂),房子及各种设备随便搬移、损坏,不加爱惜,原伪公馆区域驻部队或机关后均各有相当严重的损坏(首段第五条已有提到)。

(3) 等级待遇问题,先由供给制度而引起来的。比方一个干部没有等级不能造预算报销,不能领发日用品,供给部门只讲制度,不讲实际,只要随便填一个级别即可获东西,不管他是否合理。供给制上的等级太多,待遇悬殊太大(如发放蚊帐)。因此未评级的也要等级,已有等级的还有钻空子弄高一点的打算。其次即为政治待遇,开始过宽(如地方党支书因工作需要参加县团以上干部会),对此问题解放军与解放区来的干部意见较多,不服气,觉得自己斗争历史长,不如别人爬得快。再次是吃中灶问题。团级干部吃中灶,到了地方仍采部队制度似觉不好,如照顾了他们,地方上的县书、县长、干部不吃也不行。开始坚持团干不吃,三野团干来后又自动吃开了,未能明确规定,增加执行上的困难。另外地方党家属生活问题,情况前已述过,组织部经市委常委通过对生活困难同志曾发过生活补助费,现在已经停止,如不设法解决,不但影响工作情绪,对于今后提拔地方干部参加机关工作是一个困难问题。不但党员如此,非党干部因为也实行供给制纷纷要求救济,又看到党员有若干补助,而引起党内党外的不团结现象,这个问题,我们只有等待华东局与中央作整个解决。华东财办对地方党员待遇问题,曾有原职原薪的指示,因为有些解放区来的干部也有家属问题,市委常委未能决定是否应实行,这个问题是急求解决的。现在唯一办法只有劝导疏散家属回乡,参加生产,但执行起来困难亦较多。

关于干部等级待遇问题,我们建议:

① 企业部门如工厂、学校、医院、贸易公司、银行等应照薪水制,不但可以提高其工作效率,也可减少因供给关系,不照顾企业部门的生产成本的不良倾向。

② 政治待遇与物质待遇应严格分开。

③ 大城市编制与组织方式与乡村部队方式根本不同,今后改订等级名称,应有一套新的制度,现在的许多纠纷是从旧有等级与现在的编制不同而产

生的，但这一问题希望中央统一地规定。

④ 城市生活与农村部队不同物质待遇等级不能太多，待遇距离不应过大。

（五）对脱党、自首、叛变分子的处理情形

南京解放前，地方党员被捕者大都在群众性的逮捕中捕去，敌人当作政治嫌疑分子，大部分未判决者于李宗仁上台时释放，少数已判决徒刑者亦经通过统战关系疏通取保，全部释出（包括非党员和解放区被捕解京者共 76 人）。解放后又有一些自称失去关系者来组织部要求恢复党籍。兹将我们处理情形分述于后（材料自南京解放至 8 月 20 日止）：

（1）被迫失去关系者共 46 人，其中一部分为南京地方党疏散撤退而无法转关系者，一部分为被捕、被俘者（包括解放区干部战士）。现经审查清楚，并取得各阶段确实证明已予恢复关系者 17 人；刚参加党即被迫失去关系，现予重新入党者 1 人；不仅转关系手续而失去，现予恢复者 2 人；转送当地组织给予工作，并审查后可予恢复者 6 个；情况并未全部弄清，正在收集材料证据者 20 人。

（2）自首分子或有自首嫌疑者共 12 人，大都事隔甚久，历史复杂，材料毫无审查，甚为困难。现经审查后确无破坏党的行为，且本人坚决要求给予机会者有 2 人，分配党外适当工作，另 1 人现有职业岗位，介绍至有关单位考查教育。其余因无材料，暂难解决，亦有来登记后仅想找到工作做的（后证明其并未参加过党），已送失业人员登记处办理。

（3）动摇脱党分子现来要求恢复关系者 17 人，一般均暂不考虑其党籍，但经审查后证明脱党期间确无损害党的行为（也有仍旧表现进步的），经我们介绍党外工作或参加学习（如去军大、华大、西南服务团等）者 7 人。经过很长时期工作考验，证明工作积极且确有成绩，在本人坚决要求入党的条件下批准重新入党者 2 人（均为解放区南下干部）. 其余 8 人正在审查处理，原则上可给其介绍工作或参加学习之机会。

（4）解放前地方党被捕后叛变之党员，有铁路工人 1 人，及去解放区之外线交通 2 人，现均不知下落。党内曾发现 2 人，有叛变重大嫌疑，因牵涉颇广，已送华东局处理。1 人系在整风时坦白说出过去曾有叛变事实，但未能调查清楚当时有否做出结论，现仍留原岗位工作。其他有特务嫌疑者 3 人，已调党训班审查。

我们在处理这些问题时，主要困难为材料不够，一时无法判断，主观上怕出毛病，因而处理问题谨慎有余，迅捷不足。某些同志认为我们拖拉不能解决问题，这是值得我们检讨改进的。

（六）目前组织部门之中心工作内容、计划和困难

根据以上情况，我们认为目前组织部门之中心工作是整顿组织，其具体步骤为：（1）根据精简原则，适合城市特点，彻底制定各部门编制。现在组织部的中心工作是研究与彻底整编党、政、民各机关的编制。（2）了解干部历史、品质、能力并进城后工作表现，进行适当的调整与分配干部加强农村工作。（3）各党委会成立后自下而上的整理党的组织，并加强党的基层组织的领导。（4）整顿纪律，整顿作风，严格执行会议请示汇报制度。（5）继续分批调训地方党员。

目前我们感到最大的困难是：

（1）由于二野与三野互相交替过程中，作为骨干的干部非常缺，大部分主要干部均已被二野抽走，三野干部调来不够迅速，有专门技术的干部尤感不敷（最感缺乏的是财经干部、党务工作者，其次则为公安和文教干部及行政干部，亦配不齐）。三野调来干部除少数主要干部外，其中多为营连以下干部（一部分是解放军返家）。当此精简整编必须以质胜，是严格执行编制制度之际，与实际需要殊有出入。

（2）许多制度章则，例如一般干部治病问题都未确定（团级干部已准备办休养所），难以遵循，一切摸索，形成事务被动，这些困难我们当尽力设法克服。同时，也请上级在可能范围内予以协助解决。

（3）城市党的组织方式，各大城市均有其一定的特点，南京究应如何组织，应有规定，否则不能克服互相牵制，互相不配合的毛病。这里最重要的问题之一是区域性的组织与企业性的组织，究应如何，应有一个明确的处理。我们过去也曾提出过“一切支部任区委”的想法，但经再三考虑又从不合实际需要，徒然增加纷乱，因此现在城区内党的组织仍然是按企业范围内组织的，这个方式是否合适请求决定。

（4）解放后华东局停止发展党的问题提出后，四月以来各部门均没有发展，只有个别支部，如电信局支部在解放后混乱时间内来向上级报告发展了 20

余个党员。地方党员现在不断的调到西南与中央去的颇多,数量是在不断减少中。我们为普尊重华东局的指示,现在连过去多年来的赤色的工人群众也不敢发展一个。这样方式是否存在关门主义,什么条件下才允许发展党员,以加强党与群众的〈连〉联系。这个问题请华东局组织部早日正式决定。外来干部绝大多数是在机关内部作领导工作,与群众关系是很不密切的,这样下去,党与群众的关系势必减弱。天津市委的检讨,有与我们同样的缺点,希望组织能够明确原则决定,以利工作的进行。

(5) 党的支部(特别是工厂、企业和学校中的支部)如何有重点的和有步骤的进行公开,以便更进一步加强党与群众的〈连〉联系,也请上级作原则性的决定。

(文件编号:D64)

邓政委于南京市支书及排以上干部党员大会上的报告

——论“忠诚与老实”

1949 年 9 月 17 日

同志们！市委要我作一次报告，报告些什么？我想今天来讲这么一个问题，就叫“忠诚与老实”，这是联共党一位同志写的文章的题目，或者就叫“共产党员”也可以。题目出了，可能引起同志们的失望，同志们一定觉得我已是支书或排以上干部，当共产党员多年，还有这个问题——怎样做“共产党员”这个问题存在吗？我已经入党还有什么“忠诚与老实”的问题存在吗？我想讲下去再说，先这样的提出问题。

我们党有二十八年历史了，这廿八年轰轰烈烈、艰苦奋斗，到今天算是革命第一个目标快要完全实现了。这就是说，以无产阶级的代表共产党为领导的人民民主专政共和国快要出现了。最近，在人民政治协商会议召开后就要出现人民民主专政共和国，成立中央政府。也就是说，第一个革命——推翻帝国主义在中国的统治，推翻封建主义，推翻官僚资本主义的这个革命，在全国范围内就要成功了。我们的党和以前党不同了，变成了全国的、当权的、领导的党。今天虽不止一党存在，但我们党是领袖党，因此，这个党在今后比过去廿八年要担负起更大、更繁重的任务。这任务是什么？就是巩固我们的胜利，巩固人民民主专政共和国。巩固还不够，还要建立一个崭新的共和国，要把落后的国家变成先进的国家，要把农业国变成工业国，用我们的建设走向社会主义。这就是说我们不仅要完成新民主主义阶段，还要走向社会主义，走向共产主义。所以我们的任务比以前更繁重，接触问题的面更广、更艰难了。毛主席说：“过去熟习的那一套很多用不着了，不熟习的一套迫使我们解决。”我们打仗，仗打得很好，人民解放军从一九二七年到现在廿二年，有了很大的发展，军队从几百人变成几百万，指战员很英勇。军事问题解决得好不好？很好。虽然，全国胜利后要巩同国防，军事上还要提高，但是过去摆在第一的任务，在全国胜利、建设时期是改变了，以后最前面的任务是“经济建设”。这个任务我们必须学会，而且继续提高。同志们作过别的事情，老解放区的事情我们会，新的东西也要学会解决。因此我们的任务就更大、更繁重、更复杂。还就是告诉我们，没有任何理由使得我们骄傲。胜利的党最容易骄傲，胜利党的党员也最容易骄傲。党中央和毛主席再三告诫我们不能骄傲，骄傲还要翻筋斗，全国胜利以后也可能再失败，帝国主义、封建主义、官僚资本主义可能有跑到我们头上来拉屎，胁迫、奴役我们。越胜利越不能骄傲，因为今天敌人还存在，帝国主义还强大，不能小看帝国主义。就是封建主义、官僚资本主义被推翻了，还有残余，企图死灰复燃，想翻身。有敌人存在，有新的任务，所以我们不能骄傲。我们党在胜利后是否能比过去松懈？党组织的严密性是否能放松一些呢？不能！正因为还有敌人，残敌尚待肃清，新任务迫待解决，不管是帝国主义、封建主义或者是官僚资本主义的思想，天天还在逼迫我们、腐蚀我们，胜利骄傲最容易使我们丧失战斗意志。所以今天不是削弱党的组织、纪律，而是要比二十八年以来更加强我们党的组织。没有比较过去更严格的党就不能担负比过去更繁重的任务：巩固政权、发展工农业、走〈上〉向社会主义。是不是胜利的党党员责任就轻呢？不是，而是更重。觉悟水平现在要求更高，对于一个党员的工作能力也是要求百倍提高。过去党领导的范围小，一万万几千万人口，现在是四万万七千万人口的第一大国，所以对党的组织要求更严密，更有纪律性，更提高政治觉悟，更加强工作能力。这就是新形势下对党的组织所提出的新任务。

现在要问一问："我们今天中国党约有四百万党员、四百万军队，这四百万人的党能不能担负得起这任务——巩固国家政权，巩固胜利，走向社会主义呢？"我们的回答是："又能够又不能够。"也就是说："党在实现这任务时，本领又够又不够。"能够走向胜利，其原因首先在于我们党有了真正马列主义的领袖毛主席，有了以毛主席为首的党中央领导，这个领导真正是把马列主义普遍真理与中国革命实践相结合；这个领导是经过考验的，已经领导我们取得中国革命第一步的胜利。我想这一点全体党员、全中国人民是不会怀疑的，是有信心的。其次是我们党有了相当一批数量的骨干，这批骨干或者在地方作群众工作，或者作政权工作，或者在军队中工作，或者作党务工作。党在工作中，有了这批经过考验的骨干，说明我们党能够保证或基本上保证以毛主席为首的党中央路线、方针的执行，这是党很宝贵的财产。"能够"的原因还有没有？有。四百万党员一般说来是斗争英勇、对革命事业忠诚，能经得起考验的，所以我们“能够”有保证担负这任务。

但是为什么又说“不能够”呢？其原因在于“我们说党的领导很强”，这是从党中央、毛主席以及党的整体来说的；从个别地方分开来讲，领导则不强或不够强。再从一个个的党员来说，水平就不够或者很不够。首先从我们党的水平来看，多少年忙于实际斗争，马列主义和毛泽东思想在党员中学习非常不够，理论缺乏，基础知识不够。从成份来说，我们党多年脱离城市的工人阶级，小资产阶级在党内占很高的比重，这一特点再加上我们党差不多有二百几十万党员是在“七大”以后发展的，新成份很多。不能否认的这些新同志无论在斗争经验、理论水平、觉悟程度上都不及老党员。自然这不是拿一个个的新党员来说，而是按照新党员总的情况来说的。

为了实现这伟大的任务：巩固胜利，巩固政权，建设新民主主义国家，比较快地走向社会主义，我们今天所谈的“能够不能够”问题是从什么出发呢？是从“不够”这一方面出发的，“够”的方面自然可以高兴，这是实现任务很好的保证。但由于我们的任务大，而我们还存在着弱点，因此如何来克服弱点，使全党的情况符合于新的形势、新的任务，只有把我们党的组织、党员情况不符合的、不够的，能逐渐使之符合、使之够，弱点逐渐使之克服，能够这样就可以放心了。因为这样，则任凭敌人怎样想翻身，也翻不了；怎样想诱惑我们，诱惑不了。这样我们就获得了彻底胜利走向社会主义的完全保证。今天我主要来讲的，不是我们够的方面，而是讲不够的方面。党要我们正视弱点，只有看清我们的弱点，才懂得如何去克服弱点，我们要这样的提出问题。

我们的党是一个大党，有四百万党员，如以整个南京来说，南京党的党员近万，至少也有七八千。党的组织大不大呢？大！但是，组织情况够不够严密呢？我们一定要回答不够严密。党的纪律性好不好呢？自从毛主席提出“加强纪律性”后是好一些，但无政府无纪律现象还是严重。党员的情况如何呢？是的，党员都在进步，但存在的问题很多，理论水平、政治觉悟、工作能力，从许多方面看来都很不够。不说别处，南京的党员够不够呢？就很不够。

譬如说作一个共产党员来说，有些什么标准？我们党员合不合于这标准呢？今天我们来念念党章，值得我们考虑。在座的都是党员，而且是排以上、支书以上干部，负有一定程度的责任，在我们这四千人中，人人必须问一下，我合不合于党员标准？拿党章一条条来念，比比看够不够？谁这样作了谁就得进步。在党章关于党员这一章上，首先讲到“凡承认本党纲领和党章、参加党的一个组织并在其中工作、服从党的决议、并缴纳党费者，均得为本党党员”。什么条件下才算是党员呢？党章规定了四条义务及四条权利，这是判断党员的起码条件。权利是人人在党内获得的，义务是人人在党内要尽的。那么，党员的起码条件是什么呢？首先是四条义务，第一条是“努力地提高自己的觉悟程度和领会马克思列宁主义、毛泽东思想的基础”。如果把这一条简单化，就叫“努力学习”。第二条是“严格地遵守党纪，积极参加党内的政治生活和国内的革命运动，实际执行党的政策和党的组织的决议，和党内党外一切损害党的利益的现象进行斗争”。这一条就更加复杂了，如果简单化就叫“遵守决议”。这其中包括了：党的路线、方针的执行和党内党外一切损害党的利益[的行为]作斗争。第三条是“为人民群众服务，巩固党与人民群众的联系，了解并及时反映人民群众的需要，向人民群众解释党的政策”。如果这一条也要简单化，就叫做“联系群众”。第四条是“模范地遵守革命政府和革命组织的纪律，精通自己的党务，在各种革命事业中起模范作用”。或者把它简单化就叫做“模范作用”。这四条是每一共产党员必须具备的条件。如果自己不够就使它够，自己不符合或不够符合就要使它完全符合，这就叫做“共产党员”。我再念一下党员的权利，党员只能享受这四条权利，不能享受特种权利，权利只有四条，没有五条。这四条也不能少，如果少了，这个党的组织也该受处分，因为它剥夺了党员的权利。第一条是“在党的会议或党的刊物上，参加关于党的政策的实施问题之自由的切实的讨论”。就是说党员有权利参加讨论党的政策的实施，这是党员的民主权利。第二条是“党内的选举权和被选举权”，只要是正式党员就有选举权与被选举权。第三条是“向党的任何机关直至中央提出建议和声明”。党内不满意、有意见的同志可向毛主席、党中央、省委、市委任何人越级控告，发表声明(注意是在党的组织内)。这是党员应该与必须享受的权利。第四条是“在党的会议上(注意是在党的会议上)批评党的任何工作人员”。党员在党内的各级会议上批评党内任何负责同志，包括毛主席在内，都可以。人人要考虑一下这四条权利享受了没有？党的组织给了你没有？党的组织也要考虑一下，是不是限制或者剥夺了党员的权利？我们要让党员享受了这种权利对党才有好处，每个党员又要考虑一下党章规定的四条权利，我们要求了五条、六条没有？对照一下，反省自己。

党章规定的四条权利和四条义务要变成我们党员的镜子，毛主席说要照镜子，看我合不合党员的标准和起码条件？我建议在座的同志要天天以党章来反省，来照镜子，看自己作到了多少？那些还没有作到？如何使自己进步？如何作到一个合格的党员？党章规定的权利我享受了没有？是不是想多享受一点？这样照一照有很大的好处，这样作可能发现党内不少党员不合格或很不合格或者多多少少或者那一点上不合格。镜子一照就认清自己是什么面貌了，认识清楚才能努力克服弱点，这就有了前进的基础。有些同志就是不懂得自己的面貌、优点，特别是弱点，所以就不能进步。我们党在抗日时期曾经过整风，对全党的提高起了极大的作用。我们党在二十几年中飞跃的进步就是整风。整风的方法就是照镜子，人人洗脸，人人扫地，把自己的肮脏东西扫除一下。当时毛主席提出整风时，党的成份比现在大发展的情况纯洁得多，那样的情况下整风整党还属必要，那样的情况下还提出了洗脸、照镜子、扫地，可见得如果要提高党的水平及党员的政治觉悟，就必须要洗脸、照镜子、扫地。洗脸、扫地是把脏东西清除[掉]；照镜子是认识自己，也就是说看看命名为无产阶级先锋队、最有组织、最有纪律、最有觉悟的队员，合不合标准。

整风是一九四三年、一九四四年，毛主席告诉我们为什么要整风？由于我们党员入党后，过去党内缺乏教育，觉悟程度不能提高，特别是存在着成份不纯、作风不纯[的情况]，所以必须要整风、整党，把党的组织弄得严密，才能提高战斗力。不作这一步，党内庞杂的、各色各样的思想动机会引起各种作用，党就不能统一，就没有战斗力或战斗力表现不强，容易出乱子。

毛主席说我们一定要承认党内存在着三种人，即是三种成份。一种叫一条心；一种叫半条心；一种叫二条心。什么叫一条心呢？这种人是政治觉悟高的，一心一意不是半心半意或三心二意，而是叫一心一意为党的事业、为人民服务。这就是我们建党的基础、骨干。我们党所以有这样的成就，就是由于有了这样的为人民服务的骨干。另外是半条心。这是什么情况呢？组织入党，思想没有入党，这叫做半条心。加入无产阶级、马列主义的队伍，思想上不是马列主义、无产阶级的思想、毛泽东思想。是什么？是资产阶级想或者是小资产阶级的思想。我们的党出身在一个复杂的社会中，无产阶级的队伍在中国比重很小，党的成员小资产阶级占很大的成份，入党动机是多样的。自然，我们一定要承认他们起码是对旧社会不满来找出路，行动上加入无产阶级是好的，但是思想上还想要保持小资产阶级或资产阶级的意识，甚至于封建意识，这却是不好的了。

党员入党的动机不纯，有的很简单是来找出路；有的看共产党势力大了来赶热闹；有的是在农村中闹宗派斗争，这一派反对那一派，这一派为了打倒那一派而加入的；真是多种多样、形形色色。有的甚至想来看一看，为了共产党新鲜、赶时髦来的。这就叫“组织入党、思想上未入党”。特别是在革命高潮时期比在困难时要求应更严格，这原因就在于现在共产党员好当了，不像困难的时期有杀头的危险，因此必须要照镜子、看动机。一条心是组织上是无产阶级的队伍，思想也是无产阶级的思想，是组织入党，思想入党。半条心就叫作“组织入党，思想不入党”。如果党员要求第五条权利，就是思想上未入党，就不是一条心。如果要求官做，要求负责岗位，这就叫第五条。入党后要求党管我的生活就叫第五条；入党后要保持我言论、行动的自由，这就叫第五条；在党的会议上党员有发言的自由就民主；小广播、在外面传播反党的言论，这就叫第五条。有的革命同志革命了多年还有第五条。不管是二野也好，三野也好，某团级干部到地方来，警卫员取消了，就认为降格了，要求恢复，这就是第五条。好像党照例要给他警卫员。或者当地委级干部，不考虑到工作情况，特别是工作需要，当了县级干部就不满意，认为党对不起他，这也是第五条。过去地下党同志有一个口号，叫做“保管好工厂，就当厂长”，这也是第五条。这样说你保管好了总统府，将来岂不是要请你当总统吗？

〈要〉对第五条、半条心的党员是有办法的。这办法就叫“教育”。党有责任教育他，把五条变成四条，把半条心变成一条心，使组织入党、思想上未入党[的]不合格的党员变成合格[的]。所以毛主席在整风时就提出“惩前毖后，治病救人”，只有充分进行教育方得进步，否则半条心总要出毛病的。在军队干部中有一句话，叫做“大错误不犯，小错误不断”。这就是半条心作怪，有的甚至是大错误也犯，小错误也犯。这里并不是只指新党员。一九四三年、四四年整过党、整过风的干部也在内。像刚才说的某团长干部不也是老干部吗？老而不进步也是一样，不管你二十年党龄也是一样。所以不管新老党员，都要考虑一下，照照镜子，看看是一条心还是半条心？如果发现是半条心，就赶快洗脸、扫地，把污垢扫除。我们需要作这一工作，作了面貌就好看些。在四三年、四四年整风后，整个党是前进了一步，战斗力是加强了一步。所以任何一国的共产党都要天天洗脸，南京党洗一下更有好处。如果不把这个道理告诉我们同志，将来同志们会埋怨我们，说华东局、市委负责同志不指出这条路来，不管我们，陷我们于落伍，对我们不教育，会很不满意。

半条心的党员根据以往整风的经验确不在少数，整风以后也有很多半条心变成一条心的，这经验值得好好介绍。洗过脸的同志不妨再照照，看过去洗得好不好？没洗过脸的同志要赶快洗，这是很必要的。

二条心是什么呢？就是关云长的"身在曹营心在汉"。这种人有没有呢？有。可是不多，但是一个、二个对党的损害就了不起。他们钻入党内，钻入心脏来破坏，〈违〉危害性更大，人人要有此警觉性。

南京组织有没有这种人呢？有。例如南京公安局某二科长拿枪打我们共产党员，有人解释成是私人间的得罪，由于一件衣服给搞脏了。一件衣服的事情就拿枪打共产党员，难道这就不是反革命的行动？不管他是不是中统、军统、CC，或复兴，这是另外一个问题。很明确的，这就是反革命行动。我们不能拿其它任何理由来解释的。据说南京的工人政治学校还贴得有"打倒毛泽东、朱德"[的标语]，而且还编了诗词来骂毛泽东同志，很明确的就是工人政治学校中还有奸细、反革命份子。

二条心与半条心是不同的，半条心至少不会反对毛泽东，最多只会考虑毛泽东做得对不对？难道这也可以解释成幼稚和无知吗？我想没有人会作这样的解释吧？还有一件事，听说永利錏厂在人民解放军没有来以前，某人鼓动厂长搬运机器，搬运不及，[就]鼓动毁坏。人民解放军一来以后，他却一变而成工人领袖，混进党团里来。这些事情说明有反革命份子混进党内来。这事必须承认。淮海战役后的大发展，是很容易发生这种毛病的。所以党章才规定不准打锣打鼓的集体发展，只准个别发展，介绍人对党是要负责的。半条心入党是难免的，开始每个党员总不是十分充份的能合乎标准要求的。但这不怕，这正要求党去教育他们。但是对二条心，必须严格，越是胜利或接近全国胜利，党的组织越要严密，越要谨慎发展，就是这个道理。在南京党内二条心是有的，谁要是不承认这一点，谁就要使自己解除武装，丧失警觉。

半条心要不要呢？半条心对二条心是容易起掩护作用[的]，虽然常是不自觉的。例如上面所说的工人政治学校，发现了"打倒毛泽东、朱德"的口号，却一直查不出原因，查不出是谁写的。那位公安局的二科长一直到他拿枪打人才发现，以前还一直给他作机密工作，很信任他，并且一直没发觉。这是什么原因呢？难道反革命份子就这样高明？多少只眼睛看他不到？这中间就是有了半条心。半条心觉得发几句牢骚，讲几句话不奇怪，还要同情。半条心主观上想："谁想掩护反革命呢？"事实上就给了反革命以市场。如果党的组织不严密，思想作风不纯，就给二条心以掩护，漏洞很多，人家就可以钻进来。

我们在座的同志，一定有很多人听了不舒服。那么，让他不舒服好了，将来等他变成真正的共产党员就舒服了。有的同志不舒服、不满意，认为我很热情地加入党，总没有错吧？你还要说我什么掩护反革命啊？还说我是半条心？这些同志也不必着急，这些事实都是真的。像刚才所讲的那位团级干部要警卫员是半条心是一样情形。只有这样提法，这才是真理。我们马列主义者并不爱夸大其辞或吓唬人，这是党员的起码常识，是建党的原则。如果不这样教育，老党员也一样不合格。党的组织如果不加以这样的教育，这个党的组织就没有尽领导的责任。我们对南京组织开始不能讲，由于当时彼此情况不清，还有隔阂，那时讲是不对的，是妨碍工作的。现在不讲就错误了。讲了不舒服还要讲，这在全中国党都是一样，非南京党所专有。老解放区的党也是一样，不过程度不同。我们不能否认程度不同这一点。以军队来讲，军队的组织是比较严密的，但同样一日也不能离开自我批评。二野进南京后有本位主义，行动上拿了什么东西没有呢？没有。不过思想上是有的，开了一次检讨大会，斗了一下，有些还不服气。现在好了，精简节约等都有进步了。不管是党员也好、党的组织也好，照一次镜子，洗一次脸，就要进步一次。如果有人说，四条义务太多，四条权利太少，我办不到，那么要问你，你当共产党员是真当还是假当？如果现在你还作不到，不要紧，只要你去作，今天作到百分之五十，明天作到百分之六十，就好了。并不要求你入党数月就全部改尽，因为旧社会的影响是根深蒂固的，只要你愿意进步，愿意改造就成。如果一看到进步、改造就怕，那么你有自由，那就是"退党自由"。若是你不愿改造、不愿意进步，党的组织也有自由，那叫"开除党籍"的自由。只要我们愿意改造的，就有了进步的基础；只要我们愿意革命的，愿意成为一个真正合格的共产党员，就有了革命的基础。如果除了四条权利外，你再多要一条，那是可以的，可是请你到别处去要。名誉和地位只能是别人给的，不能自己要求，只能问我为人民作了多少事，我为人民的事业、党的事业贡献得够不够？你真的作得够，党的组织是会看到的。

日丹诺夫同志说过，在阶级未消灭前，社会的动力是矛盾，是生产力与生产关系的矛盾，这矛盾就推动了社会进步。在阶级消灭后，社会主义社会发展的动力就是“批评与自我批评”。在“七大”时毛主席把批评与自我批评作为我们党作风之一。我党的作风一是理论与实践结合；二是联系群众；三是批评与自我批评。作为一个党员，这三点很重要，作为一个党的组织更重要。在批评与自我批评中，更特别着重自我批评。这就是党员的条件，党员一般的、起码的条件。所以这三条要引起我们的注意，人人要照镜子，看我们够不够条件？老党员要告诉年轻的党员，每一个同志都要经常注意。那么，我们今天不合格，明天就合格了。现在比较有经验的老同志开始也是不成熟的，只要我们愿意这样做，半条心的、不合格的慢慢就会进步了、合格了。

怎么才合于共产党员的条件呢？不合格如何使它合格？不够如何使它够？一般同志入党后都要经过改造阶段，这是不可避免的。而且改造还要苦一点，像这样四千人的大会听报告就不容易，在秘密环境连一个小的讨论会都很难开。纵然今天有人在开会时不舒服，但还有一个不舒服的机会，这就是很不容易了，过去还要求这么一个不舒服的机会，还要求不到呢。所以现在是更容易缩短改造的过程，更容易造成一个真正的共产党员。一个加入党十年、八年的老同志不一定合格，新的党员更是如此。老党员虽然在党内马列主义教育受得不够，但是到底是开过一段时期的会，与党接触过一段时期。不过，新党员也不要紧，我们只是说，只要你诚意的愿意革命，当好共产党员就可以。但这“愿意”是什么标准呢？是不是说：“我‘愿意’可以赌咒，如果‘不愿意’，则让我绝子绝孙”呢？不是。拿列宁的话来说：就是“表现在行动上的言行一致，和理论与实践上的一致”。这就是建党的原则。苏联马林可夫同志的《论党的建设问题》一书，把建党的思想讲得很透彻，是人人必听的。“言行一致”的标准又是什么？我们说只要是一个人抱有这样的态度：——“忠诚与老实”，这就很容易成为真正的、合格的共产党员，就很容易提高。什么叫忠诚呢？按照党章来说，有这么一段话：“中国共产党人必须具有全心全意为中国人民服务的精神，必须与工人群众、农民群众及其它革命人民建立广泛的联系，并经常注意巩固取扩大这种联系。每一个党员都必须理解党的利益和人民利益的一致性，对党负责与对人民负责的一致性。每一个党员都必须用心倾听人民群众的呼声和了解他们的迫切需要，并帮助他们组织起来，为实现他们的需要而斗争”。“中国共产党是按民主的集中制组织起来的，是以自觉的，一切党员都要履行的纪律联结起来的统一的战斗组织。中国共产党的力量在于自己的坚强团结、意志统一、行动一致。在党内不容许有离开党的纲领和党章的行为，不能容许有破坏党纪、向党闹独立性、小组织活动及阳奉阴违的两面行为。中国共产党必须经常注意清除自己队伍中破坏党的纲领和党章、党纪而不能改正的人出党”。这是党的总纲上的建党的学说。归纳一下，“忠诚”，就是“忠实于党的事业，忠实于人民的事业。凡是有利于党的事业、人民的事业就办，不利于党的事业、人民的事业就反对，就斗争”。每一个共产党员从入党的第一天起就必须抱着这样的信念、这样的决心。

入党的动机是抱着很高的热诚，抛弃一切为革命，为共产主义而奋斗，为人民办好事。但是并非是人人都有此思想。动机是人人不同，党所以要加强教育、严格纪律，就是这道理，否则就不能使党使党员进步。党如果没有严格的纪律，势必成一盘散沙，毫无战斗力，党就不可能统一起来。那么在党内闹独立性、小集团、小组织、阳奉阴违、山头主义、自由主义……都来了。我们的党是一个战斗的组织，如果我们不要损害党的战斗力，就必须严格纪律，加强教育。既然是一个党员，党就要求你这样办。办不到，或者说是别的都可以，就是“自由”这一点我还要，那可以不必入党。一个党员必须使自己的行动符合于党的要求、利益。自然，有时候，有志愿也不一定就能作到，但是只要有决心，改造本不是一天的事，像中央局这一级的干部有时也难免犯错误。但我们必须有这样的品质，勇于承认错误。这次办不好，下次就办好它。这就是“忠诚”。这样立场就稳了，就有了当共产党员的基础。我们要遵守着四条义务、四条权利，这不是约束，不是痛苦，而是愉快。为人民作事是愉快，为党、为人民作事而降低自己的职位，也是愉快。这就叫“忠诚”。有利于党、人民的事业就干，不利于党、人民的事业就不干，就斗争。在党内外，我们就是要进行这样的斗争。另外还要“老实”。唯物主义的本身就叫“老老实实”。马列主义、唯物主义的执行人更必须老老实实。我们党内有不少同志态度不老实，自以为不老实，占便宜胜利了。他们与党斗争的方法就叫不老实。其实，凡事证明不老实总是倒霉的，不老实只能蒙混一时，当党的组织、上级、同级或下级没有发觉他时，确实可以赚一些小便宜。但是一经上级、同级、下级发觉了，就完了，就吃了亏。不老实的党员是有的，所以我今天来讲：“忠诚与老实”，这是一个共产党员、布尔塞维克的品质,党员必须具有这样的品质。有了这样的品质必定是好事办得多。虽然目前由于经验不够,但容易进步的。若是你工作能力强,政治水准高,为党、为人民能做更多的事情,上级提拔你是完全应该的。否则是爬的越高,跌的越痛,陈独秀、张国焘不是爬得很高吗?可是一跌[就]跌到反革命的毛坑去了。机会主义者是爬得越高,跌得越痛。党内有很多很好的同志未提升,由于组织上一时未有发现,将来会提升的。党内是有同志受委屈的,由于党内还或多或少存在着官僚主义及各种条件的限制,可是总有一天党会发觉的。军队中某些本位主义者似乎不吃亏,还占了几天便宜,可是最后得出一条结论叫"本位主义"。忠诚就是"全部的真情率直而老实的向党坦白出来",以列宁的话来讲就是"言行一致"。列宁说,当一个人"言行不一致时,这就完全遭了,这会导向伪善"。自然,当说到以忠诚的精神来教育干部的时候,这就不仅是指这个字在普通意义上的忠诚,而且也是指善于在每一件事情上(即令最小的)从整个国家的利益,从党的利益出发,而不是从地方的,尤其不是从纯粹私人的利益出发。不从党而从地方、小集团,尤其是从私人利益出发,这即是既不忠诚又不老实。所谓"忠诚与老实",是对党对人民忠诚、老实。看我对新民主主义国家、社会主义国家、对于党和人民的利益,是否老老实实地办事,这就是标准。在学习上也一样,老老实实的学,不懂就不懂,不要充懂;不行就不行,不要充行。纸老虎是一定要戳穿的,在旧社会还有可能蒙蔽,在新社会,尤其是在党内,一定要被戳穿的。因为看你的是多少双眼睛。有些虽然现在未看清楚,将来终究是要看清楚的。相反的,越老实越能得到党与同志的信任,老实的人才真正吃得开的。我们从入党的第一天起,就要检讨自己合不合于一个共产党员的标准?如果不合格,就要痛彻反省,赶快改造。并不是指新党员,老党员也是一样。看一看是为党的、国家的利益打算,还是为小集团打算?是党的利益还是小集团的利益高于一切?这一点我们的思想界限必须划清。对同志也要以这样的标准去衡量,首先看他是否"忠诚与老实",看错误也要这样去看。一种是由于品质不好而犯错误,一种是由于经验不够而犯错误,这两种错误要善于鉴别。当然都是需要教育、说服与改造。不过这其中有原则性的区别。毛主席在整风时,让我们的鼻子懂得嗅,善于嗅,拿这样的标准来教育党,党就会进步;来教育同志,同志就会进步,这就是我所讲的党员的"忠诚与老实"。

附带讲一个问题，南京过去会师是会得不好的，主要责任是要由外来的同志负责。因为主要的工作领导责任是由他们负责的。我们历来批评检讨，主要是检讨领导与主要负责同志，自然责任不是一方面的，但主要还是因为他们没有把问题及时说清楚。过去的经验证明会师的好坏，主要看领导同志。那里的领导同志会师得好，即使有问题也是小问题。南京会师解决的不好，与南京党内同志受党教育的深浅有关，这是我个人的意见。我现在军队方面负责，前几天在华东局负责，但今天是以一个共产党员的身份来说话的。我认为市委有些话说得太迟了，如什么叫共产党员？党员对党的责任是什么？市委还不大会用国民大会堂，像这样一次大会，四千人听到了，道理分明，四千人赞成，事情就好办；多数人了解，少数人不了解，事情也好办。自然，国民大会堂也可以把事情弄翻，所以要有原则、有方法、有严肃性，也有灵活性。会师不好是道理没有讲清楚，每个单位没有一个个去了解，到处把事情说清楚。军队干部除了作风较生硬外，本身有没有本位主义、宗派情绪，看不起地方党的地方？是值得检讨的。目前二野的党代大会正在进行检查。但整个来说，解放区党的组织比地方党严密些，党员受教育受的多些，经常可以看到文件、党的报纸，外来同志应该有高度热情帮助地方同志，了解党的政策，耐心说服。过去外来同志这方面做得不够，今后这个问题要继续解决。如果说二野某些同志这方面没有搞好，三野仍做得不够，就要受批评。主要是双方面打成一片由组织会师达到政策会师、思想会师，虚心接受地方同志的意见，这样会师就会好了。市委没有用国民大会堂讲清楚道理，什么应该做？什么不该做？但不是说外来干部一点没有做这一工作，而是做得不好，或做的不够。

地下党也有若干或个别同志认识不妥当。例如对人民解放军认识的错误，忽略了人民解放军对革命所起的作用，他们不是抱着爱护的态度，甚至有人一提到人民解放军，认为连国民党军也不如。南京党内确实有这样的观点。我们说，无论如何应当确定一条，人民解放军总比国民党军好，应该这样认识。人民解放军是有缺点的，但是，天天在和自己的缺点斗争，问题是，你对缺点采取什么态度？是热爱解放军的态度呢，还是把它看成连国民党军都不如的态度？对于缺点应不应该批评呢？应该的，而且要建议领导上加以改正。看到缺点不讲是错的，讲了才是正确的。解放军对于自己的错误拒绝批评是错误的，接受才是正确的。但是我们绝不能同意歧视人民解放军，在党内这是一个带有原则性的问题。人民解放军是什么军队？是在共产党领导下的人民革命军，从1927年到现在已经22年，对党、对人民做了很多事。这样认识是不是提高了人民解放军而降低了地方党的地位呢？人民解放军就是党的代表，军队若不了解自己的任务，军队如果不好违反了纪律，别人就说是共产党不好。所以全党应该宣扬解放军，事实上他功绩也确实大。自然其他同志并不是说功绩就不大，因为宣扬解放军就是宣扬党的胜利、人民的胜利。人民解放军是有缺点的，但这是良好的军队所产生的缺点，是应该纠正、必须纠正的，但是他只是在执行党的总路线、方针下产生的缺点，绝不可以因为某一些违反纪律的解放军同志就认为整个解放军都是坏的，因而损害了党、害了人民的利益。世界上谁说人民解放军不好呢？是帝国主义、蒋介石匪帮，他们不是天天骂解放军是"共匪"吗？我们党员有说解放军不如国民党的，那么无论如何他们也有一点、至少是情感上不自觉的和这些骂"共匪"的有些接近。作为一个共产党员、一个工人、一个革命知识分子是不应该这样的。我绝不是为人民解放军表功，因为这是代表着人民胜利、党的胜利[的]带有原则性的问题。今天这段话根本不应该让我来讲，而应该由地方同志来讲，因为解放军是从来不标榜自己的。谈起了胜利的原因，我们总是说"第一条是毛主席、党中央的正确领导，其次是前方战士英勇杀敌，后方的积极支前"。大家都应该谦虚一点，这段话是应该由南京地下党来讲的，自然地下党有人讲，但很多人没有讲。应该讲解放军解放南京的事实，这样就对了，就合作得好。我们二野、三野的领导同志从了来没有提到过胜利是由于二野或三野的功劳。但一定要有一条"前方战士英勇奋斗"。如果谦虚，不提这一条也是错误的。牺牲那样多的同志难道不是事实吗？淮海战役一次就伤亡15万，胜利是用血换来的，地方党对这样的事实应该高度表扬，没有这样做是不正确的，是错误的。

唐亮同志上次讲到胜利的三个因素：第一毛主席、中央路线方针的正确，这条是没有人反对的，即使反对也反对不了的。第二条是解放军，这是作为南京市委来讲的。像中央自己就从来没讲过。第一条说是我领导正确，中央或者把解放军的英勇作战放在第一条，总是并列于后方的积极支前、地方党的努力。第三位是南京地下党，事实上也确实是如此。但是据说工委某同志对这个第三位很不满意，正式提出抗议。这位同志的坦白、忠实，正当的运用了党员权利是值得表扬的。但是思想对不对呢？南京地下党无论如何应放到最后一位，这才叫做“合乎事实”。没有八年抗战、三年自卫战争会得到胜利吗？没有人民解放军的胜利会解放南京吗？再说得远一些，没有八一建军、十年苏区土地革命、八年抗战、三年自卫战争会得到胜利吗？没有人民解放军的胜利会解放南京吗？南京地下党的工作能做得那样好吗？要知道南京地下党的发展是在淮海战役之后，这时蒋介石的命快要完了，谁都看的很清楚蒋介石匪帮快要倒台，因此功劳不能够也不应该这样来比。唐亮同志讲的胜利的因素是根据中央的提法，并没有减低或者降低地方党的地位。我们能不能将南京两千多地下党员的功绩放在几百万解放大军之上呢？认清楚这一点，老老实实，应该这样承认，这就叫做“老老实实”。这样并不是说人民解放军个人的地位提高了，让他们高兴高兴，出了一口气。我上面所说的是从整个来讲的，并不是解放军每一个同志有二分之一的功绩，地方到每一个同志有三分之一的功绩，而是作为整个党的力量来看。毛主席把人民解放军、北方来的党叫主力，在南方的党和部队叫游击队，会师就是主力和游击队的会师。你说毛主席偏心吗？不是的，一个是大儿子，一个是二儿子，这就叫“老老实实”。地方党同志应该对人民解放军热爱，批评也是热爱，这样军队就会搞好，搞好了会不会引起军队同志高兴起来，似乎出了一口气呢？气也不要出，军队同志中有贪污的，有腐化的，一个个来看水准并不高，讲虚一点，其中还有应该枪毙的。打胜仗是由于后方几万万人的支援，不要认为这下子胜利了，骄傲起来，这也是不合乎事实的。做为一个人一个人的来比，我们总是不行的。国民党一个个同我们来比，总比我们行。例如坐抽水马桶吧！我们就有很多人不会，要整个的来比。我们每个人除了毛主席、朱总司令、刘少奇同志等是实在了不起的，至于其他，像我们中央局一级的干部并没有什么了不起，渺小得很，不过是一颗小螺丝钉，起一点作用。自然，小螺丝钉也是不能缺少，但是仅仅是一个小螺丝钉而已。从外来到本地的干部来看，刚一进城时，南京市委书记是刘伯承，副书记是宋任穷；现在书记是粟裕，副书记是唐亮，这些都是外来的。从党的利益上来看对不对呢？有些同志不满意，认为南京是依靠我们地下党解放的，你们一来就坐起“位子”来。刘伯承、宋任穷，是二野的；粟裕、唐亮是三野的。我也是二野的干部。现在我们来老老实实比比看，刘伯承、宋任穷、粟裕、唐亮和过去南京地下党的负责人哪一个强呢？我们看是刘伯承、宋任穷、粟裕、唐亮要强，应该这样说才叫“老老实实”。这点其实也不应该我来讲。可是，若是我今天不这么讲，而说胜利的因素，解放军是第三位，刘伯承同志很差，这就是“不老实”。根据党的原则、党的政策和需要，我们必须这样做。这个问题并不是南京地下党受了压迫，这样做对于南京党有好处，党的工作可做得更好一些。所以整个党必须做这样的措施，感觉这样措施没有错误，得到了中央的批准，同样也没有错误。下面干部的配备有不适当的，总的来说干部配备是以什么为主呢？正确的配备党的力量对于党是有好处的。

对于南京地下党的组织，华东局是认为起了不少作用的，起了适当的作用，这在第一次会师大会上时，饶漱石同志、陈毅同志、刘伯承同志和我都曾经讲过。但是，南京地下党也一定要承认，南京党的大发展是在淮海战役之后，其时蒋介石要倒台已成定局，入党的分子动机不一、成分复杂。如果不承认这一点，南京党就不能成为一个结实的党、有战斗力的党。因此华东局组织部给南京市委组织部的指示说：必须对南京党的组织加以整理，要精细，要稳步，特别要从加强教育着手。这样还有同志不同意，因为指示到了三个月没有理。这个整理组织的信是由刘晓同志起草的，经过我们看过以后发出的。直到现在，我还是认为这个指示是正确的，可惜没有做，但现在还是得做。这样做是不是损害组织、损害了党员的自尊心呢？假如你入党真正是为了革命，那么让党审查，有什么关系呢？在整风、整党时，革命一二十年的中央委员，毛主席也亲自领导审查，刘伯承、陈毅等同志都经过审查的，损伤了自尊心没有？革命多少年本应当清算一次。经过一次整风、整党、审干，党就从思想上提高一步，这样做有没有好处呢？是不是损害自尊心呢？何况我们只提出要整理南京组织，并没有说审查，况且把党的组织加以整理，党员的面目弄清楚，是决不会伤害组织或党员的威信的。我们必须这样地提出问题，认识问题。不仅是南京如此，其他地方亦均应如此。并非是中国党如此，其他国家兄弟党亦是如此。联共党在每一次大发展后就要清党，一次清党就清除几十万。自然，我们也不需要这样，我们用的方法是“整党、教育”。但是南京是否是两千多党员一个应该清洗的也没有呢？第一个那个拿枪打共产党员的人总应该清洗吧？据说党内某一个同志直到现在还在宣扬马克思和耶稣的道理是一样，这种人自然不一定要清洗，可是至少在马克思、耶稣是一样，这一点上要进行教育。这样提出来，并不是轻视地下党，忽视它们的作用。这完全是根据某一时间、某一地点使党变成健全的党这一需要出发的。这样提出来就能使工作搞好。如果华东局不这样做是不正确的，是自由主义，就是不懂得把党搞好，工作就要打折扣。看到这点，不去认真执行，就是无政府无纪律。因此今后组织上对党员无论如何要填表、要统计，要研究思想情况，进行教育。个别要清洗的就是要清洗。这对于组织没有损害，必要的清洗是不可避免的，这是必然的现象。例如现在四川发展了一批农民党员，他们加入党第一条是要求分土地，这是好的。但是第二条是加入了要多分，如果我们不讲清楚，他就来个多分，我们党就要完全脱离群众。这就是，由于我们这二条没说清楚。分土地是对的，但是不能多分，要同等的分。你赞成不赞成？不赞成就退党，否则没有了原则。

我个人看到的问题就是这几点?，我今天是以一个"共产党员"的资格来说话的，同志们可以考虑考虑，我所讲的对大家有没有帮助？这道理并不是我发明的，这是我们老祖宗马、恩、列、斯和毛主席发明的。这是第一点。第二点是当共产党员确实是要下决心"吃苦在先，享乐在后"。全体党员，包括新、老党员在内，要全党下决心要"忠诚与老实"。这就叫共产党员。我们共产党员要有这个决心，做了工作还要受批评，挨斗争、受一肚子的委屈。首先我们要看我们个人的利益是否与党、国家的利益一致？我们对不对得起共产党？再看看，共产党员义务很多，权力只有四条，又有纪律约束，如果不受这些，最好请你考虑一下如何办？我们同志首先要把自己的思想端正一下，先弄清楚共产党、共产党员是什么性质？自然，开始时，每个党员人人都是不行的。可是只要我们愿意、诚意去改正，今天不行，开始不行，十年、八年就行了。共产党员要怎样做？就是要"接受教育，展开批评"。党的组织就是依靠这些才坚强起来的，如果这样做我们就进步了。

（文件编号：D92(2)）

华东局组织部关于发展党员问题给南京市委的信

1949年9月21日

南京市委组织部：

八月份组织工作报告收到。对于现在南京可否个别发展党员一节答复如下：

查本部六月一日复南京市委信的第四点中，曾经明确指出，南京市建党过程中，在发展党员这一问题上，曾经对阶级成分重视不够。尤其在解放前短短的半年时间内即发展了一批国民党机关内（党、政、军、民、学）服务的上层成分的党员，因此这部分党员在入党动机、阶级觉悟，和对毛主席思想、党的路线、政策、阶级观点等的认识上，存在着许多问题。故此南京党的组织部门当前的中心任务应是"严密党的组织、登记党员、整理支部"。为了使你们便于集中力量解决这个问题，则同时要你们暂时停止发展党员。但你们对这一指示并未予以应有的重视。据说不仅未讨论执行，反而继续发展了一批党员，这是不对的，错误的。现在你们仍应停止发展党员，必须集中全力完成整理组织、审查党员这一紧要工作。至于南京解放后几个月来从各种工作中涌现出来的某些积极份子，则应继续团结、教育和提高他们，作为将来的发展对象。

以上意见，望你们切实讨论执行，并为了解你们对六月一日指示的执行情况，请作一简单的书面报告为要。

致

布礼！

华东局组织部

九月一日

（文件编号：D80(4)）

宋主任谈南京地下党解放后的问题

1949 年 9 月 22 日

宋主任：

1）不同的认识——家属救济问题，强调快解决，事实上不可能完全解决，客观上好像只有一个人关心。

2）交待组织工作问题——对党的成份是纯洁的，贯彻了这个纯洁，这个估计不对，[只能说]基本上是好的。

3）公开党问题——当时我们认为更多公开一些。[有人担心]“公开了怕不能连〈联〉系群众”，“穿了军衣”会与群众脱离，对此认识上有差别，讨论时有些困难。刘司令对此很着急，怕犯错误。后来又发展了一批党员，他更着急。

4）作风——对人有些不民主，对地下党干部下命令，有些问题讨论展不开。[说]对爱护人民财产、群众路线不够，是对的。谈问题很难转到思想实质中去，问题不容易开展。张霖之同志不大考虑问题，提意见不能接受，对别人问题思想上能展开，对自己问题展不开。工作没有做好是估计自己过高，有英雄主义毛病。对自己要求过高，变为不是实事求是。对工作上的研究不够，只是干着急。

5）那天报告——对上面领导批评少，会师不好，外来干部多负责是对的。不对的地方，使地方党员会感觉都是下面的，不解释下面也会知道。

6）有没有秘密活动，并无此材料，尚未做结论，不要激动。着急了别人不能谈了，没有多作〈做〉客观的研究，不够冷静。党内问题不能很快的解决问题，自我批评不多、不够深刻，解决问题不大。党报自我批评，下面认为上面意见不同，因市委内部有统一战线。

柯[庆施]：

1）老市委解放[后]尚在活动。

2）工、青、妇都是地下党负责。

3）“说是保护了总统府以后总统就是你了”。

4）“公开百分之七十是迁就”，不懂你什么意思。这是刘司令决定的。

5）接收时行政路线与群众路线相结合，是一个争论问题。

6）刘锋、朱启銮、林徽做局长是谁决定的，是不是宗派主义。

7）指示纪[律]问题

8）……①

（陈修良脚注：对我的意见——市委[会]上提出的

1）说清事实是不是应该？

2）华东局指示信问题。）

（文件编号：I6(1)）

① 原文无内容。

如何认识与开好党代表会议[1]

——支部教育材料

1949 年 9 月 25 日

市委决定了在十月十五日召开南京市第一次党代表会议。这个决定完全是正确的，也极其重要，全体党员应该引起深切的重视，必须热烈的展开讨论，坚决拥护这一决定。党代表会议的召开，在南京市的建党史上还是第一次。这个会议所以重要，在于对今后建党工作上，可初步的打下了思想基础，而贯彻到今后长期的深入的建党工作。在对建设新南京的艰巨任务上，可以更有力的保证实现。应该懂得，要完成建设新南京的历史任务，也必需首先从建党做起，因为我们的党，在人民政治生活中今天已起着决定的因素。只有使我们的党进一步的成为在思想上、政治上、组织上完全巩固的党，全体党员和党的组成部分，在党的统一意志，统一政策，统一行动和统一纪律下面团结起来，成为有组织的整体，只有这样坚强的统一集中的党，才能应付当前复杂的斗争，才能战胜一切困难，以至才能完成建设新南京的光荣历史任务。

一、什么叫党代表会议？

南京市第一次党代表会议的召开，是市委所决定，是在市委领导之下进行的。会议的性质不是什么决策、批准与改选党的领导机构的权力机关，而是通过党代表会议的这个最好的组织形式，主要的达到实际的教育全党的目的。因此，会议的代表主要的在于根据各项报告，进行讨论如何具体执行市委的决议，在适当的发扬民主，展开批评与自我批评的思想基础上，求得认识上的一致。

党代表会议的组成，包括市委委员为当然代表，各级党委代表与支部选举产生的代表，以及市委指定的代表出席而组成。出席会议的代表，其代表性是代表着各级党委及各支部的全体党员。代表在会议上可以反映全体党员的意见，可认真切实的讨论问题，可向党的任何机关与任何个人提出批评与建议，每个党员有权选举自己所信任的代表。所以党代表会议是党员义务与权利的

① 此件为中共南京市委会宣传部编印。

集中表现，是党尊重党员权利的具体表现。每个同志必须严守党员的义务与适当的、正确的运用党员的权利。当大会闭幕后，每个代表必须向全体党员汇报工作，负责传达大会的精神与决议，并使其彻底贯彻实现。

二、为什么要召开党代表会议？

弄清了这次党代表会议的性质，我们必须还要认识会议的中心任务，是在于加强党的阶级教育，以提高党的思想政治水平；整顿党的组织，以加强组织性、纪律性，团结全党，为实现建设新南京的六大任务而坚决奋斗。具体说来，所以要召开第一次党代表会议有四个原因：

1. 以党的组织原则具体教育党员

党的组织原则："是按照民主集中制建设起来的。民主的集中制，即是在民主基础上的集中，和在集中领导下的民主。"根据这个原则，因南京党的历史不长，成份复杂，思想不纯及教育不够的情形下，党内的组织性、原则性，对民主集中制的遵守，还表现得非常不够。因此，这次召开党代表会议，就是通过具体的会议形式，达到有效的教育目的。也就是要发扬党内民主，使全党懂得这个原则与遵守这个原则。以健全党的正常的组织生活，才能保证党行动上的一致。

2. 达到党进一步的统一与集中

为了把南京党进一步建设成为一个统一集中的党，要使南京全体党员与所有组成部分，在思想上、政治上、组织上、行动上做到完全一致，逐渐走向成为真正布尔什维克化的战斗的党。根据南京党的组织状况，党员是来自各方的(解放军的，解放区的，地下党的等等)，本来党只有一个，不管党员来自何方，一律按照民主集中制的原则，将所有党员组织起来，统一在市委的集中领导下，成为一个有机的整体。每个党员除了在党所指定的工作岗位执行自己的任务外，别无什么可以保留着作为特殊部分而存在的。

事实上，今天南京党的情况，确是完全统一集中在市委的领导下，并未发生有关政策、方针、原则性的分歧，全体党员在市委领导下，行动上基本上是一致的，这是没有任何怀疑的。而今天所成为问题的，是在于：正因为党员是来自各方，又是会师不久的情况，相互认识了解不够，表现在思想政治水平上，工作作风，工作性质，工作经验以及生活、态度许多细节的问题上，是各有偏差、互不一致之处的，相互之间有形与无形的隔阂是存在的，如果提高到党的原则来看问题，这种不一致，相互隔阂不协调，就违反了党的团结方针，是会削弱党的力量的，所以一定要引起重视。同时，这种不团结的现象，今天虽还只是表现在思想上，情绪上，如不及时有效的加以克服，在思想认识上大大提高一步，是会引起严重恶果的，大家必须警惕自己。因此市委决定召开第一次党代表会议，就是坚决打破党内的界限（本来党是完整的统一体，没有也不容许有党内存在任何的界限），在市委统一方针、原则下团结起来。团结得像一个人一样，同心同德，步调一致完成党的任务。

3. 纠正偏差，一致认识市委领导的正确与正确了解自己

为了使全体党员一致的充分认识市委领导的正确，足够的估计党的成绩与了解我们困难与缺点的所在，以及党的正确领导与个人的作用，必须纠正以往认识上的偏差，总结经验教训以教育全党，以及市委今后的中心任务，求得全党在思想上、认识上统一，贯彻到行动上的统一，作为全党一致的努力方向。通过党代表会议，适当的发扬民主精神，开展批评与自我批评，发挥党的积极性，确定全体党员与党的各个组成部分各自的明确任务，以克服无政府、无纪律的现象。

4. 进行建党教育，整顿组织，以保证党的纯洁性

由于南京党的历史不长，成份复杂，思想上不纯，组织生活不够严密，目前表现在思想上与组织上还相当混乱，因而影响工作不能很好的开展。由于党内的不纯，也就减弱了党的战斗力。所以根据华东局组织部的指示与南京党的具体情况，要刻不容缓的进行整顿党的组织，这又必须首先从党的教育着手，求得对整党方针、方法有一个完整的统一的正确认识，清除一些不必要的思想混乱与多余的恐惧心理，使得全体党员真正懂得，整党是全党的大进步，党才能稳步前进，在巩固的基础上向前发展。每个党员才能真正的得到改造与提高。因此通过这次党代表会议，初步打下整党的思想基础，以便使建党工作有思想准备的逐步深入的开展。

三、如何开好党代表会议？

党代表会议的意义与任务既是如此重大，那么如何才能把会议开得更好呢？这就要依靠全党的积极性与负责的精神。我们必须根据《市委关于召开南京市第一次党代表会议的指示》，邓政委与陈修良同志的报告以及结合本教材，组织认真的学习，进行深入的讨论，从思想上真正认识到会议的性质与目

的，以及体会到必须要召开这个会议。全党应该积极的行动，按照大会的筹备程序，充分的进行准备工作，研究代表的条件，考虑够格的对象，进行审查，这要做到极端负责。并积极向大会准备提出建设性的意见。总之，要从我们行动中表示对大会的拥护与负责。向党代表会议负责，就是向党负责的具体表现。因此，我们必须树立坚强的党的观念，市委召开会议的决定，如果可以不加重视或重视不够，这是有关党的观念问题。其次，我们必须要有认真负责的积极精神，如对大会的准备工作可以马马虎虎，采取漠不关心的消极态度，就是对党的责任心不强。所以全体党员要以最大的注意力，热望大会的开幕，关心着大会胜利的进行，预祝大会的成功与准备迎接党代表会议所交给我们的光荣任务，坚决勇敢的执行。这才能使我们的党代表会议是一个成功的会议，胜利的会议。

四、党代表是光荣的！

被选上当了代表，不是一件简单的事情，这说明了他在党内外较有威信，表示了大家对他的信任，把意见与权力交给了他，将希望寄托在他身上，并听取他将大会的精神与决议传达给大家，很明显的，当了代表这是如何的光荣，这是一种宝贵的政治荣誉，在个人斗争史上是值得牢记的。这也不仅是个人的光荣，也是大家的光荣，因为在党代表会议上，有了自己所信任的代表，所以大家要很好的组织欢送，将意见、希望，建议交给代表带到大会去。欢送的意义也不仅欢送的是代表个人，而欢送的是大家民主选举的成果，是党尊重党员权利的结果。因此，代表应引以为荣，大家亦感到光荣。

代表之所以光荣，还表现了他责任所在，因代表出席会议不是以党员个人的资格，而是代表着一定的党委与支部的全体党员，负着重大的责任。在未出席前应广泛的收集党员的意见，整理提案，代表党员提供到大会。当出席后，应用心的听取报告，认真的研究讨论问题，热烈的发表意见，以及深刻的体会大会的精神与领会决议。在会议闭幕后，要将大会的精神与决议，负责迅速的传达到每个党员，成为全党的一致认识。在贯彻大会的精神与决议的实践过程中，代表更要以负责到底的态度，起着积极的领导作用，推动与组织大家一齐前进，将大会的精神与决议成为有结果的实际，使全党前进一大步，这才显示出代表的作用与对革命的贡献。这才是代表的无上光荣之所在。

（文件编号：D89）

南京市委关于召开第一次党代表会议准备工作的指示

1949年9月27日

为统一思想，加强团结，整理组织，并为贯彻执行华东局提出的六大任务而努力，市委决定于十月十五日召开本市第一次党代表会议。希各级党委接此指示后，切实研究执行。

一、思想教育：各单位即按市委最近颁发之教材，并按大会筹备程序规定，有计划的进行普遍与深入的思想教育。各单位可先指定一人根据教材中心内容作启发报告，另由支部小组分别进行漫谈讨论与检讨，以提高每一个党员对党代表会议的重视，确定每一个代表对参加党代表会议的正确认识与正确态度，并能使其认真掌握与适当运用批评与自我批评的武器。

二、支部整理：各级党委应即在本单位组织力量，自上而下迅速进行统一支部组织，重行整顿支部党小组，如条件成熟应以民主方式改选支委，同时进行党员登记与统计工作(照市委组织部所发表格填报)。明确分清正式与候补党员，凡原地方党候补党员未办理转正手续者，即按党章第四条规定处理，确定正式或候补党员，以利代表之产生与组织之整理。

三、代表选举：各单位必须进行自上而下与自下而上相结合的民主选举与审查，负责党员干部与外来干部在代表数量上比重不要占的过多，应适当照顾代表之普遍性与代表性(如照顾阶级成份以及新老干部、男女党员的比例)。当选之代表必须是政治纯洁、作风正派、工作积极之正式党员。每个党委、每个总支以及有三个以上正式党员之支委会，均得推选代表一人。学区与工区两党委系统，凡超过十个正式党员之支部，除支委会推选一人为代表外，得增选代表一人；如超过廿个正式党员之支部，除支委会推选一代表外，得增选代表二人(以下类推，并须以地方党员代表比例占多数)。市府、市直、郊区、公安四党委系统的支部应以每十五个正式党员推选代表一人，地方党员代表尽可能达到二分之一(或超过)以上之比例。党委、总支、支委之代表由委员会中推选之。一般党员代表须先由小组(或支委会)就支部范围内讨论提名，经支部大会(或支委会)审查通过。如地方党正式党员过少，难以按照所定比例产生代表时，得在每一大党委系统内有计划的加以适当调整。所有推选代表之全部材料，应按时送交所属党委复审后转报市委批准公布，如不合格得令其重选。

对已审查合格之代表应组织欢送，尽可能召开晚会予以鼓励，并应以总支为单位对大会进行献旗，和发动向大会致贺。

一九四九年九月廿七日

（文件编号：D92(1)）

加强党的教育与整理组织问题报告

1949年9月27日

同志们：我今天报告的问题是加强党的教育与整理组织问题。这个报告基本精神经常委讨论，但提纲未经最后审查，如有不对的地方，由我个人负责。

华东局组织部张鼎丞同志代表华东局会经在六月一日有指示来，由我转市委（已登在南京通讯第二期上面）。华东局组织部的这个指示是针对着南京的具体情况提出的，是完全正确的。但我们没有很好讨论，拖了二个月才讨论这一次。此后又一直拖到现在才正式作出具体决定。这是我们无组织无政府的严重现象，因为我个人是负责组织工作的，所以我个人要负更大的责任。尤其讨论后还未引起注意立即布置执行，更要多负些责任。我对这指示未能很好研究，不够重视，因为认识上有些偏差，思想上不明确，没有更好考虑，这是要很好检讨的。由于我们未坚决执行指示，致使南京党的整理工作慢了一步，党的水平不能提高，检讨起来是件遗憾的事情。这是要声明的第一点。

第二点，关于会师的问题：前天邓政委说过，我们南京会师会得不大好。邓政委很客气的说，主要应该由外来干部[负责]，我想我们地方党要负责的。尤其是我，过去是地下党的负责人，对大家没有进行很好的教育。解放前领导上没有注意做思想准备，解放以后发生很多事情没有及时注意批评纠正，对思想上的偏差利用国民大会堂向大家说得太迟了、太少了。今天指出一些批评的意见，不是专门责备下级党员，领导上是要作更多自我批评的。我自己要以身作则检讨自己，很多地下党的同志也要很虚心地检讨自己的错误。[从]解放军、解放区来的同志们的思想问题，邓政委已经说得很详细了，所以我今天不再需要重复地说一遍。

今天我要讲的问题：

一、地下党同志存在的几个思想问题

对解放军同志的态度问题：那天邓政委说地下党同志有些人对解放军态度不好，这确是事实。我个人感到地下党同志对解放军同志态度变化很大。刘邓大军过黄河和淮海战役时希望解放军快些到，解放前也准备热烈欢迎，解放开始时情绪也很高，后来越变越坏；起初是冷淡，后来有些人简直厌恶的态度，对外来同志学习不够，帮助不够，这些问题是应该检讨的。相当普遍的地下党同志把解放军同志个别的问题、小的问题扩大了。这个也说："解放军来的怎样怎样"；那个也说："解放军来的怎样怎样"。造成一种空气，好像解放军来的都要不得。我们对某一个人的错误，就应该说是某一个人的，不应该全体负责。因为这个说、那个说，造成空气，对他们的优点慢慢就模糊了。

有自夸的现象。自夸自己英勇地在斗争，对解放军的功绩忘记了。例如某一工人同志说："解放南京是靠地下党的英勇牺牲和解放军的配合，因为他有武器。"这是原则的错误。我们想想我们自己有什么根据，有什么理由可以说这句话?！没有解放军的流血牺牲，南京决不能解放，我们今天也不可能在此开大会。

对外来同志情况不熟过份地强调，主观要求人家很高，希望人家一点不错。有些不对就失望消沉，怨恨人家，不检讨自己，夸张别人缺点，就是不够虚心。

有宗派情绪，例如两浦有些工人同志说："我们讲一百句不如穿军衣的说一句。"这句话是不对的。这句话就是说自己"吃不开"，就是把自己与解放军分了家。没有看到军管时期，军事代表有决定权，他是代表党的，并不是因为外来穿军衣的有什么特别。对这些问题没有严重注意，领导上应当负责。

二、为什么今天要提出加强党的教育与整理组织问题?

我想要说明这个问题，首先要讲南京过去地下党的一些情况，使大家知道整理组织是极端需要的。

（一）南京党这次建党的历史是很短的，正式建党是在抗战末期特别是抗战胜利后。三年自卫战争期中，南京环境很恶劣，老党员陆续撤退到解放区或逃到其他尝试去的颇多，流动性很大。淮海战役前后，国民党严重压迫下，撤退的党员数量也很大，留下的都是很新的，许多地方力量太弱。因为工作的需要，在淮海战役后发展了一批党员，因此新的党员数量就很多，这是南京党的特点之一。以第一期党训班为例，二百八十二个地方党员中，淮海战役发展的占60%，其中有工人、学生、警察、小学教师，成份相当复杂，这是一个最重要的问题。南京地下党据不完整统计约有二千左右的党员，其中工人、学生有一千多人，另外还有一些是国民党机关下级公务员、新闻记者、教师、自由职业者、警察等等，非无产阶级的成份多，成份不纯。这方面有些人是有历史关系的。

仍以党训班为例：二八二个党员中，参加过国民党、三青团的有八一人之多，这些人是有许多是被逼的。也有很多参加过反动活动，后来又觉国民党不好，进到共产党来。感到材料很复杂，有些人的问题一下子不好做结论，结业后仍转到原来支部继续复查。这个问题相当严重，我们要很好处理。华东局指示中指出：南京党发展不少工人和革命的知识分子，这是好的，但也有成分不纯的问题。我们对此问题注意不够。过去老南京市委发展党的组织路线是应当检讨的，为着工作的需要普遍的发展，没有很好注意阶级成份，个别部门还有把统战的对象当作发展的对象，这是很错误的。淮海战役，有些人自动为我们工作，我们就发展了他。这些人许多是为了找出路的，我们给他工作是可以的，不慎重的发展了就不对。六月一日指示到了南京，由于没有很快的传达到下面，停止发展党的问题也发生了错误。例如电讯局、永利錏厂等支部仍发展了一些党员。当时没有很正确的把许多问题说明，取得一致的认识，领导上要负责的。

同时又因为过去国民党统治环境下，复查工作相当困难进行。平日不能把材料放在家里，又不能随便把自传带来带去，因此复查工作往往交支部或那一级党委去进行，因此复查工作未做好。下面发展了一些同志，往往不容易知道。但大家不要误会，以为地下党每个同志都要不得，有不少的党员在进党之前是经过斗争考验的，但我们复查不够严密也是事实。

（二）南京地下党的思想情况问题：新党员的入党动机，有许多是不纯的，根据党训班的材料可以说明这个问题。有的是为了地位，有的是为了升官发财，有些是为了保饭碗，有些是好奇，觉得参加了党蛮荣耀。有些觉得“共产党鬼鬼祟祟不知干什么，参加进去看看”。有些是感情关系：“表姐、表兄、爱人参加了，我不参加不好意思。”还有些认为参加了可以谈恋爱。还有些过去参加过国民党，怕解放后人家说自己是特务，参加共产党就不会说我是特务了。有些人自己是党员也不知道，只知道参加了革命团体。还有，新青社是个秘密群众团体，把新青社看成和党一样。在过去秘密的情况下，不敢提“共产党”这个名词，往往有说：“参加这个。”“这个”是什么，没说清楚，所以有许多人当了党员还不知道，或者当了社员以为是党员。有些认为共产党是个农民党，有些人[对]支部书记是什么，支部是什么，都闹不清。这些问题都说明了我们的党员对党的认识很不够。这当然不是全部如此，一般水平低却是事实。

解放后干部思想的变化：好的固然很多，如积极、努力、热情，但也有一些干部思想变得不大好。有些干部地位观念、功臣观念有相当发展；过去在地下时不争地位，那时也没有什么“长”、什么“主任”，干了就算。解放后这些问题来了，地位观念也来了，对党[的]干部政策不满，邓政委那天也说过了。例如市[委]书[记]问题，有人说：“为什么要叫刘[伯承]、宋[任穷]当市书？我们就没有可以当市书的吗？”也有些人对市委名单不满：“为什么我们只有两人参加？其余都是解放区来的干部。”这句话是没有原则的。我们凭什么说这句话？我们在地下工作时期，只有反抗统治者的斗争经验，没有统治的经验；只有一些破坏的经验，没有建设的经验。南京这样的情况，非刘、宋等同志来坐镇是不堪设想的。解放后看到解放区配备了一套套的干部来接管南京，又是不满意，说：“把我们排斥了。”“解放区来的都是正的，我们都是副的。”整一套配备干部来接管，事实证明绝对正确，并非排斥。这种想法是不对的。同时我们应该承认，过去长期在地下工作，得不到中央的经常领导，有许多问题是落伍了，许多问题还要从头学起，不能与外来干部比较，地位、功臣思想也是不能有的。革命的动机是为了为人民服务，“君子不忘本”，胜利了还是要保持纯洁性，能做什么就做什么，不能计较地位，比来比去，解决不了问题。解放后，有些同志对地位不高满肚牢骚，质问我配备干部根据什么原则。我说：“最主要是根据党的需要。”因为个个都是想做领导工作，什么人被领导呢？这种思想是要不得的。另外有些地下党同志闹生活问题，解放后有许多拿供给制，家属有困难，党对同志们有照顾是事实。但从解放到八月底都有救济，党并没有不照顾党员。党员地位来说对生活问题应有正确的态度，有些干部自己不想办法，不劳动，要组织永远救济；有个别人家属不在此地，也要求救济，自己把钱拿去用了；还有些人谈恋爱、结婚向组织要钱；有许多同志写信给组织部，对党谩骂。还有是绝对平均主义的想法：“解放区来的小孩有饭吃，我们的小孩没饭吃。”看见首长有警卫员也有意见。首长是敌特的肉靶子，要保护他们，不能叫首长裁去警卫员去救济干部。市委并非不关心同志们生活，问题是解放区来的干部与非党干部也有这个问题，救济这个、不救济那个也不好，要慎重处理。不少同志写信、打电话，并不是听不见，对这个问题我过去也很同情。我现[在]觉得不照顾多方面是不对的。我们在地下时，也常没饭吃，那时是怎样混下去的？那时是有阶级友爱这么一条，大家给困难的同志送米、送衣服。解放后我们的阶级友爱那里去了？学区党委教员同志有许多人拿薪水的，有的还没有结婚，拿了钱没处用，他们现在已经用交党费办法，收入多的来救济困难的干部，大家不妨也这样做做。另外有些同志作风不纯，[有]个人决定问题的地下作风。过去地下时期因环境关系，不知道上级住在那里，独立作战，有许多地方个人领导这种方式在过去是对的，现在如仍旧个人决定问题就是不对了。现在既不请示，又不报告是很危险的，一定要出乱子。到今天为止我们有些同志还没有〈导〉醒悟到这一问题，还有个人作风存在。例如学联党组决定成立学联，应当是正式学联，还是筹备会，没有请示，自己就决定了。同时又不经群众选举聘请执行委员，引起群众不满。华东局指示中提出了解放以后领导上要实行民主集中制，以代替个人决定问题的作风，是完全对的。我们应当好好地改造一番。还有一些人，看不起外来干部，说人家情况不熟悉。情况是天天变化的，住在南京的，也不能说完全熟悉。人家不熟悉又未能与人家好好合作，关系怎样弄得好呢？希望与过去自己的老同事在一起，有说有笑，南方人与北方人在一起不好，格格不入。上面这些问题怎样发生的？这说明在地下时学得太少了，解放后忙于事务，我们也未很好向解放区同志学习，学习态度也不够虚心。领导上提出这些问题也太迟了，没有很快注意教育问题，使工作上受到损失。我们自己要检讨，领导上要多负责任。今后要很好学习，放大眼光，相互间的团结，一定会好起来。

三、根据上边所讲的情况，如何办呢？

过去我们未处理是错了，今天要处理这些问题，有两个办法：(1) 加强教育；(2) 整理党内组织。

(一) 加强教育。最近学习几个文件：毛泽东同志的《反对自由主义》、党章、中央关于增强党性的决定、邓政委报告。市委已要宣传部起草计划，大家学习。老干部要帮助新干部，互相学习，大家提高一步。学习上不要教条主义。这次党校学习，起初大家都把大书带进去，后来看见是学薄薄的一本党章，大感失望。其实党章是很深奥的，要精通很不容易，要与自己斗争历史、组织观念相结合，与自己的非无产阶级意识很好的对照。老区同志经过整风、三查，一般来说思想上要纯洁些，政治上要坚强些，故这次要很好帮助新同志学习。老干部决不能因此而骄傲，也要很好学习，因为这些同志中间也有一部份还有很多不够的地方。思想弄通了，会师问题才可以解决。会师不好是因为思想问题未统一，对问题的认识不一致。只有思想高度的统一，才能使行动与工作统一。

（二）整理党内组织。同志们听了不要害怕，因为整理组织、审查党员，是本着惩前毖后、治病救人的精神来进行的。上次党训班有一个同志听说要整党，吓得跑到上海去，后来又回来了。党是一定要整理的，原因就是根据上面所说的那些情况，否则工作不能做好。整理党内组织的步骤有二：

（1）整理支部。解放后曾经有过同一企业部门有二个支部的问题，市委七月十四日会有一个决定，即《市委关于各接管委员会组织调整的决定》（组字第二号），指出同一企业的各支部必须立即合并，每个党员一律要参加支部。但至今建设局下面的个别企业中行政工作的党员的组织关系，还没有交到工区党委，同一企业还有二个支部，这是不对的。个别支部在地下时期正式党员暴露了，支部的委员有时只好由候补党员来代理。现在如还有这样的事情是不合原则的。像这一类的支部，应当改选。支书一定要有职有权。现在有许多支书、小组长[是]不合适的，凌乱的组织仍很多，所以今后支部无论如何要立即调整一下。有些支部没有实现其领导，支委会也不开，支部有名无实。例如有些工人支部不起核心作用，支部同志说："天天忙工会，我们向那里汇报？"工会同志要注意，这是个严重问题。支部不起作用，工会工作又如何做得好？还有许多支部有许多人没有很好过组织生活，有些人很忙，忙于行政，忽视党内生活，应按党章学习如何把支部工作做好。还有些支部未完成党员登记，有些支委会只知道缴党费、转关系，不知道支部工作。所以，这些支部如不整理，审查党员、开展工作也没办法。

（2）审查党员。根据现有材料，已发现党内有个别的敌人奸细，我们的警惕性要很好提高，但不要惊慌失措，一定要搞清楚。如果确有真凭实据证明是奸细份子，当然要洗刷出党去，不能有丝毫的疏忽麻痹。前次邓政委报告说的，X〈局〉科长枪杀我们的共产党员，这问题要很好重视它，要查清与处理。国民党逃出是有布置准备的，有机会就要搞我们一下的。我们应很好注意，严密我们的组织，同时审查党员还有提高我们政治觉悟的作用。审查是包含有很大教育意义的，对自己的进步有很大的帮助，我们不应消极去看。每一个党员都要经过党的审查，老党员过去都是经过无数次的审查的。不要害怕，这次每个党员都可以经过一次考验，没有这样的考验是不成的，不会进步的。有些同志历史有问题，讲出了就没问题，坦白了当然会给你原谅。向党不讲清历史问题，打埋伏，性质就变了，问题变得严重了。不要怕难为情，要很愉快的坦白。这种向党坦白一切是建筑在同志们自发自觉的基础上，不能用逼供的办法。有错误的思想坦白了，我们就要很好的教育他。在审查过程中，要有信任的态度，即不要轻易对人先下结论，后找材料；要先凭事实，调查研究，实事求是，然后再下结论。这就叫做信任，主观肯定是不对的。有些关节往往是复杂、微妙的，审查时要很细心，警惕性提高，思想问题与政治问题要分开。同志们也不要以为今天的报告不得了，不要认为解放区来的整地方的，这就会有膈膜。也不要有这个错觉，以为光整地方党，解放区来的同志思想问题也有，将来鉴定大家都要做的。我们对好的坏的要分清楚，对思想问题与政治问题，半条心、一条心、两条心，要划清界限。我党在整风时已经有许多经验教训，对党的进步有很大的作用。在审查过程中，把好的发扬，坏的注意，才能使这次工作圆满。审查党员还要注意不要过于性急，有些问题是很复杂的，一下子搞不清，性急就会粗枝大叶的毛病。有些思想没经过很好动员，讲一点点讲不清，那就不好办。有些人是从重庆、成都等地来的，许多材料没法证明，只好等那些地区解放再说。有的可以解决的，就要尽量负责作出结论，否则会背上包袱。我们的有利条件是过去地下党的负责人大部分还都在南京，介绍人也多在南京，但以后可能还要分散或调动的，要很好搞清楚。对某些人的处分与作组织决定问题，为慎重起见，一定由市委最后决定，支部没有决定权，只能提意见。各级、部党委也必要亲自掌握，不要把这工作完全交给支部做。要很好指导支部做，要多负责。还有一个问题是候补党员的候补期问题，过去经华中分局城工部批准，知识分子候补期六个月，工人三个月。解放后有许多人候补期满了仍未转党，这问题纠纷很多。组织部会派人到华东局请示，这个问题不光是南京的问题，现暂时统一规定，按照新党章第四条候补期表现好的，才可转党。过去没登记的党员赶快登记，没写自传的都要写好自传，以便开始审查时有材料，审查工作可以做得更快一些。先把整理支部、表格等一切工作准备好了，等市委决定后再做，那么复查就可很好进行。

四、要加强群众工作

华东局指示，要加强群众工作，要很好与群众联系，这也是绝对正确的。大家不要曲解，以为要集中力量整党，就不要做群众工作了。相反的，要使得党更强，也必须与群众有联系；能否做一个好的共产党员，也要很好的与群众联系，为群众服务中来考验。南京解放以来，群众工作做得不够好，甚至工人群众也没有广泛地组织起来。以后我们一定要把群众组织起来，否则是会歪曲了华东局的指示。在工人劳苦大众中的群众工作要做好，特别是工人工作，二中全会决议中已指出，城市工作要依靠工人阶级，我们的工会工作是要加强的。今后要把工会工作做好，支部要起核心作用。另外还讲两个问题：

（一）发展党员问题。有些同志很急，老是问："我们是不是可以发展？""什么时候开放？"我们只能答复："现在不能发展。"因为我们的组织未整理好，未决定好，党员未复查好，怎么能发展？自己的队伍未整理好去发展是很危险的，党内组织与思想会愈加混乱。另外群众工作未做好，也很难发展。今后党的发展必须增加工人成份，所以工会工作必须做好。其次，青年团、农会、妇女等群众组织也应该发展起来，将来发展党是不难的。只有这样，党的纯洁性才有保证。群众觉悟提高了，生产与工作中涌现了积极份子，好好地教育这些积极份子，我们就可以有发展党的条件。但也不能心急，也需一步一步来做，必须市委有了正式决定才做。

（二）关于党公开的问题。过去规定70％公开，30％秘密，华东局指出了这[是]个不妥当的决定，后来也没有这样做。为什么这样做是不对的呢？因为公开如指公开参加支部，30％不公开，那么就有30％党员不能参加组织生活，这些党员就不能在政治上提高。以后优秀的共产党员，能代表党发言的，能起坚强作用的，在对群众中先公开。那些支部、那些党员先公开，也要逐步来的，有步骤的，要由党委决定，不要以为我整理好了我就先公开。华东局指示：公开党是为了密切与群众联系，更好地把党的政策公开对群众宣传教育。如何公开？整理好了才能决定。今天谈这个问题主要目的是为了思想上更加统一，使党更加团结一致。大家都像兄弟般的合作，会师问题会很顺利进行。今天到会的有二野、三野、地方党许多同志，是新的会师。要根据以往教训今后做好，大家要本着知无不言、言无不尽的精神，互相打通思想，这样会师一定能胜利进行。党员的政治水平也能很好提高一步，南京党队伍就能更加坚强起来。大家争取做个优秀的共产党员吧！

（文件编号：D90）

党训班第一期工作报告
(7月5日—8月30日)[①]

1949年9月

目录

Ⅰ. 教育方针之确立及执行概况

(一) 教育方针之确立：在筹备过程中我们对学员情况的了解及对上级党的意图的领会是不够具体的，仅知道准备调一部分学生同志及工人职员同志来，其中多是新党员。上级党给我们指示的政治要求是："使学员在政治上思想上提高一步。"时间原指示是三个月，后又确定为一个半月。就仅根据这一点对情况很模糊的了解与上级党的原则指示，经干部集体研究，就确定了以下的教育方针与工作计划。

1. 教育方针确定为："学习建党的一般知识，认识自己的非无产阶级的思

---

① 本文序号经过编者重排。

想意识，掌握批评与自我批评的武器，加强对党的组织纪律观念，并领会我党在城市工作中的总方针路线，以求达到党内思想一致，行动一致，完成建设新南京的任务。”(经市委会批准的)

2. 根据上述方针，又分头拟定组织教育等各方面具体工作计划，以党建学习，使学员初步认识党，认识自己打下改造自己的基础为重点，在教育工作上强调联系自己，反省检查自己的思想。在组织工作方面强调严格的组织生活，开展思想斗争，使学员在实际党生活的锻炼中加强组织性、纪律性。

(二) 执行概况：在市委组织部随时具体的帮助下，教育过程中基本上是正确的坚持执行了上述方针，而且每个干部都是积极热情地努力工作，主要工作都是按原计划进行，达到了我们的中心政治要求的，学员对党对自己认识提高了。在组织观念及思想意识方面，每个同志都作了普遍的检查，加强了组织观念，学会了批评与自我批评，这是几个很明显的收获(详见总的收获)。

本期工作成效是好的，但也存在着不少严重的缺点。如初开学时，学员认识还很差，就急于强调反省，以致发生了不钻研文件，反省也反省不出来的偏向。又如关于政策学习部分，因当时作报告的人变动(宋主任等首长到上海开会去了)，同时我们也满足于党建学习的收获，思想上松了下来，临时随便选了建团支部工作，及生产建设等问题，请人作了几个报告，没有很好组织学员讨论，表现有些紊乱而收效当然不大。在组织工作方面，因干部调动(快开学了，把组织科长及三个支部负责人忽然全调走了)，没人领导(始终没有组织科长)，无计划，随时乱抓，更是凌乱被动。再者，没有一定制度，开始时领导上忙于事务，下边反映不上情况，有问题不能及时解决，对工作成效也有很大影响。

Ⅱ. 对学员一般情况的了解

(一) 几个统计：

全校原有学员285人，中途有2人因病退学(邓敬兰、潘皖生)，1人除名(左堃)，结业时实有282人。

1. 本人成份：

本人成份	人数	所占百分比
学生	186	66%

工人	53	19%
职员	19	7%
自由职业者	15	5%
士兵	5	2%
贫农	4	1%
总数	282	100%

2. 家庭出身：

家庭出身	人数	所占百分比
小资产阶级	79	28%
地富资本家	73	26%
农民(中、贫农)	57	20%
工人	23	8%
雇农	2	1%
其他	48	17%
总数	282	100%

注：(1) 小资产阶级也包括自由职业者、手工业者、贫民。

(2) “其他”包括房东、职员、公务员。

3. 正式或候补：

正式党员 118 人，占总人数 42%

候补党员 164 人，占总人数 58%

其中淮海战役以后入党的有 169 人，占总人数 60%。

4. 党龄统计：

党龄	人数	所占百分比
不满一年者	58	49%
一年—二年	15	13.1%
二年—三年	10	8.5%
三年—四年	4	3.4%
不详的	31	26%
总数	118	100%

说明：党龄一项材料，系根据华东局关于候补期问题没有指示以前的材

料所作，那时因为有部分同志的候补期，地下党组织没有告诉，他们或不明确，所以他们的党龄无法计算，仅以“不详”列入统计中。

5. 学员文化程度：

文化程度	人数	所占百分比
文盲	1	0.35%
稍识字	10	3.5%
初小	13	4.6%
高小	22	7.8%
初中	42	15%
高中	75	27%
大学	119	42%
总数	282	100%

6. 特殊问题：

① 历史关节[①]有137件，占总人数49%，其中参加反动党团的有81件，占总人数29%。

② 曾经有过动摇脱党思想的有44人，占总人数16%。

7. 入党动机：

不纯部分的入党动机中：约有32%是为了求地位，保饭碗，投机，升官发财；约有34%是为了虚荣好奇；约有10%是为了意气、感情、恋爱的；其他约有24%，有怕戴国特帽的，有为赎罪的，有为报仇的，有人道主义的等等。

说明：(1) 根据反省笔记统计。

(2) 每人入党动机不止一个，仅在其突出的动机中选取一、二，故此统计仅为约数。

8. 入党手续：

入党手续不清楚的有18人，其中有不知几时参加党的；有不知参加的是党或是团的；有不知介绍人的。而入党手续完备的也并非完全自愿，有待其答应参加革命组织而后告之的；有原是新青社员(党的外围组织)，后由介绍人仅通知他“提高一步”的；有用方法哄进来的(先不告诉为政党，参加之后才告诉，

① 即有政治历史问题。

本人不愿意，又进行说劝工作）。

9. 学员来源：

这批学员来自 8 个部门，60 多个单位。

① 来自学区党委的有 162 人。其中有大学讲师、助教、中小教员、大中学生，以中大（南大）、金大为最多。

② 来自工委的有 76 人。其中有电信局、永利錏厂、被服厂、“326”厂、津浦铁路、“60”兵工厂等单位的职工。

③ 来自公安局的 33 人。

其他来自文工团、统战部、金陵支队、区委会的共有 23 人。

10. 政治质量：

从以上的情形中我们便可以看出这批学员的大致面貌，其政治质量是比较差的。

① 入党历史短，受党的教育少，组织观念尚弱。

② 文化高，受反动文化教育时间长，旧社会的影响也比较深。

③ 绝大部分的成分、出身为非无产阶级，因而受限制，觉悟程度低。

11. 学员特点：

（1）一般具有的：

a. 文化程度不等。

b. 学习情绪高。

c. 阶级意识模糊。

d. 以前很少过组织生活，组织性、纪律性差。

（2）个别具有的：

a. 工人：斗争性强，也容易闹无原则纠纷。

b. 学生：幻想多，好表现，教条，好高骛远，虚荣，热情。

c. 教员：世故，好享受，生活自由散漫，自高自大。

d. 旧军警：政治品质差，旧习气重，入党带有投机性，历史较复杂。

Ⅲ. 学习态度与学习方法的纠正

1. 对学员学习态度、方法的一般了解：在开学以前，学员陆续来校时，我们就集中精力，通过入学测验问答、个别谈话、座谈会等各种方法，进行了解学员思想情况、学习要求，下面是从测验题答案中统计出的学员一部分的学习要求：

统计的153人中间：

要求学习理论的89人(学习马列主义、哲学、政治经济学等)

要求学习政策的80人

要求学习党纲党章的34人

要求学习党史的32人

要求学习文化的6人

他们学习动机，绝大部分是模糊不清，或从个人出发，有一个部分是要充实自己、武装自己，希望能提高工作能力，解决具体问题。然其中不少实际上更是为了装饰门面夸耀自己："党公开以后，群众问到什么东西，自己不知道，可多难为情。"另有一部分是要改造自己，而值得注意的，这只是一句时髦口号，"要洗刷脑袋"，"要清除非无产阶级意识"，究竟为什么要向无产阶级投降，不改造对党有什么危害，又如何改造，则是毫无所知的。个别同志更是背着包袱，抱着"被整"或"受训"观点而来。

在学习态度与方法方面，是好高骛远、教条主义的，不懂得联系实际、联系自己。"看文件，个个字认识，句句都懂，看不出什么味道，甚至昏昏欲睡"。很多学员是买了干部学习丛书等一套套的厚书到党训班来的，开小组会就带着一大堆书本。"谈到那儿，翻开书，摘录引用一段，也能解决一些问题(?)"。要是没有什么参考书，"搜集不到什么材料，就无从讨论"。另一方面就是个人死钻，认为"集体学习，浪费时间，讲给别人听，便宜了别人"，或者"大家差不多，谈也谈不出个道理来"。小组会是有的，自己找到材料，夸夸其谈，在会上〈眩〉炫耀一番，有的就根本不讲话(三支工人同志各组中，文化高的夸夸其谈，文化低的大多不讲话)。小组会形成负担，大家要求多给自学、看参考书时间，或者希望名人讲课。

2. 对学习态度方法之纠正：此种情形与我们原定的教育方针、教育计划相差甚远，我们感觉这种不正确的学习态度、方法，是学习的很大障碍，不加以大力纠正就不易学好。因此通过各种漫谈会、座谈会酝酿，指出联系实际的重要、教条主义的危害，再利用开学典礼，由陈部长和宋主任作改造学习的报告，并组织讨论两天，检讨出来并批判过去许多不正确的学习态度与方法。如很多人看书带笔记本专记格言警句;有的曾翻阅大英百科全书一页一页的看;有的看《国家与革命》中讲到无政府主义就钻了三个月无政府主义,自高自大的一位曾经觉得“你们一群,都是在我所研究出来的规律支配之下的”。另外,一个做了两篇论文,将辩证法中的矛盾用到人类的感情与数学中去,说是把辩证法感情化或者理智化了。甚至有一个同志,听了宋主任报告以后,觉得不够,就将刘少奇关于修改党章报告中群众观点的一部分及毛主席反对自由主义的一部分补充进去,认为才更完善。这可以说是关于他们过去的学习态度与学习方法的典型例子。

经过报告讨论,正确的学习态度占了上风,学习计划适时宣布得到大家接受。一般的在学习态度上面比较的实事求是,知道好高骛远吃不开,提到过去要学马列主义会脸红,从批评检讨的过程中也初步懂得联系实际,体会到讨论会上不联系自己,或联系不深刻会就开不好,收获就不大。集体学习的观念也加强了些,不大发言的开始讲话,文化低的也受到热心帮助。而且,普遍反映学习不但要自己学好,而且要使小组里大家进步;在大家进步下面,才有自己个人的进步。其他一些个人学习与集体学习相结合的方法,摸索到如何漫谈、开会,初步会运用互助小组,并且在整顿学习态度中间开始发现自己缺点,一般的更虚心了。批评与自我批评的武器,也能够初步掌握,而且收到了一些效果。总之,经过开学前的集中精力纠正学习态度,树立了联系实际、联系自己的老实的学习态度及群众路线的集体的学习方法,打下了本期顺利完成[学]习任务的基础。

这次成功的基本因素是领导的正确,思想领导抓得紧,以及陈、宋首长报告的启发,而学员情绪高涨,“大口袋张着,什么都装得下”,则是一个最有利的条件。

从这个基础上通过几个阶段的反省的学习,克服了一些偏向,学习态度更加明确,学习方法也更能比较正确的运用,并且慢慢体会到这种学习,才有真正的收获。这里可用结业总结时几个同志的意见代表一般:“过去把文件当圣人,现在才知道把文件当镜子”,“讨论时,我认为强的人,他的意见不一定全对,比我差的人,也不一定不如我,况且他意见中有很多别人想不到的地方而他想到了”。总之,“这一月半的集体学习,要自己埋头一年,也得不到这么多东西”。

在整个学习态度与方法纠正过程中，也发生了些偏向，如大力整顿学习态度时，正确的意见占了上风，个别思想不通的也不敢提出来。认为大家是一面倒，最后还有个别同志反映“集体学习广度加强，然而深度不够”；也有个别同志小组学习看一套，自己有空再另看一套。同时，因大力反教条及反个人主义学习，也发生了使大家动脑筋钻研文件不够，有些停顿集体学习，到小组会上听听就够了的偏向。这些偏向在整个学习过程中，都逐渐克服着，但直到最后，还有个别同志未能得到解决。另外，在学习方法方面，仅零星的纠正了一些偏向，没有作一般的明确的启示，依靠大家摸索，多少使大家多走了一些弯路。

Ⅳ. 教 育 工 作

1. 党建学习：内容包括党的性质、党员条件、入党手续、党员权利与〈利〉义务，及民主集中制五部分，以党的性质及民主集中制为重点；进行教育的方法是先作启发报告，开展小组讨论，联系实际反省自己，从讨论中领会文件的精神实质。同时以文件的精神检查自己、透视自己，又为了加强“通过学习，认识自己”，在讨论过程中，适当的随时插进些关于批评与自我批评，及党的严肃性等参考文件，或补充讲话，以推动思想斗争的开展，效果一般还好，兹分述于下：

(1) 党的性质的学习：因大家的糊涂观点很多，如说“中国只有大贫小贫”，“阶级斗争是我党造出来的”，“无产阶级多为老粗，不能领导革命，必须由进步的、愿为贫苦大众服务的知识分子来领导才成”，“共产党是农民的党……小资产阶级的党，全民的党”。经过学习讨论争辩后，这些错误的认识大都改正了，了解了革命的必然性，认识了无产阶级能够领导革命的长处，“向工人学习”，“思想上向无产阶级投降”，“改造自己的思想，保证党的纯洁性”，“全心全意为人民服务”变成大家的口头禅了。

(2) 民主集中制的学习：在此问题上，过去大家的糊涂观念也很多，如“既民主就不要集中……”，“集中就是集权，就是不民主”，“我们来了，很多报纸不叫出了，比国民党统治还凶，言论不自由”等。还有一大部分人强调个人利益、个人兴趣，要有条件的服从党，过不惯严格的组织生活，说“纪律是束缚人”的。经过民主集中制的学习，大家认识到“只有集中领导下的民主，才是真正的民主”，“不给反动派民主，才有人民大众的民主”。同时，纪律性也加强了，认识到个人应无条件服从党了。

(3) 关于入党手续及不纯的入党动机，都作了片断的检查、反省，不少自大的同志虚心了，有 18 个人反省出来过去入党手续不合。一支 80 余人检查入党动机(初步)：单纯为恨国民党的 27 人，为找出路的 22 人，其他为报仇、面子、好奇……还有无所谓的糊涂混进党来的，无奇不有。大家都感到不对了，过去满以为自己了不起、“还不错”的，现在知道自己连党员的起码条件也不够了。

2. 机会教育及收效：为了使学员在实践中学习并亲身体会党的组织生活的严肃性，本期我们进行了以下的机会教育：

(1) 成立支部：三个支部的支委都是经普〈遍〉选产生的，事前先进[行]了如何成立支部、支部的任务、支委条件及同志们对选举应有的负责严肃态度等教育，继而宣布提出候选人，及选举办法。因大家还不大熟悉，提名之前，每个同志都要先进行自我介绍，及自我检讨，然后再以临时小组(同时照顾各单位)为单位，提出候选人，经党委会批准，经过一天多到两天的介绍批评后选举。结果都未出领导上预料，除二支个别支委威信不高外，都很好的完成了领导学习的任务。而更重要的是，在这次支部成立过程中的收获，学员领会到什么是民主集中制，加强了对党的责任感。同时因经过了两天的介绍、批评、检讨，不惟使我们对学员的思想情况有了进一步的了解，而且使学员初步的开展了批评与自我批评。

(2) 举行入党式：因学员多数为候补党员，多没见过入党式，又发现有十几个同志入党手续不清，需根据情况补办入党手续，或重新入党。我们就利用一个党日，举行了一次较正规的入党式，会后大家反映说：“这次算在思想上、组织上明确入党了，再不糊涂了。”补办入党手续的人也觉得“放下一个大包袱”，也使大家学会了怎样发展党员。

(3) 对左堃思想的斗争：左堃是一个个人主义的典型人物，毫无组织观念，过去时常与组织对抗，个人利益、个人兴趣第一，生活散漫，自由脱党达三次之多。这次调来学习，又两次不请假外宿，最后竟一去不返校了，说对党训班的学习不感兴趣(详情已作过报告)。这种思想是代表这次学员中很多人的一个典型。为了争取教育左堃并教育大家，就展开了反左堃思想的斗争。在小组讨论很多人认为这是一般普通错误,“这种思想我也有”,“可以教育他”,多数人主张留在党内。但经过小组酝酿到党员大会讨论,多数人意见变了,认为他小资产阶级个人主义、自由主义的思想太严重,又是一贯的明知不改,这样的人留在党内,影响党的纯洁,纵容错误思想的发展。争论的结果,是仍以125票对2票通过“取消其候补党员资格”。

这对大家的教育很大,彭真午同志的发言可以代表一般,“我们了解了什么是阶级立场,学会了批评与自我批评……这点,我们应当谢谢左堃”。在反省中很多人反省到当时自己有“兔死狐悲”之感,“那样批评太无情”,同时,也都如乔登江同志批评说:“这依然是以小资产阶级立场来同情这种小资产阶级思想”,“为党想的太少了,为左堃想的太多了”。总之,从这次斗争中,大家已初步学会了批评、自我批评及对批评应有的态度,知道如何分析、认识错误,如何站稳立场,如何保持党的严肃性与纯洁性了。

3. 其他问题的学习:由于原定讲课人的变动,政策学习部分未能按原计划进行,临时凑合了建团、支部工作及发展生产建设问题等几个报告,时间又几经变动,领导不易掌握,故步骤有些紊乱,收获也较小,只能说在这几个问题上增加了些常识而已。惟以对学员讲起来,都是新问题,这样学一下也是必要的。此外,为适应三支工人同志中文化水平低的,很多人在人生观问题上弄不通,如直到反省时候了(后二周),还有5人有脱党思想。刘汗青同志竟然写了退党书,觉得牺牲个人一切,为人民服务〈化〉划不来,故专讲了一次革命人生观问题,解决问题还不少,很多个人与党利益矛盾的思想包袱除开了,了解共产主义事业的伟大艰巨,共产党员的光荣,就连刘汗青也写了收回退党要求的申请书。

4. 综合反省:

(1) 动员准备:由以上教育进行中可以看出,学习每一个内容都组织作了一些片断的反省,打下了综合反省的基础,到学民主集中制时,我们认识到必须讲些思想意识修养问题,才能使反省更深一步,仅就组织问题,解决组织问题是不够的。因而就建议给做报告的同志,讲个人与党的关系时,都提高到思想意识上,如不愿过组织生活,就讲到自由主义、极端民主;不服从组织领导,就讲到自高自大,自以为是,并补充了些反不良倾向、党的严肃性等参考文件,以启发大家反省。

为了时间限制(只一周),我们认识到教大家无重点,泛泛反省,定不得深刻,便指出反省重点为组织观念、入党动机及团结问题,以求收加强党员组织观念及解决会师问题之效。

(2) 动员过程:在动员的步骤上,我们预先计划有两个重点工作,打破反省的思想顾虑与组织反省的典型模范。

① 打破思想顾虑:事先估计思想顾虑可能很多,如有人以为这是“整风”(他们了解整风是惩办人的),是给自己下“判决书”,“怕说缺点,丢脸,难为情”,“不好见人”,“怕上级不信任了”,“会不会相信我”,“会不会像左堃一样的斗争我,开除我,或受处分”。根据这种情况估计,我们有步骤的先动员骨干,而后动员全体,打破了各种思想顾虑。再者,我们当时了解,顾虑最大的历史关节问题,早提出不好,就先不明确提出作为反省内容,只说“考虑一下我们对党的坦白程度如何”作为启发。

② 组织典型示范:在一般同志反省之初,我们强调:“先暴露,不要先忙于分析认识”,“暴露揭发是反省认识的基础”,“由材料中认识自己,才是实事求是,认识才会正确”。同时,在了解反省情况时,特别注意发现典型,组织典型示范。

反省发展到第三天,发现有三种情况:a. 多数同志敢于大胆暴露材料,就是现象罗列,有人写到五十多条,不会找主要的缺点,更不会认识。b. 由于觉悟程度的限制,很多同志反省出材料,那怕是最严重的,如思想动摇等也是不感痛痒,不了解其对党、对个人的危害性。c. 也有少数同志没有钻进去,以反省表扬过去的功劳,自己英雄能干或避重就轻等。

为了解决上述问题,并顺便提出号召历史关节问题,于第四日组织了典型报告。三个对象,一个是个人英雄主义发展到反党(会师后想组织暴动),但并未认识自己,还有借反省欣赏自己英雄主义的林映银;一个是小资产阶级虚荣、爱面子,但分析认识较深的赵维勤;一个是经过好几次思想斗争的,暴露了过去参加三青团总不敢向党说的姚福康。会后我们又明确的教育了要反省出当时的思想活动及如何分析认识,要研究一下错误思想,对党及个人的危害性,要坦白自己历史上参加其他党派团体,被〈补〉捕被俘等关节问题及当时思想活动,及时借反省表现自己荣辱不分。经过这次典型报告后,反省才一般的顺利进行下去,在进行过程中,支部有重点的、有目的的进行个别谈话,及时打破顾虑,启发诱导,收效很大。这次反省,认识好的同志多是经过个别谈话的,没有个别具体帮助,只一般号召是不够的。

(3) 反省情况:

① 思想斗争情况。经过领导上的启发、指示、动员、报告以后,要不要暴露的问题,有很多同志还是经过剧烈思想斗争的。有的写了撕,撕了写,写了撕好几次还是不想说出来,有的睡不着觉,有的咬破了手巾,抓破了席子,有的梦里也听到别人骂他卑鄙无耻。说出来一点,小组同志追得更紧,追到痛处,张嘴大哭的也有(约十人以上),愈痛愈追。也有个别同志受不了的说"开除我算了",但当别人劝释到他缺点时,击中要害,则不禁失声大哭,"我要断送我的政治生命了,以前地下时,对党的忠实牺牲,现在都落空了"。有的为满身都是缺点而怔住了,"恐惧、惭愧、恨交织成一团",觉得自己非但不配为共产党员,连做人都不配资格。还有一个神经上受不了,而一阵错乱的。后来经个别的交谈,集体的挖,及经过典型示范,才逐渐的想通了。"不说以后还是有痛苦,不如说了吧。"有的看到别人坦白了,自己也"好,好,我也说吧"! 有的心一横,"说吧,难道我不想上进吗?"于是过去对党未坦白的话,都讲出来了。有参加过国民党三青团,隐瞒过[程]组织的,有怕危险曾动摇过想脱党的,有暴露同志身份的,有打击组织威信,小广播的,有想闹独立性,搞"集体暴动的",有做过特务的,有谈恋爱方便的,有为做生意消息灵通而进党的,有的有"升官发财思想",有的有投机性的入党动机,有的有老婆的填表不填,有的没老婆而乱填一个,占个名额,以免将来组织批准麻烦等等。形形色色,各种重大问题琐碎小节,都翻出了,"真比考试还难","自己打通自己的思想,挖自己的根,连个 pass 都不能打"。

错误缺点暴露出来以后,同志们感到轻松,"像洗了一个澡一样舒服"。

② 反省程度。一般的说同志们的反省态度是严[肃]认真的。其中比较深刻,暴露多而又批判正确的有 83 人(占总数 30%);反省不够或有意掩饰自己缺点的有 39 人(占总数 14%);暴露出来后,批判不够的有 157 人(占总数 56%)。(附注:三个支部书记除外,参加反省的总人数则为 279 人)

附实例以说明其反省程度不同的三种情况:

A. 汤滨同志(能暴露,又有较详细的批判的)

在反省他失掉联络后的表现说,失掉联系后,想回苏北去,但又不敢回去,原因是：a）通过封锁线又危险，何必要性命开玩笑。b）来江南是想见场面，搞搞国统区秘密工作，这样的跑一趟有啥面子。而留在白区，一方面想搞工作，另方面又不愿太积极，想搞工作的理由，是为了好对党交代，认为不入党是件很羞耻的事情，将来没有政治生命，在新社会是不行的。不积极工作的理由是怕弄得红了被捕以后没人知道。解放后，再三要求恢复过去的历史，因为自己过去入党很早，恢复后，像自己这样的历史，在地下同志中间就可以“超群”。

他检查自己的入党动机，完全是为了做英雄、做有地位的革命者，想统治别人，并没有认识到革命的意义。这种权威观念、英雄思想如不能得到满足，发展下去，实在可怕。没地位就不革命，甚至反革命，做不了英雄的时候，便一切都没有了。在大逮捕时曾想，被捕出狱是最光荣的，但如果处死了怎么办呢？死了还有什么英雄可做呢？现在想起来，自己是经不住考验的，政治立场是脆弱的。在那种时候，可能丧失立场、失节。

B. 谢燕生同志（暴露以后，批判不够）

对于自己所犯纪律和表现党性的两个问题上他的暴露和批判如下：

“当上级用很严重而紧张的口吻对我说，我犯了错误，暴露了横的关系，我当时表面上承认横的关系的打通的错误，说以后不再犯，但心里却想，我以为什么了不起的关系，这有什么大不了。以后我告诉我那位朋友，教他不要对上级说，我们是好朋友，为什么要别人干涉呢？”他的批判是对党漠不关心，完全从小资产阶级的小感情，对朋友的感情超过党，对上级阳奉阴违，认为上级多事，自己没错，但当时又不敢和上级强辩，背地里不认错，还要继续犯下去，多么虚伪和可耻啊！自己为什么今天才发现呢？

他接受上级指示，从来不发表意见，理由：a）见他们严肃好多话，不愿和他们讲；b）提意见也不会接受，不如少啰嗦。他的批判是自尊心强，对上级命令总觉得不痛快，以为上级是管自己的。

C. 梅行同志（反省不好，小组一直没通过）

他不痛不痒的叙述了几件现象说：“我以往所犯的错误是由于个人主义，再加上一个自由散漫……这种危害性不需多说，我以后痛改就是了。”

“我态度不好，自高自大，很多人批评，我想这容易改，因为我本来很虚心，自高自大不过是我外表而已。”

“我现在没有话说，那些错误希望能逐渐改掉，不过这是很困难的，但是我将努力改掉……上级对下级是出于至诚,从革命利益出发,所剩下的就只有我自己的问题,个人利益服从党的利益。”

③ 关于历史问题。入学时同志们在登记表上填的只有84件,其中参加国民党的有27人,参加三青团的有23人,民盟的2人,其他被捕的失掉联系的等情况。

反省之后,历史问题又增加了43件,这其中除个别一二同志,因不知是否算为历史问题,当时无填写外,其余大部分是反省中经过思想斗争坦白出来的,这新增加的43件中有6个参加国民党的,26个参加三青团而且还参加活动开过会的,其他有参加复兴社、中庸社、青帮、三民主义同志联合会、主流社及民主自由社会主义学会,受过战时集训等。

这些历史问题,除二三个同志作结论外,其余绝大部分因无证明材料未作结论。

5. 总的收获:

经过几个问题的学习及反省之后,同志们在思想上、政治上、认识上都提高了不少,最明显的进步是:

(1) 认识了自己:过去觉得自己“还不错”,经过反省,自己才算看到了自己的嘴脸丑态,“自己原来是这样一个不是东西的东西,悔恨自己”,“怎样是这样一个卑鄙的人呢?”“真见不得人。”有的不但否定了自己做共产党员的资格,连做人都嫌不够格(个别的偏向),开始对自己的缺点发生仇恨、厌恶,而决心弃之。

(2) 阶级觉悟提高了:同志们最初对党的认识是模糊的,“只知道共产党是工人领导的”,也有些觉得共产党是农民的党,“为自己谋福利的集团”,“共产党是无产阶级的党,但资产阶级、小资产阶级也可以参加”,有些人连党与解放军的区别也搞不清楚。经过学习之后,纠正了不少的对党认识的模糊观念,了解到党是干啥子的,及怎样做一个共产党员。工人同志说,“过去人说革命要无产阶级领导,依靠工人阶级,我以为是拿工人做报牌的,现在才知道是真的,因工人阶级坚强”,增加了主人翁的责任感。反左堃思想时,工人同志表现最坚决:“我们无产阶级队伍中,不能要这样的人。”

学生同志认识到旧社会、家庭出身、自己成份给予自己的很多弱点,必须大力克服改造,以思想上、政治上投降无产阶级,全心全意为人民服务。在批评左堃时，很多同志提到，“他还是十足的小资产阶级，思想上没向无产阶级投降”。

大家也体会到了什么是立场，有位工人同志过去和落后分子在一起，“说说话”。军事代表责问他：“你是什么立场?”当时他是莫名其妙，现在知道那样做，就是没有立场。

开除左堃时，很有不少同志因自己也同样的错误思想而同情左堃，有兔死狐悲之感，现在也知道那是没有站稳了立场。

其他有些同志相信谣言，对蒋介石给公费有好感，听资本家讲演生动，比对宋主任同志报告有兴趣，现在都自己批判道：“那是无立场的表现。”

（3）组织观念加强了：过去在地下时，一般的同志组织观念弱，纪律性差，常不经组织同意，自由行动，不重视交党费(常忘记，也有些认为是剥削)。有私人约会就不开小组会的，执行决议，讨论还价，有条件的服从组织，随便暴露身份，小广播，打通横的关系。这些在反省中都提出予以严厉的批判，而且在行动上已有明确进步，不请假外宿的同志已经没有了。王清顺同志因妻病，想到厂里借薪，又怕来不及赶回学校，误了学习，已经上船，又下船斗争了几步路，最后还是重新上船，赶回学校。大学讲师陈定一同志过去极重视自己的业务研究工作，学习后说：“今后我们要老老实实为党的需要而工作学习。”总是闹家庭问题的公安部门的同志，现在也了解到只有严格的纪律，才有党的团结，过去不习惯组织生活，现在很感兴趣了。总之，在思想上是和党大大的靠近了一步。

（4）学会了批评与自我批评及如何展开思想斗争：过去只知道批评这个武器是好的，可以提高，可以进步，但不会运用，也怕运用，因而不是不痛不痒表面的批评一下，以免得罪人、伤情面，就是怕报复。互相表扬优点，或者绕圈子，不说实话，也有些鸡毛蒜皮，专在小节上，如每天换件衣服啦，吃饭蹲凳子上啦等问题上打击人，以别人缺点开玩笑。而自我批评呢，更是觉得“难为情，不好说”，“告人后，怎么见人呢?”“或者怕暴露出来毛病，怕失掉组织的信任”，不然就自己先戴一顶大帽子，让别人免开“尊口”。还有用自我批评来表扬自己，“过去××领导我，有官僚作风，不了解下情，能力又不成，我那时看不起他，有点自高自大”现象。这样的批评，很难得展开思想斗争。

经过学习及日常小组生活的锻炼,在自我反省中已逐渐会用批评与自我批评了,也体会到批评的效用,认识了批评与自我批评是帮助同志与提高自己的最好的方法。一方面自己虚心了,一方面也懂得了如何帮助别人挖。问题挖出来,还要分析研究、讨论,追究其思想根源,以负责的、解决问题的、治病救人的态度来进行批判。有些同志的反省,写了几遍都不能通过,而自我鉴定则更是难得通过,直到最后还有一些通不过,只好在鉴定上写上小组意见,思想斗争是逐渐的展开了。同志们说:“真厉害,现在才知道批评是武器。”“过去那种批评,才真是轻描淡写哩!”工人同志说:“党训班是X光,连脑子里的脏东西都照出来了”,“自我批评是治病救人的药方,我若不来学习,简直危险得很”。学生同志反映说:“有了自我批评,我们会永远进步,党就永远是不可战胜的力量,只有在批评与自我批评下的团结,才是真正的团结。”在结业典礼会上,三个学员代表讲话中,都异口同声的提到:“这学期最大的收获,是学会了批评与自我批评。”

(5) 学习态度与学习方法改变了(详见“学习态度和方法的纠正”一章)。

6. 尚存在的问题:

反省出来的错误、缺点、问题,大部分都已有了正确的批判和认识,尚有少部分同志思想问题,未能完全解决,如:

(1) 个人利益与党的利益不能完全一致,这里面有业务和工作配合的矛盾的问题,改供给制问题,调西南问题等。

(2) 少数同志人生观尚未确立,尚需很好的教育。

(3) 历史问题除个别两三个同志,有证明已作结论,其余均需各组织继续了解。

V. 各级领导问题

1. 小组长的领导:

(1) 本期各小组长一般的都认真负责,努力并基本上完成了支部所交下的任务,忠实地传达指示,掌握学习,反映情况。然由于理论水平及经验的限制,常有不能体会领导意图,对小组情况不能及时发现、加以反映或解决。一般的只抓学习,思想领导非常不够,不会团结积极分子,组织集体领导,对提高落后分子方面不走群众路线,因此表现出来,负责的小组长就有家长作风(三支工人同志组尤多），引起同志不满或养成依赖心理，而个别小组长马虎一点，小组就形成自流现象。

经过学习中认识上的提高、反省、批评与自我批评的展开，无论在思想领导方面，学习领导方面，俱已逐渐加强，小组领导逐日进步。下面是本期得到的一些体会：

（2）关于思想领导方面，要能及时解决同志们思想问题，才能保证学习情绪高涨，同志们安心学习，顺利完成学习任务。思想领导方面，重要的是如何团结积极分子，建立领导核心及如何提高、解决落后分子的思想问题。这点，我们有以下体会：

① 要“先看同志们的优点，后看同志们的缺点”，互相尊重，避免组员反感（几个单位编在一组，尤当注意），保证全组团结是学习好、改造好的前提。

② 注意掌握积极分子的优点及其缺点，一方面建立其威信，一方面予以适当的批评，继续不断的提高其能力，培植鼓励其积极性，说明小组好坏及每个学员情况，多与他们分析研究情况、计划工作，养成其集体领导观念，加强其责任心；将积极分子适当的配置在各互助小组中，通过积极分子帮助落后分子提高，小组长与每个互助小组长或其他积极分子要经常联系（然要防止过分、机械，将积极分子孤立成小圈子的偏向），将积极分子团结到自己的周围，形成领导核心。

③ 经常与落后分子个别谈话、接触，在生活上与之打成一片，才能逐渐了解其思想情况并设法打通其思想；解决落后分子思想问题时，个别谈话与小组批评相互结合运用，而个别谈话常起着重大作用。小组批评时，要抓住主要的思想问题，不要鸡毛蒜皮，凡事必斗，并且要走群众路线，通过积极分子，个别谈话进行酝酿，成熟了再提出来，并置于适当时间，直接通知被批评的同志；教育批评时应有的态度，及大家对他的希望等，要根据其具体水准，逐步提高。

（3）关于组织学习讨论方面：

① 小组长要注意明确体会领导意图，清楚的传达下去，随时掌握政治要求，无论在阅读文件、漫谈或开讨论会中，应握紧上级指示的重点，诱导大家向这方面钻研。

② 注意掌握群众路线的学习方法，随时注意大家是否掌握文件的精神实质，开动脑筋，联系实际，联系自己，使大家明确互助组是个体学习与集体学习

的具体结合,是小组会的准备阶段。重点在发现问题,提出问题,并初步的解决枝节的小问题,重要的或不好解决的问题,提到小组会上讨论,有准备的小组会才能够开得好。

③ 在讨论会上要注意掌握中心,防止题外乱扯,钻牛角,搬名词;随时明确讨论的焦点,不轻易放过糊涂问题,引起争辩,至适当场合及时归纳,作综合性的发言,将大家认识提高一步,讨论才会深刻。

2. 支部的领导:

① 支部领导概况:本期三个支部基本上抓紧了原则,完成了领导学习的任务,一般存在着的缺点则是忙乱,工作计划性不够,支委会中间不能坚持制度,分工不明确,集体领导差,支书显得事务,由于经验所限,不能及时了解思想情况,进行思想领导。现在分三个阶段分述于下:

A. 最初从"学习的态度与方法"学习到"党员权利与义务"学习前后,这一阶段工作重点是了解情况,纠正学习态度,开展批评与自我批评,组织片断反省。当时一方面对领导意图不明确,党委会布置太具体,同志们受经验所限(支书、干事们都很少作过领导工作),结果是到处乱抓乱撞,支委下小组无计划,无重点;搜集情况,主要依靠集体汇报,浪费时间,而收效不大,二支支委们动员不起来,支委只做了支书与小组长间的传声筒;三支支委任务不明确,个别支委与小组长不团结,不能融合。

B. 从这以后到综合反省,是领导较成功的阶段。当时工作重点是使自我批评更深入一步,通过学习提高同志们对党的认识,打破思想顾虑,准备并领导综合反省;在领导方法方面,有了很大进步,支委分工,个别带组(三支开始即如此),经常与小组长研究问题,帮助小组长具体布置,并建立了一些制度(虽然后来坚持着),研究情况解决问题,配合着党委会的整个大动员及思想领导,达成领导综合反省的任务。

C. 到反省以后,支部重点在搜集材料准备总结,并集中精力处理入党手续问题,对整个学习领导放松,三支则继续组织革命人生观及生产建设问题讨论,学习仍是紧张。

② 各支特点:三支思想领导方面是做得比较有成绩的,支部成立以后,首先在支委们中间,打通思想,提高支委们责任感、积极性,然后根据党委会指示及学员情况,有重点的解决了一系列的问题。如学习开始时,首先开座谈会等

解决了文化程度低的二十多人(三支是工人队)的悲观消极,不安心学习的情绪。其次深入小组,鼓励批评,初步展开思想斗争。左堃事件后开支部大会,作工作报告,去除一些对左堃事件之糊涂观念,做了反省准备工作。反省时个别具体帮助并随时(几乎每天)作启发报告,指出偏向,鼓励推动思想斗争。最后加强个别谈话,解决很多反省以后,过分自卑的严重现象,甚至动摇的思想包袱等问题,使鉴定顺利完成。二支一般的比较事务主义一些,唯反省阶段,则尚能掌握思想领导,对反省抓得很紧。一支则对学习抓得紧,拟提纲,传达布置,并出快报配合,及时表扬批评,很有成绩,最后总结更发动评模竞赛,鼓起热潮,收到很大效果。

以工作方面的缺点而言,一支分工执行不明确,检查少,计划少,深入小组研究提出问题少,支委们较常集中于支部,闲扯起来多。二支则成参议会形式,开支委会时支书问,大家答,支书提出意见,大家通过。三支支委们则成区队长式,每个支委,自己所联系的小组长什么都管,对别组,对整个全面学习,则不闻不问,支委会开会时讨论,形同汇报。

这些现象连同第一段听说关于支部领导方面的缺点,主要的是因为支委们都是地下党员,没有公开领导支部,尤其是领导学习的经验;而二支则还因为支委们背着思想包袱,认为当支委妨碍学习;三支支委们则存在有本位主义思想。这些缺点及这两个问题后来逐渐克服了不少,有了不少进步,加之一般支委们都努力负责,尤其三个支书积极苦干,就造成了能完成领导学习任务的基本因素。

③ 根据本期支部工作,我们得到下面的一些体会:

A. 应首先使支委们在思想上动员起来,要明确分工及坚持集体领导,及各种工作的检查制度,要深入并密切与群众的联系,定期作工作报告,要抓紧思想领导,看问题有预见,问题发生时要沉着应付。

B. 对小组长要具体帮助他对小组领导方法的研究与改进,然要大胆放手,不可包办代替;经常应采取几个小组长对支委个别汇报方式,每学习单元结束,则集体汇报一次,以交流学习情况及工作经验;集体汇报应先通知小组长准备,一般内容则以学习先后情况,转变内容,已得结论,讨论中之分〈岐〉歧点,及未解决问题为宜;汇报要扼要明确,以具体典型例子,说明一般情况。

C. 支委们要仔细研究报告文件,体会掌握党委会指示,要深入小组,了解情况,所有材料要分析研究,向党委会反映,并讨论,总结,作适当报告;拟提纲要走群众路线,将党委会指示与群众要求结合起来,并可利用表扬、竞赛、快报,配合学习。

3. 党委会的领导:这期我们党委会的领导是不健全的,三个委员,住校的只有两个,又没有一定制度,有的不知什么事必须经过党委会研究,有时感到需要研究些问题才开会。三个人中有二人是从军队中来的,还没养成集体领导的习惯。领导干部少,下边干部又缺乏经验,因而形成个人领导、事务主义。在前半段甚至各部门的工作常是由一人布置了,别人不知道,后来经过检讨,逐渐改进了一些,但始终未作得很好,具体情况有下列几点:

① 对方针掌握得紧,教育过程中没有发生大的偏向,这是达到教育要求的主要原因。但也因为这点,对下面不敢放手,每次讨论提纲也想自己拟定,汇报觉得不满意,反映不上情况,就干脆不汇报,自己组织干事们天天到组里去组织学习,了解情况。发现了一点不一定成熟的意见,就急于纠正,弄得自己手忙脚乱,没有考虑研究主要问题的时间,下边同志也处处感到束手缚脚,不满意。

② 没有或不能坚持一定的制度:先也曾规定了一些不完善的制度,后来有些觉得不合适,太死板,不解决问题,就不要制度了。有了问题临时抓支书、干事谈,形成一天几个会。又由于大家都无从准备,会也就单纯的形成领导上讲,下边同志们听,不能收集思广益之效,产生了支部被动依靠的毛病。

③ 组织没有一定的计划,没专人负责领导,乱抓。先准备解决候补党员转党的问题,后因有些问题不能决定,又变成补办入党手续。与组织部的关系,有时也分不清,组织部需要什么材料,就直接分配干事搞,弄得组织干事忙于应付,或为了完成任务,与支部配合不好。

④ 对干部教育工作〈进〉近乎放弃,不但领导上不组织干部学习,且一个任务连一个任务,一个要求接一个要求,弄得干部很少有学习、自己考虑问题的时间。幸而都是新干部,大家热情很高,故还没发生什么问题,完成了任务,但长此下去,干部得不到提高,是大成问题的。

Ⅵ. 主要优缺点及经验教训

1. 在教育内容上确定并坚持贯彻了“通过党建的几个问题的学习,达到加强对党的认识，开展思想斗争，加强组织观念的目的”。经验证明，重点是找对了，这是得到成效的重要原因之一。但也发现了这样一个问题：像这样的新的地下党员为主要成员的初级党校，开始应先学习一下革命的基本问题，先使学员在理论上大致确立其人生观，这次少了这一步，上来就学党章，很多人在学习中，被“党的利益高于一切，牺牲个人利益，全心全意为人民服务”吓倒了，觉得自己不划算，甚至有人因而产生脱党思想，费了很大力量补救，走了不少弯路。三支还是简单的学了一下革命的人生观，才转过来。

2. 学习态度与方法：这样成份的学员，多是不够老实，想来搬经取宝，好回去吓唬别人，好高骛远，教条主义的，且此思想在旧的文化学习中养成习惯，很顽固，不费大力，是改造不好的，而改造的成功与否，又是学习成败的关键。这期，我们看到了这点，首先费大力改造，在大部分同志中首先树立了“实事求是”、“群众路线”的学习态度与方法后，才正式开课，并在学习过程中，不断的纠正偏向，使大家在这点上是少走弯路，这也是本期成功的重要原因之一。

3. 领导上应特别重视在工作中培养干部的工作能力，多与干部研究情况，计划工作，事情越是做得不好，越是要经过指导，推动他们去做，着急包办，永远提不高干部工作。这期我们就犯了包办的毛病，支部看小组长不成，就自己去教育落后分子，便忙于个别谈话，参加讨论会代替主席。党委会觉得支部汇报没甚材料，就干脆直接跑到小组亲自了解情况，还到处是问题，满头大汗，顾了这顾不了那，且形成了下级的被动依靠。

4. 各种工作都要在总的方针下，有一定的工作计划，有目的的、有重点的去做，并建立一定的工作制度，才能把工作做的好。这次的工作计划，教育部门较好，而组织部门较差，形成凌乱，费大力而成效少。在制度方法，自上而下都没有或有而没有坚持，弄得大家都在事务忙乱，头痛医头，脚痛医脚，没考虑主要问题、研究问题的时间，会议多而零碎，费时多而解决问题少，虽依靠方针的正确和干部的积极热情，基本上完成了任务，但是减弱了不少的成效。

5. 严格党的生活及党的纪律，及时了解情况进行思想领导，是使学习情绪经常饱满的保证。一、三支对严格党的生活，一般的抓得紧，思想斗争就比较开展快；纪律方面，各支多松懈，时常发生上课有人不到，游戏时间有人不请假就回家跑,致使思想不能集中,三支时常根据情况进行动员讲话,偏向就能及时纠正。一支在最后总结时,发动竞赛,选模范小组,情绪仍一直坚持到最后。反省中凡是经过个别具体帮助,及时打破顾虑,启发诱导的,反省就比较深刻。经验证明,什么问题,什么时候不注意思想领导,情绪就会波动,不良倾向就会发生。

(文件号:D70)

自我检查稿

1949年10月2日

(一) 整党问题:

① 淮海战役后发展了几百人,成份不纯估计不足。

② 没有认真研究执行"六一"指示,无组织无纪律错误。

关于"六一"指示(刘晓起草,用张鼎臣名义发到市委组织部),六月四日收到,宋任穷同志放在皮包中,一个星期才拿给常委传阅,没有讨论。

六月十九日为二野西征与宋任穷、张霖之、段君毅等到华东局请示,调干部去西南事,我在上海答应调二千人,说了一句"先君子后小人"的话,邓小平很不满。

八月二日又在常委会上讨论又一次执行办法,没有做出决定要怎样写决定与组织传达,接读市委决定,以整编机关问题为中心工作。唐亮已来南京,我是编委付主任之一,忙了一个多月,整党问题又拖了一个月。

为什么没有执行自我检查?

(1) 认为此指示是张鼎臣同志关于组织形式问题的复信,因此只注意上一段的执行,对下面问题大大疏忽了,了解不够,对成份复杂问题了解不够。

(2) 地下作风,文件一到,看看就算,登在南京通讯上,认为大家已经知道了,没有考虑如何领导,有计划的进行。

(3) 二野要走,干部大批抽调,思想上认为在这种情况下整理组织没有条件,因此没有全面推动,只是抽掉了285名地下党员集中到党训班去教育与审查(后来向华[东局]组[织部]报告称为有效办法)。

(4) 八月二日市委开会讨论整党问题,事先不知道,思想无准备。会上柯庆施、陈士渠同志发言，认为地方党成份不纯，要组织审查委员会审查。提出公安局二科副科长持枪要打一个外来干部事（即为借衣服事，双方不和），认为个别问题与一般问题混在一起不对，引起不满。因此觉得这个会议不是讨论如何执行指示问题，而是对地方党不信任问题，增加对这个决议执行的认识模糊（因为此指示并没有认为地方党根本要不得）。但自己对成份不纯问题，除公安系统外，确有些认识不够。对如何提高阶级意识等问题，也了解得不够。再就是觉得，组织也已全部合并了，登记党员工作也做了，还有什么没有执行呢？若是说干部思想要教育，那么我觉得解放区来的干部也有毛病。但对此问题本质上有区别，自己还是认识不够。地方党员的入党动机，个别还有政治嫌疑问题，对此警惕性不高。这是由于认为南京党从未遭到破坏，颇自信。而对敌人可能打入的政策，注意不够。对公安局一个科长打人问题，觉得是会师问题，对此事没有结论，我不同意说是暗杀。

(5) 领导问题。我觉得个人领导问题已不存在，一切由市委决定，没有注意到残存的作风要教育。

(6) 公开党的问题。我觉得我们错了，已经不是如此了，提出了“一切党员归支部”，万事大吉了。以后就是如何公开支部问题，不是公开个党员问题。

(7) 传达发展党的问题——对此问题有些模糊，主要原因：

① 过去有一批赤色群众，因怕破坏，解放前未发展的，可以个别发展。对党的指示有怀疑。工委要求发展个别党员，所以我就在常委会上提出，但并没有私自作过什么决定。工委系统在解放后发展了一些党员问题没有检查。

② 解放后发展党问题，批评与事实不大符合。在混乱时期（解放前夕），如两浦党与永利厂，我们久已不能联络。他们发展了党员，是不能怪的。

③ 觉得长期不发展党是不是关门主义——对此有疑问，没有弄清要先审查党后才能发展新党员。认为入党介绍人可以由军事代表等担任，不要地下党员作介绍人。也想公开支部，党的发展会有群众审查，成份不纯问题可以防止。

批评意见：

① 反对执行“六一”指示——这根本没有这个意思。

② 对地方党纯洁不够，估计不足——这一点是对的，但[有]些问题是错

误,如认为我掩盖事实,不愿揭露缺点,为地下党员掩护,这却不是事实。

(二)会师问题:

① 从来没有会师经验,解放前也无指示,思想无准备。我认为组织合并了。

……①

(文件编号:I2(5))

① 原文后缺。

关于南京地方党整党问题的自我检讨

1949 年 10 月 2 日

关于六月一日指示信执行问题：

六月四日收到，宋（任穷）主任放了一星期，市委出传阅后，不讨论。六月十九日为二野西进，与宋、张、段等人起草华东局解决的问题，八月二日讨论了一次，没有作出决定是要怎样决定与传达。接信就是以整编为中心，忙了一个月多，又拖了一个月。

为什么没有执行的自我检讨：

1. 此指示是张鼎臣同志关于组织形式问题的复信，因此，只注意上面一段，对下面的问题大大疏忽了。了解上不够。对成分问题复杂性了解不够。

2. 自己的地下作风，文件一到看看就算，登载《南京通讯》上，以为大家知道了，自己没有了解如何领导，有计划地去执行。

3. 二野要走，干部大批抽调，自己思想上认为这个情况下整理组织，实在没有这个条件，因此没有全面推动，只是抽调了 285 个地方党员集中到党训班去教育与审查。

4. 八月一日的讨论会，事先没有人通知我是开什么会，思想没有准备，会议上有柯庆施与陈士榘二人发表意见，认为地方党成分不纯。要组织审查委员会审查。自己觉得个别问题与整个问题混在一起不对，引起我的不满。因此我觉得这个会议不是讨论如何执行决定，而是对地方党的信任问题。增加了自己对这个决定的执行问题的模糊（因为此指示上，并没有认为地方党根本要不得）。

但自己对党内成分不纯问题，除公安部门外，确有一些不够的认识。对如何提高其阶级路线等问题，自己也了解不够。再就是自己觉得组织上已全部合并，登记党员也已做了。还有什么没有执行呢？若是说干部思想要教育，那么我觉得解放区来的干部也有毛病，但对问题本质上有区别，自己还是认识不够的。

地方党员的人，主观入党动机不纯，再就是个别有政治疑点，自己警惕性不高。这是由于自己觉得他们从来没有破坏过组织，颇信任，而对敌人可能打入的政策，注意不够。对公安局一个科长打人问题，觉得这是会师问题，对此事没有结论。我并不同意说是暗杀。

5. 领导问题，我觉得个人领导问题不存在，一切由市委决定，便没有注意到残存的作风要教育。

6. 公开党的问题，我觉得我们错了，已经不如此了，所以问题也就觉得"一切已经归支部"，万事大吉了，以后就是如何公开支部。

7. 停止党的发展问题：我自己对此问题有些模糊，这主要是我觉得：

(1) 过去有一批赤色群众因怕破坏没有发展的，可以个别发展。对此问题有怀疑，但也并没有这样做，工委要求解决，所以向市委(反映)，并没有作过什么决定。

(2) 解放后发展我觉得有些问题与事实不符，在混乱的时期(如两浦与永利)我们久已不能联系，他们发展了党员是不能怪的。

(3) 觉得长期不发展是不是关门主义，对此有疑问，自己没有弄清要审查后再进行，我认为入党介绍人以及可以军事代表及老党员来解决，有时也想，如支部公开了，党的基层会有群众审查，成分可以纯洁。

他们认为：

1. 我反对这个指示的执行，这根本没有这样的思想(指有所辩正的事实)

2. 他们觉得对地方党的纯洁问题们估计不够(这一点是对的)，但因此有些误会，认为我掩盖事实，不愿揭露缺点，为他们掩护，这都不是事实。

陈修良十月二日

(文件编号：I3)

宋任穷同志致陈修良信

1949年10月8日

请唐亮同志调转

陈修良同志亲收

宋任穷托

修良同志：

我们今日动身，以后再见。

您那天嘱我们能连唐亮同志的意见已作转达，并且我将我俩那天谈话的全部情况和内容亦转唐亮同志。过去我们彼此对若干问题不同的看法和分歧之点，我曾经向华东局的负责同志谈过，也就是我俩前后六次彼此交换意见信。许多会议中及平时工作中的意见，我在临行时告您。

祝您健康！

宋任穷

十月八日

（文件编号：D14）

唐亮同志向中央及华东局八、九月份综合报告

1949年10月16日

毛主席;华东局;

甲、八、九月份干部思想情况及后果。

八、九月份正是二野、三野交接,干部思想发生一些混乱,因走的干部多而强,来的干部少而弱(一部分相等)(走的团以上干部二一三人,来的团以上干部六一人),工作接替不上,有些陷于一时停顿,有些部分削弱(如公安局、市政府)。直至目前才大体停止混乱,逐渐恢复常态。

要走的干部有的与二野联系较深,在工作中又碰到一些困难,就不等交代,急于要走。有的因身体弱,怕长途跋涉,或家庭拖累,或对原部队不满,或工作已有头绪想学一套本领,就不愿到西南去,思想情绪很波动。新来的干部因情况不熟悉,工作抓不住,生活不习惯,作风不合手,有些对个人欲望不能满足(如半休息半工作,提拔一级,按本人意见来决定工作),反而降低生活的待遇(取消牲口、个人警卫员、挑夫、勤务员及按地方供给标准供给),经常闹些纠纷,不安心工作,要求回部队去。有的认为南京不是工业城市,没有发展前途,在此工作没有出息,工作不起劲,甚至要求调动工作。原地方党干部认为走了一批,又来了一批,本地方干部吃不开,对新来的干部是否能搞好关系有所顾虑。对以上思想不断动员解释与必要斗争,但或多或少造成一些损失。如放弃对物资的清理收集,使有些被窃,有些腐烂,有些被坏人私吞,有些被群众瓜分;如房屋易手时,有的不交代就走,群众乘机抢劫,破坏内部设备,剩下空屋;有的不经过组织私相转让(详细统计待十月份再报);如某些工作新旧脱节,空隙很多,特务坏蛋乘机捣乱。

针对以上情形我已向组织敌伪物资清理处改组房屋管理处,成立治安工作委员会等,以补偿这些损失,并加强这方面的工作。

乙、八、九月份主要进行以下工作;

(一) 澄清干部思想,安定干部工作,调解内部纠纷,加强党内团结。现在已解决了一部分,但要完全解决,还得一个相当时间,今后仍以此为工作中心之一。

我们内部除上述思想情况外，还存在一个外来干部与本地干部不大团结的问题(外来干部本身不大团结的也有，但不是主要的)。主要表现在市委对有些原则方针，不易取得一致认识，彼此多少存在些顾虑，以致在决定问题工作时发生一些阻碍。其次表现在部分干部的功臣思想，各自强调自己成绩，不自我检讨，互相只看到缺点，甚至加以夸大，对作风生活彼此看不惯，不能谅解迁就，所以不协调、不融洽。如果严格检讨，在上面地方党的个别同志要多负些责任，在下面应大部份由外来干部负责。

我们对此采取如下方针和办法；

第一，坚持原则，对某些原则不同的意见，除以事论事外，逐渐提高思想高度，辨明是非，绝不含糊迁就，共同提高，教育全党。

第二，一定以教育为中心，要充分估计到大多数同志政治水平低下的情况，只有从政治上提高才有可能解决问题。必须本着毛主席的指示去做，反对任何本位主义与宗派情绪。我们利用原有人民大会礼堂(每次可容四千人)，每逢星期六晚上开党内支部大会，进行教育。最近邓小平同志报告共产党员的基本条件——忠诚与老实，启发教育作用很大。

第三，从积极方面去强调大家对革命对人民的贡献，互相表扬鼓励，避免攻击行为，紧张工作与生活，使其转移集中精力到这方面来，并求得安慰。

第四，对某些实际生活困难问题，在可能条件下设法解决。

第五，十月中旬召开党代表会议与组织南京正式党校，有系统进行干部与党员审查工作。

第六，因组织形式、工作制度所引起的纠纷，最近召集专门会议解决。

(二) 厉行整编节约，建设组织：

第一，军事接受结束，各种临时性的接收机构已不适用，必须转为正常组织建设，故将军管会改组，除秘书处、外事处、房管处、敌伪物资清理处、高教处、文秘处、新闻出版处仍需置于军管处直接领导，以利于工作进行外，[其]余能均并入市委、市府。

第二，本着华东局六大方案精神，在既要实行精简，又不妨碍工作的原则下，确定全市各种组织系统的编制，经过反复动员与整编小组详细调查，现已顺利结束。因干部缺少，无从精简，重点放在合并与取消重叠组织。按照城市生活配备勤杂人员，清理机关中无用的人员，企业部门应放宽尺度，个别处理。

统计此次全市共编余五千人左右。

第三，此现编余人员连同原收容在华东大学南京分校、工人政治学校、公安学校者，合计一万两千人。此外尚有五、六月间一部分处理欠妥的人员需要收回，公安局还有一部分须派人接替后才能抽出的人员，总数有一万五千人左右，需要处理。其中有八千至一万人须在上述学校较长期养着组织学习。

此次编整一开始就本着慎重方针，以后又经中央与华东局多次指示，故除在思想上引起一次波动，工作上略受些影响外，政策上还未发生大问题。现正在加强训练各机关的组织与工作，一面组织学习，一面待机处理。

在许多机关部队中，因一部分同志自己家庭逃荒，无法解决困难，故对编余人员养活其本人[外]，还要给部分薪水养家，很表不满。这是一个很大的说服教育工作，同时也要与救济烈属、军属、工属相结合。

（文件编号：D49(5)）

第一次党代会报告提纲[①]

1949 年 10 月 20 日

今天是南京建党以来第一次代表会议，是一个可纪念的会议，我们要认真地开好这个会议，在建党的历史上树立了一个里程碑。今天要讲的是三个问题，有些问题上次在国民大会堂已报告过的不重复，但必须加以承认这是事实。今天的报告是代表市委来说的，但只凭提纲还不够，仍要凭纪录，通过后发生效力。

（一）这次党代表会议主要意义与目的

这次会议是巩固与提高南京党的政治水准、整理党的组织，为着建设强〈巩〉固的一个党，以便领导各阶层人民、各民主党派执行党的六大任务，这就是这次大会的意义。这就是要把党的质量提高到执政党的水平，严格执行政策与纪律，党内需要高度的政治团结。每个党员必要具有共产党员的品质，才能担负起建国的重大责任。

大会要达到一个什么目的？

第一，整理党的组织队伍，亦即是整理家务，包括整理支部，审查党员的历史与思想，使每个党员提高一步，以加强党的战斗力。南京党历史虽然很短，但在建党历史上是有一定成绩的。这可以根据邓政委[在]会师大会上的报告及华东局组织部给组织部的指示信，作为证明；解放以前与解放后的工作表现可以证明。在残酷的三年自卫战争中，反动中心的南京同志们的英勇奋斗的精神，领导人民与反动派作不屈不挠的斗争历史，也是不能否认的。我们坚决地执行了中央与上海局在敌人大城市中开辟第二战场的指示，曾经给敌人以严重的打击。大部分的党员是经得起考验的（被捕的与战斗中的），党员在斗争中生长的，也不是拉夫钓鱼式的。但由于党的历史短，思想、作风是有不纯问题的。成分问题，在淮海战役后有一批党员考验不够，成分不纯，问题也是存在的。永利厂的例子，淮海战役后就一直[redacted]了，所以必须整顿与提高。

---

① 另存有一份《陈修良同志于南京市第一次党代表会议的报告（摘要）》油印件，文字有所加工和精简。

第二，加强与巩固党内的团结，基本上也还没有大问题，但[不]团结的现象仍然还存在。如何团结，只有从思想、政策、作风、纪律等求得切实的统一，步调一致，才能团结（不是一团和气）。南京解放后，党员来自四方，政治水准、经验、认识各有不同，所以要求在各种问题上能够有一个共同的认识，才能更好地团结。但要做好这一件事又要展开自我批评，实行党内民主，事情放在桌子上说（不是背后发牢骚，或者只向上级控告）。其次，南京的地方党员的党龄短，教育不够，从秘密转入公开执政党的地位，斗争策略、组织方式、工作作风都需要转变，转不过弯子，表现了水平过低，[redacted]提高，这次大会要让地方党员多来参加也是如此。目的在于使其组织原则、政策问题上更大的提高一步，单凭热忱工作还是做不好的。

大会筹备时期中的偏向：

① 认为这次大会目的只是为了“整地方党员”，忘记了积极作用的一面。有些人从个人出发，害怕审查，不积极；有些同志认为我整风整党，没有什么要整的，忘记了整理思想是永远的（例如地位、享乐、功臣、违纪开小差等）。南下以后思想上毛病，进到城市也是一个大转〈湾〉弯，也要整理思想。因此只是为着完成任务如选代表，不大重视如何建党与建团问题，这就是一个不好的偏向。

② 大会以前指定学习的文件，学习上联系实际做得不够（时间短也是原因）。忙于次要的学习问题，没有弄清目前主要问题是整理自己的队伍，否则一切都难办，步骤有先后，不能把次要的事情来混乱工作的步骤。

现在我们来讲讲关于党内团结，还存在着一些什么问题。我只是启发大家，具体问题请大家自己去检讨。解放以后，团结不够好我们领导上要负责任，邓、陈报告中均已谈了，对于地方党这方面我自然更要多负责任，因为没有很好的教育党员，不够重视这个问题，领导上陷于被动地位。

现在团结不好，还存在着一些什么问题，我们要注意改正的，是有办法解决的。

第一，政策问题认识上还有一些不一致（问题还不大，但必须要统一意见）。会师大会上华东局曾提出思想与政策上要统一，但领导上对此问题执行注意不够，下面不大了解整个意图，意见分歧，认识上不一致。同时，自我批评检查工作也抓得不够，这是对政策上尚有认识不大一致的主要原因。例如：

① 财政问题，执行华东局指示有过意见分歧，财委对此问题亦已有结论。② 处理旧人员问题也有过意见分歧，至今有些同志还是弄不通，过去是争取改造与团结，还是一脚踢开。这是对旧知识[分][子]的一个政策问题。现在就有一些隔阂的现象。现在是有一些人能团结，但不教育；有些人根本不接近，而且也不满别人，连伙夫工人都看为旧人员。③ 整理组织问题，对于保持党的纯洁性的重要也有不同的意见。至今还未弄通的，例如怕提“整党”。~~④ 治安问题——有不少意见，“打得准很少”。方针的执行有些偏差。党员觉得公安局无原则的太宽，没有打，而且也不准。公安局方面觉得各方面配合不够。解决办法：① 多学习政策；② 开展批评；③ 多检查实际工作。~~

解决办法：多学习政策，多了解情况，讨论，不能闷在心里，互不舒服，上情下情要互相打通，多开大会，多发文件。

第二，党政关系问题。做党务工作者一般的认为行政上对党的工作不重视，不尊重党的意见，党日开行政会议，四个月开一次支部大会。行政命令与党的布置时常不一致，甚至有矛盾，行政负责人不过组织生活，不接〈收〉受党员及群众的意见；另一方面是行政上觉得党不配合行政，陷于孤立。

解决办法：① 根据原则，党与行政必须完全吻合，要弄通现在是执政党，行政或党都是要一致的。② 如有个人主义闹独立性，不要等其他方面的牵制，应受党内严格的批评。

第三，关于干部的提拔与地位问题。一部分老区的干部觉得文化低，城市工作无经验，地位不高，是降级使用，对地方党干部提得快觉得不满，又觉得他们政治上幼稚，看不顺眼。其中有些同志是背上了“老革命的包袱的”，对自己思想没有很好检讨。有不少人想回去，缺少勇气与前进性，这些同志有不少是不大注意业务与技术的学习的。另一方面地方党的同志因为自己比较有文化与业务或技术，不注重政治原则，强调文化与技术，对老区同志也看不上，觉得他们生硬，不善于接近群众，合不上来，而不好好向老区同志学习，觉得自己有能力，地位不高等，自高自大。

解决办法：这个问题基本上是农民干部与知识分子的团结问题。① 应当是政治与业务、技术相结合，政治条件是主要的，地方同志必须懂得，所以各部门以外来同志为骨干是正确的。同时外来干部也必须提高自己的文化与技术，以适合环境，特别重要的是要与群众打成一片，不要看南京人民多有政治问题，生活习惯与群众合不来(如穿了军衣就怕与群众谈话)，不要闹生活问题。② 外来干部要多帮助新干部、新党员的进步，特别是原则与方针，善于团结他们。地方干部要尊重外来同志，不能采取不满看轻态度。③ 干部地位配备如有不妥的，可以调整，如公安局分局的“平分秋色”是不对的。接管时期各方新来干部多要地方干部帮助，所以提拔得多一些，今后不[合]条件的也应当调整一下。

第四，上下级关系问题。下级多〈慢〉埋怨上级处理问题太慢，不了解下情，事先不使下级了解上级的意图，很难做事。上级〈慢〉埋怨下级工作不积极，工作能力差等，造成互相不大融洽。

解决办法：改造作风，学习领导方法，展开自我批评，上下打通思想，这个问题也可以解决。

第五，生活问题。外来干部觉得待遇差，特别不高兴拿薪水制的，但旧人员及一部分地方同志还不如新革命的，地方干部觉得自己主要生活困难，不如外来干部，相互有些歧视。生活习惯，吃饭、穿衣也相互看不惯，卫生习惯，终不大能合在一起。

解决办法：① 看人要从政治与思想，工作与历史，不能从外表去看，生活习惯各人有自由，不能狭隘。② 生活问题，逐步与个别地解决，更不能有歧视，各有各的困难。

第六，地区观念与一个人看整个问题。解放区的、地方与军队来的，地方与外来均有不合的问题，地区观念，部队与地方没有完全消除隔阂，从个人推到整个，如“地下党”、“解放区”、“解放军”的笼统批评。

解决办法：缺点、优点都要看，思想方法要改造，不能只看树木，不看森〈木〉林，只看过去，不看现在。

检讨：① 主观上对成分、思想不纯估计不够。② 忙于抽调干部去西南，单纯的任务观点，各级党多没有健全，直属党委至今还〈么〉未成立，因此拖下去了。只是集中到党校去，后来干部又抽不出，党校第二期没有办。③ 对组织的方式比较重视(指示的上一部分)，对后面的一段就疏忽。

(二) 整理组织为什么是绝对必要的

解放后党的任务，过去错误也就是没有认真地执行华东局的指示，整理工作慢了一步，现在就要亡羊补牢，以求在巩固、纯洁的基础上求得党的发展。

整理组织方针是什么？根据毛主席整风精神，学习教育，改造思想，提高政治与组织原则水准的精神来进行，亦即是“与人为善”，对事不对人，不是报复，伤害别人，与幸灾乐祸。既不是外来的整地方，也不是哪一个人整哪一个人。我们要有高度的原则性，我们只有一个党的集体利益，不能分家，不能互相歧视。这是整理我们整个的党的队伍，因此不论党龄长短，包括已整风整党的同志，如思想上有毛病（例如因去西南企图开小差），都应当整顿一下。所以我们要规定大家学党章与几个文件，以求得认识上的一致，要反对任何个人主义、宗派主义等不良倾向。为着这个目的，使用党内自我批评的武器是必要的，不能怕承认自己的错误。

因此我们认为整理组织要根据下面的原则来进行：

第一，保持党内组织成分、思想上的纯洁性。

成分不纯问题在地方党是存在的，这个问题上次报告已详细说明了情况，所以目前要提整理组织这个问题。因为我们是无产阶级的党，不是资产阶级党，异己分子不能存在。地下时期审查有困难，所以现在要清理一下。但这并不是说地下党员多要不得，绝大多数是好的，对此要有正确估计，思想不纯的要教育，但不等于异己分子。阶级敌人，这种人是要清理的。有不少的党员是在残酷斗争考验过的，南京党是在斗争中生长的，有很不少的党员在监牢中，在各种斗争中对敌人是不屈〈伏〉服的。但在淮海战役后，因为情况变化，我们当时为着工作需要与补充队伍，有一批党员入党动机不纯。正如华东局指示所说：“这些党员在一定条件下虽然也起了作用，但必然会带来许多非无产阶级的思想意识到党内来。”而且个别还有二条心的也不是没有。斗争尖锐地方赤色群众看得清楚，入党虽迟，但斗争过程是长的（工人学生），但也有马马虎虎进来的。所以必须审查清楚。同时又要在思想上加强其教育，使其非无产阶级的思想能够改造，成为合格的党员。

第二，整理支部，加强支部的领导。代表大会准备时间基本上已整理好，但还有一些来不及的，还要继续进行。

整理支部为什么是首先要重视：① 支部整理好，就有了好的领导骨干，以后整理组织与思想就有了保证，支部领导权落入了不良分子手中，后患不堪设想（整风整党都有些经验）。

② 有很多支部过去不是民主选举的，支书或支委不及格的也有，有的支

部无一定负责人(兼行政的多),支部〈情〉形同虚设(如行政部门),所以必须改造,并且用民主选举,或改组一下。有些支部这次经过民主选举,对党支部工作已有转好的看法,支部工作也正常了。民主选举同时要上级批准(党章十八条)。

③ 另一种支部特别是学校、工厂支部,过去地下时期的组织方式与人选已不合目前的需要。如南大支部过去有过公开与秘密的党组,一个中学有七个党员,五个是支委,个别支部历史上没有弄清的也当支委,所以要改选。

④ 改造党的基础机构,是为着加强党在群众中的核心作用,党支部的四大任务必须明确,现在有许多支部没有按党章这样来完成任务,所以为着加强对群众领导,巩固人民的政权,也必须要整顿与加强党的支部。

第三,审查党员问题,这是整理组织中重要的一个问题。

代表大会以后,各个支部就要进行这个工作,现在先来谈应当注意的一些问题。

① 必须弄通思想,提高对党的认识。

个人与党的关系是中心问题。(加强党性,反自由主义,学文件,党章作为指南针。)学习必须与自己的思想有密切联系,审查的目的在于使自己对自己有调查研究,是对党员要知道他是一个什么样的党员,党员被审查是对党的义务,是一种"光荣",没有什么"可怕"。但方式要注意,不要有报复思想,打击别人,要照顾对方的理解力,要有步骤与教育(主要是思想的启发),不是逼供信与威胁打骂,要耐心循循善诱,要有虚心检讨精神。

② "具体分析与分别对待"的原则要掌握。

具体分析就是要掌握与研究材料,不作猜想与主观的肯定。

所谓"分别对待"就是,思想问题与政治问题(二条心、半条心问题)要分开;党派问题要与特殊问题有区别(国民党组织的核心,不属于国民党或三青团);参加过其他反动党派的动机(被迫或自动)要分清,进去后的表现行动积极与不积极要有分别;做过对不起党的事情,向党坦白与掩盖历史的要有区别对待;有政治问题的处理由市委决定处理办法,不能随便开除,能做结论的要做出结论,不要弄得包袱太多,有嫌疑而不能证明只好按照中组"审查干部保留政治嫌疑问题处理办法"(1948 年 9 月),"留在党内继续考察,一般的不开除党籍",但如查明事实也必须坚决清洗出党。最后决定由常委掌握(斗争十四期)；脱党、自首、叛变问题可以参考中央 1948 年 7 月处理的指示(斗争十四期)。

③ 候补期与转党问题。

今日的问题：a. 地下时期介绍人只有一个。b. 介绍人真姓名弄不清。c. 候补党员发展的候补党员。d. 入党年月弄不清。e. 组织已经批准，工作也已很久，本人还不知道何时参加党的。f. 入党、入团、入革命组织本人当时弄不清的。g. 候补期长短问题。h. 成分问题。i. 年龄不到十八岁入党问题。

解决的办法：a. 可以转党的补上一个介绍人。b. 介绍人姓名可以查明，在上海的也可一查，直接负责同志多可以证明，支部其他同志也可。c. 候补党员介绍入党过去是合法的，现在要承认。d. 入党年月要弄清，弄不清的地下时期，正式承认其为党员时算起，由其本支部负责人或介绍人证明。e. 本人不知道上级已批准，因为传达有问题的，可以追认。f. 入党、入团弄不清，当时都要杀头，现在愿意做党员的可以承认其党籍。g. 候补期长短问题(按照党章)。h. 成分问题参考"中央关于革命军人成份问题决定"(斗争第十四期)，因为此一决定第三条指明："可以用于非军事机关"，原则上是"改变反对忽视成份的不严肃态度，又须反对唯成份论"。"有些干部入党，并为党工作多年，还叫他是地主、富农，是不合理的"，"中央关于改变成份的规定，即是对唯成份论者堵了一个口子"。i. 年龄不足者要承认，如大革命时代。

审查党员各个党委要根据自己情况迅速订出计划与步骤，有重点的进行，不必全部，可以做结论的应当做结论，一般的问题的党员由支部做结论，个别有特殊问题的要经党委亲自审查。有不[同]意见可以向上级要求复查。要争取时间不要拖，审查工作要成为目前全党的一个主要工作。地方党员为主，其他同志可以作自我检讨，暂时不〈定〉做鉴定。有弄不清需要证明，可以由组织部转问地下时期支部的负责人。被询问者必须负责书面证明。

要问外埠的事，请求组织部发信。

(三) 公开党的组织问题

解放后我们对公开党的问题认识的错误：① 怕公开了，脱离群众。② 要侦察特务，要多留一些秘密党员。

"将地下党员一般做到公开百分之七十，先在党内公开，以后逐步公开(南京市委关于会师工作向中央华东局的汇报)"。

错误在于：① 党内公开、党外不公开是曲解了公开的意义。② 百分之七十公开，百分之三十秘密（事实上后来经华东局批评全部参加支部了），使许多党员不能参加支部生活，是完全不正确的。

最近中央指示，指出华东局的指示“优秀的共产党员公开”，“公开党不是公开每个党员，以共产党员面目在群众中进行活动，则不一定要公开百分之七十这样多，其条件必须是正派、积极、与群众有联系，且能执行党的政策的同志，以免在群众中丧失威信”也不对。中央指出“怕公开”、“公开一部分”、“等一等教育好了再公开”，都是不正确的。

这一指示是我们必须在代表大会后立即准备公开党，现在已经迟了一步，再拖是不可以的。因为：中央指出过：“……除尚未巩固的新区外，一切党的支部均应公开，在其讨论有关群众利益问题的一切会议，包括党的批评检讨会议在内，均应有党外群众参加……使党内一切好的与坏的现象暴露于群众之前，为群众所监督，为群众所批评与拥护。”

这个指示的精神：① 在于教育党员，也教育了群众，加强党员在群众中的积极作用，而群众对党员亦有了进一步的认识，使党的威信更加提高。对“不够公开条件的党员”可以帮助其改造，改变群众对党的不良感觉（如盛气凌人，鬼鬼祟祟等）。② 考验每一个党员，由群众来考验，同审查工作联系起来。③ 党与群众打成一片，将来新发展的党员一定更加纯洁（整理后发展，推举的〈后〉候补党员要考察）。

思想上必须防止的问题：① 怕公开了，手足无措，表现不好的党员要更怕，怕被批评（青年团有过此教训）。

② 好的党员要骄傲，对党外群众耀武扬威起来，会引起群众的不满。

③ 怕开罪群众，拘束起来，对群众有错误思想也不敢批评了。

④ 群众会提出许多问题来，如要求入党，问党的组织原则、政策问题等，党员会觉得困难，但也只好迫着要学习的重要了。

介绍北平公开党员的一些经验：

① 马上公布名单，邀请群众参加支部会议，会议上检讨支部或党员的工作，党与群众的关系等问题，扩大党内民生生活。

② 党内必须作充分的思想准备与酝酿，讨论公开党的绝对必要。

③ 利用公开时期的热潮，对党员及群众广泛进行有关党的性质及党的政

策，改造支部的工作。

④ 应欢迎群众向党推荐候补党员，欢迎群众对于党和党员的善意批评，对于群众所不满，认为不够党员条件的党员应分别加以教育、改造处分与清洗出党。公开以后党的组织性、纪律性必须要加强。

⑤ 公开以后，一切"不民主"、"命令主义"、"包办一切"、"盛气凌人"、"委派制度"、"秘书专攻"、"工作组专权"等现象，必须改正。

有关群众路线的具体制度：

① 一律公开党员名单，公开党的支部组织与会议，经常吸收非党的群众代表自愿地参加支部大会。

② 党、工会、学生会、工厂管理委员会，必须定期适时地召开代表会议，委员代表应一律定期实行选举上级批准的制度，不得再采用委派制度，工厂中工作组应一律取消。

③ 党、工会、学[生]会、工厂管理会等定期向群众作工作报告，认真听取批评与意见。

④ 不论党、行政或工会、学生会的领导机关工作者，向群众进行批评与自我批评，接受群众的意见，迅速解决群众的问题，不得置之不理，模棱两可。改善党与群众，领导者与被领导者的关系。

南京党怎样公开？——公开党代表成绩很好，群众对党有更好认识，党对群众提出不少有益的意见。

① 代表大会以后每个支部不论党政、工厂、学校支部进行讨论，先公开名单，支部会议请群众参加，准备讨论问题，时间不超过一星期，先作思想酝酿，组织部召集各级党委汇报情况，获取经验，请书面报告我们。

② 公开党的问题不能因为整顿组织而再行拖延，应当同时进行，因为也只有先公开党才能更好地进行审查党员与整理组织的工作，也更能去群众路线中提高与教育我们的党员。

③ 北平办法基本上南京都可采用，党支部及党员名单应完全公开（个别要做保卫者例外）（参看上段）。

结论：

加强了党员的教育，整理了党的组织，公开了党的组织以后，相信我们党员会更高的提高一步，党的组织巩固也会有更大的成绩。党内今天所存在的一些官僚主义作风，脱离群众的工作方式，上下〈慢〉埋怨，不安心工作的同志，可能会大大地减少，思想上不统一而不够团结的现象，也会大大地改善。

最后由于组织的形式问题，我们准备专门研究一下，以便一劳永逸。关于城市的组织问题是在摸索中的，干部的质量与数量又大大不够，只有采取提高老干部，教育新干部，求得逐渐更能称职，不能太理想，要十分满意。

为着巩固与加强党的队伍，我们今天提出思想教育与加强团结、整理组织、公开党建，这三个问题是互有联系的，忽视了那一个问题，会使我们的目的不能胜利地完成，领导干部特别要注意掌握这个原则，请大家详细地讨论我的报告，请大胆地发挥自己意见，保证党的目前这一重要任务能够顺利迅速地完成！

（文件编号：D105）

关于青年团工作的报告

1949 年 10 月 30 日

申明：(1) 表示愉快，能与青年同志们谈一些问题，有这样多进步青年参加了团，已有相当基础。(2) 不谈形势，因为将来可请负责同志来做报告。可以看文件，也有机会去参加党的会议。只讲一个问题，“关于党代表会的问题”。这个问题关系今后建党、建设南京、建团工作，都有决定作用。为什么党不召开建团的工作会议，不是不重视建团，建团是重要的，因为……

(一) 青年过去与现在的作用、建团的重要性。

反动时期——南京学生、工人在解放战争的胜利新影响下面，在党的政治影响下面，参加斗争，求进步，组织秘密的团，及分散的青年组织曾经起过不少的作用(如四一斗争、反内战、反迫害、反饥饿的斗争)。但过去只有少数秘密团员及进步青年组织，作用不大。

解放以后——党是执[行]中央指示的，“党是去团结与领导广大青年群众的核心，党是以马列主义教育青年的学校”，“应当以马列主义的精神组织广大青年群众积极地参加我党和政府号召的运动”——建设新南京，完成六大任务，没有青年参加是不行的。团员是党的后备军，同时要与党一样，是要[为]群众服务的。——(1) 参军支前，恢复生产，吸收积极优秀青年参加，提高生产技术。(2) 为青年群众特殊利益而服务，原组织青年团作为青年群众的骨干。(3) 进行青年中马列主义的学习。(4) 领导少年与儿童。

(二) 关心党的问题，参加党所号召的工作——中心工作是“思想上、组织上整理党的内部”，看社会(28 日社论)。执政党与地下党不同——现在人民信任党的领导，党的健全，领导正确，是关系反美人民的利益。所以要“在思想上、政策上、政治上、组织上走的完全一致，团结在市委领导下，强化党的领导作用，以便更好的去发动与组织广大群众，具体与正确的执行华东局的局六大任务，尤其克服困难，建设新南京”。

1. 问题的提出——

(1) 党员来自各方面(地方党与南下的党员)，思想情况复杂，带来了许多长处，但也有不好的思想，例如功臣，地位，不安心工作，要享乐观念，及无组织无纪律现象，地区观念，闹不团结问题等。地下党员政治水平较低，新党员多，非无产阶级的思想等，政策上理解不够（如群众团体不做群众工作，不与群众接近）。

（2）支部组织工作不健全，加强党与群众的联系——开会不解决问题，反映群众情况不够，领导群众起核心作用不够，学习不够，支部人选不合适等问题。

（3）审查党员——部分的党员成份、出身、来源、思想情况，地下时期查不清的要查清，写自传，做鉴定。使党了解每个党员，提高党员对自己的认识，保持党队伍的纯洁性问题。

2. 主要办法：

（1）教育方法——党章、反自由主义、增强党性的决定，联系实际检讨每人的思想，自我批评的展开，改造思想。

（2）公开党的组织（十二月全部公开，十一月部分的）——办法名单，群众代表参加，好处——① 党与群众打成一片，及时反映群众意见，宣传党的政策，教育群众，打破隔阂，解决问题。② 督促党员进行工作学习等。

（3）整理组织，改造领导作风，特别是整理支部，个别的要作为清理与清洗的对象。按照章程办理，如候补期、介绍人、入党年月不清者。

3. 青年团员要注意的问题：

（1）团员要在党的领导下面，广泛征求群众意见，反映给党，在党的领导[下]进行一切工作。

（2）要认识做一个党员的标准，要参加学习，提高自己的思想教育，提高对党的认识，党的政策、路线、组织要懂得，也与党员一样要以毛主席思想来教育自己。同时看到党员思想有毛病，不要奇怪，对党的领导要有信心，个别党员不够好，要改造，但与整个党的领导正确性不能混合一起。

（3）不要顾虑建党工作上放在第一位，而松懈团的工作，团的工作领导者，每一个支部，各级党委仍然要很好的领导团的工作，绝对不能忽视建团工作。不安心工作是不好的。做好了团的工作，也就[是]对党一个很大的帮助。

（4）加强生产技术，加强学习，注意功课等。工作青年化，把青年团结在周围——不要与党员差不多，地下作风要改造（政治化、青年化不够，代替党去领导群众运动，如工会、学生全是在党领导下的，不能代替），工作与学习要很好联系起来。

非团员们注意：努力工作，努力学习，积极参加党所号召的一切工作，争取入团的条件！

（文件编号：D72）

党代表唐亮主任发言

1949年10月

1. 领导上负责还是下面要负责?

南京是过去地下及二野时期也好,应该肯定的说,基本上是正确的。缺点是指个别的错误,没有严重到路线上问题,这一点要负责声明。

领导上是存在有缺点,如团结问题、教育问题,纠正太迟。某一些可以解决的问题没有及时的去解决,可以停止的混乱现象,没有去及时停止,使混乱延长,这是有缺点。这要由领导上来负责,不坚强,不注意,是疏忽了的,领导上绝不推责任。但领导上具体问题的缺点,这一次不能来解决,这是要申明的。

再一点是领导上既要负一定的责任,所以在整理组织问题上上下都要整理,重点办法有所不同。市委同志组织上是没有问题,思想问题也不很严重,原则认识、领导作风要改正,使市委领导更加坚强起来,克服事务主义。

同时也不能把一切责任推到领导上来,某些组织及个人也要负责,所以要自我检讨,所以大家都要学习,都要进步。

2. 对大会的认识不大正确,现在已有改变,情况的变化,认识上有些提高,解决了问题。另一种情况,明哲保身,暂时隐蔽思想上没有解决[的]问题,肚子里打官司,还有一种思想尚未搞通。

是非不分明,不作批判会使个别同志都归到实际问题上,觉得自己委屈了,牢骚主要有这几类:

(1) 切实的问题已经影响到工作,领导上没有集中意见来解决,一方面要由领导上来负责任。

(2) 如能解决有好处,未解决是要解决的。如还有很多困难,只能逐渐解决的,也不能怪谁。

(3) 不解决重大问题,解决了也无大害处。只是一些困难,如与过去比起来已经好了,而与城市花花世界一比变得不够的。

军队来的同志生活上来他一个倒车试一下,就应该满足了。不能对一切问题推到组织问题上去,思想问题要检讨。

3. 整理思想好像有个界限，什么东西是目标——加强党性，检查党性，作为目标。因为情况的变化，有些同志党性降低了。

4. 过去问题大体上明白，不必再谈，主要放在今后的问题，如何教育，如何公开党，如何整理，展开自我批评等，困难的克服，如何加强团结。

个别人作为清理的对象，其余三个办法所有人都合用。清理个别人的问题是少数个别的事情，所以放在第四问题，提的方法。

以教育为主，发动群众，开展自我批评，三个方法来清理个别异己分子出党。

5. 打通主要干部的思想，回到岗位上去传达党的会议的决议，也是决定的关键。不能过左与过右，尚有人没有信心，条件很好：

（1）客观形势很好，党的威信很高，谁都想改好，做事业。

（2）领导正确，骨干较强，有肃反、整风等经验。

（3）群众觉悟提高。

（文件编号：D89－2）

会师后的困惑

1949 年秋

问题：

1. 工作上有意见提出了，是不是不对，既不坦白的说明，又是事后突如其来的打击一下，心里觉得很不高兴，有意见是不是不能提？

2. 自己处境很困难，工作复杂，力不胜任，有办法使自己多学学才好。

（1）个别人是专门找岔子（如说解放后还有小组织活动）。

（2）行政高于一切，党的工作无法做，事事让步。

（3）地方党员问题，我很难说话，外来干部对地方党员是有一些成见的。

（4）说组织路线有问题，牵涉到上海局，自己也不好说。

（5）老朱等思想错误，好像也是我该负责，永远被人看做地方党的头子，是一个痛苦的事情，但是对谁说得清楚呢？还是一走了事，省得麻烦，好在这里也不是没有人。

（6）同地方党干部连说话也不自然，怕被别人误会了，这是一种痛苦。他们来控诉，即便是对的，也只好说不对，内心中也是痛苦，但谁来说公平话呢，现在地方党员有抬不起头，不屑再说话的倾向，一切都是不自然！

（文件编号：I4）

关于公开党的问题[①]

1949 年 11 月 21 日

关于公开党的问题，中央组织部已有指示，我们在党的代表会议上也已正式作了决定，限期公开党的组织。经过了这个时期的思想酝酿，一般党员的过分顾虑，已经初步有了改进，特别是党代表在群众中公开以后，我们已经或多或少获得了一些经验；群众热忱地向党提出了不少正确的建设性的与批判性的意见，党员与群众关系有了若干的初步改善。这一事实也更加教育了我们，中央关于公开党的指示是如何正确，如何适合今天全国大胜利，建立党内外民主生活的具体情况。但是根据党代表会议后初步检查结果，对这一问题，我们有些党员，甚至有些干部，在执行这个决定上尚有认识不足，迟疑顾虑过多的现象。这表现在有些同志认为南京隐蔽的特务多，怕党员公开要发生生命危险，或者要打击我们。有些同志认为自己政治水平不够高，怕群众提出问题解决不了，领导不了。有些同志认为现在是以整顿思想、党内教育为主，公开党问题不妨再拖延一个时期，满足于关门整党的现象，而根本忽视了全部公开党的组织，对于教育党员会有更大帮助。也有同志认为公开与不公开差不多，人家都知道谁是党员，何必十分认真呢？

上述这一切表现，正是说明我们同志思想上存留着的“等一等教育好了再公开”、“怕公开”、“公开一部分”等等观点，还未完全纠正过来；没有清楚认识，在群众中公开党的组织即是为了教育党员，也同时为了教育群众。党员如有错误或是缺点，取得了群众的监督后是会帮助每个党员改造的；而今天群众对党的政策有怀疑，或者对我们有许多不良的感觉，也只有公开党的组织来公开广泛的解释与宣传党的政策与党的性质，才能使群众更靠近我们，以孤立个别的坏分子。不信任群众的多数，而畏惧极少数的特殊分子，是完全没有必要的。我们党员有不少政治水平不够高的，固然也是事实，但这是我们的学习与提高自己的问题。群众知道的东西可能会比我们多，这是我们要向群众学习的问题；个人不知道的事情，也可以老老实实说不知道，这并不等于损失党的

---

① 本文曾以陈修良个人名义发表于《南京通讯》第 5 期。

威信。相反的，我们党员如果都能学做小学生，虚心地向群众学习，积极工作，做群众的模范，党的威信是会大大地提高的。

党代表会议公开党的决定，必须按期坚决执行。我们不能照顾少数个人的顾虑，对于认识上尚有偏差的与认为无所谓漫不经心的同志，也必须积极地加以说服与教育，这是各个部门负责干部应当掌握的原则。至于如何公开，我们可以参考京、津公开党的经验。公开更应根据目前南京党内外情况，来正确地有计划地公开党的组织。这里应当注意的有下列一些问题：

第一，要照顾到南京解放不久，反动统治影响尚未彻底肃清，有一部分群众对党的认识还是非常的淡薄与模糊。特别是今天群众生活与失业问题尚未很好的解决，群众对我们是可能提出许多不能实行或暂难实行的要求，与可能不够全面与片面性的意见，或者提出全国性与全市性大问题，而为支部所不能解决的等类问题。我们对于群众的意见一方面固然要虚心倾听，集思广益，但也必须适当的进行解释，说服教育群众。支部周围所提的意见属于一个生产部门或一个机关内的问题，我们应当在支部内很好研究解答。全市性或全国性的问题，则应请示市委，根据党报或上级负责同志的意见去解答，不要擅作主张。自己不能解答的，可请示上级或说明自己不知道。

第二，党员在其支部范围内的问题有错误与缺点，必须争取主动，向群众进行自我批评与检讨。对于群众正确意见要很好的采纳，但也必须有原则，不是是非不分。不正确的意见还是应当善意地加以解释，以教育群众，树立党的领导作用。

第三，党内、党外问题不能混为一谈。党内有些问题，不论党内生活、保卫工作、某些政策问题等，应当守秘密的仍然要遵守党纪，不能随便公开与宣扬。这里的主要界线应当是有关群众利益问题。如行政管理、执行生产计划、教育与学习计划、群众福利、群众组织等问题，也包括党对于这些问题的执行上的检讨与批评，应当尽量让群众发表自己的意见。至于审查党员、批评同志的思想作风等问题，只要不涉及当时当地党所不允许立即公开的一些问题以外，也应吸收群众来参加。群众参加我们党支部会议应当是自愿的与邀请的方式，不能强迫群众来参加，造成不满情绪。负责领导各种群众运动与群众团体的党员，应按期向群众报告工作，让群众来审查我们的工作，使党与群众打成一片。

第四，一般党员名单应向群众公开，除了特殊情况的个别党员，为了便利进行一定的工作，在完全公开党员名单以前，我们各个支部及各级党委应当慎重地讨论与决定。某些党员还应暂时保守秘密，应请示市委决定。

第五，公开党的过程中，我们必须要掌握党员思想可能会有若干的混乱，各种不良倾向也可能要产生。比较优秀的，有过一定斗争历史的党员，在群众的赞扬下面，也可能会发生自傲自满的思想情绪；幼稚一些的党员也可能要害怕起来，不敢于群众接近，怕被检讨与批评；所以公开当以前，我们必须更好地教育自己的党员，说清道理，防止可能发生的各种偏向。

（文件编号：D91(4)）

关于干部管理请示报告制度等规定(草案)

1949 年 11 月 26 日

半年以来,我们对干部提调颇为频繁,过去某些部门往往自由提调干部,缺乏组织性与纪律性的现象,必须加以克服与纠正,使市委更能加强与统一管理干部,能全面了解各地干部配备及调动情况。兹将干部提拔调动请示报告与统计登记制度规定如下:

(一) 凡市委所属范围内所有党政军民学企业工厂(包括干校与党校)等部门一切党与非党干部之任免、调动、提升,均应一律由市政委组织部及各党委组织部门(或行政人事部门)统一管理。

(二) 凡地委委员、部长及专员(或相等于部长,专员)干部之任免、调动、提升均须先经市组建议市常委研究同意,由市组呈报华组批准(地审专员以上及相当地书、专员以上干部须经中央批准)始能正式公布。

(三) 市级机构之科长(相当原县团级)或相当科长一级干部之任免调动、提升均须征得各该部门同级党委或分党委(包括城郊工委会)或同级人事部门之意见,报告市组审查,建议市常委讨论通过,交有关部门正式公布(党内或行政公布)。

(四) 一般市局科长以下干部(即相等于原区管以下干部)之任免、调动、提升,均须获得支部或总支意见,由该直属党委或分党委、区委研究决定,经有关部门正式公布并报市组备查。一般以超越两级管理为原则。

(五) 各级行政部门首长对干部(包括一切新老干部、党内外干部)任免、调动、提升,须尊重同级机关之党委会及组织部门、人事部门之意见,并严格切实保证人事制度建立与健全,增强人事工作方面之组织性与纪律性。凡过去未经市委或各党委组织部门或人事部门而任免、调动、提升之党与非党干部,各党委或分党委应重新进行登记、审查,分别正式任用,并一律呈报市组备查(报告中应注明时间、地点、新任用之非党干部之介绍人及其自传,何人批准等)。

(六) 下级上报请求批准提升或备案之干部,均须填干部提升或调动表并为书面报告,必要时可另附该干部之简历表壹份。

(七)凡欲交市组处理之干部,均须先请示市组批准后方可介绍来市组。凡属思想病者,均应由各党委各区委加以反复教育说服,纠正向上推、怕麻烦的现象。

(八)与干部有关诸问题:

(1)请假及一般奖惩等问题之处理之职权一般同(一)(二)(三)项原则之规定。

(2)抚保问题,按八月一日市组翻印《华东局关于地方工作人员抚保工作规定》,由各党委各分党委吸收行政负责同志组织抚保委员会处理之,党训班则由市组处理之,保健证由市委统一发给,配眼镜、镶牙齿等特别保健之处理权限与(二)(三)(四)项原则相同。特别费之支出,由各单位之生产盈余中拨付之。特殊情形者,由市组批准报销残疾证及老年证,由民政局发给之。

(3)结婚离婚:结婚暂按老解放区规定之条件处理,由小组、支部讨论,各党委、各分党委、城区工委提出意见,暂统一报市组批准。个别年老、斗争历史长的,可适当照顾。离婚问题处理手续同结婚,但须于本人提出后六个月研究处理。

(九)吸收新党员之批准权等均按党章之规定处理。

(十)干部等级均按原来单位介绍来南京工作之介绍信写明者处理,暂不变动。原地下党同志亦暂不评级。为便于统计及照顾其工作之需要,进行相等、相当于某级之登记发给文件和参加某些会议,这并非已确定其政治待遇及等级。

(十一)干部材料与档案管理之分工亦按(一)(二)(三)(四)等项原则之规定,但各党委、各分党委应保存有本部门县团级及相当于县团级之科长以上之干部之登记表壹纸,以便参考。各党委、各分党委组织部门对干部档案材料必须采取认真负责态度,收转手续必须严格遵守华东局及市组规定执行。如有缺少(如登记表,鉴定,自传等),必须立即收集、催缴、审阅,由专人(政治上可靠之同志)整理、管理,务求档案管理制度之严密与手续完整。

(十二)各党委、各分党委、各区委每月应向市组作综合报告壹次;总支或支部每月应向所属党委作口头汇报两次,书面报告壹次;市一级群众团体之组织部门每两个月应向市组作一次组织群众工作之专门报告。

(十三)各党委、分党委、区委每三个月,按华东局规定之表格向市组作一次党政干部及军事干部统计和行政区划分人口及党的组织综合统计报告。统计数字以上一月最后一天之数字为标准。汇送报告之时间暂定为三、九、十二月五日以前。各支部,各党支部每月向所属党委,各党委、各分党委、区委每月向市组作一次组织概况统计报告(第一次之内容为"组织单位"、"现有党员数",第二次及以后统计报告中另增"上月份党员数"、"增减"两项,"增减"一项应分增减原因之各项细目)。以上各统计报告制度之执行,自十二月五日送第一次报告开始贯彻执行。

市委组织部

十一月廿六日

(文件编号:D91)

南京市委组织部关于地下党员党龄党籍问题处理之补充意见

1949年12月

根据中央组织部一九四九年十二月《关于地下党员党籍问题如何处理的复示》，结合南京市党的实际情况，特提出如下补充意见，希研究执行：

（一）在地下时期（一九四九年四月二十日之前）入党的候补党员，当时组织如未明确其候补期限，或本人不知道，而现有无法查明者，其候补期仍可按照当时地下党规定办法处理。（即凡党章第四条甲项之成份，候补期三个月；凡党章第四条乙类之成份，候补期六个月。）但具体处理时，不能按此规定机构执行，必须根据本人成份、觉悟程度等不同情况，具体确定。如对某些候补党员，当对其了解不够，或本人没有党员起码条件，均可延长其候补期或取消其候补党员资格。

（二）凡候补党员未经上级正式通知转正，而现已成为正式党员者，首先应查明如何成为正式党员，并根据不同情况，依照中央复示第一条及市组补充意见第一条原则，分别处理。

（三）中央指示第二条中所云“确认问题”，我们认为系指确认政治问题而言。

（四）未经伪宪兵之党员，亦可照中央复示第二条原则处理。

（五）确已转为正式党员，以及党章第四条甲乙两项成份之候补党员，原有入党介绍人员为一人者，亦可不须增添介绍人。

（六）如为党章第四条丙丁两项成份之候补党员，原有入党介绍人员为一人者，应按照党章规定添加介绍人；由支部根据本人具体情况，讨论确定。

（七）中央复示第四条所言“未经组织指定”，因地下党环境特殊，绝大多数为单线联系，当时没有健全严格的党委制度，因此，未经领导同志批准而有证明者，即可认为“未经组织指定”。个别候补人员未经请示所发展之党员，事后参加组织生活，上级表示默认者，经审查后如本人已够党员起码条件，方可承认其党籍。

（八）中央复示第六条中所言“其党龄则以转党时算起”，可根据中央组部一九四九年九月二十三日指示“候补党员转为正式党员之日期，除候补党员之候补期限，经所属党委决定延长或缩短者外，均应从候补期满算起”来执行。

（九）中央复示第七条中所言，“可按地下时期由上级党委批准其转党时算起”，如有当时党委任何一人证明，即可按此原则处理。但若上级党委无从查考时，则可由所属支部从各方面收集材料。“若本人自述，介绍人或当时同一支部的其他同志提供证明”，讨论确定，并补办手续。

（十）发现入党介绍人有问题者，应按问题性质，情况轻重，予以不同处置。

（1）发现介绍人非党员者，被介绍人基本上不能承认其党籍，经调查后如合乎入党条件，得重新入党。

（2）发现介绍人确为特务者，对其介绍的党员停止党籍，进行调查处理。

（3）如介绍人成分不纯，尚未断定确有政治问题，对其所介绍党员，一般应承认其党籍。

（十一）凡有下列情形之一者，亦可依照中央复示第九条原则，按其情况轻重，分别处理。

（1）解放前入党，本人不明确知道，或只知道为共产党工作，类似工作者。

（2）参加我党直接领导之秘密组织（如新青社），认为已入党，在接转该群众组织关系时，认为党员接上者。

（3）负责发展之同志未明确告诉其参加党，只告诉其参加一进步组织，本人在解放前未明确知道参加共产党者。

（4）入党手续不完整而参加组织生活，未经一定组织批准者。

在处理以上问题时，均应做详细考察，如本人已够入党条件，可向其请求意见，如愿入党则应补办手续，确定是否需要候补期，候补期之长短，及如何计算党龄等项。如时间不久者，一般以现在算起，重新入党为宜。

（十二）中央复示第十条，当时地下党为了工作需要，有意识的将个别政治面目不清及问题严重的人吸收入党（当时未弄清楚），后对工作颇有成绩者而言。如此次整党中，并不与上述情况相符合而发现有特务问题者，仍应按情况轻重，予以不同处理。

（1）发现证明确认特务，与特务组织仍有联系者，必须清洗出党，情况严重者，并应依法处置。

(2) 入党时确认特务,有计划打入,最近因感大势已去,才放弃特务立场者,清洗出党。

(3) 入党时确认特务,后受我党教育,改悔放弃特务立场者,停止党籍,但可给予适当工作,教育考察,待够入党条件时,再行考察重新入党。

(4) 入党前曾参加特务组织,以后断绝关系,参加我党者,如经考查有确实证明,一般可以承认其党籍。但如曾做过较高级的特务或罪恶严重者,应按其具体情况,分别给以处理。

(十三) 凡曾失掉过关系,未经地下党接上组织关系者,一般只能算作重新入党。是否需要候补期,候补期之长短及党龄问题如何计算,视具体情况而定。如现在有可靠材料证明,并经一定组织考察批准,方得认为恢复关系。

(十四) 如现仍为候补党员,发现其党员成份(社会地位)弄错者,应根据当时确认成份与具体情况,按党章改定其候补期。

(十五) 解放后市委已决定停止发展后吸收入党之党员,应按考察结果分别处理。

(1) 如本人已够入党条件,而入党手续未办完者,可承认其党籍。

(2) 如本人已够入党条件,而入党手续未办完者,应重新办理入党手续。

(3) 本人不够党员起码条件者,不管入党手续是否办完,均可停止其党籍。

(十六) 如因工作需要,由一定组织批准其参加其他党派或特务组织者,须经南京地下时期市委及下一级党委(或该部门主要负责人)证明确实,经考察后作出结论。否则应继续考察,弄清楚问题。

(十七) 未经自首、叛变而现仍有党的关系者,考察时应按情况轻重,依据中央有关此类问题之历次指示研究处理。(指示摘录另行印发)

(十八) 此次整党,处理组织问题之期限,暂行规定如下:

(1) 凡开除党籍,批准退党,停止党籍,取消候补党员资格,恢复党籍以及其他重大问题之处理,均应〈层〉呈报市委组织部研究,经市委批准后执行之。

(2) 凡明确入党时间,明确候补期及转正时间等及其他不属规定(1)项规定之一般问题,应〈层〉呈报各党委会(市政府即公安局为分党委会)批准后执行之。

(3) 候补党员转正,及增添介绍人等问题,经支部讨论后,报告总支部区委或分党委批准后执行之。

党员鉴定，一律应小组讨论。支部考察，呈报上级党委逐级审定。县团以上（含）干部鉴定，须由市委审定。县团以下（不含）之干部鉴定，由各党委（市政府或公安局为分党委）审定。一般党员由总支、区委或分党委审定。干部级别不明者，可按其行政职务相等级别处理之。

南京市委组织部

附：对华东局组织部关于地下党员党龄党籍问题处理之补充意见的意见[①]

① 第三条“确定问题”是对的，但吸收党员时，同时包括考虑其全部历史。

② 第六条“丙丁两项之候补党员增添介绍人一人”，中组[部]指示由支部讨论其具体情况，对象是上层分子，应增添有经验介绍人，以便考察与教育。增添介绍人并非单纯为了入党手续而增添介绍人。

③“发现入党介绍人为非党员时，被介绍人基本上不能承认其党籍……”。其中“基本上”三字应删去。

④ 第十一条“如时间不久，一般应以现在算起，重新入党为宜”——不必再作此一般规定。且具体执行时，因对时间界限不够明确，到支部执行时可能引起矛盾。

⑤ 第十二条全文可取消，同中组[部]第十条，已有处理。对特务问题分类过细，似欠周到，下面执行时反易出毛病。

⑥ 第十三条“凡失掉关系后，经地下党接上关系者，一般只能重新入党”。“一般只能重新入党”一句应加修改，即对曾经失掉过关系而由地下党接上者，应加了解复查。除已经一定组织对其失关系一节有结论者外，其余可按具体情况，如何失去关系，失关系后如何表现，分别考虑其应否重新入党或恢复党籍。

（文件编号：D107）

① 此附件为陈修良对上项复示所提意见草稿。

传达亚洲妇女代表会议的报告

1950 年初

一、大会经过的一般情况及其收获。

北京开会的光荣意义——政府成立后第二次国际会议，中国政府是亚洲人民解放的榜样。至今共计二十三国家，十四国代表，九国来宾（中国、法国、越南、朝鲜、叙利亚、印度、伊朗、黎巴嫩、非洲、日本、英、美、苏联），代表五亿妇女。

通过文件——

三个报告：(1) 亚洲妇女为民族重视人民民主与世界和平而斗争。(2) 保护妇女权力的报告。(3) 保护儿童权的报告。

三个决议：(1) 争取妇女权利。(2) 关于亚洲各国儿童情况决议。(3) 援助亚洲国家妇女团体之活动决议。

二个宣言：(1) 致亚洲各国妇女书。(2) 告美、英、法、荷妇女书。

国际主义的团结精神：

(1) 公共[同]一致地认识了亚洲妇女儿童权利被剥削、被奴役是美、法、英、荷四大帝国主义统治的结果。殖民地与宗主国代表在大会上互相拥抱，申明共同斗争的目标。

(2) 一致地拥护苏联——认识了社会主义国家的强大与巩固，是世界民主与和平的保障，反对反苏的战争阴谋。也只有社会主义的国家，妇女才有真正的平等，儿童与青年才有幸福。

(3) 一致认识了中国革命的胜利对亚洲各国的解放起着决定的作用。同时认识了中国革命为何胜利的主要经验教训。亚洲各国的解放道路，~~要学习中国经验，同时~~与各国妇女的斗争经验的交流。

二、亚洲殖民地和半殖民国家妇女与儿童的悲惨情况与其斗争情形：

亚洲有占很大人口的一半（一半是妇女）除中国、蒙古、北朝鲜、越南大部分、苏联亚洲部分以在帝国主义与本国反动派压迫之下过着黑暗的生活。其中可以类别如下：

第一种，名义上“自治”，实际上是殖民地，如印度、缅甸、菲〈列〉律宾等。

第二种，民族解放斗争正在激烈进行，帝国主义者尚在武装进攻的，如越南、马来亚、印尼等。

第三种名义上“自由独立”，实际上在帝国[主义]控制下的，如伊朗、伊拉克、黎巴嫩、叙利亚。

第四种，被美国占领当局和国内反动派双重压迫下的，如日本的妇女。

这几类国家妇女儿童的悲惨生活如何造成的？他们的共同性：

经济剥削：

经 15—16 世纪帝国主义在开始侵略亚洲，把亚洲变成了地狱，ブル的剥削方法加上亚洲封建剥削，残酷地奴役人民，特别是妇女与儿童的劳动力。

典型的例子：印度女工有二百万人，每日工资不得一饱，妇女工资只有一半或三分之一。产妇婴儿的死亡率很高，产前后没有休息。失业者无救济，没有托儿所，用鸦片麻醉儿童，卖淫，普通的疾病与死亡，妇女工作时间仍在十三到十五小时。五岁到八岁儿童就开始做工，农场童工十一[小]时到十二小时。

马来亚与伊朗妇女——农民无力买牛，把妇女套在犁上耕田。

妇女与教育：

全亚洲有 90％妇女是文盲，土耳其有三万个乡村没有小学，伊朗封闭女学校，连首都也不免。叙利亚政府说女子读书是不道德的，五岁小孩就去做工，根本不能〈授〉受教育。

人民权利：

英、美、法、荷帝国主义企图“开化”亚洲，为的是占领亚洲人民的财富。人民权利是谈不到的。

亚洲比欧洲大二倍，全球一半人口在亚洲，有巨大的资源——缅甸、印尼供全球石油 50％；印度、马来亚、越南等树胶 98％，奎宁 95％，胡椒 86％，印度黄麻 95％。此还如米、棉花、茶叶、植物油、锡、铁、木材、皮革、烟草、黄金、宝石等，多产在亚洲。

帝国主义政府统治方法与剥夺人民的民主权利：

（一）支持地主买办的反动政府，做反人民的走狗，镇压人民的革命运动。如暹罗銮披汶独裁卖国政府（与蒋介石一样的做法）接受美国的贷款，训练反动武装镇压人民，让美国设立公司，供给低廉的原料，农田多是妇女劳动的产物。

（二）欺骗允许他们成为“独立国”，允许“男女平等”，但他们决不实行。例如印度尼赫鲁政府是比蒋介石还阴险，印度妇女团体是在白色恐怖中工作，领导人关在牢中。如南朝鲜在四年中间有十万争取民族与民生的人民被杀，其中大批的是妇女，警察把妇女赶到海边去屠杀。

悲惨的儿童生活：

在反动统治下面儿童的幸福是根本谈不上的——营养不良，过度的劳动，没有钱治病，他们夭折与残废，妇女卫生更是谈不上。

例子——世界上最美丽的伊朗地毯是儿童的(四岁以上的)血与汗的织成品，从半黑的房子中织成的。童工连饭也吃不饱，老板的利润700%。土耳其女工说：“只要在工厂上做上二年工，十四岁的姑娘要变成老太婆。”

亚洲妇女的斗争情况与方法。

（一）参加武装的游击斗争——如越南妇女指挥军队，领导作战，建立解放区，坚持抗法抗日的斗争，组织敢死队。朝鲜妇女游击队。

（二）组织起来——马来亚有工人一百万，女工占40%，在总工会的女工部领导下与妇联取得联系，成为人民斗争的主力军。如印度纱厂女工的英勇斗争，西孟加拉组织了妇女自卫同盟，参加团结民主妇联，要求同工同酬，生产假期。

缅甸妇女组织了“全缅妇女大会”，与农民联合一致参加反英的斗争。

伊朗妇女联合会，去年十二月提出了[为]保护妇女与儿童权力而斗争。她们提出要求伊朗独立、婚姻、工资的平等权利，禁止童工，儿童受教育权，建立产科医院等要求。

总说起来：

（一）亚洲妇女在第二次大战后已觉悟了自己的压迫是由于帝国主义及反动派，[与]要求“民族解放”是一致的。

（二）要求妇女与男子平等权利，反对封建性的压迫。

（三）知道自己要组织起来参加斗争，任何依赖都是不成的。劳动妇女必须团结，依赖ブル式的妇女平等是欺骗的，如印度的国民大会的妇女大会。

（四）反对帝国主义任何战争阴谋，战争将带给妇女痛苦，只有消灭帝国主义，才能真正的和平。所以妇女是和平的支持者，亚洲妇女团结起来，力量是伟大的，可以防止战争的一种巨大力量。

三、中国妇女的解放道路是亚洲妇女的榜样，中国妇女积极地参加革命运动与经济建设事业——中国革命的主要经验教训。

（一）中国革命所以能取得胜利，首先是中国有一个有马列主义武装的共产党的领导，这个党是与千千万万群众有密切联系的。

亚洲妇女的解放必须依靠工人阶级及其政党的坚强领导，苏联与中国斗争的胜利就是由于有强大的干部。

党的作用——掌握革命的政策，能攻能退，善于组织群众与教育群众，掌握本市发展的规律性，组织革命的核心与骨干，组织一批善于战斗，全心全意为人民利益而斗争的革命者。

（二）以 CP 为领导的绕成广大的民族统一战线——包括工人、农民、小ブル、革命的知识分子和民族ブル，把反帝的一切阶级、阶层、政党、团体和个人组织起来。

历史事实——大革命时孙中山的三大政策，国共合作（蒋介石叛变中国革命后失败），抗日统一战线的成功，抗日战争的胜利，自卫战争的胜利——是土改中农民的参加革命，劳资两利政策的成功，反蒋反美的广大人民的统战的成功。建设新中国亦如此。

（三）我们建设了强大的人民武装——解放军，以“武装的人民打倒武装的反革命”，是许多殖民地半殖民地争取解放的应走的道路。

（四）一方面进行武装斗争，一方面在反动统治的城市和地区要进行地下斗争的正确路线。

秘密的非法活动与合法与公开斗争相结合。同时又要划分清楚。即组织上绝对秘密。积蓄革命的组织力量，配合武装力量，时机成熟时进行对敌人的攻击；另一方面，在政治上公开号召与组织群众，用合理的方法来进行（例如沈崇案件），以教育教育群众。五二〇运动也如此。

四、亚洲各国未解放妇女的任务。

（一）名义独立的，如印度、缅甸——揭露本国反动派（大ブル大地主）和帝国主义勾结，叛变民族利益的真面目，为争取民族独立、人民自由、劳动者生活改善而斗争。

（二）帝国主义正在武装进攻的，如越南、马来亚的妇女——以一切力量支援与参加自卫战争，驱逐帝国主义。

（三）实际上在帝国主义控制的国家，伊朗、伊拉克、黎巴嫩、叙利亚的妇女——揭露反动政府半殖民的政权的本质，团结全体人民为取消帝国主义政权和一切反动制度，为建立人民共和国，为妇女生活改善而斗争。

（四）日本的妇女。

反对扶植日本的封建法西斯政策，反对日本成为新战争的基地，建立一个和平民主的独立的日本。

五、南京妇女应该坚决执行亚洲妇女大会的任务。

（一）我们要负担起新南京的任务，参加政治经济文化的活动，参加建设，提高我们自己的能力与觉悟，改善自己的地位。

（二）在今年三八以前我们自己要求更大地组织起来，反对任何歧视妇女的倾向。妇女在自己的工作岗位上团结、组织，用自己的力量来解决问题。困难还是有，应当克服。苏联少将[①]的例子。反对歧视妇女工作。

（三）改善妇女与儿童的生活，注意妇女婴儿的保健工作。

亚洲妇女大团结万岁！

中国妇女大团结万岁！

国际民主妇联万岁！

（文件编号：E203）

① 原文如此。

三、四月份综合报告

1950 年 4 月 20 日

中央、华东局：

兹将南京整党学习情况（组织整理部分容后另报）报告如下，作为我们三、四月份综合报告，请指示。

一、南京党基本上是好的，解放军、解放区及地下党员大部分是进行过各种大小斗争，经过了一些不同的考验，在解放与建设南京的斗争中都在积极工作，这是整党前南京党的基本情况的一面。另一面整党前南京党内的组织状况和思想状况是比较混乱的。地下党员近二千人中，淮海战役以后发展的约有九百余人；过去发展党的方针有偏差，手续不严格，比较偏重青年知识分子，在旧警局人员及一般公教人员中过分放手；解放后又未坚决执行中央和华东局停止发展的指示，如电讯局在解放前几天实行突击，有一人一天发展八个党员，南大支部原只有廿九个党员（正式只六个），解放时发展至二百五十余个（九倍），因而必须带来了组织不纯的情况。据现在了解，淮、宝地区失节、自首、叛变份子进来南京而混到党内的已有四十余人，都是自行相互介绍，其他已发现少数敌特嫌疑分子（简任级三四个）和部分兵痞流氓。这种组织不纯，加上外来党员由农村到城市的大转变，对会师的许多思想教育当时未曾抓紧做好，又值二、三野交替，变动频繁，因而党员干部思想上产生了严重的混乱，有如下几种主要表现：（1）不大团结，某些解放军、解放区来的同志，看不惯“地下作风”，认为他们幼稚，没有实际工作经验，不会做工作；地下党中某些同志认为自己文化水平高，了解情况，与群众有联系，认为老干部“大老粗”，工作方式简单生硬，甚至有人以为解放南京主要是地下党的功劳，现在都是外来干部为主，表示不满意，因而在一部分人当中相互有一种盲目的宗派情绪。（2）比地位（正、副、高、低），比待遇（军队、地方、供给制、薪水制），比历史（新、老、长、短），闹家庭问题（外来干部顾不了家，本地干部和家在一起还要公家贴补），对留用人员拿薪水想不通。（3）不安心工作，军队来的有的认为“地方吃不开”、“当警察、做商人没出息”；有的工农干部认为城市复杂，自己水平低，没前途，许多事情看不顺眼，不如回到农村去；有的认为“屈才”，没有提拔，反而降级，怀疑党的干部政策。（4）城市生活的影响，享乐思想逐渐抬头，不能满足就妒忌怨恨。（5）无组织、无纪律现象相当严重，某些方面，影响到组织原则与政策。

二、由于市委本身在开始对党内情况的认识上存在着某些分〈岐〉歧，影响到在广大党员中进行及时的正确的教育，因此整党的思想准备工作，一直拖延了两三个月的时间。刘伯承同志曾一再强调必须对党员进行党章的基本教育，九月中旬唐亮同志在党员干部中报告了《党内团结问题》，市委本身又展开了多次的研究与争论，后来邓小平同志又作了《忠诚与老实》的报告，根据党章权利与义务，分析了党内三种人的具体情况和具体态度，并指出了南京党内思想混乱与组织不纯的惊人现象，明确提出了整党的任务；陈修良同志又作了《加强党的教育与整理组织问题》的报告；接着就组织了对这几个报告的学习（并学习了中央增强党性决定，党章中党员的权利与义务部分），才在领导上基本取得一致的认识，并使广大党员干部开始感到党内的严重情况，引起了警惕，感到有整党的必要。此后，又进行了如何开好党代表会议的学习。至十月下旬正式召开党代表会议，会期五天，代表六百余人，在这次会议中，展开了对党内状况的检讨，强调了党内团结，发扬了批评与自我批评的精神，使整党成为大家一致拥护的要求，明确认识了只有把党整好，才能执行华东局六大任务，克服困难建设新南京。并明确提出了以教育为主的方针，党代表会议就给整党工作培养了一大批积极分子和骨干。

三、全部整党学习自去年十一月开始至今年一月结束，接着进行关节问题的研究与处理，一般分如下三个阶段：

第一阶段（十一月）反复动员，贯彻党代表会议决议精神，主要进行思想教育与初步思想反省，为整理组织与审查党员准备基础。

当时主要的思想障碍有三：一是许多解放军、解放区来的以为自己经过整风与土改三查，没有什么好整的；有的以为整党也不能解决我的实际问题。二是很多地下党员害怕恐惧，摸不着底；极少部分同志以宗派情绪看整党；少数看风头。三是有些行政领导干部只看到工作忙的一面，怕妨碍了工作，有的怕出毛病，故顾虑很多，决心不大。

经过党代表会议决议的传达学习（并结合学习反对自由主义和再次学习增强党性的决定及党员权利义务、党的组织原则），市委反复强调了整党是当前党的工作的中心环节，要求各级领导干部亲身参加，切实掌握；一再说明以教育为主的方针和“与人为善”、“治病救人”的精神，提出“不放松一分钟可以教育的机会，不放松每一个可以教育改造的人”的口号；提出人人要整，人人要参加学习，而在领导上掌握注意动员所有党员参加思想检查，只是在整理组织关系和审查党员历史时将重点放在地下党员，防止外来党员整地下党员的偏向。整党学习即逐渐进入高潮，在这一阶段中，初步介绍了历史，进行了思想反省、坦白，并发现了不少组织问题，端正了学习态度。

第二阶段（十二月上旬）有步骤的全部公开党。

在整党开始时，即在非党干部中同时组织了“人的阶级性”，共产党的性质和对中国革命的贡献以及正确的批评与自我批评的学习，他们学的也很认真；此时又进行了为什么要公开党的教育，在党内则学习了北京市委和天津市委关于公开党的决定以及唐亮同志关于公开党的报告。

当时的思想情况是这样：外来党员满不在乎，对公开党可以更广泛的联系群众的政治意义认识不足。地下党员怕公开，怕在群众面前丢脸，怕公开后受拘束，事事要带头做模范；有的怕公开了受特务暗害，对党的力量、威信与群众觉悟认识不足；非党干部怀疑、好奇、不关心。有些下级党委主张有条件的公开，公开好的，不公开坏的，现在不公开，将来公开。

经过分头学习，经过支部大会和群众大会分别动员，并召开党群座谈会，逐渐打破党内顾虑和党外认识上的偏差，要求党员相信群众，虚心接受群众意见，勇敢实行自我批评；要求非党群众相信党，爱护党，帮助共产党员进步。并经过市委一再严格督促，除个别党员经过市委特许外，一律公开。

第三阶段（十二月下旬至一月底）全面反省作鉴定，审查党员，由思想反省转入组织问题的反省。思想问题的反省，着重有重点的根据各部门和各个人的实际情况，展开批评与自我批评，以达到弄通思想，解决问题的目的。

组织问题的反省，着重启发自觉，个别帮助，不轻易下结论，不乱追穷追。外来干部一般着重检查渡江以后思想变化，着重现实的具体问题，顾虑较少。地下党员有历史关节问题的波动较大，思想斗争激烈，怕整下去问题暴露，受处分，丢面子，不能得党信任，特别怕开除党籍，少数同志以不开除党籍作为向党坦白的交换条件。此时市委一再说明整党目的在于整理思想，整理组织，达到加强团结，安心工作，提高觉悟的目的；提出只有真正对党忠实，决心改造，才能得到党的相信与谅解，向党忠实是无条件的，不能是有条件的。党委保证不伤害一个同志，开除党员必须经过市委批准。同时展开互相活动，个别谈话，深入打通思想，有准备有选择的举行大型、小型示范，使反省工作得以深入一步。全部整党学习于一月底完成，二月以后，结合政治学习，进行改造支部、加强党员教育，分别审查组织关系，作出结论。现尚有三百余件关节问题正在审查清理中。

四、整党的成绩是明显的，进步是很大的，特别表现在下列三方面：(1) 初步澄清了党内思想，提高了党员政治认识水平与模范作用，加强了党内团结，基本上稳定了不安心工作的情绪，工作责任心提高了；坚持三个月的学习，养成了学习习惯，学习情绪普遍高涨，为今后学习运动打下了基础。(2) 严重的暴露了组织不纯的情况，学区系统（大、中、小学）已坦白反省参加过其他党派、社团、封建组织的有二〇二人（全数八二二人）。工区五三五党员中，地下党员占三四六人，其中有政治关节和历史关节的有二百人；不按入党手续的二五三人。这样为保持党的纯洁性和今后在巩固的基础上发展党打下了良好的基础。(3) 通过公开党教育进一步密切了党与群众的联系，加强了党员的群众观念，并提高了党的威信。

整党学习虽获得了明显的成绩，尚不能就此满足，党内的思想问题并未得到彻底的解决，今后必须继续加强支部教育，提高党员水平以巩固现有成绩，进行长期的思想建设。

其缺点是：(1) 对于许多较带普遍性的思想问题缺少更集中更有系统的分析批判，在总的领导上也缺乏更加周密计划、细致深入的具体指导，特别在工作繁忙时有前紧后松现象。(2) 由于掌握材料太少，许多组织问题不易得出结论，只好作为悬案。(3) 公开党在部分支部有形式主义现象。(4) 个别支部在执行方针上有偏差，有的强调了教育一面，忽视了对某些同志开展必要的严肃的思想斗争；有的片面强调追查，发生过一起自杀事件（公安党委邮电科柳菁投江自杀）。

五、在此次整党学习过程中，我们有如下几点体会：(1) 如果党内已存在严重问题，不作适当解决，是会造成许多损失的，必须加以整理，从根本着手，才能解决其他问题；同时在党内存在着思想上某些分〈岐〉歧，这种分〈岐〉歧的解决取得一致，亦不能操之过急，在一定时期内作暂时的迁就与忍耐是必要的

(当然是有原则的);但必须坚持原则,就事论事,以提高认识,达到思想的一致。(2) 整党必须建立在党员的自觉基础之上,必须进行较充分的思想启发工作,最重要的是取得领导思想的一致。(3) 要接受整风和土改整党的经验,紧紧掌握以教育为主的方针和团结同志与人为善的精神,并贯穿于整个过程中;要从思想反省转入组织反省;要在思想教育和思想反省比较成熟的基础上展开组织问题的审查。对组织问题要采取审慎负责的态度,不能轻举妄动。忠诚与老实的教育、党员的权利与义务的教育要反复进行。(4) 在城市环境复杂、工作繁忙的情况下,进行在职党员学习,必须要有决心解决工作与学习的矛盾,坚持掌握整党这一中心环节,并使各级、各部门领导负责同志一致决定参加,亲身领导。(5) 必须对症下药,有的放矢,联系各部门思想上、工作上的主要问题。(6) 整党学习和整党工作要从党内和党外分别进行,这样一面可以取得群众对党的帮助和监督,一面又可以教育群众,提高群众对党的认识和觉悟;在这样的情况下,公开党就更加顺利。(7) 公开党的关键,在于党有无自我批评的精神,因此必须教育党员相信群众,勇敢实行自我批评,也要相信党的力量和今天已在人民中有极大的威信;对于群众也要进行必要的党的教育。要从该单位党与群众的具体关系中,在团结一致完成当前工作任务中进行具体的教育。

中国共产党南京市委员会

一九五〇年四月廿日

(文件编号:D73)

华东局会议

1950年8月25日

苏联考察报告，王尧山。

团员34人，出发时间，128天在苏联。

出国任务。

出国时提出的问题。

联共学习计划：1. 建党的基本理论。2. 实际座谈与谈话（中央到支部），共和国、中央到支部。3. 参观。

工厂10个，学校10个，农场4个，群众组织19，座谈120次，报告20次。

支部——口江、三山，共计六天。

区委——各部委的工作（五一区）。

市委——……①

州委——各部工作（三天）。

中央——四个部（党工青、宣教、运输、农业部）。

群众团体——职工会中央（二天）。

——青年团中央（一天）。

——中央消费合作社。

——中央生产合作社（部长会议下的）。

政府系统——铁道政治部、市区苏维埃。

中央：

1. 中央——四个部（党、宣、妇女、农业部）。

2. 塔州市委，农业，MTC，工场，学校……

学习缺点：

1. 被动，没有经验，跟不上计划。

2. 太广泛，抓不住中心，要求不同。

3. 礼貌不够。

---

① 原文为俄文地名。

回国以后：

1. 东北二十天参观，四个大城市的政府、党、群工作的研究。

2. 到中央后汇报五个问题：

（1）党工青部。

（2）机构。

（3）干部。

（4）支部。

（5）检查，工作制度。

讨论了四个问题：

（1）机构问题。

（2）干部。

（3）支部。

（4）民主集中制。

领导方法：

（1）民主集中制如何实行——部门工作。

（2）检查报告制度——督察员与指导员分工负责制，计划。检查方法，控诉信、群众监督。

（3）组织原则——党员按生产机关，支部归区委。

（4）组织形式——生产部门、政府、群众团体，均有一定机构，层次少，对党、政府、工会、青年团的领导方法。

（5）宣传鼓动工作。

（6）干部管理与培养。

（7）支部问题——支部的分散。

（文件编号：E68）

整风委员会会议

1950 年 8 月 26 日

张祺(上总):

公共汽车现在实行分工负责制,买票的不脱班。

明华药房职工展开生产竞赛,作到保本自给,有净利,节省开支,老板也回来了。

劳模大会:

工人倾向:(1) 不愿做劳模,怕麻烦。(2) 无所谓。(3) 随便评功,用摸彩方法评功。

上总整风

共 1 770 人,党员 438 人,团员 372 余人,一起学习。问题:(1) 因程度不齐,进度不齐。(2) 从区里调过来的进度也不同,“限一天停止”,有这样问题。

整风会议每星期二次,每晚七时半起至九时,住得很分散,有困难。

学习偏向:(1) 联系自己怕错误(对历史问题)。(2) 党与团支部与整委的计划不一致,机关党委布置保卫工作,方针不同(要整关节),方针不明确。

工会法问题:

(1) 作为整风文件之一,干部学习不够,脱离生产的多,如减少要发生困难。

(2) 同业公会方面特别对 2%的补助费太重,失业救济费也太重。国营工场反映要求把调出的工人调回去,否则救济费要工会〈否〉负〈则〉责,工资到底归谁管,要解决。

张承〈忠〉宗(市组):

8 月底前党可全部公开,群众提出许多批评意见,特别是对政府,有多至 300 余件,着重于科长以上干部的批评,偏向是态度有包庇与压制事实。

整风情况:

轮训班已进入自我检讨阶段。(1) 批评与自我批评没有展开,总工会方面有意见,对上级包办作风不满,市政府直属单位批评精神很少。(2) 个别少数负责干部思想上还没有动。(3) 少数干部怕整风,怀疑到自我批评时要得罪人,顾虑很多。

办法:(1) 自上而下负责干部先进行检讨。(2) 自我检讨自己写,不作鉴定,先不接收批评,有关政策问题要明确,生活问题不谈。对顽固的,不作结论,意见保留。

应注意的问题:

(1) 各部门调来的思想问题多的,要长期教育,给予启发,不求过快。

(2) 郊区各个同志命令主义逼死了一个人(农妇),神经不安,送医院去休息,应送好的人去学习。

(3) 市府要首长负责,老干部谈过去坏的经验,影响新干部情绪。

问题:

(1) 整委分工问题要决定。

(2) 分委负责同志自己先要检讨,市委决定一下。

黄静〈文〉汶(妇联):

妇代情况:

(1) 以生产为中心,女工为主,组织形式的不确定。(决定胡子婴为第一副主席是政治的错误)

(2) 妇女工作的全面性,妇女干部的思想问题,不一定在妇联内工作。

(3) 对统战工作问题认识有提高,选本[行]业许多妇女群众为执委。

缺点:

(1) 思想领导不够。

(2) 技术上有进步。

整风计划

姚静(宣传部):

思想情况:

三中全会比较稳定,朝鲜问题后应注意的:(1) 一般知识分子、工商界轻敌思想,十天内越海,轻视、鄙视、仇视(中央指示)都有,金日成是中国的毛主席。(2) 工商界右派子留后步的思想。对台湾问题,我们的同志说:党的困难使右派有些动摇，认为国民党可能反攻。(3) 三次大战问题，三年内说不定要发生。

报纸反映：喜欢强调美国的矛盾，中央意图是“三视”，不要幻想其矛盾。“反对美国干涉台湾、朝鲜”的口号，宣传工作者认为不加“帝国主义”是不对的，违反“国家与革命”的理论。

宣传部工作：中心工作：(1) 三中全会的传达。(2) 整风问题——报纸发表一些有关的文章如自我批评等，收到六千多条意见(三个月)，发表的三千多条。匿名信减少，从20%到6%(7、8月份)，数量也减少。

原因：

(1) 他们政策性提高了。

(2) 压制批评倾向，表现上面批示下面，如铁路局的材料处、局长包庇该处，没有下文。或者表面承认，但并不改正，60%以上如此，减低群众的情绪。一〈付〉副对子“诚意接受，坚决不改”，“非常感谢，××痛恨”，横批“坚决不改”。

(3) 宣传员与鼓动员制度，年底有36%的企业内可以建立起来。

(4) 和平签名运动，八一大示威。

签名运动比较有组织，深入车间与弄堂，有骨干，已签名有540多万。有许多人是重复的，积极分子可以做宣传员、鼓动员。

顾虑：a. 签名是否有用。b. 共党没有办法，只好用签名办法，消极被动。c. 怕原子弹，能否抵抗，苏联原子弹少，是延挡办法。

特务搞鬼多，该签名要抽壮丁。

群众创造了许多新办法。八一看到海、空军很兴奋，郊区妇女情绪很高。意见：(1) 开会方式，有意见，群众集中太困难，方法要改变多，用红场式最好。(2) 9月份任务太多，劳模、土改教育、整风、青年代表。9月以整风为中心，10月弄人民代表会议搞支部整风。

群众对代表会情绪没有第三次高，争取做代表的也有。

问题：(1) 预备五年计划，宣传鼓动员问题(开展生产计划)。(2) 职工教育问题，钱很多，各方面意见多，中央决定要市教育局办(下面办比较好)。

刘晓：

(1) 组织工作会议问题，如何解决，待华东局决定后，组织部要用力，先决定成立一个机构。

(2) 成立“区工作委员会”,类似督察员制度,具体人的决定,要得力干部,从区内调出来,负责人吴亮平负责。其次要有政治上有综合能力,作风上有些毛病的放在这个工作岗位上,陈修良同志可以作这个工作。花半年功夫作好这件工作,运用苏联经验。

(3) 各部工作要决定一下,提拔新干部,完善各部门的工作。

(4) 党代表大会以整风作为基础,找出几个典型、几个支部研究一下,开党代表大会。

财经委员会问题:

(1) 复工问题。

(2) 工资问题。

(3) 劳资协商问题。

(4) 劳保问题。

(5) 贷款问题。

(6) 难民与失业问题。

(文件编号:E68)

饶政委关于深入基层工作的报告

1950年9月7日

今天找各位来谈话，还不能把大家提出来的问题全部解决，今天只能把问题提出来研究，主要是研究毛病在什么地方？如何产生的？同志们提出各个厂里的情况除江南造船所去查一下外，不能一一解决。

我们为什么要派人下八个厂呢？很多同志有误会，有些人也许会估计，一年来厂里的事你们没有管，现在要找出些岔子批评一下。解放日报、劳动报曾批评某厂行政上官僚主义，工会命令主义，这是消极的批评。批评是为了建设，不是为批评而批评，作为党报党刊更不应该这样做。为什么选择这八个厂呢？大家不要误会，渡江以来接收城市有一年半了，过去讲的接管江南城市工作的资本全部用光了，大家没有资本了，而买卖蛮大应付不下，出毛病了。碰来碰去想弄好，但弄不好，现在的情况是：老的办法过去了，时间客观形势的发展要求新的则没有，混乱就产生了。

同志可能有二种想法：（1）很不好，怕批评，怕家丑外扬的结果是我们错误很多，但新办法没有，这样下去还是消极的。因此要明确这些缺点是如何产生的，是在很大成绩的基础上产生的，就是在顺利完成接管工作任务上产生的。因此在检查工作来讲成绩是最大的，没有理由讲在毛病面前感到没有办法。恰恰相反，我们过去办法是很多的，很多国际友人怕我们全国接不来，现在接下来了。毛主席到苏联，列宁格勒市委书记问毛主席说："我们就怕你们上海接收不下，你们是如何把它接下来的？"毛主席说："党斗争多年，各方面干部都有一套，只是多点少点。"敌人是幸灾乐祸的说我们三个月后搞不了，因此这些胜利是出人意料之外的。

为什么能接收下来呢？原因：（1）同志们的努力；（2）在接收城市中积累了很多经验，是从许多错误、笑话中研究综合起来的经验。我们积[累]了昌潍、济南、徐州、沈阳等地的经验。最早是接收淄博，那时是游击环境[下]的接收，打下城市是见到东西拿了就走。如把火车头上的大管子锯下来做迫击炮。那时没有力量守城市，不拿出走就给敌人[了]，这是对的。如接收汽车，开了好的去，把破汽车丢掉；又看到了好的没法开，只好拆些〈另〉零件就走。这类笑话多得很，就从这里得到了一条经验："原封不动"。现在情况不同了，敌人不来了，时间是我们的，可以原封不动，上海就执行了这办法，没有出毛病。一个办法不是一个人凭空想得出的，是从许多缺点、错误中得出经验的。小小的破坏变成了大的建设的基础。

要讲成绩，很多：（1）上海接下来了；（2）工人组织起来了，上海是我们的。过去不懂什么叫城市、工厂，现在多少懂一点了。现在至少讲得出一点毛病，过去连毛病也讲不出来。大家反映的一切毛病、缺点，总的说起来就是二个字："不懂"（为什么工会、支部关系搞不好，搞不清）。国民党时的工会工作一套不适用了，新的办法不知道，就学解放军的一套，到一地就是一个布告。人民政府的约法八章、布告、命令作用是大的，群众都来看，敌人害怕了。从被压迫的人到自由的人不知道怎么办，那么要学，学就学人民政府的一套贴布告。好不好，就不知道，不懂。当然这是坏的例子。还有更坏的例子，也是学的，学人民政府的不懂，当了几千人的工会主席，你不给我办法，想想过去国民党的办法那时做得很久，那就向他学，向老社会学，做了没人反对，就自以为不错，做下去，没有新的就向旧的学，总的说就是"不懂"。

刘少文同志说我们是五多（会、文件、表格、任务、头）一少（办法）。少办法为什么呢？很多同志在摸索办法。由于我们工作范围大、任务多，突击性的更多，尤其我们同志作为新的领导阶级经验缺乏，加上没有很好检查总结。下面的经验是原始的很粗糙，多少带些毛病，要像沙中提金那样加以提炼，许多原始经验联系起来才好。现在没有把它提炼起来，丢掉了，就是浪费掉了。没有把下面的办法积累起来，因此而没有办法。如把丢弃的东西拿回来研究研究，总结总结就有办法了。

今天我不讲更多的毛病，毛病将来要谈的，总的说"过去"任务是有的，是多的，办法没有，是少的。过去的任务是号召式的，如何来实现则没有具体办法。会议多，但少准备，无中心，相互间配合少，不能解决问题。有人说在党校学习时头脑清楚，开了许多会就弄糊涂了。会议多是否就是毛病呢？会多有好有坏，会多的毛病发现了，会少也有毛病。所谓会多就是少数干部的会太多，会多要推动大家去开，大家去做，如能把工人组织在各种小会里就好了。会多主要是不会做工作，会少了是群众的会少了，做实际工作的会少了。有任务一定有办法，但为什么没有办法呢？就是任务太多，没有时间去研究。

一切的毛病，讲起来都能提起一个积极作用。想办法给同志们少开会、少跑路、任务少些(到处布置、指示结果互相抵销)。要考虑出一个总门，在总门下有许多分门是可以的，现在是总门太多了。五种组织有五样会议，十个任务，十个会议。稍为研究一下，马上可以解决的。打个比方，把五个会议变成一个会议就好了。党、政、军、工、团都把各人上级布置下的任务向党支部报告一下，收集起来然后讨论一下，为着保证上级的任务，如何相互配合，这样会议不是一二点钟就能开完？要好好开，然后作出决定。决定了有的要改，一定要报告党，不要违背党的意图、政策。党要起保证作用，一切都要经过支部。支部是总门，支部统一领导各方面，保证上级任务完成。但支部无权修改[上级任务]，而是如何讨论保证[完成]。任何党员都要向支部报告，要使支部了解情况，支部才能自觉保证。团要受党的领导，工会[要]把群众团结在党周围，受党领导。厂里组织多没有关系，而在是否通过支部。上级的计划支部不能修改，但[有些]支部认为非经我讨论[不行]，[否则就]而说不管生产，是不对的。计划是上级统一的，支部无权否决，只能建议补充，这是个好办法。有人说还是下命令好，不要通过支部。(1) 厂长无经验；(2) 过去行政、军事工作做惯了，下惯命令；(3) 不懂生产这是最大的缺点。总的一句话，很多关系搞不好原因是“不懂”。为什么支部不好干涉计划呢？计划是中央统一的，不能一厂一套，必须尊重，必须保证。有些同志不知道，通过他是为了要他保证，不一定就是要你同意，你只能提出意见。为了要保证计划的完成，必须提高厂长的威信。因为计划往往有人赞成，有人不同意，但教育好的往往是大[多]数赞成，少数不赞成。那就以多数来命令少数，以厂长根据上级指示、会议决定，下命令(如果工会，党就不能下命令)。要用行政命令来保证，厂长要培养他一个权利，下令利权，大家服从，首先是共产党服从他。如无行政上强的领导是不可能的，如果没有威信是不行的，故党要提高和培养他的威信。但行政上不能因此得出结论说：我只要命令就行。相反，没有党的支持，你不能下命令的。在党内是一个党员，党不命令我，我不能下命令；在工会就是工会会员，同样如此。没有党的指示、群众的支持，是不能下命令的。人家拥护你为一厂之长，自己却不能在党内、在工会里自认是“长”。今天厂长、支部配合不好，[是]不懂，不能骂他党性不强。以后讲清了再犯，就要批评。故千万不能怪来怪去，都是不懂所致。这些责任不在他们,而在我们。我们就要了解一下那些不懂,然后再来解决。

这些问题讲起来很大,事实上很可笑,其实还是不懂。如法电[①]斗争历史长,党的力量也强,现在有许多党员要退党。原来的经验不适用了,新的没有,开会开多了,开始时还好,以后就不好,彼此误会,看不清前途,要退党也是不懂。虽然不懂,但成绩却很多,把它归纳起来就好了。我们刚来上海时说话,人家爱听,现在还是这几句老话,人家就不爱听了。政治话抗不住肚饿,今天要拿些具体办法,替他解决困难。现在城市工人也需要像农村土改那样一套东西,至少也要像进江南那样有个指示,这些条文不是空的,而是要从经验中总结出来。上海地方大不能个个厂顾到,要如此领导机关就要忙于下面具体工作了。有些人说:有的解放区来的干部,有的地下党干部。是的,这是代表二种类型的工作。初入上海,我们指出二者要互相学习,但主要强调学习统治,采取号召方式。现在打锣、打鼓,成立了工会。有人说架子搭起来墙还没有,当然要求不要太高,一座大楼还要几年才完成,将全上海工人组织起来只[先]能搭个架子。事实证明过去是对的,否则一年来许多问题不能解决,但再如此做下去就行不通了。大刀阔斧的时期已经结束了,而是巩固深入了,今天的问题是如何围绕一个中心搞好各方面关系?如何搞好生产,如何搞好工会业务……这些懂了就好了。

现在是第二个阶段,是巩固深入阶段,这一点证明过去大胆搭架子是对的,现在要迅速弄好墙,再拖就不行了。可能是拖了二三个月,如果现在的调查工作提早二三个月的话,今天就可以讨论办法了。但如果再早些是做不到的,那大部分工人还在外面,而我们巩固这一头,我们要受到损失的。以上说明从被压迫到自由人,要迅速大力建立我们的组织,而不能是一部分一部分的做。但是否地下时做错了呢?不错的,那时大力做要遭受损失的,与现在不同。

巩固发展工作是什么呢?是二种工作的结合。要照顾全面又要细致深入,地下时深入具体的办法现在还是有用的。地下党时只有硬[着]骨干头,解放后是个大胖子,少骨头,现在要使他既胖又有骨。在前一个时期有没有错

① 指上海法租界电车公司。

呢？可能有一点错，以98%的工作团结一百万工人没有错，但是否用了2%的力量搞好一二个厂，取得具体经验[呢]，这就是缺点。过去在苏北农村，刚去时说没有干部，就叫动员学生、农民，只要他们能说话、走路就行了，就叫他们拿了农民协会的牌子，打着锣到处跑，农民们知道了就来了（本来他们是不知道的）。这就是走路、讲话、打锣工作。上海解放时也用打锣号召的办法，这一〈打〉着敌人是怕的，群众看看也不差。没有这个东西就不能把反动的压下去，把群众[聚]集在一起。但解放区除了大刀阔斧之外，还有重点乡的工作。在一个地区抓住一个县，一个县中抓住一个乡，配备强的干部深入下去，事无大小一切都要加以研究。如开始时学生下乡也有很多笑话，搞不开。如向农民解释减租，而那个农民不理他，一调查原来是个地主；又如开会，召开会议时向他们解释后没有人发言，考虑一下原来里面有地主富农。于是请他们地富出去，他们还是不发言。噢！后来又想到里面有狗腿子，于[是]再宣布要他们狗腿子出去，休息一下，再开会时大家就纷纷发言了。于是把这个经验告诉大家，由一个乡取得经验推广到广大地区。大刀阔斧是：打锣、打鼓，摇旗呐喊工作；另一方面集中干部调查研究，细致深入取得经验，推动全面。二者要结合起来，才算全面。

如果以上海来讲，就是一开始集中一些干部在一二个厂里〈坚〉艰苦深入，总[想要]有一个完整的经验。在今天来讲就好了，这是一个缺点。因见到上海局面大，干部不够，不能散下去，就收回来了。但现在还来得及。这次要选择八个厂就是这样，以后八个厂开会报告，要采取集中研究一二个厂讨论[的办法]，在八个厂中还要选择重点。解决一个厂的问题，其他厂的问题也可解决了。必须抓住重点，派最强的干部集中在二三个厂里搞出一些经验来。

我们现在的计划是搞好八个厂，抓住重点取得经验，目的是为了搞好全华东的工会工作，准备开华东工会工作会议。要搞好这个工会工作会议，先要搞好上海；要搞好上海，就要搞好一二个厂。如果大家一起把总结报告提出来，一起谈，一起开会，一起散会。没有领导下的民主是一盘散沙。把八个厂的经验来推动全上海，再以此来推动全华东。

过去成绩是大的，缺点是有的，报社对这八个厂的批评要得我们同意。今天找毛病以便了解毛病。我们是为人民服务的，共产党的特点就是在人民面前不怕承认错误（在敌人面前错了也不承认），而且是最光荣的，是最忠实的。向人民承认错误为什么是光荣的？因为能使我们改正错误，更能使工作做好。刚才同志讲得对，群众对我们是原谅的，对我们的错误只要我们能改正就好了。对群众有错误[的]一定要承认，如打人等错误当然要在群众面前认错，但领导上也要承认错误，是由于领导上给的任务太多，交待不清楚，不给办法，而使他错误。在农村中采取召开大会，先由区委领导上先向群众认错，再由支部向群众说明，于是大家都满意，上下都团结。我的“七一”报告中只讲现在的缺点，而责任是客观上、领导上的。故这一点不要担心。有些同志觉得工会工作不好做，灰心是不对的，将来一定会做到群众拥护我们。共产党是没有灰心的。

总结些什么呢？八个厂搞些什么呢？

一、解放一年以来，各个工厂里工人的变化、资方的变化，工人及资方对生产、对党、对工会、对干部的态度（包括劳资关系，厂里是好了还是坏了），即客观情况的了解，了解情况，这对我们决定政策有很大关系。

二、对生产有关的问题，劳方的劳动态度、资方对工人的情况，一切对生产有关的问题，好还是坏的（如劳资协商等问题），例如有人说过去党要我们斗争，现在要我们与资本家[共同抓]生产，这些情况了解后，可以决定生产竞赛。

三、一切与工会工作有关问题，包括工会组织、工会工作具体组织情形、团结多数等情形（如上电[1]有变节同志，没党籍，群众奇怪，自己苦闷）。

四、关于工会、行政、党的干部的作风问题，总之是一切好坏作风。

五、党、行政、团、工会、军代表各方面关系问题，存在着什么问题（包括内部不团结，好的不懂而弄坏的，懂而弄坏的关系），现在、过去。

以上五个目的就是对过去工会工作总结一下，总结些坏的，就是[为]将来的好的。

(1) 在巩固发展中工会工作要得到一套办法。（大体）

(2) 把工厂里的会议多、头多……解决一下。党、政、工、团、军代表如何分工合作，如何将突击工作在经常工作的基础上融洽完成，消除多头布置忙

---

① 指上海电力公司。

乱，使经常工作不被突击工作冲破。

(3) 上下关系。上级工会、上级党委的领导好了，下面不好也不行，支部不能脱离上下而孤立。

上总[①]的方法要改变改变，这样才不是空洞抽象的领导。如有了二三个厂的典型，抛弃坏的，把好的集中在一起，就成为一个模范的典型。这样的好典型不在一个厂存在，而分散在二三个厂里。如果以此为标准，就有把握了。以后一切工作先要在这些厂做二三个月后，再告诉其他厂。

因此预备二三个月完成这个任务，完成了这件事，可以带给全华东各地，这叫做大刀阔斧、深入细致。以后再以二三个厂为重点，我们办法就很多了。

在这几个月中要记着：不要急性病一下子把转来，其他地方更不要变动。现在要耐心一下，在这里取得经验后再变，不要性急，我的话也不要传达(我们讲的都是错误，要从错误中找出原因，才好想出新办法)。

最后请市委考虑对此八个厂，除了生产任务外，要解除一切任务(就是整风也不例外)。二个月内有什么任务，现在先讲清楚，应该完成的任务当然要完成。市委召开这个会就是为了这个——要[给]大家先讲清楚。

对此八个厂要把一切任务统一在党的领导下，把任务变成步骤，先在工厂支部统一讨论。如果支部太弱，可派强的去帮助，使支部有权威。要从各方面保证搞好这个工作，否则原因找不出来。一周或十天以一个厂[为基础]总结一次，〈即〉拟出提纲，以后再作具体的报告。先由一个厂作报告，其他厂补充，以后就向全上海的会议作报告，加以补充修改，然后再开全华东的会议补充成一个完整的一套。

为什么要八个厂？因为上海情况复杂，少了，不能包括各方面。

总之，要大家走上第二个巩固发展阶段，要在这八个厂里积累经验，找出办法。

(文件编号：E180)

① 指上海总工会。

饶漱石政委关于八个工厂工作报告摘录

1950年9月7日

（1）了解各厂工人的变化与资方的变化（解放后），工人与资产阶级对生产任务、工会、党、对干部的态度（包括劳资关系）。

（2）对生产有问题——劳动态度，资方对工人态度（如劳资协商会议）决定生产竞赛问题。

（3）工会工作——组织问题，团结工人。

（4）党政工团军的关系问题。

（5）党政工团军干部的作风问题。

把此任务统一在党支部的领导下面进行，支书不强可以调，一周或十天总结一次，提出提纲，以后再作具体的报告，先用一个厂作报告，其他厂补充，以后就向全上海报告。

（1）何成，做过组织工作，群众工作经验少，机关工作多，思想方法不灵活，中学程度，二十多岁。

（2）黄维（女），比何弱，群众工作不多，机关秘书，济南区委的工作（组织），广东人，艺术专门学校肄业，研究劳资问题，做过地委的宣传部工作。

（3）马振华，地下党员，1947年入党，大学生，做过团的工作，研究工运问题。

（4）黄浦，会计人才，立信会计学校教员，大学生，1946年入党。

（5）唐云显，中学生，银钱业的职员工作，1947年入党。

（6）黄克欧，1945年入党，大学生，复旦毕业。

（7）汪正元，1948年入党。

（1）纪康——上总秘书长，地下党，工人，文化水平高中。

（2）江征帆——地委委员，宣传工作，华东办事处秘书长，有土[地][改]革经验[有]，浙江人。

（3）周炳坤——上总组织部长，店员，地下党员。

(4) 沈默——地方党员,上总研究室副主任,工人。

(5) 傅一夫——教委,外来。

(6) 石林——

陶励,小学教师,1942 年入党,区妇书记,教师工作,能力较强,急躁。

张弓,高中学生(工人)。

华世俊,支书(学生),能考虑问题,1946 年。

张先俊,支书,能考虑问题,不大活跃,1949 年。

黄佩雄,刚调来工作,初中,有自满情绪,1949 年入党,家庭生活困难。

周效良,1947 年入党,主动性还强,不够老练,整理材料有办法。

(文件编号:E68)

上海市整风委员会会议

1950 年 9 月 12 日

陈毅市长报告：

（一）工作概况，成绩与缺点：

1. 成绩方面：

（1）正确的执行了上级的方针，完成了接收任务，没有打乱与严重损失资财，公用事业、治安照旧进行。

（2）旧人员处理有了基本成绩，解放[军]与地下党员业务提高有进步。

（3）安定社会秩序，镇压特务、散兵游勇，特别是公安部门改造旧警员有计划与步骤，没有发生严重困难，改造团结的方针基本执行。取缔银元贩子，稳定物价，团结文化[界]、学生、工商界，复工、复业、复学迅速，初步改造了基础政权组织，特别依靠了工人与学生，救济失业工人起了一定作用。

（4）财政方面完成了公债 84%，计划税收增 65%，占全国 35%。

（5）动员了人民反轰炸，工厂没有停工，有成绩。

（6）通过了人民代表会议，团结了各民主党派，加强了同他们的关系。

（7）公营企业的改造有了初步成绩，靠苏联专家的帮助。

（8）外事政策没有出大毛病，比较缜密。

（9）市政文化建设有成绩表现，如环境卫生，■店，有计划的发展文化教育等工作。

（10）自我批评有成绩，报纸起作用。

2. 缺点方面：

（1）官僚主义，脱离群众，主要是缺乏总的领导，无计划无组织，没有及时抓住中心，不依靠组织推动工作，检查不够（不及时）。

（2）党的生活不健全，党内民主不够，批评很差。

<u>主要特点是：</u>

（1）维持现状，不求改进，接收时要求原封不动，进入管理阶段时就不安宁，如收发、编制公文制度中没有改造合于实际需要，老一套，文牍主义，编制层次复杂。下面干部意见不能上达，卫生局一个公文要经过四十多次。

(2) 对新的情况研究不够,拖、拦、拉,不管,思想原因是干部强调慎重,结果不积极争取解决问题,消极等待,互相推诿。工作布置一般,没有总结经验,无法提高一步。被动与应付现象,表现在布置工作只有原则方针,下面发生了偏差。

(3) 事务主义,不依靠广大干部的力量,自己做得多,怕人家干不好,解决不了问题。分工不明,一把抓,顾此失彼,大家不问,轻重缓急不分,如公安局的交通处自己批示。忙于开会,兼职多,忙乱的很,卫生局最明显。

没有头绪的忙乱,如劳动局有许多积案,劳资纠纷不及时解决。

(4) 狭隘经验主义。第一,表现出乡村的分割现象,一元化党政不分,工作方法搬到了上海,不要垂直系统的管理。第二,缺乏全局观念,本位主义的现象,各局、处均有。第三,凭主观的要求出发,不问表现,如税收任务的完成。

(5) 领导上奖惩不明。——团领导是非不明,个别同志有包庇的情绪,造成严重后果,也有过严的毛病。

(6) 自满功臣观念,表现是看不起新干部,比地位闹情绪;业务不学习,对技术不重视,自以为差不多。

由于此,下面发生了强迫命令,这表现在:

(1) 税收问题,下面反映上面不处理,只好强迫。

(2) 公安部门的逼供、用刑,174 人中有 27 人被打过。

(3) 房管处租金规定,按方尺算。

(4) 司法多对犯人看为群众,积案甚多,民事诉讼。

(5) 公私兼顾不够,教育局对私立学校不管。

(6) 公用局只信少数积极分子,不懂多数人意见,不照顾党外。

(7) 文化局。

(8) 医院公私照顾不够。

(9) 乱没收、乱加帽子,现在还弄不清,如房屋财物,区政府现在还有此种现象。

(10) 人事室被人看为特务机关,解放区老一套,非党员很怕,大干部开汽车去买花生米,开电扇使衣服干。

这一切还是依赖八路军的力量与地下党起配合作用,接收工作事先有计划、有领导,使其不乱。

管理时期的缺点发生的原因：

(1) 没有具体办法，对指示、决议认识一般化。

(2) 干部来自农村，干部政策上有毛病，不相信新干部与非党干部。

(3) 不习惯于分工合作，干部不知道如何做，农村干部对旧人员的看法有问题。同时干部也传上了官僚主义的作风，对党外工作不重视，党政如何分工不明确，行政包办党，党也包办行政，左的关门倾向比较严重。

(4) 办公制度有缺点，如一揽子的行政会议解决不了问题。

(5) 任务观点，政策上领导方面不够注意，如推销公债。

领导上的自我批评：

(1) 对人民负责心不够。

(2) 对重大政策方针研究了解不够，对下着重解释教育不够。

(3) 及时分析情况，指出中心不够，政府负责干部往往认为党已有解释，不必做了(这是由于党的作用、支部生活不健全有关——自注)。

(4) 缺乏总结，不能提高干部。

(5) 布置工作原则上不够强，太笼统，高职干部对政策重视不够，各地均如此。领导干部坚持原则不够，对干部不斗争、不批评。

(二) 改进工作的方法：

(1) 中心是要加强政策方针的教育，联系业务，要有具体办法，党与行政均要进行，专门业务如何学要定出方针。

(2) 要有工作计划，定期检查工作。

(3) 政府委员会与行政会议如何开，联合办公解决共同问题及专门问题，如难民处理、榻车问题。政府委员会要开得好，比党组作用大。对区政府各局如何检查要具体，巡视制度要决定。

(4) 加强党委工作，市委要研究，党组任务要明确。

(5) 干部政策——依能力、党性为主，取消资格一条，要明确，否则五千个干部无法解决。

(6) 加强人事部工作，如何组织请市委研究。

问题：

(1) 实际例子要不要写，可能陷于被动。

(2) 要不要写成书面发各局。

周林同志补充报告：

（一）市政工作情况：

1. 特点：

第一，复杂，首先是内部情况，如劳资、党派等关系，干部间关系，统战政策问题，三大敌人未消灭。

第二，干部技术低，很难应付。

第三，市政工作是集中的，需要分工，灵便领导。

2. 根据此特点，检讨自己的工作：

第一，秘书工作，看法不一致，一种是一揽子，一种认为责任不明确很难做。

承上启下作得不够，工作成绩：

(1) 使领导同志不陷入于事务工作的负担。

(2) 研究条文，从政策原则上帮助了领导。

(3) 规定了报告请示制度，改造了老的层次。

缺点：(1) 文牍主义，各部门与秘书处均在公文中过日子，工作效率低，如批钱要往返多次。工作人员多数不安心工作，同事务主义有联系，产生原因是组织机构不健全。(2) 领导不明确。(3) 陷于被动，事事请示，结果事情多推到秘书处，下面也要负责，秘书处有请必示，公文批得多也是指示多，一揽子的作风的表现，要规定请示的范围。(4) 业务、政策、技术学习不够，如财政问题就无办法，缺少专家。(5) 秘书处机构不健全，层次太多，是否组织形式问题。旧的形式产生官僚主义，这个责任要由组织制度来负责。如设立各种委员会，可以解决秘书处许多问题，如强盗问题，秘书处与各局处关系在具体问题上有纠纷。秘书处的责任是保存文件。(6) 干部文化低也常要闹笑话，词不达意，批示很多，无所适从。

第二，人事问题。

外来与地方的人事间有问题。

国民党裙带之风很难克服，人事制度要统一，党内外干部有了初步的调查了解。对旧人员的政策问题基本上执行，编余人员处理适当。

新老干部问题，有严重缺点：(1) 干部标准问题认识上有错误，强调资格，对新干部缺乏有系统的提拔，归谁负责？初期对干部不了解，只看表[现]分配工作，在资格上看干部。（2）对新干部提拔更有一定的过程，会师中要了解。（3）人事机关总结工作少，自满自足情绪。（4）领导上帮助不够。（5）留用人员左右倾向，主要是左的，盲目的歧视留用人员，比地位与待遇。

第三，行政工作问题。

工作成绩：

日常生活问题的处理，招待外宾，游行示威。

错误与缺点：（1）领导上放任（不是包庇），以身作则不够，如享受观点，浪费现象，放松制度。（2）干部管理不严格，功臣自满情况，及时不纠正。

第四，个人检讨：

事务主义——辛辛苦苦的官僚主义，组织能力缺乏，干部共二万余人，组织领导不够，检查不够；进步不够，看不出问题；人手不够，请示上级不够，对市委办公厅检查工作有意见；公债问题由财政局决定，责任不明，秘书处只有政治修养，不够负责。

陈市长：

1. 检讨中要强调一年来工作有许多改变，不是国民党的一套，如区政府保甲制、征粮、市民福利、组织治安、思想改造、政权的行政方法、制度、政策、组织都有很大的改变，接收罗马要问上海的经验。

2. 领导检讨问题，主观、客观原因都要说到，临时工作太多，经常工作少，是客观原因，机构不健全，整编的结果是缺少干部。

分工要明确，使干部有门可找，主要原因是临时与经常工作分不开，这里也有命令主义与官僚主义，但主要毛病是第一点。

大学工作市政府也要管，对干部要赞美，也要批评。

3. 今后工作也要着重地提出，今年要准备明年的工作，全市大计划不可能，只能规定几件事。各局也如此，每月有一件工作完成就好。组织机构今年要用得好，许多房屋问题要解决。

要进修的要进行，干部生活的改良等。

夏衍：

党外人士一般的反映：

修马路，通阴沟，防疫工作满意。

不满的：(1) 公债摊派不讲理。(2) 税收，主要是房捐不讲理。(3) 证券大楼事件，没有交待，有许多人破产，无法查明，追警事件处罚不一。(4) 供给制干部不了解老百姓的生活。

（文件编号：E68）

上海总工会总结检讨报告

1950 年 9 月 13 日

刘长胜:

(一) 工作概况

基本任务方针:

(1) 解放后成立工会支援前线,改造国民党的工会。

(2) 团结工人有重点与步骤,建立产业工会。

(3) 展开文化教育与技术教育。

(4) 发扬工人的生产热忱,人民公安队变为工厂的纠察队,树立新的劳动观念。

(5) 调整劳资关系,有斗争有团结,外商企业使其能营业。

(6) 保护工人自己的利益,局部与[与]整个结合。

(7) 大力训练工人干部。

(8) 克服工人的落后思想,起模范作用。

(9) 民主团结,搞好一切工作,反对强迫命令主义。

(10) 反轰炸。

(二) 简单总结:

(1) 保护政府方面,如反封锁护厂、公债、肃反、接管、改造旧上海等起了一定的带领作用。

(2) 组织工人方面,27 个商业工会,5 000 余基层工会,80 余万会员。

(3) 教育工作,通过各种组织,23 万人以上参加学习,《劳动报》27 000 份(平均),小册子 40 余万。俱乐部、展览会、广播等提高觉悟,大批积极分子。

(4) 干部训练,办了 13 期,学生 8 000 余人,16 产业工会 165 期,回来余人参加。

(5) 工人利益方面,劳资两利政策的实行,稳定了工人的生活;医药保险工作,67 个女工托儿所,208 个合作社,21 万会员。

(6) 救济失业,发出救济现款、紧急救济等,共 9 万多人,家属 13 万多人,39 亿人民币。生产自救,归厂生产,介绍工作,参加学习等。

（三）主要缺点与错误：

（1）工会脱离群众——没有及时巩固工人组织，66%以上工人吸收到工会，积极分子十万多人，工作老一套，缺少更高方式团结工人，如生产、商店中如何巩固组织。面向基本群众合理的使用积极分子没有做好，不如地下时期的深入群众，要充裕工会的日常工作，明确工会各部的业务，研究工作的新方法。

（2）缺乏面向生产作为工作的中心，方法步骤少，只有号召。

（3）缺乏统战思想，照顾全面不够。处[长]在上面说话，工人要求不了解，打官腔，日常利益照顾不够。经济主义也有发展，以此来统治工人。领导是少数，工人死了，工会麻木不仁，不加处理，材料还是劳动局得来，工会不反映问题。

处理劳资关系有偏差，情况复杂时不能很好掌握政策，孤立看问题，强调特殊情况。不顾长远利益，强调斗争，一律的斗争方法，忘记了厂的前途，斗〈搞〉垮为止，资方有的就逃走，干部看到资方就生气。

（4）工作作风有官僚主义、命令主义。工人觉得廾会是负担，收会费说服工作不够，采取国民党的办法，收不起来，扣留工■子要工人交会费。工人现在不提意见，工作现在还限在青年工人中，老工人工作少。

（5）基层组织成份不纯，相当的多，支书、工会主席卷款跑走，国民党员包办工会，用左的面目，敌特、流氓、黄色工会头子，敲工人竹杠。

（6）思想领导上官僚主义，个人没有做过大机[关]工作，了解下情很不够，表格发 360 多种，各项工作平均主义送下去。

工青干部不团结。

产生缺点的原因：

（1）主客观原因均有。

高高在上，中下不强，贯彻不下去。有组织的检查二次，170 人，有计划、有提纲，布置下面工作，最后一次是 4 月。

（2）上海太大，经验不够，没有一套办法。

（3）训练干部不够，中级干部没有做，如产业工会干部。

（4）党、团、工会关系不正常。

今后方针：

（1）研究八大工厂的具体情况，力求得出一套新的办法，以推动上海与华东工会工作。

(2) 总结工作,提高干部。

(3) 面向生产。

(4) 加强各级工会工作,特别是产总。

讨论。

马纯古:

主观力量不够,空白多,工作无一套经验,地下党员多,要注意的。

(1) 对上海生产情况不了解,政策掌握不住,干部不是反对政策原则,但不能够从具体出发,对资产阶级方面的话不能轻信。

(2) 劳资关系只有政策,没有契约,每厂情况不同,问题就多,要搞契约来组织与教育工人。

(3) 对产业工会领导问题,上总要亲自掌握重要的产业工会。

(4) 组织问题,改变生硬作风,如食本本、打锣打鼓。

(5) 工会要与政府结合,如肃反,不好的工会要停止活动。

(6) 要解决工人的切身问题。

×××:

(1) 干部不团结

(2) 各部各自为政(上总),产业工会觉得任务太多。

许涤新:

(1) 搞生产资方很高兴。(2) 提高劳动纪律要加力,调研工作不够。(3) 公私兼顾不够,工会人员时时调动。

潘汉年:

劳资协商要注意,如听不见了秧歌锣鼓声,就可以知道工会工作是否深入。

陈市长:

要修正与补充的意见:

（1）总的方面把百万工人大众组织起来，掌握政权是有成绩的。从街道转到生产，党依靠了工人统治上海。但这个队伍战斗力某些方面不够，甚至没有，某些方面有战斗力，如销公债、劳军、示威，华莱士看到上海大示威觉得比美国工人组织得好。

减轻成本方面成绩很少，有些胆怯，这却是主要工作，最大问题是工人生活待遇降低了，私人与外商的要变。

开始在大光明与工人见面时对工人说要吃苦耐劳，〈坚〉艰苦办法对公家有利，对私人不利。不两利，劳资都要搞垮。对民主人士待遇好，也是为了工人阶级的长期利益，这一个问题干部思想打不通。对劳模英雄的优待坐专车，我们连香烟都吃不到，发生不满，不懂得这是为了工人阶级，转了一个〈湾〉弯，使人家投降来我们，可以逐渐消灭阶级。

组织上要采取办法，加强战斗力，不能说干部少与多，高级干部不要多兼职，百万工人还没有干部？不搞的事就不要去搞，除长胜外，不必去兼。产业工会让少数人专门去搞，屁股与板凳联系。工会与支部书记也要分工，能力弱不要紧，军队过去也有这个毛病。终觉得干部少，后来分开后政治与军事指挥员分开，后来也搞好了。现在工会与党，一切工作一个人做，把干部毁掉，有干部要自杀。要做到每一个人专负责一项工作，尽量减少兼职。以工厂生产为主，抓住中心，队伍挑好，司令员发命令。采取对立现象，工人与工会对立主要原因是会议太多，不照顾生活利益，这样怎样能加强战斗力。过去军队也有些经验，兼职多，号召多，命令多，工作一定做不好。每一个人是否研究了工会的决议是值得怀疑。

（2）内部问题。对帝对特是斗争的，对资产阶级是又斗又团结，对工人阶级说是“自家人”。干部弄不清，对工人强迫命令是不行的。工会干部有很大的盲目性，没有辨别能力，如乱斗一个工人，要他坦白。对工人这种方法很不好，用专政手段来对付工人，这是原则问题。如强迫工人看“红旗歌”，完全是封建的官僚主义，只有把工人阶级团结起来，孤立特务，才能加强战斗力。内部不团结，如上总闹宗派，没有办法工作，但事出有因，不能怪他。特务的话工人在说，我们的话工人反对。为什么脱离群众？就是因为不再三说服，命令强迫。连张治〈忠〉中都可改造，工人为什么不能改造，反对不好，就是反对自己。江西的经验，弄得落荒而走，在几十个村庄，保存几千个人的性命，反动派酷刑不能压制人民，老百姓愈加保护我们。有些坏人来，就报告我们，与群众结了生命同盟。反动派另一办法是凶的，广东反动派不打不杀，用左的办法，说你们朱、毛是不要的，要你们为什么不到西北去？朱、毛已经合作了，共产党是好的，但游击队是不好的——土匪，给老百姓修房子，使我们发生恐慌。但后来又对老百姓凶起来，我们又团结了群众。所以对落后分子用斗的方法，一定是帮助特务。上海工人派系很复杂，敌人利用我们方法简单，如何团结落后分子要学习，对工人说话不能用我们的方法，一定要用工人的语言，做大报告不行，要讲他的生活问题，加上政治内容，否则不感兴趣。光叫工人买公债，庆祝国庆，工人不能理解。中国与苏联不同，联共中央一个决定首先在工人中通过，如反托问题。中国现在水平不同，不能这样做，对落后分子要迁就，硬斗没有办法。先进干部突出要纠正，先从干部中做起。

(3) 具体研究工人中情况，如生产情况、政策执行情况，工会任务是最重要的，官僚主义不单是作法问题，如写大报告等，主要问题是说清情况，提出问题，不能做好。资本论如何写成，就是从工人中调查出来，研究了英国工人的情况，才得出工人阶级革命的问题。

1925—1927 年党的领导作风不了解情况，只谈国内外的政治情况，具体工作不研究，内战时期也是听大报告。1928 年一接触到毛主席就不同，他要问题是军队吃饭问题，打仗问题，没有教条主义，进行农村的调查工作，半年一年后发表一篇文章。市委有官僚主义，发出的指示多是放空炮。药房中只有一二种药医不好病，工会干部带了上级指示对下级情况配合起来官僚主义就会少。先要问群众要什么，解决群众问题。征收公粮弄得一塌糊涂，就是只向群众要，是“工人运动”，还是“运动工人”，“干部运动”。毛主席不是不讲大道理，但不多，可是要正确，能站得住。有些人心血来潮，引章摘句，连他自己都不要看。毛主席在打游击时，对自己作用是不[redacted]的。

市委决定搞八个厂，就是要搞这个工作。

上海十里洋场，斗气、看样子的作风要不得，强调厂、乡，联系是主要的工作，了解几个细胞就可以解决问题。

(4) 为工人谋福利。

更大的关心工人很重要，超过限度要反对。可能的、有限度的要与工人一同来搞，这与全国问题不会矛盾。工人福利不在于向政府拿钱，要在他的范围内解决自己的问题，如领导思想没有这一条，只是要增加工资，那就要使工人不满我们，不照顾工人切身利益，工会工作做不好。全总与中央政府决定在全国范围内号召，我们不要机械弄，我们可以做自己很多工作，也不必一定要请示。一切工作要让干部思想上了解，工会不是官办工会，首先要从工人福利出发。

总工会各部问题的检讨不要放在这个提纲上，宗派问题可以个别谈。

（文件编号：E68）

郊区整风总结报告

1950 年 9 月 14 日

马文杰(郊区工作委员会):

(一) 成绩——去年做了保地、秋征工作,初步发展农民运动,政权的建立,着重产救灾工作。在执行决议中的错误与缺点,领导上要负责任。

(1) 单纯的农村观点。“稳步前进,量力而行”是对的,没有研究长期的工作,如工厂工作各方面团结没有做,思想不明确。一种是城市性的,二是郊区性,三是农村性,没有按地区性质不同进行工作,不了解是上海市的一个整体。居民以种菜为生,服务城市,工作因此发生问题。如公墓问题没有解决,菜农问题只顾其利益,不考虑治安问题,缺乏整体观点要犯错误。经验主义思想指导。

(2) 领导作风,官僚主义的特点,事务主义缺乏民主作风,表现在:

第一,不善于推动中心工作,不善于利用组织。包办农会,干部忙乱,运动、会议、通告多,办法、帮助少(农村干部不识字)。

第二,空谈政策任务,没有把政策放在主要地位。

第三,没有及时总结工作,提高教育,如打人问题,没有处理,现在还有打人的事。

第四,不虚心倾听下面意见,乡的同志怕批评,报喜不报忧,警惕性不够,自满麻痹。

第五,思想领导抓不紧,对干部思想问题不及时解决,如干部敲竹杠、贪污腐化等问题,对严重现象拖延处理。

第六,命令主义——单纯的任务观点,急于求成,不要群众路线,对广大群众不作耐心教育,如大场群众现在不要我们了。用枪要老百姓开会,区长打人恫吓者,干部报复老百姓。“市政府真民主,区政府假民主,乡政府不民主”。非阶级观点对待群众,说上海老百姓滑头,对群众生活习惯看不惯,对工人也不满意。

打人、押人,有 60 余干部打过人,一个派出所打 19 次人。开始不敢打,现在为了任务就要打人。

老区干部经验主义、代替包办、乱打乱杀,功臣自满思想是错误的主要原因。对山东[人]的清算中的错误没有教育,思想上没有克服。

张承〈忠〉宗：

郊区对市委有对立的情绪，郊区工委一元化作风，包办群众组织，不吸收农民来参加。

王尧山：

不团结问题要检讨。

景晓村：

行政办事处与党组织要配合起来工作。

刘长胜：

(1) 菜农组织生产合作社，市场肥料给以解决，卖大头可以取消。

(2) 郊区干部参加市内会议。

陈毅市长：

(1) 明年秋季要进行土改，主要任务现在要提出(今冬明春)，整风要提任务。

(2) 郊区是市委的一个部门，代替市委管十个郊区，是要长期存在，十分必要。苏联有政治指导员，可以考虑，成为一级党委是要不得的。城市组织形式可以讨论一下，这一条要加上。

(3) 棉纱事件无法无天，打人骂人作风要检查，国民党作风，打人者一定要向群众承认错误，保证党与人民关系的正常化。把郊区人民看为殖民地。对人民现在吃得好穿得好，现在要强调教育。

(4) 棉纱事件市委要讨论，郊区党委作出决定"对事不对人"，这句话不对，说共产党不好一定要牵涉毛泽东。此事人家提出来就无法〈交〉招架，我们要被动。本质只有一个问题，党员拿救济物资去运用，是一个品质问题。非国民党没有这个勇气，整风中要检讨。铺张扬威，要克服。对赵要斗争到底，生活腐化要不得，这样工作做不好，对转变郊区工作有关系，整风不能专整小干部。

(文件编号：E68)

夏衍关于市委宣传部整风工作的报告

1950 年 9 月 14 日

1. 一年来成就：

(1) 顺利的接收政权机关，没有打乱机构。

(2) 进行了很多的整理各群众团体等。

(3) 开始加强了党内的思想教育，展开报纸的自我批评。

(4) 团结了广大的群众，多数组织起来，开过代表会议(一次或二次)。

(5) 进行突击工作，提高他们的政治水平，一年来有国际主义的教育，觉悟提高。

(6) 初步发现了群众积极分子。

(7) 初步建立了检查制度。

(8) 创造了一些经验，如电影、广播方面，不做硬性决定，开座谈会，然后决定办法，建立了比较好的办法。

2. 错误与缺点：

(1) 市宣传[部]没有建立全市的核心，本部不健全，意图不能经过本部执行工作。下面做了我们不知道，上情不能下达。

(2) 政策思想领导不够，下面批评只有消极批评(不完全对)，一波[未]平一波又起。中级干部不了解情况，上面布置容易主观，加之没有检查工作，发生偏差。会议很多，传达多，讨论少，检查少，批评多，负责人兼职太多。

(3) 宣传多，党内教育少，每月要应付外面的宣传。“宣传鼓动有一套，党内教育办法少”。社会发展史的教育出了偏差。

(4) 对文教照顾多，照顾宣传部少，工人教育没有整套计划。文教行政方面在接管初期，对民主党派采取教训，甚至歧视，对有党派[的]更加警惕，〈仅〉尽可能不用。对留用人员态度，教育局一般还好，对私营文化企业开始采取不理态度。后来开始管，根据个人好恶有〈依〉倚重〈依〉倚轻态度，对私营企业照顾不够，文化局被动。对旧的艺术改造有急躁偏向，表现处理美国电影与戏剧问题，对电影院有很大的波动，生意反而大好。限制方法，加税、广告小、限期一星期一次，现在有 20%、30%。

缺点：

（1）干部思想不能理解统一战线，公私兼顾，对文件不理解。地下党同志有媳妇做婆婆的思想，有整人的思想，如[范]长江对《大公报》，有许多问题拖[着]不解决。

（2）领导上没有严格检查制度，自己办完了〈做〉就算，下面搁下公文，是官僚主义，以为布置好了就完。

（3）在一个时期党政一揽子，党政不分，华东与上海不分，有五个月时间，步骤混乱，没有及时向组织提出来，文化接管会没有及时取消。

（4）兼职太多，党政长官兼，不能专心从事，文化局与宣传部工作不能兼顾。客观原因也很多，上海任务太繁重，突击任务多，经验不够，干部不够，组织关系不明确，华东与上海不分开，少数同志唱空城计，党政到今年 3 月才分开。宣传鼓动员组织没有建立起来。某些干部有功臣自满思想，闹三角恋爱逃出去。

3. 今后工作方针：

（1）根据党政分开方针，建立党的组织系统。

（2）建立检查制度。

（3）组织上充实机构，宣传学习、党内教育的加强。

（4）加强支部教育，迎接明年党的发展。

（5）党与行政、群众团体划清工作界限，文化局专管业务。

内部刊物有三百余种，非传播，耗资食每月一亿五千万，市政府、市委应统一刊物的出版。

新闻系学生做业房干部要调整，老区干部文化与政策要提高。

陈市长：

（1）注意党内的教育，过去是忽略了的。

（2）政策上提高是重要的，突出工作有成绩，但对党员的经常教育要重视，干部问题要调整，管理党内教育要设专人，讲演团的组织。二三年内培养一批人，集中力量办好自己的报纸，抽出一批新干部受训。

公私兼顾问题要注意。

许多民间艺人要注意团结。

(3) 老文化人,王造时等要照顾。旧文人毛主席有复信,没有转去,怕影响不好,〈按〉安插是一个问题。弄一批救济粮,所费不多,可以考虑,有些人可以安插。

(4) 12 月份整理党内报纸、刊物,然后再整党外的,宣传部办理,大公报等新闻处搜集我们材料,泄漏国防机密要检查。

(文件编号:E68)

张承宗关于市委组织部一年来工作的总结

1950 年 9 月 14 日

（一）工作成绩：

（1）一年来执行了党的方针，保证了政治任务的贯彻，会师后马上改变了组织形式，配备干部进行接收，建立了各种群众组织。整个上海有骨干团结各阶层，会师与接管没有出大乱子，有成就。支援前线动员南下三四万以上，反封锁反轰炸斗争中党的组织起了极大的核心作用。

（2）接管告一段落后，初步整理了党的组织，重新调整区委，加强对支部的领导，更接近下属，工作队发现问题，开始转入正规。去年底组织上是混乱的，区委建立后，开始澄清，并发现了问题。

（3）办了三期轮训班，各区办党夜校，共计 4 000 人，纠正下面党员的左的情绪起了一定作用，提高水平也有作用。前后有 7 000 党员受过轮训，最近一期整训班干部的材料工作初步建立，保健抚恤工作也有若干成功，408 人的烈属、老年、残废军人及一般家属等。

（4）发展党的工作，接管时期没有发展，个别有条件的发展，一般的不发展。接管以后有重点的、慎重的发展党，3 749 人入党。开始注意工人成份，没有成分不纯，1 002 个支部，18 740 个党员。对脱党、自首、叛变等 563 件，6 月底开始建立纪律检查工作，63 件。

（5）党的公开问题。8 月初已公开的 84%，初步整理了党员思想，开展了批评，党的威信有提高。

（二）工作缺点：

主要的：（1）从接到管时期建立区委在 9 月初，对区委建立统一党组织思想不明确，配备干部不健全，对支部的领导很不够深入，没有起应有的作用。特别表现在对生产支部问题，至今尚未解决。对机关党组织帮助不够，不能够将行政工作很好的完成。一般的对党的工作不重视，行政干部有没有一次到党支部去的，不重视支部，也影响了同志，怕当支书。

（2）公开党的工作认识不够，一直到 8 月才公开，不及时，以公开党作为巩固与整顿党作为中心一环抓得不紧。

(3) 干部问题，质与量跟不上客观形势。被动应付，没有能够及时做出具体计划提高老干部，教育新干部，推到客观原因。党员干部有 8 744 人，内有 1 000 余人是主要干部，非党干部 21 273 人，新接收的 4 423 人，党员占 30%，团结教育不够。

培养上的缺点，思想上党委统一配备认识不够，业务部门各自管理，各自■与郊区■说，有些人只做群众工作，要当心饭碗，是指工会工作的不好。

干部政策方面提拔新干部问题有偏重资的问题，另一方面有看不起老干部的现象，强调文化低，行政上都要文化高的。干部教育上没有根据具体的情况进行，党训班内容一般化，教育效果不高。在职教育问题值得研究，“和尚念经”，每天早晨六时就要学习二小时，如贸易部门很苦，干部诉苦(取消午操，缩短学习时间)。

(4) 党的力量薄弱，0.4%占人口比例，工人，26%党员比例。

发展党的缺点：① 解放后认识不足，可能性与必要性认识不足，强调精干，强调群众的落后性。② 准备工作，如帮助支部培养积极分子方面很不够，因此没有积极发展党。③ 没有跟着群众运动的发展推进党的工作，跟不上客观形势。④ 不善于及时反映问题，情报不灵，不及时解决问题。

(三) 作风与领导上问题：

(1) 不深入，不能够履行研究问题，少办法。组织部是党委的参谋部，作用发挥不够，事务主义的忙，等于门市部。

(2) 编余干部没有处理好，没有请示处理。干部生活照顾不够，有开小差的。

(3) 领导上运用组织力量不够，分工等方式，分工与制度不明确，运用群众团体及全体干部作为全党工作，没有很好组织这个力量。

(四) 今后的工作方针：

(1) 加强对区与支部的帮助，发挥各级党的组织作用，各种类型的支部工作方法，推动全面工作。配合工会研究八个工厂，加强对区的工作帮助。

(2) 通过整风研究干部的思想作用，提拔与使用干部，大量的培养干部。

(3) 整风以后订出稳步前进发展党的工作。

(4) 纠正领导上作风的缺点，特别要检查工作。

(5) 准备年底、年初开党的代表大会及组织工作会议。

潘汉年：

（1）干部调动或调整现在很需要，但怕组织部不同意，市政府觉得市委不支持，组织部不帮忙。提拔、调配干部要有明确方针，不解决工作有损失。组织部各科要加强，命令或发表格解决不了问题。

（2）市［委］组［织］［部］要研究一个问题，团体与行政部门党委工作如何做，要专门人研究。

（3）党群关系，党公开时形式得狠，党委与市组关系不密切（指政府党委）。

（4）市政府的人事部门如何管理干部是一个问题，苦闷的是新的经验没有，党委不尊重人事部门，要解决。

（5）市政工会、公安局党的组织关系要研究。产业工会、地方党各有意见，如何指挥没有明确分工，划分职权。

刘长胜：

（1）组织生活不健全，情有可〈愿〉原，组织生活必须健全，制度要明确规定，党内外松懈，陈谟问题要解决，弄到党外去。

支部里开会抓不住中心，支部大会规定开会时间，工会、团也规定时间。

支部记录必须送到区委，市委也要知道，培养党内的积极分子，全市开一次会议（每个月），内容要丰富一下。市委设指导员问题要干部，义务指导员可以先分配其一定的工作，逐渐培养成为市委的指导员。

（2）发展党员问题，要稳步但要积极。团员有几万是一个大收获，可以从团内吸收入党，明确指出重点。支部要先讨论对象，送到区委与市委，慎重进行吸收党员的讨论，可以教育党员。

党员工作专门外，宣传与鼓动成［立］组织，初步学习，党校一般化学习，不能专门化，效果可更大。

王尧山：

最大问题没有取得经验，充实办法。

（1）组织部作风要深入，取得经验。

（2）确定工作的初步制度。

（3）逐步走向更精细的分工，个人负责制，按期检查。

（4）干部处工作下面要分工，对政、团区分开了解干部，熟悉与精通。

陈市长：

（1）党内领导作风问题。党的政治领导要依靠组织工作，强调党的核心作用要强调。行政领导排斥党的领导，会削弱党的政治领导。因此党群、党政不分，地方与军队作用不同要分开，显不出群众作用，全部军队化会削弱党的民主作用，通过党组去领导群众团体。党与党员关系是政治关系，个人生活问题可以不管，如各人兴趣，妨碍到党的威信与利益时就要干涉。支部内所提到的，不是原则方针问题，只是对生活上有意见，服从中央领导，不服从党组与支部的领导是不对的。党的领导不是抽象的，必须经过一定的组织如支部，不承认支部领导，只能承认党的领导只有一半。许多行政干部不了解这个问题。离开了党，就不得不形成官僚主义，个人突出，超组织行动，整风中要提高党的作用，特别要强调。组织部门一般的还是不够的。

一个问题要提出（不管是否所有干部同意与否），即党政、工会与支部，公安局与区委，工会青年团与党的关系问题。市一级没有，到了区委就有问题，如工厂内军代表与厂长有关系问题。公安局成立直属党委，不要区委管，提出会议多，文件多，是应当提的，作为一个党员说领导关系多是不应当的。区委是一级党委，各部门干部不能说我是大干部，有垂直系统，我可以不谈话。党员一定要有组织观念，不等于过去的“特别党员”，许多的糊涂观念要克服，增加组织观念，整风中要作基本上的说服工作。

（2）干部问题。

干部工作的基本问题可以解决，干部工作成绩不够，埋没人才，一方[面]又感[到]干部不足。干部工作要作为组织部的中心工作来做，新老干部、地方军队、家属问题、生活待遇等问题要有具体的解决。提拔大批的新干部，使老干部也可以进步，文化低的可以解决这个问题。中央现在很注意老干部的文化教育问题，时间与费用要解决，老干部对提拔新干部终要吃醋，这个问题不解决，要排斥新干部，军队中也有这个问题。一到军大看到新干部与教授拿高薪，就生气，甚至说代替我们就是这批人，陈同生说这些人要进博物馆，引起反感。每天要在一定时间内上课，关心与培养老干部是很重要的，许多老干部发牢骚很多，军队已解决了老干部的家属生活问题，地方薪水制度不可能实行，准备弄一笔钱做生意解决问题。

(3) 支部工作。

机关支部最难解决，因为有一批的主要干部在里面，军队多推大姑娘作支书，不能领导支部工作。

适当的发展，特别是工人，公开党后支部要继续提高。机关支部要解决一般干部领导主要干部的矛盾，市委要抽出时间讨论一下。

很多干部很欢迎一揽子，同意产业党的组织，可以掌握，我说首先要说自己对党不尊重，如统一三个月，党就会没有，只有行政，弄得一塌糊涂。刘少文同志的发言是不对的，我就批评他这个观点。他们的出发点就是要完成行政任务，他们觉得党发表意见是啰嗦的，提倡党的领导作用，可以反映群众意见，检讨政策，强调党对行政的帮助作用。

(4) 市[委]组[织][部]人员比较齐，问题恐怕是区的组织部，本身分工可以分别管理全部区委与党组，党校是有很大的成绩。

我们组织应当同时研究群团体如何组织的问题，干部非党的也要管。通过党的组织来管理上海工作，结束混乱情况，比初期已好转，组织部要提高这个要求。

刘晓：

召开一次区组织部的会议，讨论一下此一提纲，作为对中央组织部的报告，看看我们的问题与工作。

（文件编号：E68）

潘副市长关于统战部工作的总结

1950 年 9 月 14 日

民主党派在地下时期派别多，复杂，如何整理起了一定的作用，开过十二次的座谈会，起了一定的协助作用，工商界的调解，党外人士的〈按〉安排照顾，工商界的民主人士一般有安排。

缺点是：

（1）统战部缺乏由上而下的展开思想教育，没有进行全党的工作。

（2）没有认真的建立起会议团结党外人士、执行实际政策，没有抓住基本环节召开各种会议，需要批判的没有具体的检讨过，本部没有通过党委去进行。

（3）对民主人士的团结缺乏耐心、经常的教育，民主人士生活照顾不全面。十八罗汉，就是这几个人照顾。帮助文教系统方面工作，青年妇女更差，没有系统，基本缺点是左的表现，说老一套，不解决具体问题。民主人士到了统战部垂头〈伤〉丧气而去，态度应付，失望。敬鬼神而远之，统战部有生杀予夺之权。另外就是左倾偏左的人士，有统战部的人在就说话拘束起来，干部作风生硬怕麻烦，简单化不耐烦。

（4）偏向于应付，不是主动的解决问题，不能及时提出领导意见。

（5）统战部组织法没有定型，机构不健全，兼职的很多，又管华东与上海，想把方向确定。工商方面的干部有需要，应经过工商联与财委会去进行工作，不要一个处单独联络，可以通过群众团体与行政搜集材料。

领导工作不经常，少中心领导干部，华东也是一样的问题，同各地关系搞不好。

政策思想教育不够，处长以下没有交谈。

对统战部的支部领导与关心不够，党性锻炼不够。

调研工作很不深入，说不出具体情况，拿不出材料。如民革中的复杂分子很不了解，因此对安排照顾就不够，人〈士〉事安排没有经过组织手续去办理。

统战部是业务机关，工作经市政府去进行，因此对本部工作也不积极。统战部干部内没有地下党员，只有情报人员、文化人，解放区干部作风不少，陈子谷用部队办法做不好。

突击任务太多。

今后方针：

(1) 上海与华东可以兼，陈同生可以兼管上海统战工作，许(涤新)可以考虑是否兼副部长。

(2) 工商局调几个整理材料的干部，加强工商联工作。

(3) 分工问题在草拟中，不用处科，北京用室的主任名义。

(4) 通过党委会提出统战工作的问题，提供材料与情况，有系统的提供各民主党派人士的情况，统战部业务与市委结合起来，对干部的党性锻炼很重要。

许涤新：

(1) 工商界大中小照顾不够，到北京去开会回来的，身价十倍，与群众联系少。

(2) 工商联合会领导上很差，271 个同业公会，只有 7 个党员，干部太少，连秘书长也没有。干部水平又低，教育又差，重视不够，党组放在工商局领导不大妥当。

(3) 部本身工作是一个杂牌军，没有强有力的干部，本身工作没有好好学，还有自满情绪。

(4) 国营公司不参加工商联，选举时落选。

陈市长：

(1) 大中小中又是左，中间与右的也要，选举办法好，有的人要淘汰。

(2) 统战部干部要增加党性，严格党的教育，要批评，陈的自由主义毛病大。

关于青年团工作。

陈市长：

(1) 一般的同意检讨，面向学习、面向生产是对的。

(2) 团的发展从无到有,发展是正确的,不足为病,不能说发展不对。承认这种发展是有作用的,然后看清缺点,可以纠正,既要大发展又怕人家混进来,这个争论要说服。

马上就向前走,会降低作用,今天要转入巩固,要有正确的解释。工会发展到 100 万人也要停顿发展,接管时期地下党的,个别小的群众组织,解放以后自然要发展,党不强调发展是对的。今天巩固说过去发展不对,这个观念不正确。大少爷青年只要能到会就可以参加,现在再要大搞,让坏分子混进来是不对的。

(3) 脱离群众问题还不满足,去年就提出,要有实际办法,提得少,今后要如何纠正官僚与命令主义,要有办法。到处整风都有这个问题,市委检查几个工厂是一个办法,但光靠这个不够,有些部门都要做这个工作。

没有具体办法,整风后还是老样子,方法要考虑,如找支部书记谈话,登在团刊上。现在是像"迷途的羔羊","无所适从",或者是一马当先。工人、学生、儿童、市长、党员苦闷与要求是什么? 我们的命令与指示与群众要求不对路,特务的话反而打入心坎。

香港反动分子说,毛主席叛变农民,不要农民入党了,刘少奇土地改革报告公开要保护地主与开明绅士,共产党不要农民了,我们可以大做农民工作了。这是没有用的,近年来我们已经为农民做了许多工作。

(4) 配合问题。

青年团过去的先锋主义一马当先,"到处配合","老气横秋",团的工作只能配合,不能超过党的工作。米哈罗夫强调党的领导作用,不去取得配合,个人突出,步调不一致,是作不好的。说党的力量不强,地方、团不要去发展,这样说法不对。无党有团的地方,也要注意建党问题。强调在党的领导下面配合工作,是有困难的,在半年一年内解决这个问题,要强调整体,反对独立思想。

打神父、打圣像的突击行动,一定要失败。我们对宗教是要掌握宗教在我们手里打击帝国主义,真正是拿了圣经去打牧师。教会在中国有四十余年的历史,有几百万的群众,一下子要打倒宗教,是天真。对宗教要采取慎重渐进办法,但任何时候要承认,依靠积极[分]子,要团结中间、落后分子。

今后工作中是否要办团校、团报要看必要,不要草草决议,作为一个重要政治问题来办，人力、财力要注意，“言论出版自由”暂时要取消一下，市政府的刊物太多了，“上海工作”每月有一篇文章就很好了。

（文件编号：E68）

陈市长谈妇联工作总结报告

1950 年 9 月 15 日

妇女工作对象要确定，许多年内不能消灭阶级，各种阶层妇女都要争取。以女工为骨干是对的，[女]工人与农妇工作做好，职业妇女改造可以成功，否则是没有基础的。〈智〉知识分子要面向劳动妇女，先从劳动妇女着手，然后是上层是妇女。树立劳动观念，职业观念，争取妇女的真正地位，反对剥削阶级的思想。民主妇联看了上层妇女要吐是不对的。

巩固深入是总的任务，妇女方面比其他还厉害一些。中央妇委批评过这个问题，很值得检讨，妇女过的是什么生活要调查研究。妇女运动是群众运动，是劳动妇女运动。

领导作风颇有意见，特别是领导干部要解决这个问题，听了很多，妇女同志不服从，女同志是不服的，男的不成问题。你们问题不是妇女不服从妇女，下面可能有，应列为主要问题。领导干部整风问题应当解决，否则是假的整风。民主妇联不是独裁，副主席不请示在报上发表，就是不民主。不通过民主是不行的，开个大会是不能解决问题的。大的政治运动，开一个代表大会不能解决妇女问题。要深入到里弄中去，才有办法。这次中央政治局讨论到复员军人回家是一个大问题。老区普遍反对婚姻[法]（山西、河北），很多妇女被打死。甚至干部也反对，婚姻法通不过，是一个大革命，要实行要有牺牲。自己不深入到劳动妇女中去，如何能发动妇女群众？不去调查研究，似乎没有问题，揭开这个幕，能否领导还是问题。婚姻法公布后，惨案重重。

训练班只能起启蒙作用，解决问题还要在群众工作中训练。婚姻问题不要随便去强调，民主妇联不要去调查研究，只能作宣传、教育工作。

保护妇女权利是要从经济、觉悟、劳动中去做。党与政府是保护妇女被遗弃的，但另一方面如两方感情不好，也只好离婚，法院如何掌握要注意。

杜大姐得不到党与社会同情，一闹以后反而同情了陈谟。

（文件编号：E68）

中央给华东组织部的通知①

1950 年 9 月 16 日

华东组织部：

中央十分重视组织工作参观团对联共党内秘密的绝对保持。因此请你们严格检查参观团各地同志返回后，介绍联共组织工作情况时，有否泄漏组织机构的秘密？并请通知，凡去介绍时有关联共组织机构情况，个人所作记录一律责成原报告人收回焚毁，否则要受到党的严厉制裁。

（文件编号：E68）

① 原文件无题目，系编者根据内容自拟。

纪康谈话

1950年9月18日

9月1日下去，组织员八人，几个负责同志下去调查，八个工厂作为对象。领导骨干少，工厂少，组织员一般水平低。五个骨干下五个厂，其余组织员负责，每厂有二三人。

方法：各厂负责人检讨工作，每天汇报工作，内容，拟有提纲——(1) 生产、劳资关系；(2) 关系；(3) 工会业务；(4) 群众路线。提纲发下行不通，评定检讨行不动，后来改为解答问题，解放后做了几件工作，一般1—3个问题，分析问题，如政策、群众路线、关系问题。

三个问题讨论：(1) 加薪；(2) 反轰炸；(3) 工会的组织领导工作。

个别地方干部思想没有搞通，如新安，掌握不住政策问题，上电、法电较好。

选择为典型，中纺十厂工会主席思想弄不通。

开始时三个人分开负责，集中汇报，后来问题多了，就无时间。

经验：(1) 每星期一次汇报，每次有一个工厂为主，其他补充。(2) 有重大问题通电话，请示。(3) 每周有一个书面的简报(工作组)。(4) 配备干部。

1. 上海电力公司。
2. 上[海][自来]水[公司]。
3. 上[海]法[租界电车公司]。
4. 国棉十厂。
5. 新安五金厂。
6. 纶昌纱厂。
7. 国棉二厂。
8. ……①

（文件编号：E68）

---

① 原文无内容。

饶政委召集谈话的记录

1950 年 9 月 20 日

纪康：

主要情况与问题，材料根据：① 支常委为主的检讨会。② 老工人座谈会。③ 支部方面，党员大会、小组会。

电力公司。

（1）组织工作：

第一问题，工会组织形式问题。不合理产业由杨树浦、■电部、写字间分三个部门，工会分三个支会。工会法规[定]应以基层工会为主，现在他们是头重脚轻，强的干部派到三个分会，支会领导较[弱]，有依赖心。车间有总组与小组，成为传达机构，会员如有意见要经过许多层次，问题在于车间委员会没有统一起来，不便联系群众。

其次，工程师与工人分开组成"聘员"，工程师职员与工人分开，有历史根源，解放前，他们自有聘员协会。

第二问题，工会不重视基础工作，忙于运动。劳资关系问题，表现在：① 只有一般布置总组长，小组长不知道如何工作，不会负责。小组长是选举的，干不干无所谓，总组长传到小组打八折，小组会有的根本不传，一二折也有，上下不通气。② 工会干部不下车间，工会是被动的。开会时如开"国会"，乱骂一气，工厂委员如参议员。一年改造到了，根据工会法。车间委员做什么没有使工人了解，只是"顺便报告过"，老工人也不知道。有什么好处也不知道，将来还是形式。把改造工作与过去工作检讨不联系，他们说要先建立组织，然后增加生产。老工人说，先要给工人利益，"钞票打头"，再谈改造与组织。工人不知道组织车间工会有什么意思，"面向生产"工人不了解有什么好处。

（2）生产工作：

劳动态度分四个阶段：① 解放初期很坏，开夜工额外工作占工资 45%，日间磨洋工，开夜工多得工资。主客观原因，资方放任，随便答应工人，夜间就睡觉；中级管理员不敢管，怕工人打；工人想外商是外商的，将来要交与政府，不必积极。② 铁饭碗思想，美国人不会来轰炸，"二六"以后有根本改变，工会领导接收，去除了麻痹思想。额外工资增到 4%，后来增到 20%。③ 第三阶段，机器抢修要拿到外面去做，看为修老院，没有信心。炉子要拿出去修，工人气愤得很，照外面打八折，工作以外时间修，定了一个包工合同，有超过奖金，因此引起电力公司与其他方面的注意，大小工程定了四十余种，生产效率提高了。“多劳多得”观念建立起来，学习技术风气也提高了，学徒过去是少爷，现在都想找出路，赌钱也少了，偏向是：a. 经济主义，一个月拿二个月的工资，工人累得生病，化了四百万。b. 一半工人参加包工，其余一半工人很眼红，不满意工会，工会主席是工程师，就攻击。工人间不团结。c. 大家有钱大家用。④ 第四阶段劳模评功，“多劳多得”、“名利双收”。起初看劳模是要去[当]工会干部，后来推出二等角色，出去因有吃有看，劳模很骄傲，气工会不说明道理。明年比较，劳模回去后情形就有不同。政治上有提高，写信给毛主席。

工会对生产工作的领导：

生产现在在长期中不明确，他们有一个生产科，工资研究委员会，只研究工资问题，工人就认为生产科就是搞工资，或者是管孩子问题的。

干部对外商政策不了解，上代会后才渐明确，因此对生产领导没有抓紧。反轰炸斗争本来是生产工作，工会把他看为突击工作，因此没有把工人热忱转到生产上去。奖励包工合同不是由工会组织去做，是由他工会主席去做。

“面向生产”成为口号，看地上有许多器材，没有办法，不讲道理。

十月底要增加 40 万锭，发电力要增加到 16 万瓦，现在去只有 12[万]瓦，派人到工会，不大经心，不研究如何修复生产的潜在力。动员工人去做，工会干部关门整风，要求拿出 1950 年的生产计划。

工会与资方与公用局的关系——公用局订出计划只交与资方，主观，工人觉得浪费，根本不管，工人不满，公用局没有依靠工人。工会没有与公用局联系，劳资协商会议没有成立，资方对我们情况很注意，我们不注意，只解决小问题，如工会应主动，要有困难。

生产中存在的问题：

① 调整〈共〉公用局与工会的关系，军代表与工会关系应当如何。

② 方针步骤要确定，有人说包工奖励制不好，军代表是新实行负责制（唐山经验），工会又不了解，如何把包工制转到负责制是一个问题。

③ 工资制与奖励制问题。■一级奖，考核奖，三种，主动权被资方所操

纵。原封不动退回资方。工作不好的反而得到奖金,工人对工程师拿高薪看不惯,工人对现有工资制不满 1 200—200 单位距离很大,年底要到,问题又要严重起来。

(饶:工人不满也不对,资方照旧办法也不对。工程师不能算工人,不能成为工会会员,是资方的代替人。老工人有技术的、不下于工程师的,而工资弄得很低,自然不满。所以我们不能批评工人或资方,问题不在于他工资高,问题在于老工人技术高的应照技师待遇,有各等的工程师,加以提拔,使其工资不要与工程师距离过远。不把熟练工人提拔是资方的观点,我们要把生产搞好,要提高其工资,提拔老工人,使工人不致于分裂。国营企业没有问题,在私人企业就要注意,不能批评其“平均主义”。

① 要打破旧的生产制度。② 要教育干部与工人。宣传工作不能笼统,要具体,深入阶段对每一个问题要研究一下。几个工厂可以做得到。这个问题不解决会造成工人对立,苏联也有等级,工程师下有技师,工厂也要有等级与提升制度。工人与工会不能分家,与资方要有分别。现在工会的宣传口号脱离群众,与工人实际要求脱离关系,如南通一个私人纱厂扣了数年工人的工资,工人说工会又要说“要服从长远”口号,工人反对工会。工会宣传问题应根据不同的要求与情况,进行宣传工作,不能合情合理,各个工厂宣传内容要有各种宣传内容。“面向生产”口号很笼统,工人不能了解。鼓动员制度没有建立起来,拿报纸材料去宣传一定讲不通。1928 年我不懂得什么是机会主义,就讲不清(当时是省委宣传部长),工人没有受过政治教育,一是听不懂政治大道理。地方军与主力军也时起矛盾,“剃须匠”、“地方主义”、山头主义也有好的一面,如何克服,要照顾山头主义(毛说),革命的山头主义要互相统一。我们对工人要政治,工人要经济都不对,我们要把政治与经济利益互相照顾,不然要脱离工人。我们干部穿上制服就脱离群众,我们工作一定要工人参加,工会脱离生产的太多,不了解工人。不管工人如何落后也要照顾其落后,我们工会工作不能只有一条直线去进行。

劳资问题——财经会议反映,劳资协调会议已不大起作用,工人关系对资方有利,对资方渡过难关有利,工人是被压如此,资方积极。现在经济好转,再说“劳资两利”,就要有利于工人。

工资的责任制、包工制解决矛盾,如何统一是解决问题。大问题方面特多，今后生产的问题是一个大问题，工资制是一个问题。资方过去不要解决，使矛盾扩大，这是他的解决办法，分裂工人为主，制造问题。）

(3) 劳资关系问题：

资方情况，美国人与买办，美国人幕后操纵利用买办，采取积极生产态度，遵守法令，掌握工厂，放出谣言，已交与中国人授权与他。另一方面控制得很大，小事也要打电报去美国，如买零件，要到英国去买。中国人与工会谈话，美国人走了后组织一个管理委员会，要经美国人同意才能做决定。杨树浦发电厂尚有二个工程师，修理锅炉，二个外国人控制，香港也有代理人。

（饶：这又是一个问题）

初步分析：利用中国人控制工厂，美国人临走有一个文件给总经理，看国际形势决定态度，保存工厂，否则要慢慢的弄坏工厂。

（饶：基本上对我有利，他们最初怕没收，可以骂我们。洋鬼子现在是被动的，背包袱为着谁，好似还是他的包袱，怀疑我们要接收，交给你也不干，测验我们态度。初期我们是有困难，[难]于接收的。我们要告诉工人，生产并非是为了帝国主义，他的作用是在减弱，磨洋工还是我们的不利，不即去拿，因为还有许多问题没有解决，我们现在不愿背这个包袱，他请人来背也好。虽然没有没收，条件成熟后就可拿过来。对待买办要有两种态度，坏的要反对，应付的买办，愿听政府法令，只求维持的可以争取。对两〈方〉面派要争取，中间人是两面派，全国胜利，这种人也有可能改变态度，这个时候两面派注意其态度，说明道理，工人就会积极。工人可能要打狗腿子，如能争取过来，对地主更不利。二六事件后觉得接收外帝财产很容易，炉子是我们修的，要拿回来有话说。今天可以争取过来的，有很大好处。土改有开明士绅，工人中也可以有。）

买办是骑墙的，与国民党有勾结，对我们有怀疑态度，怕中国要拉平，处处要搞好生产，意图是主动掌握技术。他也提出生产计划，作为资本，可以看风转舵，可以双方投降（美国人也可能如此搞，使人觉得他们有办法）。

买办有英、美两个系统，管理上美国人为主，生产工以英国人为主。中国人掌握后，又增设立许多部长，互相有矛盾，各自有自己的势力，对我们是一致的。

解放初期是观望、试探，提出要 20 万美金，要他维持，他们就弄糊涂了，主动找公用局，请示过陈市长（假的）。挑拨工人，向政府贷款，工人间分化政策，采取各种方法，把[redacted]院从由头等降为二等，聘员加高工资，工人降低工资。现在利用中国人与工会打好关系，了解工会负责人的特点，企图：① 争取主动，小问题让步，大问题客气拖拉，同意后也不处理。② 研究我们的法令，主动提出劳保条例，愿意修饭堂。③ 采取分化团结。

检讨：

① 政治上少警惕，不研究，过去很慎重，现在就不同，有过外交委员会中工会主席负责。（饶：领导上后来放松的。）

② 劳资协商脱离群众，出于被动。

③ 没有正规化契约，大问题放松，谈小问题。

④ 左右偏向，三个单位有三个分会（劳资会议），“斗争多提协商”。另一方是该工会支持资方，所以能坐得稳。

⑤ 对买办要争取（买办一定不会对人民服务，但客观作用可以做到，我们还是为了不愿背包袱，我们也是客观为人民服务，他们是为了“人民币服务”——饶）。

具体办法：① 统一步调，劳资会议还是要。② 联系群众。③ 掌握买办的矛盾，对个别坏的给以适当打击。④ 划清工会与资方的界限，好事公司做，坏事工会做。厂长、部长也参加工会，不合工会法，说是为了统一战线。结果被其利用，了解我们情形，很困难，让其退出工会。⑤ 如何联系群众，只看到组织问题，不从思想上教育工人。

过去没有实事求是解决问题，说工人不能前进，结果解决问题还是他们。检查工作要强调到这方面，如有些问题不要批评，因为主要是领导上问题。如反无组织、无纪律，过去不批评，现在要批评、要怪下面，抓问题要紧，所以现在不能批评他们，只能研究与讨论。公开党一个最大坏处是不肯学习，秘密时期不同，一切问题由我们来检讨，检查态度很重要，我们下去要向工人学，听他们的话，否则我们有危险。成份要变一下，使工人多来参加。

工作组的职权问题：

① 委员会要厂内参加，上下请示，综合与反映其意见，启发他，研究其问题，要由工人报告，不要自己先做总结，工作是培养工人干部，否则弄不出头绪，如何使下情上达，再往上面去，委员会要工人来参加，就可解决问题。

② 资本家要比我们懂政策，具体执行我们反不利，他们觉悟比工人高，少

政策观念，客气、拉、拖，很会做合法斗争，钻空子，使狗腿与工会连在一起。电力公司两个指挥部斗争我们要认输，工人没有力量，拿活的例子教育工人。

检讨方法：以工人为主然后总结，没有工人参加将来很困难。每组找一些人，每个部门找几个人，讨论起来自有办法，工人要去三分之一(?)原则是对的，具体就无办法，我们弱点是不懂情况，只会说空话，“长远利益”等，工人知道局部利益，不懂这点，会脱离群众。又如只会顾局部利益，也要无前途，要使工人从实际出发。学打锣打鼓，也学我们。工人也轻视实际，带盲目性的人都要向外人学，过去教条主义也是如此，警惕一下工人有好处。党的方向对，缺点在于没有具体步骤。方向要跟我们走，具体要跟他们走。如何面向生产，我们不能答复具体办法，只有依靠工人自己来做。方法如不同，可以走到相反的方向去。

(4) 对党支部的意见：

① 青年无技术不服。② 会议多不学习。③ 态度、作风党员有转变，刺激一下就能〈忍〉有耐心。④ 有部分作风有问题，讲大道理，群众听不懂，不学技术，带头作用差，“秘密与公开生产”，群众看不起。

群众意见：① 加强技术学习。② 要任劳任〈完〉怨，党员要有革命作风。③ 公开党提出要答复问题，不答复群众很为难，工人说要表明态度。

饶漱石：

(1) 检查时间不能拖久，干部要疲劳，不能解决问题。一个厂的情形大约知道了一些情况，弄清情况二个星期可以大约知道，问题是要以工人为先，召集其来开会。开二天会后仍令其回厂，然后整理材料，综合问题。

(2) 要预防偏差，如小姑娘争劳模，弄得很苦到处吃饭谈话，不能成为劳模，听其声批评用老办法对付新人物(对斯达哈诺夫[工作法]问题)。

现在已到了我们的研究阶段。

方法：第一阶段要从上面检查，目的是：① 消除顾虑，错误不能归下面，成绩是主要的，反映情况给我们。② 找其负责同志谈话，以学习态度去，不要领导架子，不要去训话，上级没有指示，我们不能来传达，上级是要我们来学习，使脱离群众者有教育。召开几种会议，听其报告，了解其对群众的意见态度。要批评领导不了解情况，如文件多，会议多。对的是大道理多，小道理不懂，所以要学习。不要打击其领导人的威信，第一从会议与负责人谈，整理好报告由他来讲话，而且要鼓励与帮助（带到上级来整理）。去报告后再加补充，然后可以开工会的代表会议，展开讨论（积极分子会议）。

（3）用专门问题如工程师问题，工人与工程师分开开会来研究，几方面反映情况，工会与行政搞不好专门研究（在他们开职工大会时进行）。可以解决的解决，不能解决的拖一下。

（4）再开大的会议，总结报告要说出解决的主要问题，各省有意见再补充。

以后对于此厂是经市领导问题，上总开全体委员会（八个厂问题），分组讨论反映各厂情况，半天报告，全厂骨干到各小组去参加讨论。

典型总结，华东局召开各省会议。

领导人在办公室指导，不要多去参加应酬的会议，如做祝词，由大批干部去谈话。要讲的要有长期预备，各报其表，一般号性的问题，庆祝会议不要参加，具体问题会议要参加，派代表去说话，上总要有几十个人的领袖。

① 不要拖。② 不要代理他包办。③ 每一步要扣紧，步步前进，不要无头绪，走〈湾〉弯路，一个星期到十天可以完成，我们二三天内结束。

① 初步找负责人谈话。② 积极分子会议。③ 代表大会，共计二十天或一个月最多。总结印出后发到工厂，主要报告先不要发表。

上总对下面领导的组织工作要有制度条文，有机构一定要有成文条例，谁召开，谁主席，都要有。

问题：

① 对外商工厂的政策问题。

② 工人福利问题。

③ 五种关系。

④ 生产问题。

⑤ 对技术人员团结问题。

⑥ 公用企业的民主管理问题。

⑦ 劳资协商。

搜集各地报纸与刊物研究，作为参考。

二个正式文件。

综合报告(对外警惕用的):

① 成绩用几百个字,具体明确。

② 缺点是次要而严重的,现象与原因。

③ 今后解决办法,强调作风,克服缺点,面向生产。

另一个报告:

存在问题与办法,不要去说成绩与缺点,好像指示,把全国经验吸收进去。到第二阶段要看文件。

要睡八小时,自己不睡也要害人,要开会要开长,其他打电话接说就是。

六十五人已太多,其他的不要了,人多了要弄糟,宜精不宜多。

编余的可以参加会议,但无发言权,中央会议现在很严格。不要做钦差大臣,原有的厂不要多加人,不要麻烦人家。

现在以工会问题为主。

计划可以不必写。

再搞几个厂研究党、团、行政工作,现在不插乱此八个厂,也不要加人。八个厂也不要平均,都差不多解决不了问题。我们只能打中一个厂(10月底可进行调查新的典型工厂)。

工会是全体的,所以要先研究,然后是党与团,运动一步步前进。

谈话不用名字,可以印。

告一段落后再搞支部工作,现在〈现〉先看工会材料,分工看材料。

(文件编号:E68)

基层工作委员会第一次会议

1950 年 9 月 21 日

刘长胜同志：

昨天饶政委谈话有改变步骤的必要，不要新的来参加。（1）如何处理调来的干部——考虑结果一部分编成小组研究专门问题，或者派下去研究其他工厂，二个方案可以考虑，后者困难委员会是联合国，精力有限。

（2）检查步骤与方法问题。

（3）如何研究材料？

王尧山：

（1）不扩大其他厂，干部问题保持着，和委员会取得联系，来听委员会的汇报。

（2）按工作性质编成专门小组，如妇女青年小组，行政管理，党的工作，注意材料。

（3）看工作需要调来的干部不离开原来工作，一部分调到此地来工作，小组生活要建立起来。

刘少文：

（1）沪东、沪西组成二个小组，集中党政工团来进行，工会问题是一个中心问题。如何开头，要达到一个目的，过去以民主管理为主，小组只能了解一些情况，达到什么目的是一个问题。民主管理问题研究结果是一个“关系问题”。外资厂，要解决。

（2）工作组是去检查，还是帮助工作，否则要增加包袱。

（3）检查者要住到厂里去。

叶进明：

（1）基本问题还是民主管理问题，公用事业三个工厂情况都有相等点。上电有个斗争，法电党员多，公用局都是支持的。

10 月份准备民主管理。

(2) 多余干部如何使用——公用局亦成立一个小组专门研究民主管理问题。

景晓村:

(1) 一个厂中要同时解决许多问题很难解决问题,从工会工作解决问题,任务不是全部解决,江南造船厂搞了四个月,问题没有解决,只了解一些情况。

(2) 研究室调了十一个干部出去,不去了思想上弄不通,如何管理,青妇干部不要参加。江南的一部分仍回江南,黄维等参加纶昌,一部分看材料与下面联络。

纪康:

(1) 由大到小,先从工会着手。

(2) 下厂人不能多也对,下厂后觉得问题很复杂,干部能力弱,无从着手。为解决问题,调一些强的干部下去。

鲁光:

先确定干部。

陈:

可否调补一些干部。

王(尧山):

可以调整一下。

刘长胜:

(1) 集中力量搞八个厂,有些干部适当的回去一部分,市委工作组一部分回去,江南亦调回一部分。原来小组不动,新去的可以参加到小组去,继续研究原厂工作。

(2) 自来水,新安干部少而弱,适当派较强的干部去,原领导组织中去工作。

(3) 四十余干部的管理,妇委暂不参加,回去后可以研究这个工作,汇报可以来听,自己也找一个对象去研究。

团员干部与妇女不同,有基层组织。自来水、新安派得力的团干部去。其余同编成组，确定任务，研究材料。现在不下厂，汇报时均可列席。

（4）每星期四二时，地址 609 号。

（5）委员分工问题。

（文件编号：E68）

陈市长在市委扩大会议的报告

1950年9月24日

1. 目的何在?

不要抄1942—1943年的找路线错误,也不要抄1948年整党的办法,把每一个负责干部作反省报告,查历史关节,整党是为保持党的纯洁,为了土地改革。

当务之急不是这一些,各单位有倾向,负责人报告什么都包括,如态度不好也要检讨。各部门检讨要抓住重心问题,工作改善才有方向,时间也不要拖,如提到思想与历史就要拖几年。

党内政治问题已解决,组织问题大体也解决,主要是作风问题没有解决。对市委几十条意见应当抓紧,可以纠正工作的缺点。

党委提出学生路线与青工路线不对,妇联整风报告,大家不满。过去整风是充分发扬民主,言论自由,然后再收回。现在这个方法不能用,因为没有时间,毛主席的指示是结合实际工作,很有重点。二个月时间不能什么都解决,否则整风结果更不团结。

市委整风:

(1) 方针。

(2) 市委工作一般检讨。

2. 上海工作应当转入巩固阶段。

(1) 反对二种倾向,要求方针是正确的。

左的,认为工人也是俘虏,反对稳步前进的方针,有些同志认为市委指示一般化的指示也是不对的。一年来上海面貌已有大的改变,成绩是中央的功。

(2) 要求整风说明政策与任务是一致的。

公债与税收上政策与任务是不一致,但这是执行问题,不是政策有错误,我们不能说政策、任务不对,应当检讨执行上不好。

3. 组织上混乱现象要停止。

上海接管干部比例上最少,经验不够,造成混乱有客观原因。

系统林立,中央垂直多是进步现象,不应〈漫〉埋怨,工业化归地方管要支

〈解〉持。另一方面地方对中央垂直系统要帮助，到处配合，使中央不致鞭长莫及。中央与地方要加以调整，对外来系统要有克己。

市委在领导上要批评。

市委对于6个区不可能代其规定具体活动，对各区报告没有回答有缺点，突击任务多，要为主动工作作艰苦斗争。我个人做了五件大事，方式有问题，领导上不够成熟，下面发生偏差，市委要负一定的责任。

工会、团、妇如何工作，发生苦闷，市委不能指示其前进，市委要考虑，下一部分要指示。

4. 左是主要毛病，一急躁，急于求功，骄傲，功臣自居。主要的是官僚、命令、形式主义。

5. 对整风态度。

一种负责干部只整下面；一种是我们整了，你们是不是整，轮训班，整风不认为是建设性的；一种是怕整风；一种是……

（文件编号：E68）

傅一夫关于十厂情况的汇报

1950 年 9 月 30 日

（一）工作进度，今后如何做？

9 月份内分二步工作：第一步了解情况，传达，消灭顾虑，订立计划，9 月 1 日—14 日。缺点是：要求过高，想把党政工团一起来总结工作，但因弄计划，搞了一个星期，走了〈湾〉弯路。原因是对工作组希望不大，军代表弄不通；其次是思想上认为党只能配合，不是领导，市委决定下去后才明白。

14 日至 9 月 30 日，讨论生产问题，学习邓子恢的报告，漫谈中得出一些问题。24 日起成立研究组，新的工作没有开始，讨论：(1) 研究组的性质与党政工团的关系，大家认识才一致，不掺杂到具体工作问题上去，重要问题工作组可以研究与讨论，以工会工作为中心。工作组提出意见，最后决定权在支部。(2) 今后工作如何做？9 月底以整理材料为主，还没有研究问题。下一步工作是首先研究材料的真实，弄清是非，想出办法。(3) 10 月 3 日—10 日工作组每天上午二小时研究问题，常执会研究工作组的材料，及时召开一二小型漫谈会——保全部技工，运转部技工；女工座谈会，拿摩温，职员，工厂工程师等座谈会。(4) 以干部为主，即工作组与常执委为主，10 月 10 日—15 日召开工人代表大会，由工会主席向工人报告，检讨一年来的工作成绩与缺点。15—18 日召开车间委员会议，中心是反次布，密切工会与群众的关系，10 月 20 日左右可以结束。

行政上也脱离群众，工会做报告还不行，军代表与工会主席思想打通是一个关键，不然工人提出问题后，二个人都要掼纱帽。工人对党批评，“投错了娘胎”，群众不敢说话，因为党很不民主。军代表外号“棺材板”、“替死鬼”，工会主席是“王老板”(替死鬼是指东洋人)。我们目的是要使[这]些工人能打通。纺管会同志走时，群众流泪。军代表有心腹人，说她谈恋爱。现在布置由区委帮助，要他向工人与党内作检讨。军代表在群众中破坏工会主席的威信，“无可奈何的人，做无可奈何的事”，排挤能力强的，张梅(副军代)接管时把工会主席一脚踢开。奖励问题，出了问题找工会。他说我们工会不能相信，反次布依靠职员与技术工，不依靠工人，生产情况不报告工人，他说“怕上面戴帽子，下面出乱子”，自由主义态度。

（二）报告问题。

经研究会与党支委通过，常执委也通过一下，只谈工会与生产问题，说到政工关系。

（文件编号：E68）

办公室秘书处工作问题

1950 年 9 月

陈市长：

（1）大机构，工作少，如何调整？办个刊物，要这么多人，大家不安心。

（2）许多检讨涉及黎玉同志，要等一下，原被告都要到会，对批评要有调查研究，黎有改变但还很不够，可以酝酿讨论。

（3）对政室、秘书处，行政处过去根本没有过问。

刘晓：

（1）秘书处与各部关系要调整，哪些应交各部办经常要讨论，然后交各部去办，比较正确。过去区委来的报告上批上一些意见，必须与领导区的同志去办，或征求各部意见。

（2）对政研室干部教育不够，只会使用，不会教育。

潘汉年：

（1）党政不分，过去直接发到各局（批示），制度上双面结合，如属党组的问题，应先经过党组，对市委可以发一个参考的副本。

（2）①

刘长胜：

（1）办公厅对各方面关系要确定制度。

（2）政策研究室要起领导作用，计划大做不到，有些工作不是市委所能做，应交各方面做。

（3）干部医药卫生方面问题，干部指示医生打针，要教育。另一方面对供给干部要照顾，发一个证书，固定一个牌子，要约束一下，门诊所要登记，填表，医院要指定。

（文件编号：E68）

---

① 原文缺。

陈市长整风总结报告

1950 年 9 月

（1）对区委只有方针政策领导，没有具体领导。

（2）中央与华东各有垂直系统，市委没有能够解决这个问题，一直还是混乱。党工青团的各个垂直系统没有解决，八个厂问题中可以看出，还如初期状态。这是主要缺点。要把大上海能够使垂直与地方发生正确关系，克服无组织、无纪律的缺点，在市委领导统一下解决问题。手工业主义、官僚主义、事务主义从这里产生，负责干部会议多，兼职多，号召多，具体少，总结少。政策思想一般掌握还强，思想教育还不够，经常工作使临时工作所纠缠，运用组织的工作不够，大的原则错误没有。

垂直多使许多事情拖拉停止现象，这个问题不解决，无法进行工作。经验教训有二条：① 上海人民在党的领导下证明了真理，如不依靠洋米、洋棉。② 处理外商问题很有成就。左派不了解，右派同样不满意。

我们在组织上缺乏具体深入的研究，下面提出的问题，不能很好解决，大的政治号召不能与细密的组织工作结合起来，大厦风雨飘摇。

（3）归功于中央、毛、华东局，三、四月间中央每三天有一个电报来，中财委全力支援上海，要解决上海能力还不够，加紧整风学习补救缺点。个人毛病是草率，每天要做二次演讲，做宣传员，又是常去北平，工作时间很少，每月能解决一个问题，也不差。有许多问题今天不能解决，能解决的也没有解决，领导能力不够强。

领导作风上问题：

（1）要紧急掌握政策思想，过去深度与面均不够，如公债问题。接收房屋混乱，要停止混乱，只有通过说服教育，更要发挥预见性。上海内外关系还要更发展，内部着重工作关系，资产阶级的反共动摇，要做各方面的准备。

（2）要强调党的领导，不能分清是非，提出关系问题是不对的，行政上有超过党的倾向，对市委与区委都不买账。强调党的领导，问题就好调整。市委与常委关系也不正常，全体会议只开过一次会议。党组要加强，市委集体领导要建立起来。

(3) 党委与支部关系弄不好，要创造基层工作的经验。区委同志意见都对，统战要说："我也不知道这如何做，不能指示你们。"发展部分党员，组织方式重新研究。

(4) 实行定期检查制是一个冲破官僚主义［的］［办］［法］。我只会骂人，也不能解决问题，这次汇报有检查作用。

会后工作计划没有设计，整风中只有批评的，没有积极办法。

今后方针：

(1) 迎接明年的党代表会议，研究市委组织形式。

(2) 整理党内外出版物，宣传部要负责，考虑组织党室问题，加强党内教育，办好党校。

(3) 缺乏干部问题，要关心，打破唯资格论与成份论。会议综合的多，专门会议少，中央则不然。

(4) 市府党组的领导要加强，市政府工作是上海主要的工作，搞好了上海工作也搞好了。公安局与区政府的关系问题要解决。

(5) 青年妇女、救济等问题要处理，如何互相配合，很好使用这支军队，深入到群众中去，要具体的帮助他们的工作，把群众组织起来。合作社问题。少先队也要考虑。

(6) 统战问题，通过民主党派与社团加强这个工作。

（文件编号：E68）

致华东局组织部函

1950 年 9 月

华东局组织部：

我此次因事赴南京，看到了南京市委组织部在我赴苏期间所写的一年来的工作简结①与一年来工作纪要，并知此文件已上呈华东局组织部。看了以后，觉得其中内容有不合事实者，问诸市委常委唐、柯、江、邱（唐亮、柯庆施、江渭清、邱一涵）等诸同志，皆说未曾过目，亦未经常委审查。有些问题（如会师问题），在常委未有正式决定以前，市组先作结论，发出此二个文件，殊欠妥当。其中有好多地方未能审慎处理，致与事实不符，亦觉太〈嫌〉显草率。兹择其要者将事实纠正说明，以供参考：

（一）一年来简结关于会师问题上所云："地下党对自己力量似乎估计过高，据说当初想依靠自力进行接收，后来客观情况与主观想〈像〉象均有出入，认识分〈岐〉歧，思想纷乱，由是开其端。"

解放前由于我们没有会师经验，党内思想教育没有好好的动员与〈翻〉反复讨论，这是事实。但以为当初想依靠自力进行接管，后来看情况不对，临时改变，这都不是事实。南京地下党根据前上海局的指示，积极准备配合解放军接管南京，当时我们布置此项工作，主要的是将党的组织加以调整，分成文教、财经、军事、公安、行政机关等各系统，搜集应接管的物资、仓库的材料、敌人机关的名称及其负责人的名册，并列成接收的系统表，作为解放后接收的依据。同时配备党与非党的干部，协助接收工作，这一切的布置是根据上海局指示而进行的，我想这样做，是并不错误的。再则，当解放军进城以后，在第一次军管会开会时，我们就报告了准备情形，交出所有材料，供军管分参考；配备好的地下干部，按各系统如财经、文教等配合在接管委员会内，帮助接管工作，并且由军管会命令委任他们为接管干部。我想这样做法也没什么错误，而一年简结中这样说法，是很容易引人误会的。

（二）至于组织合并问题，简结中说："当时除少数地下支部进行组织合编

① 原文如此，下同。

外，其他学校、工厂、医院地下支部及两浦地下区委，实际上均经过了二个月还未实行组织会师，仍各有系统，原封未动。”“少数领导同志缺乏组织性与纪律性之修养，习惯地下领导经验（单线领导），不习惯于党委制集体领导。”这与事实亦大有出入。

当时事实是这样，工厂与学校支部在市委成立时，就决定成立学区与工区党委（当时名称是学委与工委，六一指示到后，改为工区与学区党委），且此决定是得到华东局组织部批准的。一年简结中所说：“仍各有系统，原封未动。”若系指此而言，显然不合事实。至于其余个别支部，如中央医院，我们当时忙于接收，诸事纷乱，疏于检查，未能及时合并者确也有之。两浦区委的合并问题，5 月间由宋任穷同志召集二个区委书记讨论合并，我与寿松涛同志均参加。再如文委地下系统，解放以后，我曾再三请示常委要求合并，因当时组织形式未定，无处可交，迟至 5 月底、6 月初间才为了《益世报》问题，决定暂时归宣传部总支领导，拖了一个多月之久。这主要原因是因为我们当时缺乏城市的组织经验，不知如何组织城市的党，而又忙乱异常有以致之，而决不是谁不肯合并组织的问题。因此，如认为系因“少数领导同志不习惯于党委制集体领导”所致则深觉与事实进出太大。

（三）关于干部管理草案问题，在一年纪要中说：“经多次研究，拟就关于干部管理草案，陈修良部长带去请示中组部，12 月中口头复示指出此草案有原则性错误——党政不分。”看起来，似乎这个原则错误常委或我私人应该负责，但事实经过则是这样。去年 11 月 26 日，寿松涛同志曾起草一个《关于干部管理请示报告制度等规定草案》（油印），未经常委审阅（我亦未曾过目），用组织部名义，先行发下，交与市府党委讨论。我得知此事后，认为事先未请示就发出是不对的，寿同志认为草案不请示亦不要紧，我说草案也同样可以执行，且内容亦有问题，应当收回，并再三和他说组织部要发任何文件，事先应交常委讨论。寿同志认为常委不解决问题，所以只好由组织部先行办理，并无错误。此事我当时即报告了唐亮同志后，我们都觉得干部管理问题，不要随便处理，有向上级请示的必要。当时我要去北平开亚洲妇女大会，唐亮同志要我关于此一问题向中组[部]请示。去中组部时并呈上此草案，请求审查，中组部负责同志认为党政不分，此草案不能采用，我回南京后即传达了此项指示。而在一年纪要中，这样说法显然与事实有相当出入的。

（四）关于处理编余干部问题，去年8月市委成立整编委员会，由唐亮同志与我负责处理编余干部，采取慎重方针。对市府编余的干部，在市委未作正式决定办法以前，寿松涛同志即轻率处理，引起干部不满，事后即经唐亮同志当面批评。而在一年纪要中则说："整编委员会由常委亲自掌握……对编余干部处理原则不要推出算数，这件事因事前协商研究不够周详，处理过急，有偏差。"这样说法也极易使人误会系常委整编委员会轻率处理编余干部。

这二个文件除上述问题以外，其中还有一些问题，或者是词句上毛病。南京过去组织工作中有不少的缺点与错误，希望组织上能严肃正确地指出。至于关于我个人问题的部分，容作自我检讨，这里暂不赘述。

此致

敬礼！

陈修良

1950年9月

（文件编号：D67）

工作组与区委联席会议

1950 年 10 月 4 日

讨论问题：

（1）工作组、基委[①]、区委、公用事业党委如何互相配合进行工作？

问题：近来发生劳资问题、党内组织内部问题（如转党、退党、支书等）如何共同解决，向谁请示？

（2）工作组如何调查研究，创造工作典型？

防止偏向：

（1）不要先有结论，再去找材料，如“劳动态度不好”可能有各种原因。

（2）不要只去找表面现象，偏重缺点，不分析不研究，不解决问题。

请注意的：

（1）如何搜集材料（如十厂的军事代表问题，是一个问题可以写出）。

（2）如何研究材料——如医生的诊病。

（3）如何得出结论——开药方，以后执行者是区委。

（4）时间限定——工会问题什么时候，如何集中来研究。

（文件编号：E68）

---

① 指基层工作委员会。

组长、区书、基委联席会议

1950 年 10 月 5 日

（一）各方面关系，如何共同解决问题？

纪康：

各个垂直系统仍应归支部的上级，如党委应有区委解决，工作组的任务是指导支部的工作计划，如欢迎青年代表。上电早有布置，会场问题在常委上讨论了四次，可以看到事务主义。公用党委要掌握支部，支书脱离生产问题。

整风第二阶段，区委如何计划，我们认为应把基础工作放在第一位。

石林：

二厂工人要求提高伙食费，如何处理，谁来处理。工会与区委事情应当照办，在布置工作时可以照顾一下。事务工作各厂照办，原则是双方照顾。

厂内工作。

江征帆：

（1）开始时对党工青团关系不明确，以工会为主，法电已抓住，对于关系问题没有解决。我同意纪康同志的意见，公用党委不大注意，对法电有影响。如整风问题，以党为领导，如党因不参加不能解决，蒋阿龙不参加总支会议。党与工会布置不能统一，团也如此，单靠基委与工作组不能解决，现在已成为阻碍。

（2）我们任务在研究与解决问题，当前工作是否不管，要明确一下。

顾开旋同志：

党委一向重视法电工作，支部搞不好，这次工作组会有很大帮助。

党务事情由党委来解决，工作组中心放在工会问题，工作组统一调配工作。

王中一：

工作组下去后发生了几个问题：

（1）基本任务弄不清，职权如何，这次比较弄清楚，工作组不代替垂直的上级组织，对上级没有说清楚。十厂划归我管，下面其他关系划开，容易解决问题，党团工会都要解决。如十厂整风没有参加就解决了。公用局与党委应讨论。现在最大问题是工作组要代替工会。解决方法要多方联系。

（2）工作人员的态度要注意，厂内同志不了解，谈一次不大了解。工作组计划区委不大清楚，工会的上级抓得紧的，区委不能管，或者工会不管，区委多管，关系弄不好。

（3）思想问题，十厂如军代[表]与工会主席，解决办法要在实际工作中去解决，工作组可以提出意见，不要轻易去处理，否则要造成思想更混乱。

周炳坤：

二个问题不明确：（1）工作组内有党、工、青团的负责人，工作组与江南党委关系如何。党委关系，工作组同志是否都去参加，还是组长去，在党委内什么关系。（2）各个垂直组织布置下来的，工作组什么应管，什么不管。

吴增亮（青委）：

工作组应尊重各垂直上级的决定，只作研究工作。许多问题通过区委讨论最好，党的建设问题，由区委解决最好，工作组可以提出意见。区委同志最好派人参加工作组。

吴黎平：

（1）基委的任务，一方面是对市委的帮助问题，一方面是解决政策问题。如中纺工厂白小业问题，工作组如不管，事情就难办了。只管工作，不管政策，不能解决问题。作风与政策要具体化。

（2）如何搞典型，市委只有原则指出，我们也要具体化。静的搞典型，脱离实际，常要失败，工作[组]走了以后就无下文。搜集材料中使支部的干部能够懂得，通过典型使工作能推广起来。只研究问题，不管具体问题，会使支部脱离群众。要在动的当中去做，有关系要请示，帮助支部解决问题。下面现在苦的是没有人来解决问题。

工作态度：① 应当帮助支部解决问题，向上级请示。② 帮助方法要有商量态度。③ 不要使支部同志[认][为]是来找岔子。

关系问题：

相互配合可以解决问题，打电话，区委派人参加。另一方法向区委解决办法。

苏、张。

纪康：

产业工会主席可否请其参加基层委员会。

（二）如何研究与整理材料？

杜：

10 月中旬各厂要有初步总结，到市委来研究。

王中一：

区委参加文件只有决定，具体进行要考虑。

纪康：

上电三个问题：(1) 劳资。(2) 组织形式。(3) 生产问题。

把专题会议做一个总结，7 日开一个工会执行委员会，再加修改。再开车间座谈会、厂代表会议。总结问题：(1) 如何做法，干部学首长的报告方式，总结要联系群众，不要理论化。文字要通俗，名称、名词工人弄不清。集体创作——由工会提出提纲，先统一意见，再召开工会负责干部发表意见。(2) 车间委员会如何划是问题，要与基委研究组发生关系。(3) 工作要与垂直上级发生关系，各工委要来参加。

是否要改造工作：现在是工会，将来是党的问题，15 日后要解决组织问题。

江征帆：

材料很具体，工会主席综合不起来，几个问题综合起来：（1）基本上的成绩与缺点；（2）生产问题；（3）对资方态度；（4）政策问题；10 月以前可以解决。步骤：执委通过，积极分子会议，各车间讨论，几次座谈会（老工人、工程师），材料补充很多。

问题：（1）初步有了办法后请示基委，传达到下面去展开讨论，在实践中求得改进，不能一下都改正工作，10 月以前报告基委。

（2）整理材料以工会干部为主，工作组帮助，既不客观主义也不主观主义，工作组有意见也要发表，最后由基委解决。

杜：

（1）什么时候来研究？

（2）先要哪些工厂？

吴亮平：

（1）上海工作本身不完整，对工作组的要求要明确。① 政策问题，为什么不能贯彻，如何贯彻，包括劳资、职工关系。不可解决的，只能搜集材料，告诉工人如奖金制度问题。② 面向生产，如何面法，方法不懂得。③ 组织形式问题，我们与群众要结合起来，各车间，日夜班的组织。④ 关系问题是领导问题。

（2）材料方式——研究问题只能是少数人，材料要从群众中搜集，有了方案才能再提出大家讨论，主要材料要由基委来解决。

（3）基委不要都召集各厂来开会，只能个别地研究几个典型。个别谈，打电话，这样领导方法比较好。

十厂谈话（准备典型报告）

朱杏林（副支书）、王世民（工会主席）、傅一夫

王世民：

（一）二六以前第一阶段；二六以后；现在情况。

第一时期，吸收会员，工人情绪很低，不安心工作，谣言流行，参加工会有

条件，有政治关系的不能参加。

工会界有三个运动，年终奖金，反偷东西。

（二）二六以后搞生产。

（文件编号：E68）

纶昌厂工作汇报

1950 年 10 月 6 日

（1）恢复六日班要恢复工资。

工人与工会对立和对资方态度一样，不解决问题不行。工人对工作组态度，认为是为了恢复六日班（过去下去是为了减资），工作组取而代之，给他们出主意，经指出后回去研究一下。

（2）区委对支部领导不经常，不懂得领导支部如何领导工会工作。

工会主席是联络员，九厂去打埋伏的，没有威信，纪永是乘机破坏想争权。工作组决定，支部如何提高领导作用（只有三个党员，二个是候补党员），只能听命行事，不会做群众工作，没有威信，“身体不好是办工会的结果”。工作组与区委同志有联系，单靠这个工会主席不能建立工作。二个候补党员同群众有关系，但只能跟着我们跑，同群众脱离。二个团员华东党校学习过，回上海后关系还没有，因违纪打击，工作消极。

工会干部一去就被工人骂出门，问题。

现在由 15 个党执委参加工作组，车间内〈竖〉树立群众核心，可以听群众意见。有同志不同意 15 人参加工作组。

（3）纶昌研究什么？昨天开会后又改变了题目，现在要做的：

工作组拟出一个提纲：六日班决定一个方案，劳资问题不是要开谈判，资方出了布告，罢工问题到劳动局去谈，工人情绪现在很高。

现在三个问题，支部、六日班、加工资问题。

（4）资方说：

你们说搞好生产要实在做，你们工会，政府要领导，否则我要搞。

工人说：劳动态度不好，因为资方减工资。

（文件编号：E68）

工作组全体会议

1950年10月6日

刘长胜同志：

饶政委谈话传达。

（1）八个厂典型要非常详细的报告，先提出存在的问题，〈翻〉反复同工人商量，要提出办法，但要注意另一面，即对各厂的具体情况的研究，不了解其具体情况无法得出结论。要全面的详细的调查研究，要采用毛主席的调查研究方法，找活的人了解情况。调查苏北农村乡的方法，连地理条件都要写上，六个乡开始有六百万字，后来缩小到几万字。详细调查材料还是主要的一面，没有这个方法，不可能得出办法。

（2）农村材料有，毛的文件还是一个宝贵的文件，可以了解整个农村问题。我们这次研究工作，也要做到将来有一本完整的材料。

要分工大家执笔来写，各工厂分头进行，不怕字多，愈详细愈好，可以出小册子。写什么东西？只能作为例子。

① 如写工厂历史，发展历史，产业系统中的地位，厂的历史可以看出中国的历史。

② 生产组织机构，车间、机器设备、技术水平。

③ 职工情况，流动性。另外，职员、工人、年龄、籍贯、历史中的关系。

④ 工会工作，历史上的组织，如何组织工会，演变历史，名称，每代干部，工人中的派别，工会干部的情况（现在），积极分子情形。什么是积极分子，明确他们是一个重要关键。工会的福利问题，也从历史上研究他，抗战前与抗战后要有一个比较，但不要随便比，使工人不满。各种组织相互关系。

内容是简单的提出，我们要注意这个问题。

搜集材料是困难的问题，提纲可以供自己用，再找工人，大家来找具体对象。国营厂较容易，私营工厂要想办法。工人中找材料要用很大的功夫，要通过积极分子，要搜集书面及活的材料。

这个工作不能一下子做到，十月中工会工作告一段落（初步的总结要按时完成），详细报告时间要拖长。饶，怕我们听了很多材料放过去，写好了这本材料意义很大，要完成任务。

弄几条东西出来，大家会不满意，问题提出后，要有一个大纲。

十厂，王世铭，工会主席：

（一）厂内情况

十厂过去是同兴纱厂，工人有 2 245 人，职员 66，女工 1 400 多，男工 700 多，技工 234 人，熟练工人 1 244 人，普通工人 677 人，锭子 42 000，布机 1 508 台。生产情况，解放前 28—32 布出产，解放后 39—53。后来情绪低落，6 月 40.19，7 月组织车间委员会下降 38.22。反次布后 39.6，反次布现在 4.2%。

青年团 120，党员 86 人。

工会组织，常执委 35 人，事委 8 个，小组长 205 人，下分工会、妇、青、纠、文教等八个委员会。

（二）工会对生产认识过程

二六前，清查时参加 450 人，后来人愈来愈少，行政上不放心，接续是大游行。工人思想情况是：有变天思想，怕国民党再来，生产不积极，特务造谣，过年国民党要来，工人思想混乱，忙于工人的“运动”。干部思想：生产是行政任务，工会只搞运动，对生产不起劲，搞运动很有劲，因此生产低到 35.36 不变。

职员整编工作，吸收工会会员，如何组织工会，生产问题没有提出来。

会员审查委员会，推广到车间委员会，后来生产有增加，主要原因是因为工人认为如审查不合格，就要失去工会的保证。如有一个王××工人，因为审查不合格，到处找保人。思想不正确的不敢动，有些工人认为不参加工会要被开除。

有一个工人买三千多份的公债。

行政上出布告，工人撕布告（招新工），工会认为合理，说明生产问题不知不觉，进行不断的教育后，对生产问题有了初步的认识。

审查问题党、政、工、团一致行动，生产提高工会不是主动的。

二六后——被炸二次，工人自动的救火。上海被炸后，停工时，工人思想更复杂。护厂队只有 30 余人参加，党团员 20 余人，纠察队有 45 人，再也发动不起来，第二防护队 50 余人。

2 月 24 日开厂后，工人思想又混乱，怀疑开不长，如不长，可以回乡去，为什么只开四五小时。工会无法召开会议，夜里不高兴，日间怕美机。特务造谣，说吴淞有一千只兵舰要来，兵舰可以发电，二千只飞机，可以运陆军来。工人很怕，“小小毛××，请你回山东”。

工会当时工作是到车间去教育工人，特务被捕者8人，开过反特大会，2个特务坦白，工人以后就相信。

“三八”节发动救济运动，发放委员会15人。

3月到4月发会员证，上总2个同志帮助研究。

工人对资料委员会看为找岔子的。

工会小组。男工小组：12人，机工部的，要发会员证，大家要检讨一番。女工不好，就不信她修车。机工只有六小时工作，不愿多做，对生产有损失。从二个组推广到全面，目的达到，工人情绪高涨起来。

发会员证党有保证，5月1日发给。

劳动纪律问题。行政上宣布劳动纪律，我认为不是工人讨论出来的，工人有反映，工人说没有讨论过，我不执行，讨论时工人不感兴趣。

吃饭时打扫运动，通过发会员证时打扫得很好，女工夜间打扫厕所，这个运动做了好几次。

80多工人参加拣花衣的义务劳动，生产量也提高。

组织车间委员会——学习工会组织法二天，行政要搞民主管理，工会要搞车间委员会。行政说，你到布机间去，我到细纱间去搞民主管理。结果争论了18天，后来区委指出，组织车间委员会就是搞民主管理，才解决问题。

奖励制，检查组——没有实行。

反次布运动——组织车间委员会时进行，当时次布增至25%，纺管局号召反次布为中心任务，工会此时对生产才明确知道了面向生产的方法。

五百元奖金问题(反次布)。

70%是粗纬纱，行政决定谁拣出粗纱，奖500。布机夜工先实行，细纱间工人不高兴，因为工资少，奖金没有。细纱间也实行，二道粗纱有粗纬纱也奖五百，结果粗纱间又乱细纱间，表示不平，工人说我们要去跳黄浦。工程师也互相不满。

工会没有主动帮助行政，工会根本不知道，工人吵起来后才去解决。五百元奖有成绩，次布减少到4%。缺点是计划不全面，党团工会不知道，难以保证。行政与工会互相埋怨，次布展览会。

（三）现在存在问题

1. 工会工作——知道行政要依靠工会，工会要搞生产，原则已明确，但做起来无法解决问题。

2. 生产计划没有，工会也没有计划，工会不能主动帮助行政订计划，影响了工人生产问题。工人说我们要我们生产，要什么标准？“做做要气杀，坐在家里要饿杀”，“工会只会讲大道理，不会给工人办事情”。

超额奖有 3 000 多份，买了广播机，工人骂山门。

3. 福利——有托儿所，女工生孩子要求先拿生产津贴，工会没有解决。

4. 光荣榜，看月亮一样，好看不好拿，把工人当小孩子看。

朱杏林（支部副书记）：

（1）10 月份开始情况，改选后的。

11 个支委有 7 人参加工会常委，3 个支书，军代表，工会主席与朱。

会委每星期一次，四次有三次是讨论工会问题，讨论结果走样子，如吸收会员，筹备委先登记会员，一面吸收，一面审查，面目不清，生产不好的查出来。支部布置的东西做不通，工会布置不是如此，到处发登记表，支部只好再讨论，每个工人都参加。80 余党员有 50 余是候补党员，讨论转党问题，对工会问题没有注意，6 月底结束。

（2）党、政、工、团会议。

解决日常工作问题，奖励制问题（五百元）是不合理制度，工会副主席要跳黄浦，对行政不满。

碰头会现在变了质。次布问题讲过，在执行时没有讲过。

（3）支部内问题。

思想问题——支委与同志思想混乱，支委有 2 个人去生孩子，没有来，其余 9 人大家希望都不要当支委，2 个人想去学习，觉得没有能力，失去工作信心。

开支委会时大家不发言，对开会无兴趣，支委不知道要讨论什么，大家不明确。下面同志说“投错娘胎”，第一种人是怨支部不解决问题，第二种人要退党，问题也没有解决，怨支部不对党员负责。党员反映群众情况，支委觉得是同志思想问题，不加讨论。

支委自己不检讨，只要同志检讨，检讨结果不到支部大会去讨论。多数同志认为要民主选举，不要区委指定。7月党公开，请示区委，9月才回答。个别党员说脱离生产是翻了身，老党员说翻了身加重工作。闹地位观点。许多问题党内比群众知道慢，如五百元奖励制，职员加薪问题，某一职员不负责任，反而加了薪，工人不满意。工人经过了考试没有提升。

党组问题，党组同志不参加支部的小组会议，团员会议更多(团组织内有党组)。

党员教育问题——没有上过几次党课，二六后没有进行过。

支委会像代表会议。

青年团的委员又做工会工作，又搞团的工作，会议非常多。

傅一夫：

(1) 开始到现在的问题。

(2) 步骤：

工作步骤——开始不明确，在常执委中行圈子，工作组成立后，大致如下：

传达意见，统一步调，订出计划。

第二步，整理与研究材料。第三步召开工人代表会议。

(3) 如何走〈湾〉弯路。

工作组同志主观一套，要求很多，讨论计划日程弄了一个星期，实际上做不到。会议非常多，排日程，提纲都没有用。

研究组做什么？不了解，不解决具体问题，是否什么也不管。国庆问题来了，问题要解决。工会在生产时间召开会议，随便拿工具去游行，工作组也只好帮助解决。中央人民监察组到工厂来，如何配合也是问题。

工作组是“研究”，还不大明确。

一下厂时，没有通过支委，只要支部配合，看了市委决定才明确。

今后步骤：

① 总结工作；② 反次布工作。

步骤：10月10日—15日开积极分子大会，报告已有材料，征求意见，20日开大会，布置反次布问题。

（文件编号：E68）

江南造船厂情况汇报

1950 年 10 月 6 日

存在五个问题：

（1）领导系统问题。（2）党委的领导问题。（3）工资问题。（4）工会工作问题。（5）党、政、工的关系问题。

（1）领导系统问题。

5 月中央政府决定归工业部，海军部把有些仓库冻结起来，影响生产。工业部对北京要求，江南完全划出给工业部，三之一造海军，其余造普通船只，不得要领而回。二面管，二面不管。后勤、工业部、海军部互相推，要求的事二面都来。行政本厂归工业部，其余归海军部。

生产无计划，八一以后三分之一的工人无工作（1 000 余人），平均工资 117 单位，经费 8 亿余一月，164 个临时工比长工工资还要高（2 元 2 角以上）。因为突击任务多，不能不要。造船无计划，如八门炮装置不好，浪费很大。行政上不懂技术，随便改变计划，积极工人表示气愤，不改的几乎没有，浪费极大。

各厂各自为政，生产过程互相脱节。

（2）党委问题。

干部有三种，后勤、地下、海军，互相不团结。孟亚人有一阵风之称，同老百姓吵架，思想背包袱，工作组下去后，请假不干。

人事室主任（党委委员）闹地位，过去决定做政治部主任，心中不满，对领导干部不满，现在怠工，要求调动。

党委对上面领导很有意见，上面多疑，自身不争取努力，对工作组完全没有信心，认为问题解决不了。希望陈、饶去解决，别人解决不了，平时对同志没有思想领导。

150 个党员，50 余是地下党员，南下党员不要薪给制，取消等级不满，引起不安心。生活上不满，没有勤务员，结婚，家庭问题。

地下党水平较低，对领导不满，有比群众还落后的，家庭顾虑很多，如何做党员不懂。

作风问题——领导一再失信用，生产上受影响，如情绪，生产的津贴金没有兑现。

技术人员问题，老工人比新技术人员还好，但待遇不同，工人很反感。

完成任务不奖，叫木工看电影，也不做，结果无下文。不发奖金，对工人事先也不说明。

取消三斗米货，通知写错每月三斗。公开号召，使工人不满。

轻易决定问题的作风。

（3）工资问题。

拖延办事，工资不合理，没有解决，思想上如解决，工人也会满意。

工资问题无标准，第三次工代大会不能开，工人说"CP门槛精"，干部对工资问题不能说出道理。

不合理现象：① 学徒可以考级提升，老工人原职原薪不能动。② 并厂后减少工作，做同样的工，待遇不同。③ 历史上问题，如木工过去待遇高，电机、外班工人工资反而少；解放前被扣五角，要求恢复。④ 加班费没有解决。⑤ 1.8与2.2的比例问题。

（4）工会工作问题。

① 没有走群众路线，工协分子解放后不满，组织工会时用委派办法，工人不满。合作社由行政上派人去办，工人说好事变坏事。发救济金问题没有动员，发一个通知，扣工资，对工会不满，说工会只要钱，工人问题你们不解决。

② 任务不明确，忙于事务，不分轻重，很被动。对工人教育没有很好做，工人对解放有模糊了解。抢救很积极，吃大锅饭，捞船等，热情被原职原薪打下去了。后来就发生偷窃，工人不要生产。愿挖防空壕。工人对旧人员不满，没有教育。清点时工会只做编组工作，不发动工人参加。文教干部出壁报，生产工作没有做好。

二六时也教育很差，中心任务（生产）没有抓紧，工会只做大运动工作。

③ 取消交通车，事先不说明。

（5）党、政、工关系问题。

行政说党不领导，党说行政代替党的领导。

党与工会问题——党委决定后通过工会去做，当群众干部想不通时，等待说服不够。党委命令主义，强迫实行，下面同志勉强执行，很不满。有时党委决定不对，如开工代会议，工会主席说星期六来不及，党委一定要执行，要求延期不答应。

工管会——成立时工人希望很大，现在完全破产，取消不少减低工人待遇的决定。工人代表像陪客，行政上临时通知开会，负责同志说二三个钟头的话，工人不要发表意见。

补充意见：

① 孟述人对后勤领导极不满，影响全厂，后勤部领导表示解放。

② “桥”的电影要点名，好事变坏事。

③ 后勤部领导上认为浪费一点不要紧，只要完成任务。张爱萍不是工人，行政上只重技术人员，不依靠工人。

④ 个人决定问题，工会干部作风也如此。

⑤ 党的组织 10 月到 2 月份有二个党系统，行政人员成立党委会由后勤领导。另有一总支，互相参加，支委。9 月以前，地下党有一套组织，由总工会领导(张琪领导)。

现在因领导归区委，是属后勤部，行政属工业部，工会有二个系统，军工与五金工会，各个垂直均有指示。党过去也属过区委。

工会主席：

去年冬天曾因减少工资罢工二小时(汇山码头)，规定最高 190 单位，后来又变为 160 到 100 单位，引起三次怠工。好的工人都到外面去做包工，许多工人纷纷怠工，对工资不平极不满意。后勤部提出要津贴(三斗米)，刘主席口头同意，不肯写书面的，全部党委到总工会逼着写书面的信。后来以个人名义写一信，后勤部发出布告，每人每人贴三斗米，开大会动员，工人情绪就提高。但到了领款时，后勤部说要请示南京。工人要到南京讨论，现在工人很气。

劳保问题很严重。

(文件编号：E68)

江南造船厂党委副书记汇报

1950 年 10 月 7 日

要弄好工作：

(1) 领导关系要明确。

行政归谁，重工业部还是谁？与重工业部还没有确定关系。

二方面都管都不管，后勤部现在不交待工作，党与行政计划无从下手。

(2) 干部思想有毛病。

二种严重思想：① 对党委不满，要求调动，党委委员要整风，互相埋怨现象很严重。工作组来了后，二种反映，没得用，另一种说一说。团结关系不热忱。② 觉得后勤部领导不好，不如重工业部来领导。

办法：① 发动干部整风；② 工作定出计划。

生产处副处长谈话：

(1) 生产盲目，无计划——临时任务多，计划经常改变，乱改，计划落空。修"花"字号船改变了许多次计划，从去年 9 月到 2 月一直改，今年又改(大炮位置)，改计划是由生产厂长一人决定，工人因此慢慢做，可以少浪费一些。半年功夫白费，现在改装苏联炮(海军炮与陆军炮不同)。

每月月报数目字不确，空洞。海军部的船务处很乱，千变万化，放一个舢板也常改来改去。

(2) 生产机构不健全(工务处)。

计划处组织不健全，营业生产不分，如招商局修船直接找工务处。其他组织也如此。方法保守，根据过去习惯做事。

工务处与各分厂关系不明确，只会发工作命令。本处也不分工，处长忙来忙去，耽误工作。

(3) 生产没有制度，上工下工早退早进，做多做少无所谓，奖励制度没有正规，劳动纪律很松懈。别的制度也很缺少，没有正规的厂规。

劳动纪律不好结果，招商局船不高兴到江南来修，怕江南价高时间长。解放后[至]现在只修一条船，单靠海军来修船，还有 47 只，不能开支，多半快要完工，工人工作很闲，五人的事十人做。

原因：① 领导无计划、无经验，接管人员也是如此。② 旧人员不负责任，船坞码头任其坏，损失很大。

江南海：

一年来情形仍旧，始终还是修这条兵舰。

(1) 没有一件工作不是突击，收复台湾的老口号，工人已经不要听。

(2) 一再改变计划与任务，工务处天天写命令单子，天天在改变，一个月内有超过几十倍的任务的。

(3) 一面加班加工，一方面是工人空着无事做，人力浪费很大。

(4) 从上到下生产过程是乱的，乱的根源应由海军部负责，如某一条船拆又修，修了又拆。问题要由上面改正。8 月 1 日，国庆回来后坏了三只，扫雷艇来了，突击任务，修好一碰就坏，工人说生产是开玩笑。干部与工人都是失望，“佐工作料”无法实行，因为随时改变计划。

(5) 浪费大，各厂互相脱离，修船时人没有组织好，无法统计浪费；责任不分明，图样〈划〉画错了也不追问责任。物资清理很多滥着，没有人知道。临时工有四百多人。

(1) 交不交问题闹到现在还未解决，有党员与团员要退出，原因是对党委没有希望。

(2) 领导方法要改变。党、工、政、团都参加了党委，互相间不配合，党委统一从没有弄好。

(3) 船坞没有修理，要花 60 万美金，后勤部领导有很大问题。

(4) 各个厂如何划法也值得考虑。

主要问题有：

(1) 领导作风与方法问题。

比接管时更混乱，要影响前途。从去年 9 月归海军部后情形变坏，首先领导上不愿成为企业化机构，陈司令老婆领导一个橡胶厂说要破产，陈说，破产也不要紧，有后勤部做后盾。群众大会上曾宣布过。领导关系至今未[解]决，海军部要负责任,我可以说海军部从上到下都不想交出去。花了900百亿是浪费的,可以造许多新船,交给工业部后要企业化,船队负责同志怕。拖到现在原因有二:① 海军部不愿交,海军部要把全部仓库留下来,重工业部不能接收,为着领东西,非常麻烦。② 海军部拿了四个厂去以外,还要装配其他工作船,共有500部母机,四厂已占300,还要再装工作船,使江南造船所无法生产,工业部因此不能接收。

后勤部提出后,旧人员讽刺说要把江南"脱了裤子赶出门"。

(2) 江南党委事务。

表现无能,不起核心作用,对上对下都如此。党、政、工、团互不发生关系,意见非常分歧。

孟亚人的话工人看为唱滑稽,孟的病是思想病,党委中间有很大意见分歧。对民主改革问题,委员反对决定,业务研究很少,历史上没有做过总结,计划没有贯彻到底。

党务工作非常无组织无纪律,许多同志不到会,要求退党,个人问题上都在较量。党内没有展开思想斗争,对行政上领导也非常差,没有一个工人受过处分,造成大家不负责任。对旧人员的团结根本没有,思想上领导没有,领导人从头没有与旧人员谈过话,老观念还是非常严重。

每天浪费一千人工,工资七八亿,目前的四反运动有四五亿,漏洞大的不注意,空头支票开得多,工资问题没有解决,不合理的有调整。

青年团书记:

(1) 干部从上到下有三种情况。

享乐思想。

群众观念与业务学习,负责人从来不参加群众会议,群众说只有二个厂长较好,其余均不学习,"上面老油条"。

一个候补党员的思想情况:他要退党,他对工会干部不满,对合作社不注意,工会凭私人介绍人到合作社工作。工人脚上插了钉,医务所时间到了就不看(四时半)。党委不能领导,不能相信,党委无能。三十余个团员要退团,现在工人要罢工。党对团没有领导,请求二次讨论,都不答应。

(2) 工人工资问题。

厕所文学很多,工代会不开,工人要求解决,工会失去了威信。

工会主席：

（1）脱离群众——生产问题。

延安号修了四个月，图样还没有，一句话，美金几千，工人完成任务不高兴。

工资问题，国民党时期减去五角，晚班三小时并半天，与其他厂拉平，解放后没有提高工资。

由于生产无计划，工会干部对面向生产觉得困难，干部有要求到生产中去的一般号召，没有具体化。

（2）福利问题。干部认为生产没有上〈规〉轨道，不谈福利，二亿买了臭肉臭鸭，劳保经费没有发来。

眼病只用二种药，诊疗所办得极坏，特约医院特约制不好，工人要求到中山医院去，尚未解决问题，医药费也成问题，生病当衣服。

要求解决：① 劳保费；② 生产要有计划；③ 领东西要方便去。

（3）试办集体包工合同。

问题：

（1）领导关系要解决。

（2）孟代表回去参加整风。

（3）房子问题（九兵团）。

（4）旧人员 20 余人要处理。

（文件编号：E68）

重工业部陈仿谈江南造船厂移交问题[①]

1950年10月9日

陈仿(重工业部):

海军部没有意见,可以全部交出,工业部要他们留一部分。

(1) 过年移交不成问题,但五百万美金如何用法? 要造计划。

(2) 交厂问题,不修配,派军队中人去做工,军事化。海军要拿许多东西,工业部觉得不能企业化。

(文件编号: E68)

① 原文无标题,系编者自拟。

纶昌纱厂工作汇报

1950 年 10 月 9 日

沈默：

工人对劳动局与工会不满，对外商好，原因是减资问题。

资方提出恢复六日班，工人要求恢复工资，问题尚未解决。资方也希望恢复六日班，要上级工会解决。

次布有 40%—50%，资方要提高。

964 台机，三万多锭纱，现在拟恢复染料部分。

（文件编号：E68）

上海电力公司工作组汇报

1950年10月10日

工会主席：

（一）组织情形

1. 发电、通电，总办专处，工会接此组织，设一个分会三个支委，下分总组与小组，分会委员由支委组成，分会下设各部，支会相同。

（1）现有组织不方便联系群众，因组织不合理现象，权力集中于分会，支会力量不能很好发挥，造成头重脚轻现象，总组、小组不能把意见传达下去（问题在于层次多）。

（2）职员与工人分开组织，工程师另有工会（解放前也分开），不按生产组织，有不方便。

（3）运转、维护二大生产部门，日班与三班头分开，合不起来。

（4）炉子间有1—5间之分，工会编组按号分开，发生了问题，忙、空不平衡。因炉子间有高低压之分，高压很忙，低压的空。

（5）码头与驳船组织，互相不能碰头，编法有问题。

（6）解放前的组织如此，较合理，因为总组织容易找，工人有时就去找，现在已不合适。工人找不到总组织。十个小组组成一个总组，十人一小组（多、少不等），与生产脱离，因小组中有各种工匠。

2. 工会工作作风：

总组长与小组长脱离，工作没有检查，分会支委帮助不够。

3. 如何改编组织意见：

（1）从煤车到发电，包括日夜班，三班头成立一个车间委员会，但这与行政组织有矛盾，因为公司是运输与维护分开，并成一个车间有困难。其次会员思想不习惯，集中于一个车间不方便。因为四号、五号比较重要，二号比较不重要，行政上各个锅炉有一主管，行政上顾虑工人不好调配。

修发电机工人也有意见。

（2）分二个车间委员会，运转与维护分开，但与行政系统也有矛盾。好处是人数比较少（700余人分开较好），与控制（总的）放在那一车间也有问题。

(3) 根据现有行政分三个车间,三班头,日夜班分开,二、三、五号一个车间,日夜班一个车间,维护一个车间。

(二) 生产情况

分四个阶段:

第一[阶][段]——劳动态度问题。解放初期很差,工人认为只要能发电,工作做不做无所谓,对为人民服务观点不明确。公司支出(夜工额外工资)占40%以上,可以拿就拿,外商企业应当没收,工作随便。

资方态度——放任态度,有意造成额外工作。工程师也不管。

第二阶段——二六以后,铁饭碗思想已打破,思想较提高,额外工资9—10%,在生产获得。

第三阶段——4月份以后,通过包工奖励合同,对公司包出去不满,包过来后,订立合同。二十八号锅炉由工人自己做二个月工作完成三个月工作,工人力量大大发挥,比外商包工好。

学徒——过去不学技术,从此后注意要学习。

包工缺点:(1) 拼命主义,要钱不要命,做夜工生病。(2) 部门间不团结,主要部门有奖励,次要部门没有奖励。工友间妒忌不团结,对工会发生不满。

第四阶段——评选劳模后,劳动热忱加强,欢迎世青。

工友反映:要工会提出生产方法,信心有,"生产长一分,福利长一分",要求明确,定出制度。

工会对生产领导:

开始时不明确,二六后也没有抓紧工人生产热忱,没有总结经验,工会干部个人在进行工作。全国生产会议市政工会以后现在明确,办法没有,也没有与公用局很好配合,只订了一些包工合同,并没有领导全面的生产。公用局整个计划交与公司,工会不了解,使工会不能领导生产。

目前生产中的严重问题:

(1) 事故多,发生过好几次,工会不够重视停电问题,没有与公用局合作,在技术上改进(5月停二次,二小时以上)。

(2) 增加发电量任务,电力供不应求。需14万,昨天只能发13万,1951年需要16.950 0。因此要解决此问题,提出意见:第一,1950年内达到14万瓦,打下迎接1951年。现在发电机还不可能,锅炉不成问题,因为14号车漏电要修，还没有查出毛病，15 车也有毛病，6 号车零件还没有来。第二，与资方，公用局工会定出计划。

（3）团结工程师，有 300 多人。

（4）工资不平，过高与过低。

（三）劳资关系问题

1. 资方态度——不愿搞好生产，另一方面也想回转来，利用买办掌握公司，利用买办破坏、分化。资方政策——开始时观望态度，对政府威胁，要求贷款，否则要停电；工资发不出，鼓动工人向政府斗争；卖材料（变压机材料）。揭露了阴谋后，改变方法，利用买办，对付工会。外人退居幕后，提高中国人的高级职员，分化工人与职员的团结。例如奖励的问题，有些部门 100%，有的 1%，工会干部全部调职。

买办方面，向上报功，掌握技术。

利用工人警惕性不够，进行挑拨。

2. 对付方法：

争取买办，步骤是利用劳资协商会议，教育劳资双方，产生代表，联系群众。

（四）现在问题

1. 改选工会，改变组织，合并的步调。

2. 生产问题。

3. 劳资问题。

初步意见，先搞生产为主，结合改造问题。

纪康：

劳资问题。

美帝与买办要分开，“卷土重来”，利用买办，必要时出卖上电产权，不卖材料。大兴土木故意浪费，可能是不合理管理制度，不依靠工人。

工会不动脑筋，外人则否。英、美对反共是一致，表面客气，肚内有鬼。

主动由资方提出劳保条例，如造饭堂，工会不注意这些问题。

技术人员拉得很紧。

（1）目前先要开好劳资协商会议，重要问题根据笔录，在劳动局备案，有人提出车间也要协商(此一办事法有问题)。

(2) 联系群众问题,劳方代表选出一总代表,车间是否可以设立一个委员,负责传达(?)协商会议需要办法传达?

(3) 团结技术人员。

(4) 年终奖金问题。

叶进明:

法电也有劳资问题。

周恺:

(1) 车间问题如何组织?

(2) 推行负责制如何进行,奖励制问题。

(3) 生产福利如何结合。

(文件编号:E68)

新安电机厂工作汇报

1950 年 10 月 10 日

历史：

抗战后才成立，租借别人的机关开的。依靠技术，高工资聘请 20 余工程师，制造马达、开关、方栅，大小都能做。开始时只有 3 000 银元，现在天津有分厂，订货南北均有，政府亦有定货。工人 300 余人。

厂内安全卫生很差。工人经济要求多，罚款严格。奖励办法，实际上加工资，工商局、工业局没有办法。工业部给他 4 800 万定货，日夜班开工。

4 个党员（1 个候补，1 个保卫工作者），不大起作用；团员 31 人，三个月没有开过会。党员做学徒，不能掌握技术。工会有 11 个执委，副主席是党员，1 个团员，4 个执委积极，其他中间偏右。工会不大开会（生产时间内开），生产时间外工人不要开会。29 个小组，执委内有各种技工、小工、职员、学徒，争得很凶。工会主席是老板，小组长有 6 人参加附工队，思想落后的 5 个。小组会开不起来，上面决定不去传达，工会无经常工作。总务收会费，工会各科干部产生用抽签办法，有老人当纠察，不识字的作文教干事。

工人内部问题——要求加工资，3.15 底薪，年奖要求发 6 个月，下月初就要提出来. 坏蛋有 20 余人，过去系附工队，与特方有关的。

工资问题从 2.9 提高到 3.5，只解决了技工问题，小工、小职员问题没有解决，不安心，劳动不好，要求普工升技术，技工不答应。学徒三年没有工资，也反对小工升技工，执委不能解决问题。

问题：

1. 技工觉得奖金不合理，用民主方法评定，没有按技术，凭私人关系评定。

2. 工人要求增加夜工，解放日报批评过，劳动时间达十五小时有危险，工业部不准，但又给了他们大量定货，夜工不开，日工磨洋工。

3. 老工人对行政管理不满，对派工不合理不满，临时工有包出去，可以减少工资。

4. 老工人与学徒关系不好，一个学徒党员解放后自己公开，不帮助老师傅。学徒对厂方不满，厂方不给他车床做工，学不到技术。学徒眼高手低，看不起老师傅，要工程师来教。学徒多初中程度，向大学生看齐。学徒有 76 人，老师傅 108 人，普工 20 余人。学徒多到大同大学夜校去上课，主要活动打腰鼓。

(1) 奖励问题。(2) 师徒问题。(3) 工会的组织问题。

工会与团的关系：

团搞一个《新安生产》铅印刊物，每月厂方给二三百万，团费不要收，与工会对立起来，工会打掉团的图书馆。

下厂后情况，有几个问题：

以工会名义出现，没有用市委名义。过去检查的多系运动的问题，了解的材料多无综合，下面觉得下来了一个月没有办法，不满。后来提出要整具体办法，下面很急躁，要求立即解决。2 个执委不愿在生产时间以外来开会。

工人工资有 300 万一个月的。

(1) 工作组的任务与职权要明确一下，工会与支部都无明确工作方针，工作组是否要解决。

(2) 年奖问题。

(3) 夜班问题，是不是要开。工人对工厂安全问题不关心，吃饭在车间内也不要紧。工人只要工资，工资问题急要解决。

(4) 奖金制不合理，评九级，生产反而降低。

工会说生产是行政问题，工会不能管。主要问题是面向生产，如何面向生产？工人说生产搞好了，还是老板好处。老工人说他们凭良心做事，很爱护工厂，对老板觉得狡猾。但也有一部分人觉得老板有办法。

文教工作不好。

意见：

(1) 关键是面向生产，主要有阶级觉悟，空洞教育无用。福利应提高，工会应采取主动，解决搞好奖金制度问题。是否承认现有制度作为基础，另外用其他办法，按工业业部规定，对作工有规定，可否按此办法进行。

(2) 工作组要求做到的目标，月中怕有困难，不能立即完成任务，因为没有骨干。

（文件编号：E68）

工作组组长会议

1950年10月11日

（一）讨论提纲。

（二）集中整理材料问题。

1. 时间以11月底为限。

2. 方法。

（1）面要广，报纸、刊物，从工人中找材料。

（2）工作组要分工，谁保管材料，党员、团员都动员。

（3）态度，要很自然的找工人谈话。

（4）提纲要秘密。

吴：

调查会是基本方法，不要专门报工会主席；工作组要分工，有些要秘密谈、侧面谈。

石林：

时间有问题，同现在工作有矛盾。

第二个问题。

上水：

饶政委报告没有听到，要材料。

（1）到厂里去写。

（2）各厂特点与五点。

刘：

（1）明确认识每厂的主要的问题，党内党外的问题。

（2）要在群众中反复的讨论，使群众也认识是一个重要问题，要求有根有据。有的问题今天不能解决的也有，但认识要有，对下面同志要清楚。

(3) 江南、纶昌是工作不好的，为什么要选为典型？这两个厂犯的错误很多，也需要写。江南不能是因为行政上领导不好，党与工会要负主要责任。

纶昌问题：① 次布不能与资本家定合同。② 工资问题要与工人讨论。③ 工会主席休息，让副主席干。④ 工会小组编起来，各种委员会组织起来。⑤ 救济经费问题要副主席说话，执行我们的政策。

上电问题：要研究工会如何脱离群众。

法电问题：基本上是三十六股问题，中心问题是小团体的团结问题。

(4) 不能做结论，否则要断送工作，秘密问题倒没有，大声大叫的做不要紧。

纪康：

(1) 15 日以后以党的问题为中心，如何做？

要求再开一次会，如何研究党的工作？

(2) 15 日要开代表会议，10 月底只能结束。

(3) 基委什么时候结束，12 月要开代表会议。

刘：

(1) 时间问题：15 日是基本结束，不是完全总结，时间久了工人要反感，有些问题不能马上解决。

(2) 代表会议拖到 10 月底不好，意见不成熟不要开，人数可以少一些，或者分日夜班开，目的在于使工人参加意见。

(3) 党的问题研究，要注意党如何执行对工会的领导，即根据研究结果来进行工作。要以支部为中心来领导工会与青年团的工作，以后再讨论。

陈：

写材料问题。

(1) 时间以 15 日为限，地址在厂内写。

(2) 内容根据饶政委五点为中心，厂内特殊情形要写，中心问题要写得明白，问题要写出所以然。如劳资协商会议开不好，为什么？不民主，脱离群众，具体原因是什么？

（文件编号：E68）

张梅关于中纺十厂问题的汇报

1950 年 10 月 12 日

中心问题：

（1）考虑生产问题少，注意权利、名誉、地位多，领导上的主要问题（中央人民纠察委员会调查）。只要完成生产任务就好，内部问题始终不解决。群众对领导愈来愈坏，失去信心。工会、行政、支部、团作风都脱离群众。

去年生产好的原因是因为参加工会，不好的不能参加工会。

职员对工人不相信，职员间有派别，工人中间也有特务活动。职员工程师不管，生产又下降，次布增加。老工人提出建议，代理技师（接管组）说过无所谓。党员工程师也这样态度，支部委员会、团也提出过（都是工人），军代表说是职工关系问题，也不管，说各厂都如此。下面职员知道生产情况很不好。

愈来愈严重，揩油，睡觉，工人职员认为行政与工会不管，我们管他做什么，以后不再提意见。

二六后更坏，三八节又提出许多生产问题，军事代表及工程师等又说各厂无办法，我们也无所谓。3、4 月份，纺管局来调查，开始着急。5 月间又好一些，行政上认为生产不好，主要是由于工会工作不好？

原因：对工人意见不重视，党员、干部消极起来。7 月间车间委员会成立时，工人有 500 多条意见，领导上不答复。厂长早退迟到，说比解放前已好，接管组不知道工人提出什么问题。

（2）干部问题。

群众说我们有二种干部，一种是军事代表的，吃得开，腿硬，自大脱离群众，工人小姑娘跑接管组的，他们对生产是不好的，赵锡珍的干部，喜欢跳秧歌。另外一种如赵锡珠，工人出身，骄傲自大，外号“总工程师”，可以自己随便出布告，对工会根本不信，说工会是破坏生产的。光荣榜也是他弄出来，不应和工人谈，工人反对，工会对他有意见。他喜欢打腰鼓、广播，对生产无兴趣。

他说区委来解决什么问题，开支委扩大会随便跑掉，以后根本不参加。区委只会来批评，军代表要他为代理助理技师，不经过纺管局，出了一个通知。职员、工人反映：老工人、老职员不提拔，接管组干部可以无资格提拔，吃的开。工人说与日本人态度一样,看到有次布,就拿工人的小辫子。工人联合起来,大家出次布,看他是否都开除。非党员年技师很努力,他就要孤立。

8 个接管组同志,调出 2 个,1 个生孩子走,去的 2 人热情很高,但比较幼稚。军代表王新调走的,张梅没有同意。此二人是解放区来的,职员对他们离开表示惋惜,后来变为小黄牛,是有苦衷的。

(3) 军代表如何领导。现在总务科长有贪污行为,老头子不负责,接管组同志在总务科工作时,连买一刀草纸也要军代表批准。

人事科工作(孙梅是科长)。

开除人,人事科不知道,领班决定,军代表批准。四个工人开除了,科长不知道,处罚工人也不知道,事后登记一下。处罚无标准,职工很消极。

一个特务被捕后放回,军代表决定降低使用,工资照旧,干部因此多不安心。军代表错了也不检讨,有了问题,工人找干部不能解决。

(4) 工程师问题。

一个纺布工程师,党员,候补期刚满,三霸之一,有一部分势力,解放后升为工程师,在厂中做了七年工作。以前工作好,解放后对工人不相信,创造发明不关心,抹杀工人的创造,怕得罪职员,从来不接受工人意见,工人考试及格不提拔,工人不满。军代表对工人意见根本不考虑,他相信工程师,只听赵锡珍的意见,纺纱工程师对织布工程师也因此不满。上面、下面都不团结。军代表对干部办法,不相信就调走,对主席王世铭也打算调走。对纺管局说,张梅不去,我可以调走。

(5) 党代表如何领导党与团的工作。

群众对党与团不愿提意见,因为群众认为支部书记也是军代表的人。一个多月没有开过党支部会与小组会,党员有要求退党的,党员认为公开了党以后反而不好。党的二个副书记兼工会工作,党内工作没有,党课也没有,区委决定党员不知道。党员无法做模范,只有麻烦还是退党好。

团内有许多是党员,党员不起作用,团员也吊儿郎当。团专门做突击任务,如国庆连腰鼓也打不起来。170 个团员,党员 20 人,团的干部不起作用,11 个团委只有 4 人起作用,不能得黄与工会的帮助。行政与工会只有要求团作事,如扎花船。

团员大半是工会与纠察队的干部，双方闹干部问题，团的干部都被拉出，挂名在团，事实不能做，疲乏不堪，团干部情绪因此低落，团的问题主要是与工会关系搞不清，职责分不清，支委会讨论几个钟点解决不了。

团区委对支部的布置不合生产要求，任务多。

团干部疲劳不堪——会议很多，不脱离生产，上下还要埋怨。

团务——申请入团，搁着不管，候补期满也不解决，党内也有此情形。

（文件编号：E68）

上海电力公司典型报告

1950 年 10 月 12 日

纪康：

工作组工作还是集中在工会上层，今后要深入工人中去，9 月初到 9 月底检讨一年来工作，总结与检讨。（1）生产问题。（2）反轰炸问题。（3）考工制度、升工制度。（4）劳资关系。（5）工会组织问题。

（一）经过。组织问题参加在 50 余人，开过一次老工人会议讨论初步总结意见，专题问题讨论三次。

整理笔记，写成文字。

总结交到全体执委，开扩大会议，总组长 50 余人一同参加讨论，群众提出许多意见，再加修改。

以后到车间再讨论。

（二）如何着手开始工作？

从工会干部着手便于发现情况，工会干部分析情况能力差，所以不要提纲比较好。

（三）如何联系群众？

1. 从小到大，由浅入深，由积极份子联系到一般群众，有领导，有步骤，有百余群众参加。

2. 领导检讨要与群众连在一道，停留在上层，不可能完整。要反复讨论，如生产管理问题，群众说生活不照顾，不办福利事业。先烧香，再搞生产，空喊生产对工人无好处。如减少煤耗对工人无好处，就不积极起来，要求订出合同。医疗问题工人要求办医院，房子有，医生与钱都有。工会干部要先搞生产，工人不同意。远期支票、近期支票都要，提高工会威信很大，讨论后干部思想较明确。

再如恢复紧急贷款的问题，审查工作由工会负责。婚姻与生育问题没有解决，公司有四万单位，工会上出二万单位，工人不满意。我们干部认为要与劳资条例抵触，结婚不要多花钱，不要有经济观念，座谈会上群众干部仍不满意。问题提得很严重，干部思想才有转变。

改选问题——经过座谈会后，工人要求“改变”，不要改造，单纯组织车间委员会弄不通，工作组讲大道理不行，最好要让群众说服工会干部。总结工作开了五次会议。

（四）工作态度与培养工作干部问题。

开始很心急，工会干部连国庆都不能休息，原因是工作布置太急。

表现：（1）党的作风问题，一切通过支部，支部委员不知道工会工作，首先由党组同志作报告，使支委了解，支部布置使工会工作能合拍。

（2）党组会议开得少，某些党内问题拿到常委去讨论，书记知道，党组同志不了解，在群众会议上自己先争论。

（3）重大政治问题没有向基委审查，及时请示不够（如对资问题）。

（4）会议多，个别交谈很少，时间拖得多。同群众干部谈得多，觉得疲乏，会议又不精彩。

（5）党群关系没有很好处理，工作组下去后在党内同志谈，与群众干部不谈。群众领袖开会时要别扭。

（6）工作组多少有些包、代现象，过早表示意见。

（五）对重大问题不及时解决，如停电问题。

群众要求解决问题，检讨没有用处，过渡办法要解决，如办医院问题。

（六）会议步骤。

1. 开好座谈会（车间），为代表会议打好基础，车间先开代表会议。

2. 加强支部对工会的领导，要使支部了解很好领导党组，党组也要了解服从组织。逐渐加强联系，帮助开好党组会议。

3. 解决目前主要生产问题，加升工问题，与公用局讨论。

杨宇根（工会主席）：

三个星期来的总结报告（见上面）。

王一定（总支书记，公用事业党委委员）：

支部如何领导工会工作？

每日二小时总结工会工作，每周三次党整风，对工会工作总结注意不够，现在才开始明确。不够重视工会有历史原因，一贯来党与工会有矛盾，区委成立前,“工作关系就是组织关系”,支部由总工会领导,支部忙于游行,支部生活不好,没有会议,上面忙,下面空。外来干部与地方党同志不一致,建区以后,党与工会领导分开,党组成立后,支部生活开始经常,但发生了党组的领导问题。地下时期党组是领导支部的,解放后产生了问题。

二六以后,党组同志有六个多月不参加党的生活,党与党组脱节。党组有问题只是向上级提意见,不和支部商量,关系问题结果不提出讨论。下面同志知道有问题,但不明白,5、6月间同志悲观,有能力的被开除(被捕者)。

党内组织按行政组织,党员分散得很,领导集中多,二个分支,112党员有一部分是解放前后发展。出席党的会议者只一半,退党与流离者占三分之一(30人),个别的党员把党看为国民党。生活问题不满,赌博的也有。8、9月份整风巩固作为中心,上党课、处理党籍问题,党公开。以发电部为中心,健全支部工作,四个分支部公开,90%已能出席支部会议。9月份还不注意工会工作。本月初召开会议,讨论市委决定,工作组同志帮助,党组书记报告工会工作,同意其报告,又召开总支大会,动员全党工会党组作报告,对今后办法尚无明确办法。

总支对工会决议,成为分支的学习内容,组织委员动员13个党员、15个群众。加强宣传工作,保证开好车间座谈会。

问题:1. 问题决定是否要经过党委会。2. 市委决定除生产外,一切问题要经基委决定,如发通知是否也要通过基委;发动群众欢迎劳模,是否也要通过,思想上不明确。

刘主席:

1. 今天的典型报告,目的是使大家得到参考,你们的报告,要以本厂工作问题的中心提出来,然后基委统一研究,展开讨论。

问题已经提出,经群众讨论证明确定一些问题,有些问题已明确的,工作组可以肯定写出书面意见。照原来计划工会工作应告一段落,以及要搞党的工作,这二天要集中力量来写书面东西。下星期四开不开会要经委员会研究一下。

2. 上电问题应注意的:

(1) 加升工问题。

这个问题已提到公用局去了,委员会没有看到,我们请公用事业党务督促公用局解决,人民会议以前要解决,工人不管你定不定。

(2) 车间委员会成立问题。

要详细研究,不要马虎,要注意生产组织原则。

(3) 劳资协商会议问题。

可以组织一个总的会议,老板只有一个,三个部门分开讨论也可以,但要统一的组织,愈分散愈难掌握政策。工会不要包办,只能参加,否则要被动,让工人自己去说话,参加协商会议。一定要与广大工人讨论,然后去协商。民主讨论与协商要结合起来,市政工会还没有建立劳资协商会议,应当经常化。

(4) 厂长、人事处长应否参加工会?

已经参加了,可以用协商方法解决,工会里面可以讨论,启发阶级教育。

(5) 总支与基委的关系。

要做到支部统一领导更容易解决问题,支部同委员会关系应当密切,工作组比支部高一级,不能机械分高低,不是上级关系,是为了完成工作。欢迎劳模不是原则问题,可以由工会考虑,不必请示。

(文件编号:E68)

十厂军事代表谈话

1950年10月12日

主要是领导问题：

1. 干部关系问题。

张梅同志做过县妇委，能力有，身体不好，大部时间不在厂内，联系员兼人事科长，没有解决分工问题，形成我个人把持。旧军队作过工作，抗日后才转入我军。

同王世铭关系不好，原则上不同没有，无原则纠纷，无可奈何现象。王世铭不善于运用干部，容易忘记事情，支部讨论的事出去变了样子。王的报告中说，当作政工关系的一个问题，如500元奖金问题，事实是工会提出来的，我们变为具体化。次布每天损失三四百美元，没有与工会讨论，会有一部分工人做假的。所以慌张发出通告。托儿所问题有决定，是王世铭忘记了的。

支部工作没有负起责任。党组与支部书记杨家挥关系不好，军代表因此兼书记。我们把问题看得很简单，把二个头调开，王去学习，王回来杨再去，但也没有弄好。因为支部没有统一，下面党员也有二派，后由苏博决定王与朱××做副书记。朱年轻，老同志不服，领导力量不能发挥。

厂长说“有职无权”，布厂工程师是党员，解决问题较容易。

2. 上级领导问题，不统一。

上级对工厂领导具体指导太少，一般号召多，无计划，节约、次布……不断的提出。上面多头，纺局、区委、纺织工会，同时来的指示不一样，分散冲突。例如今年5月纺管局要民主管理，通过学习，成立工厂管理委员会；上总布置学工会法，成立车间委员会；纺管局的指示内容，工会常委、执委、党执委、团的总支部都要学习。

纺管局发指示学习社会形势发展史。

去年12月成立工会小组时，来了一个年终奖金问题，一直弄到“二六”，毫无结果。原因是工会与纺管局意见不一致，工会先公布一丈五尺布，发实物，纺管局不知道。年终奖工会说48 八 天奖，纺管局主张要研究。中央决定36天，重新改变，发放办法一律照旧。“二六”事件，纺管局、司令部、工会都各有主张，弄得很乱。

3. 对党区委意见。

区委人少，去过区委二次，去的原因是解释个人问题，不是请示。

区委来人是参加会议，组织员不常发言，区委没有指示。有问题区委答复不够，如基层党员不严格，退党的第一批 7 人，后来是 6 个，区委不及时。党员有些是过去的工协会员，自己不承认是党员工，请示区委拖了几个月不具体答复，到今年 7 月公开党时，区委说先把这批人[先]搞出去，再谈。三个人留下来，没有退成功，其中有一个女孩子，因为怕家人干涉开会退党，父亲同意后不退党了。还有几个人现在还在说，为什么拉他在党内。

支部书记未民选，由区委指定。同志们反对指定的执委，支委解释大家不同意，区委没有解决。

4. 对工作组的意见。

(1) 任务不够明确，做起来有问题。如何执行任务不明确，材料搜集后工作组应综合几个主要问题，分别进行研究，先求得解决办法，改造新的工作。可以说厂内工作可以改进，现在没有这样做，问题提出一大堆，究竟是解决责任问题，还是研究办法。因此引起关系问题更加不协调。

(2) 怕王世铭反映情况不明确，有点不放心。

(3) 傅一夫同志胆不大，掌握厂内情形，帮助具体工作不够。

5. 如何领导工会。

11 个党支委有 7 个是工会的执委，党与工会分不开，党组等于没有，党组没有书记，只有党的小组，没有领导工会工作。团有，也有一个党的小组。

工会工作问题。

大的运动没有一次不完成任务，工人很好，工会委员也很好。只要领导好，就可推动。党员同党员吵架，群众帮助解决。

工会领导问题：

干部关系问题。主席不计划工作，不组织工作，是生命线，成天忙，谁拉住他就做谁的工作，不会使用车间委员会，八个工作委员会。

主席威〈声〉信：有人还叫“先生”、“会长”，流氓成份大，王一出面能起作用，有政治问题的工人怕王世铭找谈话。

王与其他工会主席关系不好。

八个委员会：

妇委——做离婚[工作]。

青工——打腰鼓、唱歌。

劳保比较多一些，办合作社。

文委搞识字运动，没有搞起来，十余人。党支部没有讨论过宣教工作。

问：党对工会的领导观念明确否？

答：不明确，王世铭撕行政布告，得有下文。

问：以后工作如何办？

对张梅分工弄好，让其负责支部工作，做书记，自己不兼书记，或者专做支书。对王的主要缺点是没有掌握原则，去团结他，工作组来了以后才多了掌握。原则性不够坚持，思想上顾虑，后团委由于撤一个职员，被控告了一年，思想上怕得罪人。另一原因是永安厂开除职员问题，对待工人的态度原则应如何，很模糊。怕自我检讨后王世铭要反而不好。

问：军事代表干什么？

答：不明白。

对工会提过许多意见，但怕"政工关系"不敢再提。缺点，一切问题没有提到支部来讨论与解决。其次思想展不开，怕提出讨论，青红皂白不分明。如不是军事代表，事情也好办。

问：分工如何不明？

写一材料。

（文件编号：E68）

刘长胜等对当前工作主要缺点的意见

1950年10月14日

急于求出各厂的结论，不够重视广泛与深入的搜集厂内材料加以研究、找问题，而是先行肯定主观上的意见，再去找材料。

由来：

(1) 对饶[漱石]的指示没有很好体会，领导上对各厂的问题要求“抓中心”，肯定一个帽子，对工人提出来的问题不大重视与注意，如上电的总结报告(对工资问题)、法电的党派问题没有认识、十厂的政工关系问题。

(2) 工作组的任务不够明确，曲解了“做一个活的典型”的话，不先调查研究，急于去解决具体问题，如纶昌的工资问题、十厂的军代表问题。

其他问题：领导整风忙，开其他会议忙(如范小凤)。

1. 具体问题的帮助解决与调查研究的任务有什么关系？孤立还是有关系，统一的还是矛盾的？

2. 怎样找问题，调查方法，写材料问题——先分析综合，加上帽子，再找事实，还是根据各种事实再来详细分析与综合？

原因：(1) 对饶的指示少同工作组研究，急于下厂，调查研究不明确，四反会议还没有解决思想问题。(2) 工作组负责干部整风及其他工作(如范小凤)。干部还是问题。

(文件编号：E68)

陈少敏同志报告

1950年10月15日

九个棉纺厂，共十二，私营的十一个厂。

工会工作好的面向生产，工会干部一般的都积极，但办法少。少数干部地方作风反不过来，情绪上不愉快。

工会工作的缺点：主要是生产与群众生活没有结合起来，工作与生产脱节，一般的同志没有办法，没有钻到生产中去，行政、资产阶级、工会都要负责。

（1）主要是浪费问题，很严重，很普遍，没有一个厂不浪费。七厂较好，工会工作具体，与行政配合经常检查，也无党、政、工关系问题，工会也关心群众生活，主席在车间里。干部接收新事物快，党员14人，主席非党员，党的领导强，党相信群众，党对工会工作抓得紧，也注意生产问题。民营永安二厂浪费也少，旧的管理办法没有改，工会工作也与生产结合的，党、区委也抓得紧。干部说"我们比国民党、日本人时代浪费少"，这是原则的错误。

（2）工会没有参加到工厂管理委员会去，工会干部说这是行政上的事，没有了解没有群众监督是办不好的思想。

（3）劳动纪律不好，国营比私营的更坏，在厕所内睡觉，早退。

干部说"要等群众觉悟了再解决"，这种态度不对。

劳动纪律不好，原因是没有解决工人的问题。工人提了许[多]合理化的意见，不解决，行政与工会都没有注意。

发会员证时要工人反省、检讨，工人都不说话了，工人说"当什么主人"。工人的意见只批示不解决，工人自动改进了，也不表扬也不奖。坏分子造谣也无批评，赏罚不明，是非不分，无政府无纪律。

（4）工会包办代替，脱离群众很严重。只听积极分子的话，但不教育，他们很苦，随便加工人"落后分子"的帽子。积极分子多是青年，技术不好，只能跳的，看不起老工人，这也是很严重问题，没有注意。生产技术上的骨干（技工），脱离他们会脱离群众。

九厂工会主席每月开会150小时，工会有的开会在60次以上。主席不上车间，时间花在开会上面。

盲目的与行政对立，私营厂也有同样情形。

合理化建议，不提到协商会议上去。工会不向工人做报告，工作放在脱离生产的干部身上，工作愈加无办法。

对工人的福利很少注意，如茶杯不好，妨碍生产，毛厕太远，一个厂九百个工人，只有三只便桶。

劳动保护问题，没有安全装〈设〉置，工会也不注意督促解决，电门上不放红绿大灯，死了工人没有抗议。

工人说“开会就是减工资”，××厂减了三次工资，称为“黄色工会”、“土匪工会”，拒交会费。

(5) 工会与行政关系。

一般的都不好，行政不好，工会要告状，有些问题要协商。

工会对军代表、厂长要提高其威〈声〉信，关系很恶劣说军代表没有资格到工会来说话。

同职员关系不好。某厂 5 月间定劳动公约，职员要求也定公约，工会不理，说成是形式主义，不把职员看为工人阶级的一部分。

(6) 教育工作不够。

运动多，记录多，宣传鼓动工作没有做，文化教育没有与生产结合，工作是一件件的做，不是结合起来做的。××厂，国庆花了很多钱，“八一”花 160 多万，国庆花 200 多万，六厂 600 多万，300 万从会费中支出，一部分是工人贷款中支的。十一厂花了 1 000 多万。工会的经费查不出来。

别的地方是以生产迎接国庆的，这里有二个厂的动员方法，是工会号召签名，行政上号召。

(7) 会费。

很混乱，有无贪污不敢说，清理会费是一件教育群众的工作。

工人对干部有意见，对共产党没有意见。上海工人觉悟程度不低，工作不好主要是经验少，困难是干部思想打不通，只要走群众路线，好解决。

选代表：

民主选举，工会提出三个条件，生产积极，为大众办事等。

（文件编号：E68）

工作组组长联席会

1950 年 10 月 18 日

法电江征帆：

(一) 9 月 10 日下厂，一个半月时间，方法。

1. 全体工会执行讨论一年的工作，时间一个月。

2. 工厂负责人进一步研究执委讨论的意[见]，党、团、工会、秘书、工作组费时七八天。

3. 八个座谈会，每一生产部门都开个，包括劳模、老工人、工程师，到 180 人，收获最大，基本上完成第一阶段的任务(一小时到一时半，收获很大)。

(1) 检查与发现问题，初步提出一些意见，四份材料。

(2) 工会干部对工作组信心提高。

缺点：

(1) 领导作风、工人思想情况，材料还不够。

(2) 有些问题所〈有〉以然还说得不清楚，材料多由干部提出，真实性有限，花在写、印、交时间很多。

(二) 基本经验教训。

1. 调研方法存在形式与主观主义(停留在上面太久)。

表现：在执委上讨论时间花了一个半月，时间太长，造成干部疲劳，工作混乱。双方疲劳，工作觉得枯燥。工会干部有些失望心理，还没有办法。每天早晚都有会。炒冷饭，说来说去差不多。蒋阿龙对知识分子不满。

2. 向党员谈得少，与干部谈得多，思想上认为先要干部，没有抽出时间找一般同志谈，党员同志不大满意。

3. 孤立的搜集材料，同工会当前所发生的重大问题结合起来。工会处理问题时没有注意收集材料，如工会处理一个工人打人，要开除他。发大衣问题，工会主席一天到晚去解释不发，团员带头要发大衣，党不关心。

思想上有“包下来”的问题，不在运动中去研究问题。

(三) 原因。

对上级请、指示不够，对市委指示研究不够，对第四条到后来才发现，如党与团书记站在外面，不参加工作组。参加了工作后，工作就不同了。

私营二厂石林：

9月中旬后下厂。

以前工会执委开了二十天，从9月中旬后改变了方法，研究饶指示中几个问题，分开研究。分头开调查会，二三次不等，分三个小组，对象不同。

(1) 生产。(2) 劳资问题。9月底结束，集中研究，第一次整理材料。10月4日开扩大工委会，党、工、青委员都参加，工会主席做报告。

10月9日开第二次扩大会，吸收车间积极分子、全体党员，约200人。工会主席报告，车间又开会议讨论，内容更丰富具体。

干部思想。开始时认为工作组是帮助学习，解决问题的。后来忙提搜集材料时，又认为是来调查过去工作的，表示失望。10月10日以后，大家提出讨论，又认为上级是来使我吃批评的。

方法缺点：(1) 对象少代表性(开始)，材料不具体不生动。

(2) 工作组自己发言多，轻下结论(原工会主席现为组织员)，群众发言有拘束。

(3) 对资方材料少。

(4) 对工会干部的解释不够，发生误会，说工作组帮助少，打通思想差。

(5) 上面停留太长。

(6) 同普陀区联系不够，忙于国庆布置。

经验：

(1) 从群众中来方法好，如第二次扩大会，教育了干部与群众。

(2) 调查会方法比较好。

有什么困难与解决方法：

(1) 与现实工作的结合发生困难，不肯先解决，要脱离群众，但又要搜集材料不能完成任务。最后下了决心还是要解决具体问题，同大家共同研究，帮助解决问题，比较好办。

(2) 工资问题工会主席找工作组解决，如何解决发生困难，现在还不知道我们向何处去请示。

(3) 同区委关系现在已解决。

工作组分工：

（1）先找死材料看一看，然后找活材料。好处：可以不重复，有头绪，找补充。

（2）一个同志专门研究工资问题。帮助解决，经常跑车间。

（3）小组同志水平比较低，整理与分析能力差，冯兰瑞还有别的工作（整风问题）。

（4）汇报记录不健全，丢掉材料很不少，最大的缺点，还有材料可以补充。

江南周炳林：

工作分三个阶段：

（1）9月2日到25日，由上总布置的，开一个干部总结会议，先漫谈，无提纲，九个常委，十一个执委。工作组掌握不住材料，提出几[个]问题，如抢收、党政工团关系、作风、护厂等问题。

（2）9月26日到10月12日，基委成立后要求不同了，觉得工会问题谈得不够，确定有提纲，以工会、生产工资问题为中心。

（3）12日到15日，主要是整理材料，分头开搜集材料会议，召〈开〉集四十余老工人开半天会议，生产问题召开二次座谈会，工程师、厂长均参加。另一个工人的会议。

下厂发生的问题：

（1）工会干部觉得工作组太多，华东、后勤都下去过，信心不高，后来又好转。

（2）工人住得远，分散，生活成问题，不容易集中在一个厂内，每天晚间开二小时会议，本来9月底要解决，因为问题还要延长又继续下去。

（3）确定归后勤党委后，江南党委负责人请假。开会，领导关系不解决，不肯来参加。到现在为止，党委还不能配合。现在似乎又解决了。

（4）工资问题为中心，大家关心，发言最多，其他问题谈不下去，干部没来也谈过。

工作组缺点：

（1）大体与他厂相同。

（2）事先应先了解情况较好。

(3) 如把具体问题与调查材料相结合较好,先找出中心问题,再召开会议,材料可以更丰富,时间可以缩短。干部与群众会议都要,问题可以更明确,如面向生产问题,工会认为不能做,工人就说水龙头要增加,就可以增加生产,干部无话说了。

(4) 对工会干部动员不够,对市委指示研究不够,意图、任务自己也不明确,下面自然缺乏主动性。

(5) 钻研精神不够,轻下结论,限制自己,如浪费问题,材料很不够。

目前要求问题:

(1) 工作组与后勤部如何联系,江南不属于市委,工作组不能参加,步调如何一致。

(2) 以党的问题为中心,如何进行,后勤也有总结计划,发了文件。

(3) 服务活动,群众普遍不满,如何主动开展工作,如劳保工资问题,如何解决。

上电纪康:

步骤:

(1) 三个专题座谈会,100 人左右,材料整理,参加整理会议的材料,开了一个扩大会议,包括总结会,90 人左右。

(2) 开车间座谈会,现在在进行中。

缺点:

(1) 工作方法主观主义,与法电相同,一开始就着手想急于解决问题,从干部着手,不从群众着手。干部检讨会中工作组发表了肯定的意见。群众提出的问题不关心,生硬地用三个问题去套。急于做出结论与解决办法,对群众意见重视不够。如不谈福利,只要解决生产问题。同基委谈话后,才有转变。只知其然,不知其所以然。12、13 日才懂得,工作组后来自己对笔记,有许多情况没有去追问。

(2) 机械化,只开干部会,没有用其他方法,干部会开过三星期的检讨会。

(3) 对总结工作看得很简单,以为开过会后就可以总结,掌握情况不够,觉得有困难。总结会开了六天,群众意见很多。硬总结,结不出(紧急贷款问题)。如恢复经济谈判问题,群众一致要求,总结会议上干部不重视。

紧急贷款问题，工会认为生育结婚不能贷款，群众不满。

(4) 工作组没有通过支部去调查，没有发挥党组的作用，下厂后只开过二次会，只与党组书记交谈。党组意见不一致，在会议上争论起来。

(5) 工作组包办、代替现象，轻易表示意见，下面发生依赖思想。

原因：

(1) 对上级指示重视研究不够，重要政策问题，请示报告不够。

(2) 成竹在胸，考虑问题不广泛。

(3) 任务观点 急于求成。

工会干部思想：

(1) 自高自大，看不起上总，要求解决问题。

(2) 写出来的东西干部要得急，基委说不要紧，认为看不起他们。

问题：

加强党与工会工作，搞好生产，首先搞工会，支部保证其完成，第二步考虑建党。

十厂傅一夫：

时间一个半月，过去是上总布置的，四个干部，一个因生病没有参加，三个人不专门搞，总在外面。

过程：

(1) 第一阶段，9 月初—9 月 15 日，走了〈湾〉弯路，传达意图，要工会订立计划。召开党政工的会议，讨论：① 互相如何配合工作(党政工团)。② 共同问题是什么？

讨论四天，主观一套弄不通，收获是：① 情况有些了解。② 总结问题有些层面，如会员证、反次布问题。

常执委分三班。

(2) 第二阶段，觉得主观一套不起[作][用]。9 月 16—28 日，常执委分开讨论，三个同志分头参加。学习邓子灰报告，干部掌握不住。生产问题讨论了二个星期，工作组思想上没有心中有数，不能发现问题，有自流现象，没有中心。记录也有毛病，只有开头，没有内容。

(3) 第三阶段，整理材料，每组有一核心小组(工会)，工作组同志只去听。

最近在开漫谈会。

缺点：

(1) 对上有指示研究不够。开始要解决办法，后来又要具体材料，弄得头昏。

(2) 开始要求很高，后来是自流。如开始时要有提纲，下车间，后来让常执委自己去讨论，也不记录。

(3) 机械的阶段论——先干部后群众，步调混乱，干部思想混乱，以为只要材料。不来解决问题，感到失望。

(4) 以研究为主，不在运动中搜集材料，如国庆时停止，我们不注意。

现在要有500多人停止调去生产纱，如再如过去，就要脱离群众。要配合“生产运动”，训练班要参加进去，同时搜集材料。

(5) 干部问题，知识分子干部要与工人结合，如无知识分子调研工作不成问题，现在已解决。

纶昌沈默：

干部思想：

(1) 工会干部认为工作组来会有办法。

(2) 执委认为终没有办法解决工资问题。下去时常执委不能开会，一开就吵，群众对我们对立，工会主席不起劲。

(3) 工作组下去大家要求解决六日班问题，只谈过去不感兴趣。工人对工作组同志申冤，说第一冤家是资本家，第二是孙雪玲，第三施杏之(党员)。工人要孙雪珍回来算账，工会干部也认为不解决问题，不能开会。

工作组工作：

(1) 首先着手解决工资问题，包替工会工作，对调查问题放松，经市委指出后工作组检讨后，才开始转变。不明确只能帮助工会，自己目的不能放弃。

(2) 收〈搜〉集以前工作组的材料，开了一次座谈会。

三个同志分配到车间中去，一同生产，一面收集材料。工人对此不满意，就提出不满的意见。

(3) 调查会、执委会，搜集材料，10月10日起到15日止写材料、补充材料。纪永生问题、天主教医院问题，他是董事之一，医院不负责任，纪反对工人，同群众有矛盾。劳方动态，外人有回国消息。外国职员有拿二份薪水的，中国职员有拿英镑与人民币的。二方对立，工人落后，对英国人有幻想，职员材料，六日班问题。

（4）工作组掌握上级指示不大明确，最近才明确，组员不大明白，问题愈具体，思想[愈]明确。工作组觉得进一步做还不明白。

小组分工。区委看不起工厂支部，区委根本不知道厂内情况。支部同志听不懂工作组所谈的问题，由区委去加强。

上水范富昌：

10月4日在下厂。

工会干部反对工作组下厂，因为过去〈带〉戴了许多帽子，不解决问题。所以先开准备会议，支部会议。国庆后才下去。

团小组会，讨论对工会、党的意见。

工作组倾听党团意见后，确定有八个问题，开专题小组[会]，四五人一小组。参加工会的日常会议，发现问题。

阻碍：

（1）三四单位调来，干部离不开岗位，工作组干部对工作了解不够。

（2）对工资问题无法解决，工作组如何表示态度？

新安吴增亮：

第一阶段（三个干部）：

国庆后才下去，以〈有〉前有上总工作组，饶政委报告没有听过，听了刘的传达，才明确了思想。

下去后先了解情况，材料多从上面来的多，分析少，检讨了一个月。工作组下去后从下面调查起，同时总结了过去所得的材料，下厂后情形。

执委会打通思想。发生了问题，工会说已经检讨了一个月，无啥道理，炒冷饭，二个落后分子不要开会，就流产，工作组不了解这个情况。工会主席是股东。

第二次执委，做白面的不来了，向工作组提出的意见，提出升技工问题、师徒问题、劳保问题，要求工作组解决。开了一个月会，大家非常厌倦。开会时间多在生产时间内，休息时间内根本不能随便开会。提纲行不通，会也开不成。

第二阶段：帮助工会干部去工作，分散到车间内去，一同去上工。开过工作组的检讨会议，表现主观与急躁，对于结合具体问题发生了困难，急于求解决，就少研究情况，如肯定奖励问题是一个中心问题。

第三阶段：整理材料，帮助工会做检讨。

经验教训：

具体材料多从工人中来，比较具体。同区委、公业部关系好。

缺点：

(1) 开始时表现急躁，要求迅速解决问题，后来一个时期是只要研究问题，对解决问题又放松了。

(2) 向工人调查好，可以看到具体情况，如老板的假民主态度，有告工友书，工人不满意。停工看告工友书，半月内已有三个半天不做工，领班也常在车间里谈山海经，不做工，到车间有好处。但不是集体谈，材料较琐碎。争取座谈会不够，现在还要再下去调查。

补充意见：

周恺：

(1) 研究工作具体要求需要明确一下。解决具体问题与调查研究如何配合，以什么为主？

具体帮助有几个方法，如何帮助？如上电发生事故，停电到底如何办，范围是什么？

(2) 指出走〈湾〉弯路帮助很大，星期四或简报上及时希望指出，如研究材料，后到最后匆忙中赶起来，如早日发现。（简报）可以早日改进。

汪征帆：

(1) 调查大纲 11 月底要完成，区委也在发动党内整风，配合起来进行。工会目前所发生的问题要帮助解决。上总代表会议什么时候开，可以联系起来。

(2) 基委过去有许多帮助，但有些问题不够明确——基委要经过工作组，工作组要经过工会干部。如党的问题基委解决不了，要放一放。

王尧山：

工作是有成绩的：(1) 领导作风，开始扭转过来，深入下去，发现了具体问题反映到市委。领导作风的转变是一个重大问题。

(2) 同志还没有注意到群众行动。党团工会的行动所得到的经验是什么，不够明确，用群众经验提高其信心，鼓励他们不够，把群众经验丰富自己不够，不是自己去提意见。解决问题要打破依靠上面的观点，要学毛主席的办法。

经验：

(1) 为什么15日要总结？他的根据是依靠群众，不是〈从〉重新去搞。

(2) 调查研究工作与典型经验如土改不同。没有给他们具体任务，主要目的是：第一，弄清情况。第二，提出下面好、坏的经验。第三，发现他的问题，为什么不能前进。弄清后交代任务，就不会主观。

今后工作：

(1) 不卷入工厂工作，研究材料书面的与活的材料，开调查会，主要是找经验，好的表扬。

(2) 找出专门问题加以研究，如会议多的问题。

(3) 党内先统一，经上级批准，到下面去进行。工会问题没有定论要继续，党与团问题先整理。

(4) 中心问题不要孤立起，群众问题要解决，创造办法，我们来帮助解决。

陈：

基本问题有二个：(1) 以调查研究为中心，还是以解决具体问题为中心。(2) 工作目光没有向下，还停留在上层。

解决办法：要研究饶的指示，此二点并不矛盾，领导上对工作组具体帮助不够，应当检讨。问题有可能解决与不可能解决的二种，可以解决的应解决，如工资问题，只好研究，不求急于解决。

今后要注意：

(1) 工作组同志应集中力量去做，包括整风应当停止。

(2) 简报以工作动态为主，如方法。

(3) 还要补充材料。

(4) 组长回去要与大家讨论,一致思想。

杜:

(1) 各厂发生突然问题后如何办?

(2) 写材料问题。如江南先有结论,没有材料。如看病,要先验血、验尿,然后开药方。经指出后才再写材料,座谈会的材料只有一根骨头,其他小组也有同样毛病。

一个问题提出来有偏向,好坏看不清,如江南生产无计划,后来一问"八一"舰修得好。有二条经验,配合好,工人调动少,其他舰就修得很不好。

民主改革问题,都有生动的事实,但说不出来,从群众经验出来的很少。

(3) 如何深入下去,如何回上来?

不要先拿出自己的意见,要多听,防止自己的框子。

王:

下一步骤还未布置之前,组长把材料看一遍,把遗留下的材料搞出来,写成书面材料。方法如何,由领导上讨论后解决。个人要求:证实经验的时候,我们也要下厂去。

纪康:

八个厂材料,要求三个分工。

(文件编号:E68)

组长联席会议

——报告的方法问题

1950 年 10 月 26 日

上电：

开始学大首长做报告方法，现在方法：

上电总结方法由八个厂联合起来研究。方法办法，开会方法。

周炳坤：

由基委来研究？集中起来，还是各组研究？

石林：

材料缺点很多，各组长联席会议有一个好处，可以交换思想。

冯：

时间太急促。

11 月底弄好材料不保险，干部忙于帮助下面工作，材料研究只能依赖基委。

各厂都有生产突击任务，工作组工作很困难，如何办法？

（文件编号：E68）

对上电升职加薪问题的讨论

1950年10月28日

工会主席：

125人有不同意见，配额问题，1949年已升的不能奖，评下来的60余人有意见，公司要加，工会要评下来。“暂勿考虑”。

(1) 配额问题弄不清，公司认为超过了4%，不能加薪。

(2) 1949年已加薪的公司说不能再加，年奖也不能有。公司有升工的，反而减薪的，如工人升为职员，要减薪。做了一年，换了牌子如铜匠要减五角〈低〉底薪，工人不满。

(3) 评下的40人，本人同意，公司反而不同意，工人也不满，以后不评了。

王一定：

四十余名评下的名单可以再讨论。

叶进明：

(1) 工会与公司已同意可以加的(700多人)，先实行，其余双方不同意120余人，留下来再说。

(2) 工会应是重点奖的制度，加薪不好，市民、工人都不满意加薪，不能解决问题。加〈基〉底薪不合理，永远不能合理化解决问题。

市政工会副主席：

(1) 不应[做]加——成绩好的一次给，不加底薪。

(2) 先加700多人，不拖拉，其余劳资协商。

(3) 升级加(中国人代理外人加薪问题)，工人大满意，有过签名运动，有的加，有的不加会有意见。

工人对升级加不感兴趣，因为有的升级还要减薪。

纪康：

升级加制度不合理，不解决会影响工会工作，对公用局意见同意，明年如何办？

叶：

工人与职员的宿舍问题要解决，有400多亿的存款可以解决。

王尧山：

（1）照老规矩。（2）开协商会议。（3）不拖拉。（4）公司干部要加的，工会不必过分坚持，照顾工人团结。（5）公用局用正式文件答复公司，支持工人。（6）聘员加薪问题工会干涉不对，可以争取他们。

黎玉：

福利问题已有方针，增加工资不是全市的问题，条件已经好转的要改善工人生活。

（1）700多人先解决。（2）其余的工人问题再行协商，工会态度不轻易加以否定，以免引起工人的反感。团结多数，资方要加的，也不要过分反对，以免分裂，争取改造。要向工人说明。（3）对工程师工资问题不要强调其太高与不合理，因为这是长期的问题。

研究综合材料的方法：

（1）先看剪好的材料，各组负责人拟好初步提纲。

（2）各组开一个联席会议拟定共同提纲，以免重复（三天内弄好）。

（3）问题要根据现有材料编成项目，材料各厂互相补充，不要丢掉材料，不够可以向各厂要补充材料，找典型。

（4）材料要写出，不能再剪贴。

（5）每天早上一小时集中谈话，由陈、杜主持，个别问题随时询问。

（6）时间一星期或十天要完成。

（7）纪律：a. 办公时间内不谈话；b. 材料不外传，不拿出来；c. 请假外出要经组长批准。

（8）小组分工问题，找题目分工。

（9）周恺为总组长，负责材料分配、生活与需要。

（文件编号：E68）

工作组组长联席会

1950 年 11 月 4 日

讨论问题：

(1) 集中整理方法问题。(2) 下一阶段的调查研究方法。

纪康：

二厂说人少，材料肤浅，工作组同志自我研究少，包办工会，解决问题与调研分开不好。干部不住在厂内。

研究方法问题：

(1) 先看材料，先弄大纲，经我们共同研究。每天一小时集中研究，各个问题随时提出问题。

(2) 反对党八股，事实材料不要失去，但要整理一下，明确，不重复各厂互相补充。

(3) 各小组互相要交换关于提纲的意见。

第二问题。

王尧山：

下一阶段，党团问题研究不与工会问题分开，时间不能太久，11 月半左右初步材料弄出来。

行政管理领导问题还要研究一下。

吴亮平：

(1) 解决具体问题又陷在实际工作中去了，中心以弄清情况为主，并不矛盾。解决问题中去了解情况比较切实，〈湾〉弯路不能再走下去。工作组二厂代替工会工作，弄得工人要退出互助会。

(2) 材料内主观东西多，主观分析多，具体材料少。二厂还停留在工会干部身上，工人意见反映少，这是关键问题。人要住在厂中，东北冷冻厂可作参考。

(3) 技术人员问题很重要，党如何去团结的。

(4) 党的骨干问题要注意提拔，党内成份问题。

陈[修良]：

有二点要防止：① 从工会问题转到党团问题，方法与熟练又不同。② 调查研究与具体帮助间还是弄不清，陷入实际的问题。

(1) 党的政策支部如何在执行——如技术人员，生产领导对工会与团的领导。

(2) 党内问题——党员、支部骨干、组织生活、成份。

(3) 需要读一些东西——党章、团章、东北工厂支部的介绍、最近中央与市委重要的决定。

(4) 材料要实际，不怕详细，随时写好，随时送来，以便发出，不要完全写好后再送。

(5) 回去后要与小组讨论一下。如何进行，经验教训要接受。

王[尧山]：

中心问题要注意支部的困难问题，条件好，做不好，支部弱，不会领导。

(1) 党员的成份，斗争历史，分布情况。

(2) 党内的组织生活，会议分工，集体领导，党员关系，领导关系。

(3) 发展党的经验，太多还是太少了？

(4) 党内教育，纪律问题。

(5) 党对行政关系，行政人员的党内生活。

(6) 党对工会的领导。

(7) 党对团的领导，团内情形。

要求：过去客观情形研究，有什么好的经验，有什么困难，没有解决的问题，解决问题的条件，解决提高党的问题。

方法：要与支部委员说通，以他们为主，搜集材料，减少支部写东西的负担。

工会问题材料综合研究组

(1) 工厂情况与生产情况；(2) 职工情况；(3) 劳资关系；(4) 工会工作；(5) 党政工团问题。

何成：

(1) 工厂及生产情况；(2) 劳资关系。

黄克欧、黄佩雄、孙大国。

黄维：

(1) 职工情况；(2) 党政工团情况。

程盛棣、任建树、沈闻野。

周恺：

工会问题。

王正元、黄浦、田友杰、宋振海。

（文件编号：E68）

纶昌纱厂问题

1950 年 11 月 5 日

沈默：

过去怎样工作的？

以六日班问题为中心，打开后才能进行工作，有把握可以解决。(1) 资方认为工资高，成品差，要交换。(2) 资方对生产情况掌握不住，信昌与纶昌老板也不大一致，工资问题就拖下来。

工会干部不能与群众思想结[不]起来，工会依赖工作组。

缺点：调查研究工作很少，力量集中于六日班问题，对工人生活问题注意很少。

以后工作如何做？

(1) 减少浪费，提高品质。

(2) 提高福利。工会要从这方面着手，要开一个群众大会，报告工会工作。工会不能改组，因为分子复杂，四人脱离生产，谁来干？

(3) 组织工会的秘密核心(执会)作为骨干，不以朱为主，培养她为主。

(4) 吸收积极分子到工会工作。

(5) 发展党团是问题，条件现在远不够。

(6) 对季荣生等的政策问题。过去工作组失败原因，就是这一问题，"反纪统一战线"。

(7) 职工团结的问题、职员问题，大学生，王、季两派对立，出纱党问题，工资待遇不同形成工人为两派。如六日班问题，男女工不能同意，职员在劳资双方中进退两难，两面不讨好。

工作组方法问题：

薛映辉：

工作组领导上过去只注意六日班问题，是一种偏向，损失很大。核心分子至今建立不起来。工作范围不广。

今后问题：(1) 执委要分工。(2) 不以朱为中心，谁来主持。(3) 纪脱离生产，给了他合法地位，对我们不利。

程：

过去以朱为中心没有通过工会是一个损失，因为工作组代替包办，朱本人有家长制作风。

沈：

需要派一个干部到纶昌去，如组织员。

黄：

季的力量是纸老虎，我们如能有困难，可以展开对付他，使其由工人服务。过份推〈充〉崇季，也会失去群众。

培养积极分子的方法？办识字班？

（文件编号：E68）

工作队会议

1950年11月6日

陈[修良]：

宣布计划。

王：

有二个大意义：(1) 把这个材料作为广大的群众教育材料；(2) 通过这个使党知道如何做工人运动。要迅速的通过这个材料动员工人，与时局问题配合起来。

目的：检查工作与调研工作的总结。要求：(1) 典型事实要突出，如技师人员的团结问题。(2) 共同性问题综合起来写。(3) 发现了的问题提出自己的意见，要简单扼要(我们与工作组提出来的)。

五个问题中特别主要的问题是什么？

(1) 工厂与生产情况，主要问题要介绍与解决的问题，重点说明工厂内部的复杂性与重要性。与农村不同的特点要介绍出来，如工厂中的各种工人。

(2) 职工情况，革命传统，工人阶级的领导作用，劳动态度变化如何？职工运动中的表现，福利事业。

(3) 工会工作着重讲一年来的成就与缺点，人数，积极分子，会费，群众对工会的意见是主要的。脱离群众问题，工会干部没有经验，没有依靠工人来做是主要的问题。

(4) 劳资问题，基本态度，公私兼顾、劳资两利政策收到什么效果。

(5) 党政工团问题。

会议多，关系不好，对工会问题以为主，党如何起核心作用。

（文件编号：E68）

研究工作人员座谈会

1950 年 11 月 14 日

陈[修良]：

(1) 厂内头多现象如何？

(2) 任务多，头多，如何矛盾统一？

何成：

十厂党员不愿[交]党费，问做什么用的。说明党领导脱离群众，党员对部意见很多。上面各搞一套，党一般不管团，工会与行政也一样，分工很差，弄得很忙，不是从党内到党外，从干部到群众。

任务多问题——问题在于如何统一领导，办法不一样，朝令夕改不好办，找领导机关的负责人，各有一套说法。

头多问题——还是由于不大统一。

黄：

任务多，头多均不能减少，问题在于要结合，如时事问题与增纱是可以结合的，十厂怕增纱完不成，工会要搞时事教育。

周恺：

(1) 材料比较抽象，现成材料没有整理研究，原因是小组分工有问题：上电四个同志集中力量于开工代会，大堆材料无人整理。没有经过研究困难深入下去。专题报告太少。如劳保、合作社等问题很少提到。

(2) 工会工作脱离群众原因，还是在于党的问题。上海过去曾有过，工会脱离群众，还是由于党脱离群众。好的党员不起作用的原因，没有解决其思想问题，如扬州说 12 个党员有 7 个党员要脱党，如党员好，群众可以全部团结。脱党问题拖了半年不解决，影响扩大，工会工作自然做不好。发电厂支部对党员没有领导，党自己有一套不通过工会去进行。党组与支部关系弄不好，党组书记半年不交党费。解决工会问题要从党内问题先解决。

多头问题——上面东西带到小组的东西很少，问题是上下不通气。

任务多问题——实质上任务多不要紧，上面不统一，下面难做人，如十厂处理奖励金问题、上海的升级加薪问题，任务如能调整就不怕多。

黄佩雄：

工会与支部意见不一致，支部搞整风，工会要总结，不好做。

何成：

(1) 会议多的问题——① 小事拖；② 来去无定；③ 事情来了许多开会，讨论不了，小组会议关系很少。

(2) 区委领导支部问题——如十厂，区委也找支书，但工作布置很不具体，只交了一般任务，如何结合就不指导。其次有许多事情并不通过区委办理。

黄维：

纶昌任务与多头均没有，但工作乱，原因是上面方针步调不一致。区委与纱厂工会处理工资问题上意见不一致。要成立纱厂工会时，区委与纱厂不同，工会主席工作难做。

(1) 区委、总工会、市委的相互关系先要弄清，这个问题不解决，支部不好工作。

(2) 组织领导问题，基层工会内部也不统一，各部各自为政，工作组今后要注意如何统一领导 要注意 。

民营厂工会工作主要是组织不健全，车间组织没有，因此上下不通气，各种组织是虚设的，如女工委员会等，小组经常不开会。

黄维：

纶昌要搞好：(1) 巩固工会的组织，如健全小组及各委员会。干部不纯是重要原因，选择干部时很不慎重，军阀时期投机分子容易混入，黄色工会，群众不愿。

(2) 教育工作要解决，如纶昌组织委员只收会费(国民党主要分子)，老奸巨猾，宣教委员要重视。

何成：

十厂组织都有，干部都还纯，但工会不好，原因是干部作风不好，如王世铭对工人不买账。

杜：

(1) 任务多不怕，只怕不统一，对上说。

(2) 下面事情多不知道如何统一。

(3) 支部与工会如何分工。

江南:

脱离群众原因:(1) 生产问题没有解决,如工资问题,行政制度不合理,奖金制度没有建立。(2) 生产与福利如何办,生产长一寸,福利长一寸如何做,对工人福利不够注意。(3) 不懂团结一切力量去生产。

陈[修良]:

要调查的问题:

(1) 本厂内有什么多头现象?

(2) 工会做不好的主要原因是什么? 党的领导责任有多少?

(3) 头多、任务多问题,如何统一?

(4) 工会工作组织如何健全?

(5) 工会宣教工作如何做?

(6) 工会干部不纯有什么问题,积极分子如何团结? ① 材料只有现象缺乏本质,找出原因,提出方法。② 要在一星期内能把各厂工会工作整理好。

(文件编号: E68)

十厂工作组谈话

1950年11月14日

王世铭：

工会总结问题。

一年来优点与缺点如何做，各科总结工作分工总结，下星期对群众做总结报告，后天看总结审查。

朱吉林：

党内材料，干部政策问题尚未总结，党内思想情况尚未完全整理好，本星期六可以弄好。目前工作组织冬防委员会，星期四开一大会，报告时局与防谍问题，组织纠察队，收集党员的意见。

傅一夫：

小组分工搞材料(党团、工会)，帮助工会总结。

分工——一人做团，三人搞党，其他四人，三人不能写，帮助工会工作，能写的写补充材料。总结工作，二天突击已完成。党内材料一星期内可以完成，帮助支委领导，分工以后负责各车间，讨论奖励问题。工作组帮助上面，只有二人帮助车间工作。党内材料搜集方法依靠支部去进行，比搞工会材料好。整理由工作组。

工资问题，细纱间不合理由工人讨论意见，暂不解决。行政上无人负责是一个问题，区委在负责，纺管局要工作组负责。干部工作忙，开会困难。

意见：团、党问题先告一段落，然后再总结大问题，下星期完结。

王：

(1) 对党的意见不够重视，事情不通过支委，"半路杀出程咬金"。

(2) 工会各部间不配合，事情都有。

(3) 党少政治教育，只要完成任务，要保证，盲目性，党不解决问题，工会就不提意见了。团也如此，各搞一套。

（文件编号：E68）

二厂工作组谈话

1950 年 11 月 15 日

石林：

检讨：如何走〈湾〉弯路，主观推论，任务观点多。（1）党包办。（2）工会组织不健全。

工作拖的原因：（1）帮助具体工作多，写材料慢。（2）等待区委书记看报告。

材料还未写定，方法有了进步：要原来组织弄材料。

对工人交待材料，20 日可以弄好。

冯：

工资问题：

种类：高低不当，不合理。（1）升级不加薪。（2）开工时升薪少许，停工时不加。

解决办法意见：（1）升级应加薪。（2）细纱间 1.2—1.5 的等工资要加，拿活工资的较多，不[公]平，细纱间工人吵。（3）打包间论活，高至 3 元，做少的可以拿活工资，秤纱间拿呆工资，故意慢，■细工有意见，要按件发工资。（4）学徒问题，满三年后仍为 1.5，如加薪，其他工资低的工人要反对，学徒也不满。（5）同资不同薪。

吴亮平：

（1）升级不升工原则上应加薪。（2）细纱间工资问题详细可参考三厂的，按重量算，甚至加木棒，可以研究一下。（3）职员定级定薪。（4）学徒问题，满师后开工资应按工人计算。

（文件编号：E68）

全体委员会与组长会议

1950年11月16日

（1）王尧山报告总结。

（2）报告方法问题。

叶进明：

工会民主问题。

民主选举团员都要落选，党员也不要当选。健全组织，发扬民主要精细，干部作风要改进。干部不耐心，看不起群众，对组织领导也不满意。

范富昌：

重视工人意见，纪[①]下来后要到经过群众讨论，不能实行也要说明，工人会同意。

汪道涵：

（1）要强调党的核心作用，多头主要的是由于不统一。现在支部没有计划，支部问题要提得具体一些。

（2）行政人员要有三个法宝——业务提不高由于事务主义所累，统一战线左倾情绪很高，以政治压人，讲政策，看不起技术，不解决问题，军事代表对立，怕谈福利，不依靠工人，到处孤立。

（3）健全组织发扬民主，看需要建立委员会，要记下群众意见，党政工团的关系也会好转。检讨要具体。

叶进明：

党组与支部关系常常不好，互相不服气，党组织与支部，有的地方不必设党组。

---

① 疑指季荣生。

吴亮平：

一般的同意。

（1）脱离群众的原因问题，一部分原因是上面使其脱离群众，一部分是下面的原因。上面原因——许多问题得不到解决，国营的特别严重，给工人办的事不多，财政困难，有许多事应办而不办的，群众不要我们的军事代表。下级工会对上级工会意见也很多，解决不了问题，连党员也反感，江南是明显的例子。党委不考虑自己的领导不能解决问题。

（2）支部如何做核心，如何面向生产，是一个问题。支部要有科学的计划，现在是军代表是党外人士，党员支部书记的，党内要有统一领导。步调也不统一，所以口号不能实现，国营厂还是主要问题。军代表要有上海的工人观念，不能看为一个外来干部，要过工会生活，情绪不是工人的情绪。

（3）工人生活问题拒不解决，领导上要解决，这是脱离群众的原因之一。

（4）工会工作问题。主要是：① 团结非党员干部问题。② 车间委员会问题要解决，车间要按生产为单位，同时要照顾班次，基层组织要研究一下。③ 上级工会要研究一下领导问题。④ 党的组织支部书记要脱离生产。

（5）纺管局与工会、工会与党如何结合，要研究。

问题：① 基层工会的组织问题——小组、车间、各区委员会如何组织。② 为何脱离群众。③ 军事代表问题。④ 统一领导问题。⑤ 民主管理问题。⑥ 劳资问题（协商会议）。

刘主席：

基本上是好的。

（1）基委一个同多月来有了初步的收获。全体努力的结果。这个材料供党内来用，报告上级。工会同志可以认为这些意见过去都提过，没有什么稀奇。有许多问题还要继续研究。

（2）劳资关系问题要加上去，外商企业中问题是斗争政策掌握不好，被动，不能团结工人来对付资方。工资问题职工不团结是洋商捣鬼，工会干部反而叫职员薪水高，骂职员落后。

工会立场要明确，劳资不分，人事室主任批准入会，有些工人不准入会。又如工会开除与雇用工人，使工会脱离群众（代替老板）。工会减低工资，奖罚工人都是不对的。工会只有教育工人之权，不能代替资方。

劳资问题要掌握，劳资协商会议，现在干部不重视他。劳资两利，团结积极分子都要通过他。保障生活可以了解情况。动员广大工人，教育工人，只知道是解决纠纷的机关是不对的，“纠纷要通过协商会议”。

（3）民主问题。

工会干部不会发挥工人力量，要照顾整个工人阶级，各种工人帮派、新老、男女都要尊重他们的意见，要表扬他们，少数服从多数，形式上民主很不好。法电工人组织小帮派是由于不民主的结果。小帮派的根源是为了保护自己的职位，以对抗资方，不能看得很简单，要经过多年后才能取消。不能个人突出，要组织突出才行。靠团结，提高组织威信，主席就好领导。浪费也是不民主。

（4）工会组织成份。

上电分会主席兼支会主席不对，这也是不民主，每级工会要有不脱离生产的工人负责。

（5）工会干部问题，工作不简单，要改变旧生活很不好搞，干部不脱工作是因为太忙，精神物质上损失大，上下不领情，情绪苦闷。

干部当选的原因：① 一种是过去地下有功。② 变天思想，让你去干，现在看到主席权力大不满，就要求改选，坏分子也要争取地位。

军代表要严肃，计划不明确，不要随便说，执行计划要严肃。

行政干部要爱护工会，就是爱护全体职工。军代表不懂这个问题，不尊重工会。对犯错误的工人，方法应当耐心说服，教育全体工人。

（6）宣传教育问题。

如劳保条件的宣传做得不好，市政工会不要讨论这个条例，说比原来的要低，不懂得这是一个全国工人的问题。

（7）领导核心问题。

党内要讨论，党内要团结，要说服党员。

调查研究方法问题。

王尧山：

（1）这次工作方法是党的整个作法问题，要向市委做一个报告。最基本问题是：从群众中来到群众中去的问题，克服主观主义不向群众学习的作风。教育其他同志。

（2）党团调查研究工作时间上还是要迅速，不要拖拉。发展党的问题来源清楚最重要。党内问题根据材料以支部总结为中心，材料不要零碎，特殊问题可以写附件。

（3）简报在报上发表，配合宣传如劳保福利问题，把八个厂得的经验作为典型材料。

沈默：

米贴与六日班问题解决了以后，与工人关系大大好转。下星期开各种座谈会（23 日结束），门警、老工人、工程师的会议，困难是向群众做报告要迟一些。要派干部到纶昌去工作。

刘主席：

（1）报告反映这一时期的工作，体会毛主席的工作方法，这次工作方法上有很好的收获。开始对饶的指示又走了许多〈湾〉弯路，说明经验不够，工作方法与科学方法距离很远。这次走了〈湾〉弯路后又改正，这个方法要更深刻的体会他。做活榜样给大家看。

（2）这个报告要反映工作方法，如何走〈湾〉弯路突出的问题写一下，更容易体会。

（3）大提纲可以启示大家，不要看为是一个负担。根据提纲动员厂内积极分子参加这个工作。

（4）党的调研工作也是一个新的工作，工会工作还要继续研究。

（5）委员会领导更要抓紧，内部情形不要暴露出去。同组织部关系要密切一些。

（文件编号：E68）

小组长会议记录

1950 年 11 月 22 日

上电：

25 日以前写好对下交的材料。工会工作材料还是不够。

现在是：① 收集材料，重新写一个系统材料。② 25、26 日开厂代表大会，布置冬防、时事教育等工作，展开工作的方向。

党内调查：每星期三天支委办公时间，互相交换情况，讨论专门问题，先讨论工会问题，工作组参加集体办公，收集材料。上总布置要写一个总报告，开上总委员会交待一下，三天内写好。

法电：

党团调查：(1) 党团只有二个人去进行，依靠支部自己搞，每一委员自己写材料，给他提纲，如组织员宣传，保卫，共同研究如何写，分支委不会写的笔录，写好后由支委上通过加以修补，但现在还没有动手写。

(2) 座谈会，谈党群关系，有工人参加，老工人、工程师等参加。了解群众对党员的看法，解放前后的关系，二个座谈会：① 事务；② 机务。

(3) 领导与被领导的关系，召开一个参加党校训练过的同志开一个座谈会，漫谈关系与意见。

(4) 发展党员。

(5) 调整组织，职员门警划出。

法电问题：① 党费 119 人，有 15 个月未交的 75 人，一般六个月未交。交党费运动加强组织性，要求退党的 6 人。② 总支书记情绪很不好，要调 1 人。

团内情形，15 日要改选。

工会：改选四个车间委员会，然后推广经验，11 月党团材料可以交来，对上的天书如何办？是一个困难。其次如何总结，是否按江南的做，还是全面，工人怕吃不了，最好是扼要。

十厂：

党团研究各分配一个人，其余的帮助冬防等工作，三个人写材料。

党内材料，先弄一个纲要与支部一同研究。

召开老党员座谈会，党校毕业的座谈会，党外人士座谈会，区委表扬等材料研究。支书向支部作检讨，小组展开座谈，工作组同志分配六个人去系统参加。

材料整好的：① 思想；② 对工会团的领导，11 月底可以完成。

支部也总结一下工作，与改选结合起来，与区委一同进行。

问题：① 过去可以团结群众，现在不行了，要联系困难。② 对党员的教育以前宣传太好，可以外做，现在原封不动，生活又不好。③ 转不过来，老党员说不过人，现在新党员只会歌舞。④ 工人意见党员不能解决，[redacted]。

团内情况：

成立一周年纪念挑出几个成立工作委员会，总结工作与调研工作结合起来，团也要改选。

工会情况——负责制与检查制发奖，研究年费、劳保福利问题，12 月 20 日后开工人代表大会。

江南：

党内调查要目：(1) 党委领导，发展党，执行纪律。(2) 党执行生产。(3) 对团与工会的领导。

9 日开始，初步已讨论过，初稿在党委内通过，党委总结向每一个支部提出意见，召集一部分党外群众征求意见，党委没有公开，军代表名义召开，团结技术人员问题。

工作组一个同志了解党员写成材料，中心还是抓得不够，〈干〉赶时间，总结中发现具体材料太少，只有骨头。

通过个人检讨，使党委能团结，孟亚人被处分事有包袱，威信不高，要辞职，党委很散漫。

群众对我们意见多，主要是工资问题怕拖，评功还是次要的，工人怕工会没有力量。老孟也说了以后还是不信任，评功很无兴趣，他们要加工资，调整还是次要的。工资方案已拟出，准备提出。

任务多，头多，力量分散，工作组困难不能集中力量。

建立车间委员会问题要解决，希望基委开一次会议讨论如何组织。

二厂：

分头由党委委员写材料，不开党员座谈会，个别谈话。

团的材料已收到不少，可以早交，月底。

厂内问题：(1) 失火，打伤人事科长。(2) 月底开工代会，常委不同意他们更注意 12 月 5 日。(3) 工资问题正在讨论。

支部大体也已了解。

新安：

三个党员，支书情绪不好。

团支委已做了一个结论，问题较多，材料尚在补充，主要问题是工会干部较积极，反偷盗问题。

纶昌：

党员三人，现在尚未布置，上周开工会执委会：(1) 劳资问题上如何胜利。(2) 如何搞生产。干部认为胜利是靠工作组，扭转了提高了工人的觉悟，团结力量。

做了：(1) 开一次群众大会。(2) 干部脱离生产问题，采取轮流制办法。

工作组分工：一人负责工会工作，解决一些问题，群众左的情绪又高了。福利问题提得很多，执委加以解释。用群众教育群众，开好常委会，一星期一次。建立劳资协商会议。

上水：

常执委开了二周的会议，结合年奖、加薪问题。十一个座谈会的意见，群众认为不解决问题，说工人拖拉，工人要求提高年薪底金。讨论结果工人还是要提高，常执委不能说服，再说服加 6%，小工资者还是不能加，水费又要加，工人也就同意了，不能加薪。五天时间思想已扭转，分析情况很重要。

发展党员十五人可发展，调查问题尚未开始，忙于开群众会议。

刘[主席]谈：

A.（1）如何教育提高？（2）建党的条件，有些厂内发展问题。（3）如何起支部作用。各厂情况不同，一般化提没有用，反映现状提出问题。

B. 整理教育问题，根据八厂情况提出。

C. 材料要有方向，要参考一定的问题。

D. 支部如何工作，要有条例，退党的原因典型经验。

问题讨论：支部工作的总结方法——方法问题。

（文件编号：E68）

饶政委对市委指示

1950 年 11 月 26 日

南京发生二件事，金大当局与女大反对抗美援朝运动，教员改学生的文章，学生反对，外国人要辞职。要抓住这件事作宣传，控诉运动。

① 政治目的为了更广泛动员，加强战争准备工作。动员学生参军，技术工人去生产，由群众来发动。② 一般号召与具体行动结合，过去开会一般性的会，以政府与干部为中心。

会议要：① 广泛深入的动员，同时要分散下去具体进行。② 把一般的政治号召与组织任务结合起来。③ 群众体验的反美事实要提出，做得不够。④ 揭露美帝的阴谋，表示自己的和平愿望，哀兵必胜。⑤ 此一运动是城市工作的主要的与土改一样，创造典型，全局〈踏〉突破。⑥ 这一次从下而上的发动，由群众发动，政府接受。组织上也群众化，开会地点要在群众团体，宣传员与宣传队、演讲团结合起来，让非党员去讲。⑦ 方式要多样化，有高级的如参军，有低级的如一封信运动、捐钱。思想中心是工人学生积极性发扬，提高民族性。

具体开展：希望上海发动三个大的政[治]运[动]，爱国公约、志愿军运动、反对反革命造谣运动。

工人方面主要口号护厂反特，增加生产，进行爱国竞赛，支援前线。

学生护校反特，支援前线。

工商界反对投机。

医务人员要大动员，作为一个单位，进行救护工作。

文化人扩大宣传，加强劳动人民的觉悟。

妇女慰劳运动，里弄主要是防谍，公约要具体化，每条可以检查。委员会第一步是行动的指挥部，第二步成为半政权性的。

会议进行方法：① 三天内准备充分，各群众团体内决定自己的具体办法。群众提议由会议中通过。② 各界行动纲领。③ 要做到代表有群众性，600 余人，各单位对代表要负责，设立一执行机关，要有群众运动经验的。④ 分会动员到各方面去动员，以学生、文化人为主，分会是重要力量。

（文件编号：E68）

二厂典型报告

1950年11月27日

团的问题。

冯兰瑞：

7日起至今20余天，二个负责团的工作。① 干部轮[训]班费时间。② 提纲对工作有些帮助，心中有数，但调查时要发生问题，并不能完全按提纲去问，发生主要问题时要抓紧。

方法：① 开各种座谈会、老执委调查会，三次会议，总支、分支应谈，各分支谈话。落后与积极分子团员的座谈会，党与工会干部的谈话，还来不及征求工人的意见。团干部没有脱离生产的，找谈话有困难，共计30余人谈过话。

② 团没有书面材料，连记录也没有，人数、时间都难查。总支书与组织委员统计人数不对，糊涂入团的很多。

③ 团干部改选过三次，前后事情不知道，总支书不积极。

（一）团的一般情况

去年12月成立支部，95人，青工有990，占1/7，女团员少，“超龄团员”，不合团章。普选产生15人执委，5个常委，4个党员。三个分支，按生产时间分支，甲班、乙班与长日班，三个执委。

小组会开过三次，好的少，自动过组织生活，不推不动的多。团日活动参观看电影、听时事报告，黑板报每周一次，看的人不多，没有讲过团课。

团员分类：① 生产学习积极的，生活经常的，11人。② 生产经常的，学习还好，不能帮助别人的，20人。③ 甲班，生产上拿死工钱的不积极，说怪话，不常开会，1人。④ 作风不好，跳舞，说干部怪话，1人。

乙班，较坏，开会不积极，生产不好。细纱间不好原因：① 年龄小；② 发展中有拉夫现象，七姐妹入团；③ 团内没有教育；④ 分支弱；⑤ 没有党员；

十个车间委员只有三个团员。

参加工会工作，五个人任执委。

<u>建团工作情况：</u>

去年8月间建团，张燕芬学习回来后组织团。30余人政治学习班，宣传委员会的组织，没有学团章，思想上有进步。9月间4个同志到青工班学习入团，回来后建立团小组。××同志到处去进行建团，青工座谈会3次，每次有40余人，讲团是什么，工人问什么叫做“作风正派”。11月成立团工会，15人，党员3个。

做了什么：① 宣传工作，内容是三青[团]与团的分别、团的任务、条件等。② 发展团员，个别吸收，思想上不对，只知道可以进步，40余人中有3个不对，文艺基金募捐有成绩。③ 团员生产带头，工资1.20，每天生产五箩，现在又只能生产二箩。

发展问题，不合乎团章。

团支部成立。

工会与团支部同时成立。

（二）团分工与不团结

团支书开始时很积极，全票当选，应当书记。但因非党员，又要互推支书，另外一个党员作了书记（后来退党），其他支委不解了。认为抢当书记，互相不团结，林妙仙哭了三天。党员闹无原则，弄得不团结，支委有回乡不积极的，工作停顿。二六以后成立总支，划给沪西区，因人数不足区委不许成立总支，有很多意见。总支认为必要：① 工作忙，可以让别人做；② 支部搞不好，坏的可以改选掉；③ 搞不好工作，有意见的不想干。

改选后还是不好，互相闹意见，总支书作风急躁。别人认为打击，支书消极，组织委员自大，工作搞不开，团员对领导意见很多。

不团结的原因：① 支委有地位观念，出风头思想；② 领导上有问题；③ 区工委金××有毛病；④ 支委没有学会自我批评方法。

现在扩大到团员间不团结，最积极的变为落后分子。

（三）团的发展问题

有条件下面发展起来的，形式主义的现象，如拉捣乱分子、七姐妹入团。一个劳动模范转走为总支委，坏的，拉入团的，捣蛋，当选为车间主任（胡回英）。

原因：① 当时急于建团，追求数字；② 吸收入团条件有偏差，“作风正派”是一句空话，降低了条件；③ 拉夫现象造成成份不纯问题。

（四）团如何参加工会工作

一个小组的例子，九个团员，二个劳模，打扫车间，帮助群众做些活，一个个去发动，捐寒衣也很好。讨论的多是本车间问题，讨论年奖问题。

参加纠察队的很多，二流子造谣，要退团的，支部对此不重视。谈恋爱问题没有讨论。

男、女团员关系不好，（小阿飞）五六个团员有变天思想，烫发。纠察队还是起了作用，义务劳动带头糊窗子，烧过一次火，调查生产情况。

（五）党团关系问题

配合党公开问题——党支书向团大会上公开做报告，小组学习，团员提了意见。17 个要求入党，20 余人参加学党章，8 个团员入了党，其余的都消极了，因为没有教育。

党团关系密切原因：① 有些党员是团转的，担任工作 14 人，党员任团的工作。② 党支部对团的领导说“没有领导”，一切没有研究团的工作，如可疑分子没有注意。团党组由谁提更不明确，党宣委不懂得如何领导团的宣传工作，叫做“统一领导”，即按部门去领导。

党员要求团员高，团员怕党员，讽刺团员太漂亮。

不管团的日常工作，使他们消极，对落后团员不知道教育提高，支委没有讨论过，这些意见还是个别的意见。

基本问题是党不知道如何帮助团的工作。

没有闹关系原因：① 直接由党所帮助建立起来的；② 团积极参加了党与工会的号召，团员入党占 1/3，关系亲密。

（六）目前存在的问题

1. 领导问题。

（1）领导问题，很弱，不能起组织作用。总支弱，副书记弱而不负责任。支委没有读过团章，钉的进行领导，钉不动就没有办法。总支书要脱离生产。要解决。

（2）分支没有会议，总支扩大会代替总支委工作，关系搞不清。

（3）没有一定的会议制度，分支不知道如何领导小组。

（4）支部内少民主生活，没有一定会议讨论问题，积极团员要求提意见，如开一个反美会议，他们大失所望，不断提意见。

原因：主要是没有经验，干部教育是一个问题。

2. 团结问题。

（1）支委相互有意见。

（2）团群关系，个别团员不积极，影响不好。

（3）对坏团员的处理问题，建互助会，团员不光荣怕公开，有人要退团的，要肃清不好分子。

（4）工作组分工问题。

党团工会各要搞一套，不好分开。

小组长的职〈任〉责是掌握全局，不能分了工不领导小组。

（文件编号：E68）

纶昌纱厂工作组谈话

1950年12月1日

沈默：

生产情况有改进，劳动态度好转一些，出纱较好。原因工资多拿了，过去拿10万的，现在拿20万，多80%。每人织42码，过去做38码。米贴每月30万，平均工资较好可拿30万。寒衣工作有一半以上工人捐出。

问题存在：(1)资方主动要改进生产(厂长是七厂去中国人)，与劳方打关系，在职员中也说要改进生产，要通过工会，要建立协商会议。

(2)职员认为工人仍不买账难管，现在职工关系还是不好。

(3)工人说生产好了要拿年奖，但不知道如何搞好生产，只觉得要变一下。有点担心管得紧一些。

(4)工会工作，开始建立记录，会议，脱离生产者每星期二人，共四人，开过一次常委会。工作中心是什么？不知道，意见很多，无从做起，参观别厂。①车间委员会；②劳资会议都觉得要，工作组也没有研究。

如何创造典型？与深入调查如何结合？

临时工问题，常执委又在包括，没有经验，也要解决。

朱金囡：

工资问题解决后，如弹花间可省16磅棉花，细纱车每一个车间从前要浪费50磅，现在已减少。多数人觉得生产要搞好，可以改良生活。

基层如不建立，劳资协商会议不好进行。先要建立车间委员会，然后开协商会议(目前以座谈会代理)。

年奖过去15石多[①]，30—38天。

临时工问题——工人死了后资方登记后由工人家属补，现在要用20人，解放前死的家属进厂了，工人说“死人翻身”骂工会。现在准备整理一下，迎来工作作了中心。工人中间的行会主义，布机死的人，不能补到细纱间。

---

① 指大米的单位。

黄维:

搞生产已有条件,厂长也要搞,资方态度已变。

如何搞生产:(1) 从上而下整顿组织,从下而上健全组织,首先搞车间委员会,细纱间先成立。(2) 劳资会议先要搞通大家思想,进行宣传工作。(3) 一般工作是全部门工作也要做,重心是车间委员会。(4) 建党建团,4 个已成熟,可能有 9 人,建团没有干部。(5) 工会干部学习工会的文件。

薛:

先通过年奖问题,组织车间委员会。

××:细纱间可以先成立,年奖问题是全厂的,可以先讨论管理问题,大学生与工人有意见。

沈默:

协商会议可以讨论的问题在座谈会议谈。

重点车间要有一个内容——(1) 编小间问题,使在生产上起作用。(2) 工人与职员要有教育,否则积极性不能提高。先组织劳资协商会,然后建立车间委员会。先由行政来,主动搞不好。

问题:应当成立几个车间。

(文件编号:E68)

典型报告

1950年12月2日

上电王一定：

工代会经验教训。

（一）如何开与工作组的关系

一个月时间总结工会干部一年来的工作，开始时主观决定三个问题展开讨论。工人所提出的问题不是这一些，主要是劳保福利问题。有了具体内容，主要根据座谈会，代表会议更集中了多数人的意见，调研工作与实际工作相结合。如无两个月的调研工作，就没有这次代表会议，明确了方向。例如：第一次总结中只能提出“面向生产”成为空头口号，有的说是增产，减煤耗，奖励制度等。群众提出意见认为是事故是主要问题，保障安全供电是上电主要的。如何消灭事故，又召开许多次的会议，大家觉得要实行检查制度，这个经验已证实。

如何检查大家意见：仓库要修，车间内检查与方法。

走〈湾〉弯路——没有在党内广泛讨论，工代会[一]些党员有许多顾虑，任务太多(十项)。对消灭事故没有办法，有许多缺乏工作信心。

（二）如何做准备工作

(1) 思想政策上党的领导。(2) 组织上的准备。

(1) 十项任务(发展党、冬防、工代会、时事……)如何结合起来进行，找出中心，工代会与任务相结合，在党内先进行讨论，决定以生产任务消灭事故为中心。排好议事日程。筹备时间两星期，决定任务，先党内后常执委。

出报纸，宣传选举问题，发出选票。组织典型报告，搜集材料，党内通过汇报，代表向群众搜集意见。党外劳保条例进行讨论，总支大会上党员反映群众的意见，决定如何向群众解释劳保条例问题。

(2) 组织准备

代表问题——有二种意见：① 全部选举。② 原有总组长、小组长为当然代表。因为工会不准备改选，所以这样做。否则他们会后不积极工作，选举一部分，120位代表，每20人选出一个代表。另一部分是特约代表，工程师、老工友等50名，共为560人。主要对象是生产积极的，对有政治嫌疑的群众尚未认清前不打击。

党如何保证当选？

党员中80%当选为代表，如何保证的例子，去群众中先去讨论，同意先提出许多意见，表示积极，代表群众讲话。

编组——25组，20个组是一般小组，五个专题小组：① 生产；② 劳保；③ 保卫；④ 劳资；⑤ 组织问题。

一般小组讨论：① 生产问题；② 劳保；③ 冬防问题。

25个组20—28人，不平均，根据原同一组的，生产上有相互关系的，专题小组同意参加的较多，接触面较广。

组长——工会干部作为召集人，不当组长，可能压制言论，选组织、记录各一人，帮助组长通过汇报工作。召集人与组长一同整理记录，掌握会场。

（三）大会经过

印好大会的报告发给代表。

拟好讨论提纲，发给各组。

地点、名单都要印好，发给每一位代表。

口号——抗美援朝，保国卫家；加强冬防，消灭事故；严厉镇压反革命分子，保证安全发电。漫画。

决议草案事先要准备好（根据会前党内的汇报），以便通过。

会议日程：① 星期六上午报告（中饭）；② 下午小组讨论（吃点心、香烟）。晚上小组长与召集人汇报，收集提案。

第二天：① 8：00—11：30讨论（中饭）；② 下午1：00典型小组报告，工程师与工人如何开部门会议，劳动公约的介绍，上级工会，来宾报告；③ 专题报告；④ 大会总结报告；⑤ 秘书处宣布提案，“决不放在冰箱”，通过通电，“看人民的巨掌”。

花了二千多万。

（四）如何报告

（1）总结报告（一万多字），三部分：① 工会一年来的工作，各方面问题都谈；② 工作中的主要缺点；③ 今后工作方针任务。

特点：多举实际例子说明问题，具体数字；多表扬，如二六、公债等，表扬部门与人;多自我批评。

(2) 各部门的报告,十分钟时间,觉得不需要,为照顾部门的情绪。群众觉得太多,听报告很吃力。

(3) 如何讨论:

工人觉得很有胃口,工会与前不同,现在让大家来讲话了。工会干部要少发言,启发为好,不要对立起来。

年奖问题,群众要二个月,我们要说如二个月公司方面如何,对其他影响如何? 群众后来收回这个意见。

(4) 大会总结报告。

初步〈低〉底稿要抓紧,事先的党内汇报,拟好后,第一次汇报时补充。工会对群众提出的意见要有明确的决定,劳保等问题要有明确态度,轻重缓急要分清。

(五) 收获与缺点

大家都很满意,好在于:① 工人都讲了话。② 工人说各方都照顾我们,很多代表自动地去传达,创造很好的方法,自动划分小组讨论。工人都很关心,工会威信提高,使领导上懂得了许多工作内容,事先顾虑都被打破。③ 教育了党员,工作有了信心。④ 代表回去后都去防止事故。

缺点:① 讨论提纲应先发下。② 大家总结讨论要有〈题〉提纲,以便传达。③ 时局问题没有讨论,首长政治报告太多,如能穿插进去更好。④ 小组编组太大,最好 15 人一小组,发言可以普遍。⑤ 时间太短,主要是会场组织不好,如减少报告。⑥ 典型报告不够〈特〉突出,只有十分钟,影响不深。⑦ 事先没有做好传达工作,以致混乱。

(六) 今后工作

(1) 提案处理。274 项提案,劳保 135,生产 79,经济 42,文教 14,组织 4。

分给各部门处理,提出办理方法,交到小组去讨论。可做的即做,要迅速执行。准备在十天内要答复。

(2) 传达——内容要确定,好的例子。

(文件编号:E68)

杨海庭关于二厂党的工作问题的汇报

1950 年 12 月 3 日

（一）支部一月多情况

1947 年 12 月成立组织，解放前 29 人，5 人退党。解放后现有 39 人，正式 16，候补 24 人。43/1 群众与党员比，8 个小组，照车间编组。

7 人为支委。

（二）如何掌握生产

解放前发展党的问题。

1947—1948 年 32 人入党，发展时有拉夫现象，到民校学习的都入了党，入党比赛，“别妙头”①，入党动机不纯。多青年党员，不喜欢接近老工人。党员要党加工钱，三个人即退党；有的要党员证与手枪，可以出风头；有些党员不相信上级，说上级在出风头，我们被骗；有的有变天思想，不肯填表；还有七人没有交党费与开会。

去年支部不知道如何生产，只要搞运动，彩牌楼花了 50 万(国庆)。

二六后开始注意，工人都要克服困难，经济要求没有了。协商会议成立，但支部在让步上有偏向，没有考虑到后果。如减少吃小菜问题，要工人自己带不好，工人觉得“劳协”是专门让步的。工人说为什么不许搞生产，支部不懂得节约生产，原料电力不够。6 月份生产情况好转，支部才觉得要搞好生产。

5 月 29 日公开支部，订支部计划，向资方要生产计划，拿到工会与支部讨论。支部没有讨论。

6 月份生产工作没有搞好。① 支部没有办法；② 群众中少骨干分子，不能持久；③ 党员少有技术工人(8 个技工，多数不是当车的)，同志也不学习技术；④ 行政上不配合。

今后办法：

① 加强同志技术学习，注意细小问题，向群众学习。

② 发展老工人。

---

① 整理者注，上海方言，互相攀比、争风吃醋之意。

③ 车间委员会巩固工作。

④ 组织生产技术委员会，行政与工会的配合，包括各方面的人一同参加，现在没有搞什么工作。

⑤ 细纱间工资问题要解决。

（三）支委如何起核心作用

分工与兼职——宣、组、青、妇、保，支书兼工会常委，会议多，很忙，没有副书记。组织不兼职，宣教委员很忙，保卫工作很弱，文化低。

思想情况：

支委——少工作经验，会议多，少全面领导，自我批评没有展开。

工会主任——能力较强，肯努力，常不吃饭；有点不虚心；怕工作组加重他负担，如写总结，开工代大会。

宣教委员——只想到外面去，如看报要到朝鲜去；为三次恋爱问题苦闷，工作消极，只想走；能力较强。

青工委员——不虚心，不要批评。

保卫委员——能力弱，年龄大，〈皮〉脾气不好，对支委要求高。

支委能负责但不能改正错误，党团关系还好；支委不能起领导作用，掌握中心差；支委各自为政，支委会议上不能都讨论问题；青年团觉得对他不关心，支委不讨论的七八次，工会工作讨论较多。

问题：① 支书弱，加强还是改选？② 自我批评少，民主集中制执行差，互相配合不够。

今后办法：① 要有一个强的支书。② 加强批评。③ 订计划。④ 减轻兼职问题。⑤ 支委应脱离生产。

（四）小组情况——二个小组调查

1. 好的一个：甲班清花间，5 个党员，4 个新的。一个月开过四次会，每周一次，讨论什么：① 时事——小组长谈不出，组织委员通知小组规定问题。② 冬防问题小组也谈过。③ 车间委员会工作。④ 生产问题与时事结合。

会议较正常，交党费，比较能联系群众。抗美问题能与生产联系，群众要年奖大家无办法，不要谈时事问题，小组长如何谈的。年奖本来不会比去年少，因为“二六”所以只好少，引起对美的仇恨。

几个体会：

① 党员是关心生产的,支部没有领导好,原封不动的布置到小组。

② 没有把生产问题提到小组中去谈。

③ 开会时间有困难,兼职多,小组长兼团的分支书记,没有办法解决。

④ 掌握政策,因水平低,群众不满意。

2. 坏的小组

铜匠间 7 个党员,4/1 比例,但作用少。

5 个人中一个是保卫委员会,会在群众中说支部不好。一个是流氓,打架,不开会。一个是入党时糊涂,要退党。一个新党员老工人,支部很器重,但实际上不行,会做事务工作。只有一个铁匠好,劳动模范,不会说话。

支部对这一小组迁就,成为包袱。

办法:每一个人谈话,对支部的意见要研究,应开除的开除。

(文件编号:E68)

新安厂工作组汇报

1950 年 12 月 4 日

吴增亮：

(1) 时事教育很不够，在这一次大报告，冬防问题，群众反映少，说要打游击，年奖也不要，家属不管了。伍修权的发言很注意，文教阵地没有整理。

(2) 目前关心问题：① 年奖问题；② 行政管理要改良，恶势力要改善。工务科与领班不相信工人，不能发挥工人积极性；③ 冬防问题，老师傅也参加很多。

(3) 生产定货要晚期一个月，原因是不少铜片不够，做了客货。

(4) 公安工作没有向群众交待，如车间待遇，做了没有向工人宣传。

(5) 检讨工务科"坚决斗争"反小工升技工问题，普工组长王昌永考不上是厂方故意做的，陈铭员要到工务科。技工对普工升技工不满，17 人考 16 人取上，事先没有与技工商议。

(6) 特务问题。

(7) 团的问题，根本没有组织，整顿了一下。副书记积极，正支书兼党员不积极，要退党，主要理由是要学技术。整个支委不起作用，其中还有政治问题的。7 个团支委有问题的不少，必须改组。

今后工作布置：

(1) 冬防工作，现有 40 余人参加，其中有坏分子。如何办？如何审查？勘道队长当了纠察队长。

(2) 生产问题

(3) 年奖，去年二个月，安全保卫。

(4) 时事。

(5) 特务。

(6) 团的问题，团支部大队，改选一下。

(7) 工代会问题，以什么为主——以时事教育为中心，冬防问题，改善行政管理，福利安全卫生问题。

行政管理问题的办法：建立各生产委员会，领班提出计划，由工人自己讨论。

办法：① 组织老工人的核心组织，作为发展党的对象“非党有文章做”。② 考察工会的改选问题。③ 行政管理问题研究办法。

（文件编号：E68）

十厂工作组会议

1950 年 12 月 4 日

张梅：

11 月底纱管局召开军代会议，12 月任务决定很多。

党、政、工、团碰头会议先开，然后开支委会议，计划科长（党员）参加支委扩大会议。支部大会已开过。各部门干部的会议（政、团、工分头开）。

任务：十二项。

（1）时事，冬防。（2）生产竞赛，爱国公约。（3）各部门组织改选，党团改选。（4）成立工管会。（5）工资调整，年奖问题。

支部讨论的：

（1）如何完成与结合，中心是什么？

（2）计划与步骤。

步骤：

（1）先从党内到党外干部的发动讨论。

（2）草拟工资问题的制度，在工代大会上准备。

（3）工代大会定在 12 月底。

目前已开始做的工作：

（1）时事问题传达，收集群众的反映。行政方面的公约不听美国之音，不买美国货。工人以劳动公约代替爱国公约。

（2）冬防组织——开始时干部意见不一致，认为是行政工作，搁了很久。由一个党员做副主任，保卫委员做实际工作。先定出有问题的名单，先收集材料。整顿消防队，门警、公安部队作为核心力量之一，每星期二次学习冬防，各车间的职员工人自愿参加，然后进行审查。每一小组五个人，有些事自己提出名单。全部还未建立起来，7 月以前可以全部组成，重要四个车间先成立。

（3）时事学习，每月举行小组长会议（冬防），党内有一个支部教员进行学习，党员有兴趣。整顿学委会，纺管局规定每大要有一小时制度。

（4）生产总结——奖励制度与检查制度。

奖励制度的办法只有一个草案，经工人讨论后公布。

检查制度——增纱运动中发起，已树立，办法有缺点。

傅一夫：

分为三个阶段。第一，通过时事问题检查生产，成立爱国公约，冬防小组，建立纠察队，准备好工代大会，福利，奖金，工资，工会总结，冬防，爱国公约。通过诉苦大会联系时事问题讨论。第二步，调整小组组织，工会组织也要调整。代表问题——成立管理会与工会代表结合一起搞。第三步，开工代会，巩固生产公约，加强冬防为中心。

讨论：

工代会内容与时间。

① 增纱总结，奖励检查。

② 时事冬防，成立组织。

③ 工会总结，改选(福利工资)。

④ 成立工管会。

本月 23 日以前。

支部改选——15 日以前。

（文件编号：E68）

保卫工作会议

1950 年 12 月 5 日

王一定：

二六以后保卫工作放松。

敌人方法：(1) 运用工会组织如歌咏、足球队活动方式。(2) 通过互助方法联络群众。嫖、赌有 50 余人腐化，提出过高要求。(3) 利用干部作风不好加以打击。(4) 用电话联络说年终奖金二个月。(5) 破坏生产设备，全市停电四次，运煤机有手榴弹六次之多。(6) 撕标语、造谣言，过去义警 14 人，中美合作社 8 人，陆派 18 人，上中下都有人。人事科也有人，对外建设侦查工作有困难。

经验：(1) 老材料很宝贵。(2) 解放前夜进厂多有问题。(3) 秘密侦查最有效，打入内线是主要的方法。

如何进行反特工作：

(1) 建立中心小组收集材料，限于一般化号召不能解决问题，需要建立一个委员会全面领导。

(2) 152 个纠察队员，现有 392 人，二六后没有具体工作。8 个脱离生产执行纠察工作，巡逻一下，作用不大，偷窃事件还是很多。发展纠察队员走了〈湾〉弯路，主要放在夜间，劳动时间过长有额外工资。有许多群众成份不纯，积极群众反而不来，不愿参加。代表会议没办法已改进。a. 深入车间，展开群众讨论，吸收优秀分子参加。b. 组织小组，任何闲人不许进车间。

(3) 临时工 800 余人，了解底细很少，最困难，发现一些坏分子，冬防委员会通过资方加以管理。资方有代表参加(劳资各九人)，工会主席兼主席，下分三个支委，支委下分服务与警卫，服务科下分消防、救护、检查等。

(4) 300 多方棚间的保护工作很困难，要全厂动员每一处有一个专人，尚未能解决。大方棚要公安局与区委一同注意，大约有 70 余处要保护。

王尧山：

经过二次动员以后，分头动员，工人反映：(1) 恐美，怀疑是思想，怕原子弹。(2) 为什么要支援朝鲜,是否要三次大战。(3) 如大战,工人要做什么准备。(4) 为什么不早参加,家庭如何办。(5) 对谣言是如何处理。(6) 要不要立即参战。

冬防工作。

分工:(1) 秘书;(2) 消防;(3) 纠察;(4) 仓库小组(517 人),11 个分厂内 2 个工友值夜班,2 人轮班,总厂 2 人值班;旧人员分开编,5 个人,上下夜分值,6—8 时只准出不准进,8 时后绝不进。

纠察队:尚未成立,顾虑多,怕靠不住。

匪特情况:每一件事都反对,不要劳保,只要增加工资。反动标语,协员社,偷盗近 10 亿,与特务有关。

上级口头重视,实际帮助少,只有少数人做。

意见:(1) 组织系统,公安局独立起来,加强人力。

(2) 归市公安局,设派出所。

扬帆:

(1) 公安局主动帮助经济保卫工作不够,干部人极少,没有骨干,思想已经明确,集中典型研究有决定意义。统一领导可以解决保卫工作,公安局作后盾。作为经验,有决定的意义。

(2) 怎样重视这个工作,思想看法要一致。没有具体材料不好帮助,江南业务上没有结合,不能破案。

第一,政策问题。要检讨右的倾向,对过去有案子者在不〈带〉逮捕;中美合作社分子要研究,如何来的,要弄清楚;乱说乱动的就要捕;二种人不捕:① 无证据者不捕;② 尚在追线索者暂不捕,不能一网打尽。

第二,反特的有一种工作:① 把所有人都研究清楚,过去材料很有价值,依靠本厂搞,不能由公安局独[立]搞;② 公开保安制度,利用冬防,布告不许进人,可以缩小他的活动,不准擅自开会,减少破坏;③ 秘密侦察工作,公安局负主要责任。

如何做侦察工作:① 对怪话要有分析,哪些是特务,哪些是无意的,哪些是可能的,否则互相要扯皮。② 分工——本厂要收搜集材料给公安局,然后由公安局具体侦察,出面逮捕。③ 根据中央决定,经济保卫工作不但要依靠党团员,明确规定要利用其他的人。一个是秘密党员的组织,一个是利用党外一些人士,秘密报告。特务分子也要利用。④ 保持现场。

首先要解决组织问题:

① 党内要成立保卫委员会,统一领导,安全机关业务指导,团内也可考察。工会有纠察队,行政上如江南厂组织应有一个公安科或处,大企业都要建立。临时工问题可以由行政上来管。私营工厂找老板谈,可以设公安派出所,由资方出钱。工会出人(脱离生产,属公安局)。上电要成立派出公安部队,落后分子通过党群关系去联络,侦察特务分子。

② 登记特务分子,年底要准备完毕。对象——特务机关每一成员都要登记,中统、军统、青救、护工队的干部(外围的公安干部登记)、民社党、三青团区一级的委员都要登记。立功或监办两条路。

法电(郭维琛):

(1) 保卫小组重点自来水与发电厂。纠察队成份不纯,有些怕。二六时非纠察队出来,群众说是非法的(脱离群众的办法)。

(2) 二六后要搞纠察队,150 人,有问题的还很多。

(3) 机器间建立,安全小组,防止破坏,发工作证,与工会委员证号码一致。工人自己已组安全小组,纠察队具体在外面巡逻。九时到天亮多睡觉,这个方法不好。后来规定六小时,用电筒照会进行检查。

水厂——拆棚户不好,把他们组织起来,自己防护,送饭人也要发证。

(4) 冬防工作:① 健全小组;② 进行登记工作,用代号,在党内进行调查,各人有一卡,工人不会记是一个苦事情;③ 放谣言者向群众坦白;④ 乱人利用排班头。

民中二厂:

支部一贯不重视,能力弱做保卫工作。

特工头子也回来了,称姐妹团,滴血[团]。年奖问题提出过高要求,后来还带了一个同志到香港去。

清花间火烧,资方很麻木,厂长是国民党的执行委员(俞天芳)。花衣烧了有保险,清花间有铁片。

活动方法:(1)打击干部。(2)偷窃。(3)提高要求。

工作缺点:调查不深入,临时工大有问题,写反动标语,笔迹已对了,公安局不来。

国棉十厂:

两个同志担任,一个男同志,一个女的生孩子去了。

五个人组织一个保卫小组,实际上只有三人,苦闷,做不好工作。后来组织了三个群众性的小组,十二人,收集材料比较多了。一月间发生反共救国军问题,清花间有铁片,没有负责制查不清,没有党员。

冬防组织——碰头会上决定成立,筹备委员会下分四科。治安科——纠察与消防队(只有一个部门在铁工部),纠察队成份不纯,一部分是护卫队、三青团员等。

现在组织——① 每一车间有一个小组,经冬防委员会审查,下星期可以成立。② 加强门房,放工后不准进厂。③ 每天由职员巡视车间。

上水:

党内一直没有注意,一个保卫委员退了党,纠察队内由落后群众负担,吃了老酒。现在办法:现在组织了一个冬防委员会,成立一个安全组,由同志负责。厂内情况——公开斗争尚没有;搞文艺活动;子弟小学校长是还乡队长。

新安:

自愿参加纠察队,有问题的很多,参加过反动组织的是否可以参加纠察队?

王尧山:

党内是麻痹的,敌人是普遍的,或明或暗地存在着,严重情况下面不能保证无问题。最主要问题是争取群众,特别是落后分子。好的群众已经了解我们的政策。

几个问题要研究:

① 保卫工作如何成为全党与群众的工作?应当成为党的日常工作。经

过保卫委员推动全党收集材料，进行研究与业务处理，应当采取这个方法。业务上要专门，工作方法要全党发动。

② 党内保卫组织要大家研究，大工厂组织委员会。

③ 要抓住几个工作：纠察队工作，兼队长或直接指挥，领导武装组织；集中党团登记的材料；负责布置侦察特工的工作；纠察队分子要审查，要有一定条件。

公营企业党政团要统一组织保卫委员会。

好的要发扬：① 保卫委员会通过冬防委员会展开群众的保卫工作，上电、法电办法好，门禁要森严。② 展开重要车间保卫，保全检查，负责制要展开，上下交班要注意交班制度。③ 通过特务组织找出他的首脑分子。④ 如何对待落后分子，被利用的分子，靠近我们，孤立敌人。

（文件编号：E68）

二厂工作组汇报

1950年12月6日

工会主席：

12月5日应改选，抗美援朝分三个步骤：① 宣传；② 改选工会；③ 具体进行不知喊什么口号——爱国竞赛。

工代会报告内容：① 主要成绩完成，突出任务。② 各部工作。③ 劳资协商会克服困难。④ 主要缺点，今后工作——福利，竞赛，开好协商会，发挥组织作用，抗美援朝，工代会，特约代表。12月12日开会，要解决的抗美援朝签名，废除抄身。

石林：

工会主席要去学习，情绪不好。

工头与工人关系弄不好是生产搞不好的主要原因。

蒋：

生产委员会以细纱间为主，空谈生产无用。

工头与工人脱节原因？比过去好一些，工头有偏向，如加木管。

解决办法要研究。

细纱间工人与工头关系主要是思想上有问题，车间委员会不起作用，后纺工人有意见。

问题：① 张燕芬不去党校打电话去区委。② 开会时间。③ 报告要审查。

（文件编号：E68）

饶政委在市委扩大会议上关于时事问题的讲话

1950年12月9日

朝鲜这次打击比上次大，美帝在挽留他的精华，他的内部争论，对我估计有错误，我军已过三八线。政治上估计也错了，恐吓与和平手段并用，战争是否可以阻止还不能一定，但使他受了教训。目前形势尚未明确，朝战我们人民力量是优势的，这一点也已明白。

工作问题：

(1) 城市工作，生产不能不服从于战争，准备万一。

(2) 农村工作，土改要加速加完[成]，但[与]过去不同，不能削弱城市工作，只要城市不要农村是错的。城乡关系，应以城市为中心基点，领导农村的经济。为要发展城市，所以要发展农村。

城乡工作如何做？

(1) 反美帝的侵略是主要的，否则不能建设，没有和平不能建设。所以目前应以抗美援朝为目前城市的主要工作，以最落后的教会学校学生带头，全部学生都卷入了高潮，所以这次以此为发动点(南京金女大事件)。

运动不能使群众疲劳，不能用一个口号下去，要有新的口号。抗美援朝大会后，要建立统一的组织，照顾到各方面的具体工作，领导上不能一冷一热，要贯彻下去。

工商界游行后，以后各方面要转入具体工作。如工商界不漏税、不投机，学生一封信运动，大约还有一个星期是高潮。如不转入具体，就要脱离群众。

(2) 工会与生产工作，加强基层工作，防特，引起群众的监视。善于把突击运动转入日常工作，突击工作才有力量。

现在收入以农民为主，但再如此下去，要发生不好结果。农村分散有困难，解决财政困难要加强税收，支援前线主要是财经。

(3) 肃反工作，单靠一般性的群众侦察，或单靠公安局侦察都不行，二者必需结合。要加强人民公安部队，人民防空，在顺利环境中进行不要紧。撤退老弱，波动不大，可以进行。防空问题要解决。

（4）基层工作，向前推，没有经验小心，有了经验大胆放手。滥了一二个工厂、学校不要紧……

（5）干部与群众积极分子的教育工作要重视，从具体事务主义中解放出来。

（6）建党问题，从各种运动中个别的吸收进来，[在]这个运动中去发展党。

从这个运动中把各项工作连结起来进行——组织、建党、基层工作、生产、反特，发现与组织积极分子，经过群众运动解决问题。

（文件编号：E68）

上海市委会议讨论财政问题

1950 年 12 月 11 日

许涤新：

中委财委讨论结果：

① 使物价稳定。

② 减少支出。

③ 各项问题结合(国防建设目的)。

方法：

① 加税，农民增加负担，每亩收三斤，扩大剪刀差，附加增至 30%，丰收四分之一的要拿出。

② 城市工商业税要增加。

③ 机关——现金管理，施工计划余额交公，集中于中央，明年可以减少发行，生产增加如轰炸要发多。

城市物价波动是粮食，供应要注意，农村主要是纱布价。

农民购买力减低后，城市工业生产、商业场会受影响，要随时注意，不要有太严重灾难。

棉纱价要提高，应由控制布，所以要纱布的统销。方法，联营方法，目的在加税。资方对联营要反对。改了办法是统支统销，上海先要解决。

资方意见：

① 资金由银行管；

② 花纱公司管原料；

③ 生产由他管。

（文件编号：E70）

姚溱传达中央宣传会议精神

1950 年 12 月 11 日

（一）时局

美帝自动退出可能性已较大，和平可能性渐大，敌人现在口号“不放弃朝鲜”。

学校、医院原则上不移到西南与西北，因为要遭到损失。最高问题是防空问题，这是疏散问题，放到近郊去，大规模行动看第一个炸弹下来后再说。

敌人后方空虚，北朝军队留在敌后很多，南朝可以成为独立战区，今后可能会从热战变为冷战。因此时事宣传要紧张，加强国防建设应付冷战，还不是立即使文教工作停下来。

（二）全国宣传会议经过

苏联参观团结果内容大致与组织考察团差不多。

决定中心问题：(1) 全国宣传网建立问题。(2) 进行党员与干部教育网建立问题。(3) 宣传部组织业务改造。(4) 时事宣传问题。

“宣传鼓动”与“宣传教育”名词的争论，一部分同志要求改变现有名词，另一派要用现有名词，毛结论还是用中国名词，“鼓动”名词不妥，苏维埃名词在毛的著作中也改掉。

(1) 建立宣传网问题。

目前缺点是：① 不是党委的基本任务之一，少数人的事；② 临时工作多，经常工作少，不是不重视宣传工作。

决定各级党委下建立宣传网，支部书记负责宣传工作。建立宣传点，党员为中心，吸收团员、劳动模范等参加，特别要注意革命知识分子，如工程师等。文字与口头的宣传工作由党支部负责，没有支部的由区委负责。

省委、市委与区委的负责人要与群众见面，到工厂、学校去演讲，名称为报告员，每两月做一次，区委每一月一次。

宣传队——为一定任务而组织的，民主人士、宗教界等人士均可以参加。辅助上述的主要办法，大城市 3、4 月间要建立。制度已规定，文件要另外公布。

(2) 党内教育马列主义宣传,分工农干部与马列主义宣传二个部分。

各地办工农干部学校:

一般党员马列主义的教育问题:原则上取消高、中、初三级,今后改为八个课目,如经济学、联共党史、社会发展史、马列主义基础、党的建设、中国革命问题。马列学院出题目考试,大家选,每课学一年,或二年。

高级干部省委一级的,毛主席要看考试结果,要发文凭。

教材大致已准。

明年上半年开始学习,二小时学习废除问题,各地有反对的,决定自愿的还可继续。

党内设学习指导员、政治指导员,每人教 50 人,有 50 万党员要学这八门功课。学习指导员明年办训练班,各地自办,三个月训练时间,专门教会八门功课。

干部必读 12 本书,大家认为编得不好,只能作为参考书。

(3) 时事宣传问题。

志愿军报导很少,报纸多放在第一版,提民族自尊心,中国人要抢第一,学习苏联办法。时事学习没有"结束"、"告一段落"。要注意挂地图,多上史地课。宣传部对时局宣传指导不够,没有好的歌曲与诗歌,要创作。

时事小册销 64 万份,这个方法是好的。

宣传上口号多,具体内容少,要宣传中国好,中国第一,援朝问题要好好宣传出去。志愿军的成败关系中国人民的成败,中国人民是转变世界历史的。

历史教科书要改,反美帝很不够。校内、校外反美教育要提高,看不起中国人自己的说法要扫光。明年外帝在中国的一切学校、文化、报纸、宗教、社会的教育组织一律取消。

"美国之音"要禁掉,但尚未最后决定,"短波"禁止问题。

(4) 宣传部发动问题。

西南局宣传部只有一个部长,县的还没有。

党委是领导机关,宣传部的一切决定要经过党委,对下只能有业务领导。

宣传部长由常委兼任,或提升为常委,不够资格的任副部长。组织部也要扩大,要多设副部长与处,没有处长设秘书,这样才能各事有人管。

党校归组织部,宣传部要参加。

学校要管好，这是宣传阵地。

文化运动要管。

管干部问题，有争论，少奇说现在不能采苏联办法，分别地管理。决定：每级党委管到二级，组织部与宣传部互相协商。

组织形式：设五个处，宣传、教育、文化、报刊、学校教育处，处下不设科，设秘书，可大可小。

指导员不用，用秘书名义，以便检查工作。

设办公室——管文件，研究工作，管干部，行政上事务等，分四组。

团的宣传员一律要由党支部管理。

（5）具体问题。

宗教问题——以宣传部为中心成立一个委员会，对外“宗教事务处”（政府设立）。如有问题，以宣传部是问。进步与落后的分子都要管，人员统一起来。

文化局下的参事室，可以拿干薪，办法好，发挥一部分人。

学校课程——减少一课，增加时事一课，华东自己提出办法，政治课不要取消。

注意艺术的方向，不要只注意小的技术。如……[1]很好，虽有缺点，方向是对的，白毛女去莫斯科人家也看不懂。

批评与自我批评，广播台不要进行，以免被人利用。

报纸要鼓励自由争论，不要死气沉沉，不强调统一颁布一切言论。

外国记者——欢迎过份，有失国际体统。对外国记者要主动，不说的就不说。各地要注意。

文化教育经费要大减，37.5。

铁路宣传很好。

陆定一意见：

① 对工人运动有意见，杭州负责人不知道劳模有多少，积极分子有多少不知道。西安还有罢工，而且事先不知道。少奇同志说罢工不稀奇，不知道就奇怪。

② 土改问题，中南情况法令愈多农民愈不懂，现在都废除了，只用中央两

---

① 此处为俄语人名。

个指示。

③ 尤金提出中国党对干部教育不够,其次对党委领导不够重视,指工厂内情况,党的作用没有很好发挥。

（文件编号：E70）

上电、纶昌工作组谈话

1950 年 12 月 12 日

杨宇庭：

劳保福利问题大家已明确，工会主要是宣传工作，执行代表会议的决议。年奖问题提出要两个月是宣传工作做得不够。

纶昌工作组：

工作组内部有意见：

六日班问题[提出]后进行调研工作，正副组长没有商量，下车间分工问题双方不痛快。工作组不经过工会组织自己下车间，黄反对，沈默不同意，但也不发表意见，如何做不知道。情况很多，没有解决，领导上没有检查与具体指导，群众对年奖、援朝都很热烈，没有〈执〉抓住中心。

沈默：

一星期多没有下厂，不具体了解。

车间委员会，工会任务多，等我们办法，摸不住头脑。

现在十四个任务：

① 援朝时事宣传。② 生产。③ 冬防纠察队。④ 团结资产阶级，劳资协商会议。⑤ 组织车间委员会。⑥ 反偷窃问题。⑦ 工作合理化意见，解雇工人问题。⑧ 建党建团。⑨ 各部门工作建立。⑩ 工人参加军校。⑪ 工会总结。⑫ 年奖问题。⑬ 劳军。

两种意见：通过抗美援朝结合其他问题争取主动；另一部分以年奖问题为主，组织车间委员会，重点有些不同。

车间委员会，组织六个，两个直属小组(临时工)。

问题在于：① 工作组对具体工作步调不明确。② 任务要求领导上不同，过去的与现在不同。③ 工会与工作组不一致，工会大小事都要问工作组，我们不明确，可以只好等待。

工作组问题：① 会议开不好，问题不明确，工作深入不下去，意见不统一。② 正副组长在对朱季问题、六日班问题[上]有不同意见，沈默同志不接受意见，黄有顾虑。

（文件编号：E70）

小组长联席会议

1950 年 12 月 13 日

十厂：

党的材料告一结束，向下传达，进行小组讨论，开始检讨，今天改选支部，成立总支。以后再整理。团的材料在准备中，15 日总结团工作。

工会开了两次控诉大会，工人许多哭了。献子弹热潮，评奖，突击生产，爱国公约。选举工代代表，召开座谈会，工资等，时间 22 日来不及。

冬防工作。

创造典型：① 建立爱国公约，层层有领导核心，积极分子如何使用，方法，车间的领导，一个人团结多少人，布机间较好。② 党如何统一领导。

二厂：

通过工代会进行生产运动，参加工会常会，通过报告，布置群众宣传教育工作。工资问题，加木杆考试办法，一部分调到织布间去。工人与领班闹问题。

甲班细纱间竞赛生产为典型试验。

青年团做一个总结。

党的材料要讨论，大致差不多。

江南：

党总结不深刻，已送回补充。

工作——以抗美援〈助〉朝为中心，结合其他工作，党、团员已动员，情绪很高。完〈全〉成生产任务，转变作风，献款等。成立一个援朝委员会，不设分委。这期间展开宣教工作，党团员任宣传员，孟亚人任主任，委员会下设四组——① 生产；② 慰劳；③ 宣传；④ 纠察。

分厂成立分支，行政劳动模范参加。

与海司协商工程〈少〉稍改，节约材料。

工总局部改正，工代会上通过，在一个车间内先实行。

年奖不用条例，照去年，发一个月。

上电：

代表会议后松了下来：① 没有考虑如何传达，表现领导落后于群众，群众自动传达，检查生活。② 年奖特奖要[给]两个月，只有几十人，工会干部手忙脚乱，怕群众。③ 党内干部工作无信心，坏分子威胁，任务太多，不知从何做起。④ 工作组松弛，照顾不够。

车间实行爱国公约，与一般号召结合起来，作为试验。

统一步调——公用事业党委布置了七个任务，与我们不同，中心要确定。

法电：

21 日开工代会，改选委员。

8 日开干部大会，300 人，动员开大会。选举办法，小组讨论很好，职员小组说不要盲目。各头已在准备，充分讨论选举方法，15 日结束。

讨论工会优缺点，会员提出意见报告代表。

车间委员会开成立大会(四个车间)。

上水：

重点创造：组织冬防委员会，打好改选基础；如何组织小组与车间委员会问题。

积极分子会议代替党组织，掀起援朝运动。

团员大会，组织控诉会。

冬防委员会，下星期可以组织好。

12 月底召开工代会议。

新安：

典型问题：① 党团力量差，组织积极分子联系群众。② 生产问题，克服不民主，制度上巩固起来(行政管理)。

在抗美援朝运动中贯彻。24 日开工代会议。

座谈会在管理改良上有转变，但要有制度，还要开座谈会，提出具体解决方案，工作上缺点援朝抓得不紧，群众批评。

年奖问题——特务作怪，去年两个月，今年要六个月，工人不要集体福利。工会主席有进步，向群众解释。小组专会议决定四个月。

解决提出四个原则：① 申明提出工人意见。② 解释政府法令。③ 不妨碍生产。④ 不提具体意见，工会主席到车间去讲。

结果：职员一致同意法令。

（文件编号：E70）

年终奖金问题

1950 年 12 月 14 日

总工会：

电机业，如新安尚有问题，机器业没有问题。橡胶：① 可以维持的照去年；② 疏散过的减少；③ 60 余元不要变。

卷烟：可以多一些，问题主要是，工人要照未打折扣的。

染织业：① 计算方法资方要照十小时，工人要照十二小时；② 男女工要一律；③ 临时照给；④ 工人认为集体福利是资方的，如工房，如关厂对工人无好处，集体福利不多，托儿所、合作社、工房都不需要，还应钱好；⑤ 考勤奖要十五天，今年照一年拿薪。

针织业：大的企业办集体福利。

毛纺业：无结果，资方要打折扣，没有生意。

报馆业：一个半月，新闻报二个月。

书局：照去年。

海运：民航要求高些，资方不同意。

商业：绒线协商不成。

培林公司：波兰籍的很好。

问题：

① 临时工问题。

② 中央 20％—30％的纯利办集体福利外，决定有分光的可能。

③ 伸缩性问题——20％—30％，另一方面不超过国营的。如干涉可能脱离群众，不涉及要影响工商联。

问题：

① 公司方面工人要年奖、红利、福利，如何办理?

② 酒菜业等问年奖是否是工资，如无盈余是否也要付。

工业部：

去年不同。

① ……[1]

② 一个月的在发棉衣的。

③ 半个月。

④ 未发的(去年开的)。

今年：

① 统一照去年办法,或者统一为一个月。意见很多,因为今年生意好,一个月根据“年终双考”原则较好办(工业部系统)。

② 编余人员照新工作算,新工可到一月的不发,三个月内的临时工不发。成为专工者有二种意见,行政部门调到企业的照企业算,调到行政的不管。

公私合营的个别处理。

纺管局：

(1)“十分不合理的可以调整”,发生困难,去年分五等 24—32 天不同,合理办法拿不出,还是照去年,工人不满意,只有说服办法,不能说服“自我检讨”。

(2) 小过的扣两天,大过六天,记功的比例奖。

(3) 米价问题,照 5 月份。

(4) 临时工照去年,三个月的不发。

(5) 职员调行政机关去的不发,否则编余者有意见。

(6) 门警五百多人,还要发。

(文件编号：E70)

---

① 原文缺。

市 委 会 议

1950 年 12 月 14 日

夏衍：

抗美援朝初步总结。

大会后各单位传达不平衡，上总与青年团、文教传达较好；文艺分头进行，实际行动上进行；郊区复杂；妇联做慰劳袋（不要）。

苏联人、朝鲜人参军要不要？

保卫和平会建立分区问题，干部负专责，经费与房子。

鲁光：参军问题。

（1）九千余人报名，思想上巩固是一个问题，顾虑很多——大学生对学业前途、家庭问题。军校毕业后做什么？

（2）教育界动员配合好，妇联配合不够，主要是家庭问题。

刘晓：

（1）动员空前广泛，成绩的由来。

第一，运用代表会方式吸收了各种群众参加。

第二，宣传号召而又具体深入。

第三，能抓住中心口号与群众、工人与学生。

第四，动员方法不同，如教会学校，以全国大事件动员起来，结合到抗美援朝。

第五，放手运用群众干部，如演讲团，压倒了反革命造谣。

（2）工作缺点。

第一，运动还不够深入广泛，不平衡，学生搞了，其他还差。党团员多，群众还没有完全起来，如一、二年级的学生少。

第二，深入的思想教育不够，感情上出发。

第三，各方面对具体工作发动不够，如镇压反革命。

今后工作：① 团结群众干部，吸收新的、有系统的宣传鼓动工作。② 反侵略委[员会]要建立起来，干部从群众团体中设法吸收好的代表，成立党团。

中国纺织工会：

关于改善工会合作和行政关系几个主要问题的决定。

(1) 行政按时搞生产计划和生产统计数字交给工会组织，以便工会能组织群众讨论，把生产变为群众的生产计划。私营厂通过劳资协商会议，呈出合理生产计划。

(2) 各级工会组织召开的代表会议，讨论生产计划、劳保、福利、文化、教育等问题时，行政主要负责人参加，做报告，生产计划。

(3) 工人职员有权向行政提出改进生产的意见和合理化建议，行政必须审查与答复。

（文件编号：E70）

江南厂党委支书联席会议

1950年12月18日

孟亚人：

抗美援朝问题。

工会主席出面任主任，几十个委员，党委做了一个动员报告。

团的动员，八个团员要参军，缺点献子弹的多，发动群众方法少。

行动委员会分五组——生产、慰劳、调研、宣教、秘书五组。

追悼会思想动员，控诉大会。

全部在思想上认识尚未完全动员起来，车间小组等会议启发仇美。

巩固——组织纠察队，爱国公约，生产竞赛。

金尔音：

动员工作多，具体布置少，党员动起来不明确工作步调，党员人数思想不同，情形悬殊。

宣传室工作：

1. 宣传鼓动组——六十余宣传员，没有经验，有很多困难。

2. 资料组——供给收集，控诉材料，供给下去时事宣传要点，供给口头文字宣传。

3. ……①

4. 广音组——时事报告，老工友广播，工人很注意。

5. 纪检宣传组。

6. 出版社——快报、壁报。

捐钱与保证生产计划完成，每厂公约上均提出。政治教育少，群众单纯的为面子捐子弹。宣传重点：认识美帝，刚刚开始。电机等厂工人开座谈会，职工开展比较慢一些，一半以上单位已找到控诉对象。

生产挑战——运动效果很大，但有缺点。如内燃机关电机厂，内燃没有把

① 原文缺。

握，还要来挑战，空喊没有用，要具体进行。

其次慰劳信写得少，子弹捐得多。目前中心是发起控诉，追悼会与控诉结合。

生产组：

今天各厂生产组长开会，反映各厂在纪律与生产已与从前不同，如不早退。工人进修理厂无标准很难竞赛，决定不走生产出品，提出遵守劳动纪律，订公约，大家认为可以做。如起重工起初认为无法订公约，后来提出不用吊车节省汽油，车上向车工提出节省电力不停车，木工厂提出不抽烟。经验由工人提出来，办法可以实行。

金龙山：

每天每组做一个〈会〉汇报。

电机厂工会与支书。

评动大会有些不团结，这些运动一发起有改变，99%捐子弹。

控诉大会只谈日本人的，“生产生产，钞票不谈”，问年奖问题，党员无法，回答不知道。

工会主席：

分厂扩大会议管理委员、执委等，大家表示要完成任务，许多人都发表意见。

办法：① 提早生炉子。② 义务加班，电瓶生产可以增加七八倍。

爱国公约——十条，每间都有铜匠间，不要临时工，不要加班。

总办工厂：

职员反映一部分认为很好，一部分认为突〈然〉如其来，各室主任都召开了会议。××室股长不肯发言，发〈皮〉脾气。团员捐款参加冬防不说话，×团员说仇视日本可以，仇美不行。材料室，有人说捐子弹是打人，钱捐得多好像是觉得工资大了。

意见：党委要各方面搜集材料，这些各方配合做。

老工人说日本人时代工人连买米都不能自由，现在好多了。美国人强奸女人。

带头作用创造工作的新办法(典型)：① 党起核心作用，统一领导，抓住中心推动起来。② 创造生产竞赛。③ 宣传鼓动员工作，抗美意义不够，“生产与钞票”材料要整理，光是控诉还不够，特别是职员方面。

（文件编号：E70）

市 委 会 议

1950 年 12 月 18 日

郊区土改问题。[1]

（文件编号：E70）

① 原文如此。

饶政委谈今后工作

1950 年 12 月 18 日

（一）略。

（二）镇压反动分子，一个月报告一次。为什么重视？解放后采取宽大政策，分化瓦解首要分子是对的，地方有错误，对首要分子也宽大。宽大对被欺骗的人民是一种照顾，现在人民说最怕宽大，现在再不严，敌人要大搞。国内敌人先要肃清，以便对外，应杀的不杀是一个错误，“一个不杀，一个不放”，二面不讨好。

普遍调查研究一下，首恶分子，已俘及未俘者，要做报告，杀人要登在显要地位。好处：① 镇压敌人；② 教育人民；③ 避免干部乱打乱杀。对外国人要审查，办法关与管制，外人企业要防止破坏。对内党委书记负责，对外政府负责。不要怕乱打乱杀而不敢动，同时也要防止另一偏向。

（三）保密工作。

团结人民统一战线是一个很大的成绩，怕保密不要他们是不对的。但党不可以同人家同化，现在下面有把核心暴露给人的现象，机关的纯洁性注意很差。人事不分要查清，机关要清理一下。

（四）完成土地改革，愈快愈广愈好。领导要小心，不怕群众错，只怕领导错。领导上要先小手小脚，群众要大手大脚，封建地主是国际敌人的帮手。

干部对政策认识，以为是对党、对政府的，不从群众出发，如现在再降低工人工资是错误的，工资问题要十分小心。

我们的条例是对地主说的，下面干部不能对农民去说，他们不懂得。

适当发展地方武装，西南经验没有武装不行。

（五）城市工人运动问题。

基委工作方式很重要，毛说领导机关要一个典型经验，杀猪一只可以得到经验。现在没有一个厂的经验，合作社也是同样问题。

毛说：西南每一地委明春试验二个典型乡，这种学习是最好的。

上海谣言问题，引起求不应供，纱布上涨，粮、〈花〉棉、煤，米不成问题，经济波动要注意。

（文件编号：E68）

区委组织部长联席会议

1950年12月22日

工作队(市组)

十二与十九厂情况:

1. 党群关系:脱离群众的主要问题

(1) 对群众要求情绪关心很不够,同地下不同。如年奖问题,十二厂同志听见群众谈这个问题,跑开不谈。群众说党员是小开,不要年奖。可能做的福利不关心,如工人要求工服箱、痰盂拖着不解决。厕所不多设,浪费许多时间,工会行政都不关心。工人说要生产你们不注意福利,提出不解决以后不说了。大运动增纱找工人,过去了对工人什么也不管。

党团不起作用,工头势力很大,党员苦闷,工头操纵生产,不听话给他难工作做。工头调开了工作就好做了,群众情绪很高,生产竞赛就可发动起来,积极分子也发现了,党员情绪也好转。

(2) 党员作风不好。

例子:党员思想上与群众有区别,不是群众的一员,商讨态度不够。党员会议很多,不守规则,出去不请假,生产时间去上课,群众说是特权分子。军代表不尊重厂长,非党厂长有职无权,心中不满。钢丝车一个党员随便主持车间会议,群众不发言,训了一顿。工作时同群众在一起,工余很少同群众谈话,发展党成了问题。党员会议多,不能接近也是原因之一。

(3) 接管组同志同群众脱离,也影响了其他党员。

例子:一个积极[分][子]不愿入党,他说入党后不能听到群众的意见,群众认为党员可以与接管组同志接近,反映上去不好。

小问题如关心、如识字,可以接近群众。

2. 党政工团的关系问题(十二厂为例)

实质上是干部相互关系的问题(党与团支书、工会主席),相互的分工不明确,就发生了问题。原因:(1) 对支委的看法不明确,各想自成一套,把支委看为党政工团的联席会议,对党的领导作用不明确,不作为支委,是一来发表意见,各项任务各有垂直,各有各的中心工作,互相不服从,统一不起来。

（2）对共同任务不明确，不能统一在生产问题上共同努力，经常的中心任务生产问题是走了〈湾〉弯路。只知道生产重要，“面向生产”无办法。通过国庆强调一致搞生产，上面强调对下面有影响，开始研究结合的问题，“搞什么生产”？节省原料，提高质量的方向下统一行动。党工青团一致，方向明确一些。从各搞各的走到统一，关系问题已较好。

存在的问题：行政上（军代表）不了解依靠党与工会的认识很不够，例如代表印出生产计划后，根本不通知党，造成不统一。党团员在搞红旗奖，工会还不知道。因此不能全面的搞好生产。

（3）上面任务多，支部统一不起来，不能分轻重缓急与先后，需要一个统一，因此一切工作统一在党内是很重要的。军代表现在了解统一党内是重要的，否则工作要混乱。相反的例子，上总布置下去，支部不了解（年奖问题），党的工作就混乱。政、工、团都只重视上面的垂直系统，各搞各的。如党搞抗美援朝，工会搞代表会议，团搞军校干部，行政搞生产。

意见：各垂直系统要尊重党支部，重工业部情况较好，因为要军代表去问支部，问题少一些。纺管局要注意，支部说纺管局的意见大家重视，区委的批评不怕。统一在党的领导下，关系问题就可解决。

3. 党的巩固与发展问题

（1）加强新的党员教育很重要，党员消极与退党的主要原因是党帮助教育不够，党员工作搞不好发生苦闷。党员说不如做一个群众积极分子，还有人来帮助，参加了党就无人帮助。除了小组与支部大会外，什么也没有，批评多没有帮助。

（2）劝告不改，应当肃清，表扬好的。十九厂的事实，工作队去了以后，支部工作又搞不起来，坏党员还是留着，没有表扬与批评，影响党员与群众对党的看法。开除了一个党员，好的转正后，取消候补期，党员情绪就高了。支部有 20—30 人经常不到会，没有意见，到会的是吃亏了。

（3）发扬党内民主（十厂）

陈彦生独断独行，党员说“投错了娘胎”。基层说话，工作组去后情况有好转，支部大会可以〈招〉召开了。

（4）健全组织生活，吸收群众参加（会议）

党员干部会议多，但也有无会议的。十二厂一个小组一个月不开会。

会议形式化,无目的。

党一整顿,正气就上升。开除了一个党员,在会议上大家发表意见,一个扫地党员经群众批评不付党费,不再退党,会议时间长一些也不觉多。

(5) 发展党问题

① 要使每一党员要懂得如何发展党员,如党员条件,如何吸收要教育,不能把发展工作放在支委上面。

② 对象研究后要谈话,有人负责,如支委决定 40 人,没有人负责,过了四个月还是一个没有发展。

入党条件要明确。

4. 党委制度问题

(1) 集体与分工问题很难实行。集体办公解决不了问题,分工以后集中不起来(区委)。区委也很难,分割状态,互相不了解,不能发表意见,希望解决。

(2) 党委领导方法——如何贯彻市委领导问题,通过组织员去领导支部,如何使组织员了解市委意图,很有问题,折扣很大。办法:区委先讨论,召开组织员会议,分组讨论,帮助解决问题;然后召开支委会议,传达区委计划,只叫支书来又要打折扣。

(3) 传达方法——原文[照]搬,愈到下面愈原则。

(4) 点与面的结合问题——重点结果放弃了面的工作,大厂也要注意。九厂经验,进入了车间外面情况就不了解,无法摸底。如何做是一个问题,如订爱国公约踏不破,因此重点要灵活转移,不能死定。

(5) 工作计划,检查工作——一直弄不好,有了计划,就不怕突击工作。

检查工作,布置了下面不一定懂得,工作要自流,发现新问题可以及时纠正。

总结工作——区委要明确自己的工作方法,总结区委可以帮助其他支部,总结可以检查上面工作。

(6) 活榜样很重要,老一套不要听,帮助少。眼睛向下,吸收群众的办法很重要。

5. 干部调动问题

(1) 行政上调去了干部,区委不知道,行政上是否有权自由调?区委是否有权可以决定干部的调动问题，同纺管局很扯皮。

（2）干部的薪水问题，大小不定，限制了调动。要家庭无负担才好[调]，范围就缩小。

（文件编号：E68）

区委组织部联席会议

1950 年 12 月 22 日

×区：

发展党员问题

批准的少，积极分子对象多，研究不够。

工作作法：稳步前进，采取典型研究，四个典型（一厂、民中、二……），做典型报告。

如何确定对象，支部如何重视发展。个别与集体教育方法，关〈别〉消灭空白的方法。

宣传与组织工作如何结合：

（1）如何定对象。麻纺一厂为例——政治历史为主（分发展、培养、教育对象），过去、现在积极的作对象，过去不积极的教育对象，过去积极、现在不积[极]的培养对象，过去许多自生自灭，不会漏去。

（2）对象来源——工会、团的积极分子，团的对象多，原因是团有组织生活，有一定的教育，工会组织生活差，下面开会的少。

（3）对象注意什么？解决思想顾虑，如老年工人文化低，不会工作，不会说话，就要说明好的一面。如劳动态度好，技术好，可以解决顾虑。

经常了解对象，指出努力方向，介绍人要做模范作用。

集体教育与个别教育——集体教育目的是了解党的基本知识，扩大党的影响，加强阶级觉悟。

内容：党与阶级关系，什么是共产党？党为什么是先锋队？如何认识共产党？加强党性，怎样做一个好党员（革命干部）？组织性，纪律性，民主集中制。注意偏向。

（4）入党手续：① 集体领导，个别负责，审查办法会议上拖，小组、支委大会，区委要拖很长时间。及时解决，不要拖。② 历史、思想、工作审查，小组与支委审查不清，支委大会就拖。③ 要组织员批准，大厂更依赖小组，各种支部各种要求。

（5）目前问题：宣传不够。如寅丰，抗美援朝中发展党没有，区委宣传与组织工作结合不够，领导上没有贯彻办法，如支书下车间一个人发展六个人，个人去搞。

今后意见：

（1）组织部总结一下发到支部，要支部总结。

（2）研究典型，发展党的办法。

（3）提高党员的群众工作的能力，提高质量。

永安五厂：

发展党的问题。

（1）了解什么？

工人800余，党员17人，支部还算团结，一个党员不好，因为忙没有发展党。团员50余人，三分之二能起作用。积极分子50余人，有发展的条件。

进行什么工作？各项任务很多，有十项工作，年奖、互助金、冬防、时事、劳保、托儿所、合作社、发展党、抗美，不知如何着手？

（2）怎样去了解？

表明意图，同支部关系，否则要有顾虑。不去重复了解，原则问题态度要一致，要有分工。

通过思想——不要去布置工作，要根据具体事实，为什么要发展党。典型报告、工人座谈会方法很好，可以搞通支部思想。老工人问题支部不同意发展，说明原则影响不大，开了老工人会，起了作用。

（3）发现积极分子中问题。

认识不大一致：估计不足，简单化，碰钉子；入党有考虑如有家庭负担，怕人家妒忌。

爱找青年，感情好的要。

（4）发展党员要与其他工作结合。

了解对象历史不好开口，党员不懂如何去找谈话，迁就人家，劝人入党。个别同志已懂得。

（5）手续。

不懂审查历史为什么？问父亲如何死，审查方法要教育。

支部大会为何通过？

黄浦区：

国营企业中党的问题。

（贸易信托公司）

（1）党员一般的文化与政治水平低，半数以下初小程度，掌握大厂很困难。从农村来干部对城市不了解，对城市知识分子、团、工会工作都不懂。

支委会一般是行政干部多，留下的是幼稚党员，行政上对同志不信任。如煤业公司支部，认为支委要有二年以上的党龄。

行政干部任支委，缺点：① 行政干部业务太忙，会议多，无暇党的工作。② 对下面同志照顾很少。

（2）党的生活以小组为主，支部大会开会少。

支部大会情[况]——一般由支部书记传达，其次行政首长动员完成任务，到了小组无法讨论。有许多是文盲，支书报告无法记着，一般党员不懂得支部的计划，说支委是上层组织，不提意见。24 党员只有 6 个人发表意见，也有从不发言的。

事先均没有通知党员要开什么会。

党员的业务学习很不够，党员吃不开，初解放时还有政治牌子，明年更吃不开了。上海煤业公司也如此，下面党员苦闷。

行政干部只相信旧人员。

（3）生产问题形式化。

业务进度看不到，面向生产提高效率很难，"完成行政任务"变为口号。过去在解放区党员多，一下就动员起来，现在党员少，旧人员多，成份复杂，很难动员。

（4）行政与支部问题。

行政应重视党支部，行政干部认为任务有机密性，不能在支部大会上讨论，讨论了也没有帮助，因此党员不懂行政在做什么。如煤炭运输不到，抢购问题发生，党员还不知道清理仓库的重要，"后知后觉"无法保证。

（5）党内经常教育制度问题。

文化业务补习班，党员很欢迎，但大家有点心急，全套都要学，弄得不好。

党章教育不够，农村干部过去受的教育少，与群众接触机会特别少，在宿舍内无事干，情绪上发生苦闷。

（6）发展党的问题。

① 困难。小娃娃碰到老年人与知识分子没有办法，对旧人员的办法。青年团员不愿入党，不愿与这些乡村来的党员过组织生活。

经理要求发展条件低一些，要发展一个经验。

② 对留用人员看法不同，人心惶惶，觉得很不可靠，不敢具体的研究。

（7）党群关系。

贸易信托公司无法掌握运动，随便召开各种会议，各系统有自己的任务。如工会停止学习，要搞生产运动，群众不满。会议多，发言长，很讨厌。

作风问题，突出得很，用草纸要签字，开水每人只能吃两杯，不准人家买排骨面，看人年薪高不满意，积极意见不要听。如文件问题群众有发明，支部不满意，不表扬。

老闸区：

店员居多。

永安公司为例，资方要每天二亿才能保本自保，工人不相信。支部任务发生困难，职工消极起来，舞弊的也有，同志比老板还凶。

① 支部什么都讨论，使党组觉得无可讨论（党包办问题）。

② 区委不知道帮助支部订计划。

③ 支部与工会团的关系问题。

百货业工会每星期有一次会议，基层工会主席都要参加，讨论工作任务。次日即要开基层工会的执委，支委根本不知道工会布置的东西。如有不同支部虽修改，工会觉得支部没有帮助。

××区：

民主集中制问题：

（1）本区小厂多，党员很少，分散在各厂，领导很困难，发展了党员领导更困难。① 新党员多；② 工厂内问题多；③ 领导很弱，区委极难统一起来。

（2）区的各种委员会多，有的形同虚设，保卫、纪律没有开过会，会议太多无法开。

共计八个委员会，均以区委为骨干，人还是那几个，冻结起来，最好由实际工作同志来参加委员会。

(3) 上忙下闲,支委忙,党员多工作。例如国棉四厂发展党,支委要发展,党员不知道为何办。支委冒用一个工人的表兄名义(党青务干部),要他参加共产党,笔迹不同闹笑话。

(4) 支部包办工会,丢掉青年团,支委都是工会的负责人。某毛纺厂绝大部分是支委委员,群众不来了。对青年团普遍不管事,团员提抗议,四个多团员有党地方反而是第三类支部。

(5) 发挥民主作风不够。

工房臭虫多,要克服困难,不买 D. D. T,直接同资方谈问题解决,工会脱离群众。

支委决定的东西,命令主义一定要办。

(6) 公私合营厂内外来干部影响民主集中制,党内死气沉沉。

(7) 发展党员问题。

① 1949 年下半年没有发展,今年 4 月间发展多,7 月又少去,11 月又增加了。原因是:由于领导上任其自流,存货清了又没有对象了,突击发展(公开党时期),过了又不发展。② 发展老工人没有办法,纱厂都是小姑娘。③ 闹退党,开会就是吵嘴,不能发展党员。

市青委(胡根生):

(1) 党、政、工、团关系问题,实质是统一领导问题。

团方觉得:解放初期自搞一套打腰鼓。接管时期搞生产,工会不满意。买公债一马当先,不经党与工会讨论,自己动员,严重脱离群众。消极配合。青年做事务工作,在政治上配合少,不依靠组织,团的作用不好。

整风以后有了改变,党明白了要领导团工作,不消极配合,主动地搞。明确了,有了进步,如增纱运动能成功是依靠党的统一领导。

办法:

①“党统一领导,工会号召,行政支持,团推动”,可以搞好工作。

② 党、政、工、团思想一致,在党领导下,统一计划,分头贯彻,困难可以克服。

现在问题:

① 党核心不够坚强，党干部要好，否则团苦闷，就会自搞一套。

② 行政现在强，独断独行。

③ 偏差——步调一致，但有一揽子情形，团的会议不开了，自流的组织作用发挥不起来(抗美援朝运动中现象)，行政一动员，党与团追不上去。学校内是包办学生会，团不起作用。

(2) 党对团的领导问题。

作得很不够：① 青年团特点要培养教育，党对团有使用观点，运动搞不起时就要团员，顺利时不要团了。

② 斗争任务〈烦〉繁重，帮助要多，否则只好落后。

③ 团的系统领导，领导干部弱，面又是广大，编制又少，团员又多。不可能帮助团支部的工作，靠上就无法进行工作，要求党支部帮助、领导团支部。

不问不闻，认为不懂得如何领导团。团也不研究党的当前任务与工作布置，如年终奖金问题研究不够，认为这不是团的事情。

意见：党要领导，团要依靠党。

(3) 团内要不要党组。

不妥当，理由：① 党支书参加党支部用不着党组。② 有副作用，会议就多，党员不能成为首干，多去接近群众。③ 妨碍了团内非党员的积极性。

办法：① 党员去做团支书，削弱了领导，不放心派到团内去，支书要强。② 团支书非党员者要吸收入党。

王甫同志：

介绍一些别的地区的一些情况作为参考：

(1) 党的建设问题。

550 万党员，占世界第二位，但是力量还不相称。主要原因，质量不高，地方党员占 400 万，80%是新党员，而且解放后占了一半(200 万人)。

发展快的原因：① 党的威信提高了，群众觉悟提高，优秀分子入党的涌入，另一方面投机分子也进入了党。② 敌人有意打入的，有很大的危害性，有这样一批人，数目很少但对党的工作妨害很大，有个别的也要影响，如中纺十厂群众对党有意见，党员不纯好。愈是公开的党，质量愈要提高。

所以目前建党问题方针是：坚决清洗投机分子出党，拒绝投机分子入党

(毛的指示)。各地是执行这个方针的,但事实上还是存在,具体作法上有毛病,今天大家没有提出为何拒绝投机分子入党的问题,今天必须这样提出,如何进行值得研究。工人中发展党还是缺少了经验,技术工人如何发展有困难,他们有本领、三朝元老,与青年工人不同,要看你怎样的态度。天津着重于熟练工人一般生产搞的好,但老工人政治觉悟不高是一个问题,主要问题是提高他的觉悟。

条件问题:① 生产积极[性]还是不够,不积极生产的是二流子,只能算是群众。工人生产积极是为了吃饭,不能算为入党条件。② 什么是觉悟条件,要研究。只有推荐,共产党连傅作义也能做到,一定觉悟很抽象。

建设党的目的有许多同志是模糊的,如为了工作好做吸收党员。

入党手续问题,4 000 多新党员入党,区委如何批准的,了解不了解?

一个人发展 6 个党员,不一定能了解其品质。

候补期不统一,转正没有一定的手续,没有教育随便转正。党委任发展自流是严重问题,发展党成为突击运动。

没有党的农村土地革命也完成了任务。

好像是入了党,引诱入党,实在是拉夫,党的力量是看质。天津有 60%党员的工作很不好,不起领导作用。

目前要做的:先要整理现有党员,不论人数多少,质量不好的要洗出去。有 400 多地下党员退党,估 5%,原因很多,退党不可惜,如何整理值得研究。以教育为主是对的,组织整理也是必要的。不纯的情况下,十分必要。会师后有过整理,现在还有不纯问题,很少数量也起破坏作用,不整理无法发展党。有同志说,党内纠偏,谁来入党。

发展党的步调:① 经过各种组织进行教育,不经过教育,一定要使党的质量不高。发展党不是少数人,主持其事者是少数人,工会与青年团要负责进行。② 教育什么,为什么要入党?起码的觉悟,糊涂入党的很多,为了个人利益而入党。吸收入党要经区委批准,有没有这个力量,要考虑。来一个运动很不困难,南满自报公议出了毛病,干部少,党员多成了包袱。

(2) 干部调整问题。

干部标准有没有?确是没有标准,中央是有的,少奇修改党章上说得很明白。这个问题从评级中提出来的,因为评级主要是资格问题。历史长是光荣的，应当受尊敬与优待，但评级做为条件就有问题。评级出发点是不对的，我们评级不是为工作，为了大中小灶问题，发展下去要争吃，还是干部思想堕落表现。

华北局组织会议上说，今年三大成绩：① 取消等级；② 处理逃亡干部，说明含有一批堕落分子；③ 巩固党与停止发展党决定大家满意，没有纪律、没有是非。

照顾资格是照顾落后。

什么是德，品质与办事能力——有一定的知识，政治品质——忠于党、人民事业，能完成党的任务，坚决的为实现党的路线政策而斗争，克服困难的精神，闹名誉地位、享受的不好。

关系问题的由来：

（1）党工青团各有垂直系统，互相搞一套，如百货业工会，每星期要布置下面工会，支部不知道。纺管局布置的生产任务，支部不知道。（十厂）法电建团，团区委要发展少儿队。公用事业党委也要作为重点，“重点成了空白”，至今没有队员。

（2）党支部包办，具体布置工会工作，党组觉得没有东西可以讨论。（永安）党支委全部兼工会执委（毛纺厂）。

（3）行政包办一切，党政工团联席会议，取消支部的统一领导（十厂）。

（4）党对工会工作根本不管（法电）。

（文件编号：E70）

沈默关于纶昌问题的汇报

1950 年 12 月 23 日

积极分子组织起来搞抗美援朝，准备工作中夜班人少，受影响。

主要缺点：① 时事宣传少，连环画、电报、轮流图书馆，效果不显著（上星期）。下星期要夜班也要准备。② 各种方式好不好还无把握，如何激发起来，干部会议明天开，新年工作中进行。

学习劳保条例，讨论问题：① 劳保条例。② 工会如何办得好。

年奖问题已可解决，十五码布，照去年，照今天恢复的工资发（32 天）。出纱费，细纱间过去是六〈落〉萝[1]，现在是七〈落〉萝，多五千磅，工人吵。

产纱工人每人规定八〈落〉萝，现在只有六个人，工资多了，细纱工人不满，工人间有二种意见：① 牙子增加工人要加工资；② 资方不让步。

车间委员会从解决这个问题着手，但工人间没有团结，是一个困难。

偷窃问题很大，牵涉到许多头目，弄得不好他们互相协洽，职员还是威胁女工，不敢向工会诉苦。女工还受家庭虐待。

过去工作不关心群众的痛苦，觉悟提不高。

工人干部消极：① 朱金团推不动，积极分子怕人家说坏话，有些不团结。② 季荣生对报纸论文有意见（二届工会问题）。

问题：积极份子少，党员少，发挥不起作用；就积极分子与群众联系少，担子无人挑。

意见：① 成立车间委员会。② 从劳保条例到政治宣传。

（文件编号：E70）

---

① “萝”为纱厂产品的计量单位。

十厂问题谈话

1950 年 12 月 23 日

李观澜:

小组情况:

细纱间准备用工人共 248(日夜班),8 个党员均在日班,学习过。公开党前对支委提出意见:提意见不解决,作风不好,叫工人生产,自己不做模范。党员像指导员,放工时收党费人家觉得奇怪,2 个党员就要退党,不能向群众解释,怕煞。群众问了一句话,党委就摇头,说是造谣,党员说这样怎能工作。

一个党员是傻大姐,呼她开会不来。

五个工协分子一〈齐〉起由一个人代写自传入党,事后说曹凤英是对象,其余不是对象,他们听了就要退党。

生产上浪费,白花衣很多,保全部门不好,简了间剪刀不快。党员提出许多意见,要本支部解决。支部说这是行政上的事,党管不了,行政上也[不]解决,小组同志都苦闷。检讨了五个钟头没有解决,情绪低落。

吃饭时间开车,工人不满。饭厅很少,工人分工班吃,费时很多。白花衣纺纺多。车间内吃饭,不卫生。痰盂没有人倒,工人不敢吐痰。工会给工人造北方式的厕所,工人说这是怕我们揩油。怀孕的女工对厕所不满,说是共产党做的事,“杀人不用刀”。

5 月间支部决定要改造缺点,支部大会后到小组讨论,同志对支部没有信心,提了许多意见,整理好后交到支委去。开了检讨会,开了五个钟点(支委扩大会议)检讨了陈、王两人,王世民就闹起来,与陈产生有意见。王世民擅自离开工厂(工会时),自己无办法,又不接受意见。检讨无结果,直到现在也没有解决,支部大会也没有提出。此次支部总结后,大家觉得个人没有检讨,大家对王世民有很大意见,不解决问题,〈带〉戴大帽,说空话。王世民同志不肯检讨,区委书记王中一找王谈话,王去澡堂洗澡。

老工人现在提不愿提意见,“吃饭做工”。支委同志说现在收不到群众的意见,这个问题很严重。工会秘书说你是党员不能说这个话,群众说如果是群众说的,就要抓到公安局去了。一个工人游行脚坏了两个月,向工会借钱,秘书骂了一大套,以后工人就不去了。

蒸饭间问题至今也没有解决,工会秘书不同意。

经常用"平均主义"帽子。

"虚心检讨,决心不改,开会检讨,散会位倒"。工人说党员,王世民也如何,郑忠名,工会秘书付管英。

小组开会情况:

过去专门发牢骚,现在已经好了,讨论了,第一次讨论时事。

第二次检讨过去[redacted]不对,提支部意见,不重视会议,对个人不满,认为是党不对。

第三次布置工作:① 工会改选;② 工管会成立;③ 党支部改选,候选人;④ 党内公约;⑤ 欢送代表(过去代表要带头生产,不愿当代表,因为工会不解决问题)。工人自己选自己,选十三点[①]去当代表,谁选我就骂谁。原因,工会没有进行宣传工作,过去选出代表,可以解决工人实际问题,没有解决如工资问题,党员去解释没有用。

选代表小组讨论保证,向群众宣传,小组长调查谁没有宣传。

本月车间工人已经开过三四次会议,至少开二次,工人对会议没有兴趣。

党员党课每星期一次,已上过一次,每次一小时半。党员课本,上课后讨论先生是支部同志在夜校读书的(区委的)。

经常不参加党的会议有六人,原因是有些要退党的,没有处理,怕退了影响不好。想健全小组,再行整理个别的如孟小妹。

支部任务多,党务问题没有时间处理,如入党退党问题。徐招弟小组长兼四职,团分支书记、党小组长、生产委员、文艺委员,很忙,会议多,每天都有一个会议,或者还多,还要上党课,开会没有准备,糊里糊涂。

一个糊涂党员在党校转了党,现在还是很坏,在党校转党不合理。

(王兰英)

学习回来这样坏,影响很坏,工人说最好开除。

(文件编号:E70)

---

① 上海方言,指傻里傻气的人。

饶政委华东局组织宣传工作联席会上的讲话

1950 年 12 月 25 日

（一）过去在渡江前，时刻估计敌人力量决定我们任务，这是伟大的时候是如此，所以经常研究时事，过渡阶段也要经常研究我们的方针。过了江以后，大陆上肃清了敌人，公开敌人已消灭，不再估计敌人的力量，只要记着：① 消灭分散的隐蔽杀人力量。② 进行建设工作就够了。

外国敌人侵入以后，我们就要研究敌人的意图，决策是一个重要的问题。

（二）现在的时局问题。

第二次大战时的朋友，同盟现在变为敌人，有许多人不了解。

二次大战时反革命力量是比较强的，大于革命力量。但敌人营垒有矛盾，资本主义内部的必然矛盾。英、美反动派企图一举打败苏联与德、日、意，以压制其竞争者。德、意、日力量不强时采取■双政策，只反苏与英、美一致。仅在德、日、意进攻英、美，他们才转向反德、日、意。

为了打倒德、日、意法西斯，与英、美同盟是有根据的，另一方面英、美同时又联合德、日布置反苏，我们的政策是又斗争又团结。

肃清两种模糊思想：① 对过去同盟者不能反对。② 过去与英、美同盟是错误的。反动派口号“第二次大战结束也就是反英战争的结束”，苏联胜利后，英、美登陆，目的在于获取果实，并非配合。

美帝支持各国的反动势力，如西拉，除去了这个力量，革命就要胜利。

马歇尔用欺骗与支持中国反动派是历史上空前的，我们对国民党作战，事实上是对美作战。

朝鲜战争是一个步调——公开武装干涉，对新胜利国家进改，以使各个击破，加紧准备反苏。敌人假设：① 苏联是怕战争的，要恢复力量；② 中国需要和平建设，也不要战争。因此美国进行战争，在外国作战中试探我们，因此可以得寸进尺，实行大战争。这是他的政策的出发点。

敌人侵略步调——进攻台湾、朝鲜，为所欲为，放手进攻。

能不能现在可以阻止战争——面子问题是什么？纸老虎是靠面子吃饭

的，对他说很重要，不是单纯问题，政治威信垮了后统治要垮。土改中地主的面子也是政治问题。为着侵略，他的面子一定不肯无，三人小组问题又提出来了。

① 一步步缩小战争范围，能否阻止战争？今天还不能这样说，暂时停止没有问题，准备他的力量，还要进攻与扩大。

② 朝鲜问题使全世界之反动派都将进入准备战争，如要开外长会议等。因此要提高警惕，真正的胜利要我们有决心与力量。

③ 这 2、3 月内还是过渡时期，大战的前途还不能说是明朗化。

（三）我们的任务。

（1）力争阻止战争爆发，同时又要提高警惕与准备工作，二种准备一个目的——和平。

如战争爆发，美国要发生革命，广泛展开抗美援朝的宣传教育工作，对前途使人民有信心。

（2）重视部队工作，战士的家属工作是共同任务。

（3）乡村土改提早完成，群众不觉悟，地主威信不打下去，土改是假的，和平土改的观点是不对的，我们要强调正确领导。① 大胆发动群众，正确的领导。② 镇压反动地位。③ 雇贫农为中心，团结中农。笼统发动群众是错误的。④ 教育我们的干部，不许包庇地主，自私自营，要受处分。

（4）城市工作，主要的是生产工作，巩固政权要依靠工人阶级。工会工作还只有强调行政，制定任务，依靠群众觉悟是不够的。首先要加强工会工作，加强生产，关键在基层工作搞好。

（5）巩固自己的路线，提高干部，加强组织，总结自己经验。强调发展，会造成党内不纯，强调发展党有一个危险，这是对的。胜利后要提高党员的水平，组织会议要研究老区如何加强政治质量，合于列宁式的建党原则。训练干部整理组织，而不是发展组织，土改后也还是准备发展条件，而不是发展党的问题。支部要三四个能干的，团结广大积极分子就够了。土改后要调强教育与团结干部，提出好的对策研究，然后考虑建党步骤。严格注意后备期。

城市工人建党，也不能操之过急。因为工人中成份也有变化，特别是新工人，来源很复杂，如地主、敌特，进入城市的。应当短小精干，三中全会的决定要有一定步骤去实行，大发展是出了毛病的，失去了作用。

（6）加强保密工作，镇压反革命，肃清内奸。

（文件编号：E70）

华东工会会议

1950 年 12 月 26 日

一、青岛发电厂报告——生产长期竞赛如何搞起来？

（一）厂与厂挑动省电省材竞赛。七个月来从暂时转到经常，工人、职员团结得好，工人觉悟高了一步。煤耗减少，安全发电，降低成本 30%。事故消灭。

8 月 5 日第二阶段发生了主要事故，停电与减电，9 月后一直没有出事故。

缺点：没有很好提高工人觉悟，更好组织起来，合理化建议没有研究，因为没有成立委员会，放在工管会下面来进行。党支部领导作用发挥不够，预见性不够，积极分子没有培养出来。

（二）竞赛如何发动起来的？

订集体合同，本厂先由组织了小组间的合同，然后保证与其他厂的竞赛，如修理机器的把机器修好。与他厂比赛的阶段：

第一阶段：6 月份开始经工人各小组讨论，班与班的比赛，运转与修理配合得好，争取红旗，老工人计算煤耗，同值班工程师联系起来。

第二阶段：从 7 月份开始，失败在煤耗，主要原因是领导上没有掌握，工人情绪表现在工人有种种因工受伤，班与班间有不团结现象，技术问题没有检查，7 月份合同没有修改，成了一般化，这些是失败的原因。

8 月份领导上注意了这些问题，首先注意团结问题。

不团结原因：① 工人不明白竞赛意义，分小组上大课谈清这个问题；党小组也讨论，提出“新道德”的口号，要照顾到别的小组。② 调整比赛的标准。

8 月 3 日—8 月 9 日出事故，注意安全问题。

9 月 2 日—9 月 4 日又出事故，信心又低下来。出事故者在大会上检讨，巩固情绪。送旗帜到别厂，给了刺激，也学会了别人的优点。

第三阶段：11 月份起，合同不是一般化的，提出中心口号，生产任务的明确化。同唐山张家口等十一个厂作安全的竞赛。

小组订计划，发动挑战，每一小组提出自己的计划，每星期小组开一次会，检查执行情形。集中力量开好小组会。

订合同情形：

分几个阶段：① 订合同准备阶段。② 订具体合同。③ 决定合同。

体会：① 首先要使工人明了这个意义，领导上特别要注意，庄严性要认识，领导上不明确，要受影响。

② 全厂集中于执行合同，不能一般化，没有提出大家的共同任务，使第二期合同失败。

③ 执行合同是发动群众的好工具，不放弃每一机会发[展]大家去执行合同。

④ 合同条文首先要抓中心任务，发挥每一个人的力量。例如第一期合提出"省煤省材"的口号所以成功，第二期没有提出所以失败，第三期提出"夺回红旗"的口号容易贯彻下去。

⑤ 工会与行政的保证——要有检查与具体保证，第二期合同不容易检查（空洞），如解决合理化建议是空话，当时连委员会都没有；如工会保证学会三支歌没有必要，分散精力。订在合同上要买宿舍，买不成就影响情绪，抄华东合同执行不通。

⑥ 奖励与处分问题。

达到任务的得奖励，没有达到如何处分，没有提，因为无经验。

⑦ 组织合同讨论，特别是小组讨论很重要。最初大家不愿提出意见，觉得没有用处，神圣性没有注意。愈讨论得好，愈执行得好。

⑧ 执行合同——要具体容易检查，要通过工会系统，首先在工会执会上讨论，执委分工推动，组织大家来执行合同。

随时检查合同执行情形，上级也要检查，党政、工会各级干部也要按合同检查，通过每个职工检查合同。

拟定检查提纲，事先上大课，检查找出许多缺点与积极分子，第二期合同检查得不好。随时检查是最好的方向。

⑨ 随时宣传鼓动工作，表扬与批评随时进行。

（三）奖金问题。

分配奖金办法，7 月份初步搞出一个办法，6 月奖金到 8 月才发放。

第二期 7、8、9 月份的奖金又重新讨论一个多月发，能够分下去，工人还有意见，觉得不公平，主要原因：

① 合同太一般化，出了多少劳力，分不清楚。如材料库工人说他们的工作不好，你们一致都说不行。

② 随着工作情况发展，提出新的任务与口号，才能很好执行合同。

（四）厂与厂间竞赛问题。

① 生产明显的提高。

② 通过竞赛提高阶级觉悟，放宽工人眼界。老工人都不知其他厂情形，派老工人送旗到常州有很大的作用。技术公开有很大作用。到南京参观也受到欢迎，给了很大教育。

经验：

① 注意教育意义，才能使工人有兴趣，坚持下去，不是为了争面子。

② 项目要简单明确，能代表二个厂的比赛的，如煤耗可以使全厂都能发动起来。

③ 通报问题——每五天要通报，鼓动大家。

④ 推动合理化建议委员会工作，随时做评模工作，发现积极分子。

⑤ 注意福利问题，要求高的做不到，对行政工会提出很多的意见，组织机构不健全，新的意见没有很好的注意。

⑥ 典型小组培养不够，车间委员会没有很好发挥作用，执委照顾不够。

⑦ 民主管理问题没有很好的搞好。

⑧ 没有很好的发扬好的经验，不稳固。

⑨ 每个党员支部的核心作用不够，支部没有计划与讨论，预见性不够。

问题：奖金如何分法？

答：甲、乙、丙、丁四项，烧火的甲等，运输的乙等，根据性质订出等级。

问：不团结的原因？

答：意义讨论不够，班与班的竞赛在日本人时代好的吃酒，坏的打。工人不了解新的意义。

二、济南仁丰纱厂报告——生产竞赛问题。

（一）概况：

过去是官僚与私人资本合营的，现在已经代管。因资本家逃跑，90%的股东属公家，决定公私合营的厂。

组织情形：① 机器设备，19 944 锭子，英国旧机器，240 台自动纺机，近又加上 200 余台;每天染 500 匹布,自供电、修配、翻砂间均有。

② 工会组织,1949 年 7 月成立,今年 8 月改选;工人 1 552 人,会员 1 590 余人;党有一个总支,四个分支,109 党员,团 150 人。

③ 生产情况:34—35 件纱,23 小时工作,35 码(解放前);解放初期织 28 码,去年 9 月后逐渐提高,纱增至 14%,布 19%,织布平均 5.25%—3.61%。

(二) 生产竞赛收获与情况:

三次生产运动成绩逐渐逐高,重质不重量偏向,纱 9.98,12 磅细布 80.2。

生产竞赛过程:

(1) 领导——党、政、工、团统一认识,订出计划,加强工人的文化技术,方针上统一领导;行政上根据情况订出生产计划,要求红五月提高一步,纱锭一磅,布每十时 80 码;铁工要求提高效力,电减少煤耗,降低成本 5%;行政上检查机器,前纺改为三班,过去用加班制,现改为三班制,减少劳力。

工会进行改选,有不纯问题,16 个代表,办伙食与托儿所。① 开会支付工资;② 因病请〈病〉假要付工资,及住院付工资。执行委员过去为 25 人中,改选后 15 人为劳模,6 个工作委员会。

改组车间委员会,6 个。整理小组与行政小组配合。(?)行政计划通过后,工会也订出一个计划,号召工人完成生产计划。

工人对计划的意见:① 怕丢人,怕疲劳,工会对工人进行解释,不是突击的,不会疲劳,要求开展合理化运动,开展经常性比赛。② 运动中要照顾,开小组生产会讨论计划,个人与小组计划,工人不重视计划,工会又动员教育,证明不会处罚也不会不奖。以上半年为标准。党与团支部起保证作用,好的小组先订计划,党团员带头,小组计划完成,小组计划在车间中公布。

检查计划,每周一个小组生产会议,向分会汇报,分会向执委汇报。

上下车间订合同(有联系的)——纱布二厂由上而下订合同没有民主讨论,执行不通,互相埋怨,不团结。

(2) 宣传鼓动工作。

口号要具体,不能用“手脑双用”、“质量并重”,工人不起劲。好的口号“接头要短”、“少出回丝”,很好,“向×××劳模看齐”。

行政上每年贴出生产表。

及时检查——行政上有一定的纪录,表扬好的;批评方式,不提名的批评。

照顾面子。

（三）生产竞赛中几个问题。

（1）党、政、工、团关系问题——党起了核心作用，总支定出明确方针。每一工作，党起带头作用，步调一致表现在：

第一，明确的工作计划，有了统一目标就有统一的计划，一切工作围绕在同一工作。过去党核心作用不强，单纯福利观念，工会生产任务不明确，如“欢欢乐乐过新年”，谁能与行政对立，谁就当选，工会明确了生产任务后，工作有改变。

第二，管委会作用很小，主要原因行政干部依靠工人阶级的观点不明确，管理委员会形式化，临时找来开会，不在下面讨论，工人只有听，管委会成了行政的工作会议，行政上的科长也参加，成了行政会议，工人头痛，表决采取反表决，谁也不举手。

（2）党与行政配合不好，如奖励问题，行政不解决拖了三个月，工人不满。开除工人问题，马小风与一个女工打架，没有通过工会，行政上立即开除了。

（3）工会组织的作用问题。

工会小组作用很大，如生产计划，每周小组会议有很大的作用。

工会不起作用的原因：① 具体帮助不够，如订小组计划明确指示少；② 车间委员会领导作用少，个人领导。

（4）三班制问题。

原因，前纺供不上后纺。改的方法：增加一些人，一律每一人看十五个，提高技术。工人意见：工资问题，事实减少了，党、工会没有研究，由行政上决定；时间是减少了，工资按十月份算解决了，奖励按七月、八小时算；同工人商量得太少。

（5）工资问题。

过去管饭工资低，红利布、花红、褥子等，不按标准，按人事关系。扫地工人拿 190 斤，揩车的 80 斤，警卫 240 斤，职工中也不平等。

学徒问题——有超过八年而不升工的。

三、下关发电厂——生产竞赛问题。

（一）修锅炉。

今年反轰炸与整编，工人把工会看为黄色工会，只要福利，干部不知道如何搞生产。50吨二只，共六只，四号锅炉15 000 V，降低到60%。发电机原有六部，现在有二只。三个月半修好大锅炉。开了一次生产会议，领班思想只有经济观点，计划放着不讨论，工作自流。

工人觉得不能按时完成，工人说工作压迫我们，裁员的手段；工人觉得学习是负担，要求加班停止学习，可以多得工资；毛病出在生产委员的思想，只有福利观点。

党支部研究结果：依赖有技术的老工人，有办法，派人了解情况打通工人思想，发现二个老工人是积极分子，每天修了二十五根管子。

调整劳动力——有技术的工人调去修理，大家竞赛。

合同如何订法——大计划分十个小计划，大家分工，限期完成，突破一点推进全面省了七百多工，提早完成。

工会这次起的作用少，依赖党与行政，从这次以后懂得了工会如何面向生产。

（二）第二次合同。

三号发电机，10 000 V，只能发7 000 KV，叶子坏了不少，叶子是外国货。自己发明做叶子，纺间老工人说叶子装箱时弄乱了不好搞，长短薄厚不同，第一要区别出来，第二要称分量。行政上订出计划，四月完成，北京要缩短时间，车间召开会议讨论，大计划分小计划。地脚被轰炸后有毛病，党、政、工开了一次座谈会，决定不打乱小组计划，再找出几个工程师与工人研究，汇报上来，后来想去用铁板填。

结果减少一千多工。

评奖办法，出一个总数，工人自己讨论，大家同意。

（三）工会开会方法。

先开执委会，讨论行政计划，各委员会围绕这个中心去做。

劳保组为例：修炉子订出防止工人生病，每一车间放一个医疗室；危险地方要行政改良；组织纠察队，防特工作；访问工属，有什么困难，解决困难；宿舍内保持安静，禁止卖唱的；积劳成疾的，要行政解决。

文教组：各车间建立通信小组，报告生产情况，表扬，宿舍办黑板报，庆祝成功。

组织组：到车间保持联络，合理调整劳动力，重新编小组，发动老工人，培养干部，筹划小休息。

（四）调整小组。

过去不按生产，以人数编，这个方法不好，不能开会，因时间不对。在不了解情况，改编 28 个小组，三人、六人不等，开会就方便了。

（五）五场联系合同。

消灭事故要有检查制度——行政组织了一个检查委员会各部门检查。

各场订出保证的计划，互相交流，经大家讨论通过。

9 月间发生事故原因，工会没有总结，没有表扬。

百天无事故，签名送毛主席，发动得很好。

（六）师徒合同。

学徒不大爱学技术，不愿自称为工人，穿得很好，每月等了工提多半无家庭负担。现在政治觉悟有提高，学技术要求高了，大家进了技术训练班，教师就是工程师与领班。

老师傅意见：老师傅少，学徒多，困难多，老师傅的心就打动了。但过去只有关书，为什么要合同，怕教会了学徒，自己要失业。

怎样学？检查地下线，学徒跟着学，徒弟自己找对象（找一个师父），订好合同。订了九对，一对互助合同。

内容：决不骄傲，帮助老师傅，文化上帮助。

互助合同——工程师与老师傅订的，工程师教会算法，工人教会工程师工具的性能。

（七）检查小组。

车间都建立检查小组，每天检查，有毛病通知领班。三天一个汇报，检查委员五天一个会，解决问题，防止出毛病。

夜班问题——不睡觉：工人常有轮班睡觉的事，青年团提出保证。

订不睡觉合同向工会提出，四至五点吃一点东西，大家就不睡觉了。行政取消夜稀饭制度（上级决定），工人反对，行政一定要取消，工人很不满意。

四、无锡中新三厂振兴纱厂。

代纺问题——资本家认为代纺会不会亏本，工会说要算成本，工人要订代纺合同，工会作见证。这样来提高工人作主人的信心。第一期代纺作到保本自给，第二次代纺有了盈余，节约是空前的，资方很感动，要向工人说话。

通过这些，工会各级的会议定期化，并有纪录，工会掌握了生产情况，明确了：① 提高生产技术；② 加强劳动纪律；③ 掌握每一时期工人的思想情绪。

生产计划——资方有顾虑：① 资本少；② 怕群众提出高要求；③ 没有经验不知如何订计划。

工会如何帮助订计划——与资本家漫谈工厂困难的原因，知道了过去是因为投机，品质不好；机器要修理没有钱；再进一步说明计划的必要，用文字写下来就是计划。根据这个材料工会再召开老工人研究改进的方法。现在纱已由丙级提到甲级，纱达1.22。

从盈余中25%修理，25%奖金，50%作为扩大再生产。

生产竞赛：扣分办法，80分以上有奖，低下来的工人消极；后[有]又有一种加分办法，用大红星作为记号，变为抢红星运动。

争取落后分子——买布问题来教育工人要织好布。

老年工与青年工团结问题——技术训练班由老工人与工程师来教。

工会干部——不脱离生产，每一执委与小组长均不脱离，每一执委向工会主席汇报生产情况，有问题的提出讨论，可解决的随时解决，工会排掉了事务圈子。

工会与党团关系——一致颇好。① 党内先开会议，起骨干作用，团内也号召起作用。② 每一生产问题，党与工会都要负责，工会号召工人，一致为生产。

女工工作作得不够。

五、常州大成纱厂工会面向生产工作问题。

（一）概况

资金比较雄厚，设备良好，工人1 900人，29 700纱锭，756台，翻砂，修机间，月产30 000匹，1 700多件纱，少数纱出售，供自织的多。

解放前情况，随时可以开除工人，打骂工人，资本家不知道我们的政策，工人左的情绪，分了一匹布，“解放布”。

（二）一年来工会工作

1. 缺点：① 解放初期严重的关门主义，领导思想上对工会是工人群众组织认识不够，如委派制。四个地下党员为骨干，吸收会员强调政治纯洁，黄色工会干部不准入会，会员多是义德女工担工，雇贫农路线，不要职员加入。解散义德联谊会，说怪话的多为落后分子，打击面很大，工会干孤立起来，工人说工会是军管会，靖江人的，政府的。

今年正式工会成立后，纠正了关门主义，工会工作只有收会费，别的工作没有，车间委员会没有（支会），例会形式主义不解决问题。上下不通气，干部互相埋怨，下面不动，干部忙。

② 面向福利，面向文娱，不是面向生产。生产领导是资方的，工会只办福利，劳动纪律很差，次布 47%。80 个干部 78 人作文教与福利工作，生产科只有两个不好的干部。会员小组编制，职员、技工、女工分开组织，“感情自由结合”为原则编组。因此落后与进步分子都分开来了，造成闹意见。

③ 生产管理上新旧制度脱节。

工人认为解放了不要管理了（高压政策所造成），职员怕管理，怕算账，混乱现象很严重。工人不请假看戏，小女工不高兴就关车，少盘头，生产低落。

④ 党、团、工会不协调，各搞各的，互相争权位，搞不好互相埋怨。支部计划不统一，青年团搞图书馆、学习室，与工会工作不结合。

领导不统一，党的中心任务是公开党，工会搞集体合同，互相抵消力量。

⑤ 领导作风——官僚主义，工会立场观点模糊，工作组调了五次，换了七个负责干部，工作组非群众路线，工作一起一伏。

原因：老区干部农村作风，对工人的情感不能融洽一致，生活上不能接近工人，不能发现工人的问题。新干部脱离群众的原因：脱离生产后，坐在办公室，不了解工人的情况，不能发现工人的真实情况，新老干部因工作搞不好，大家苦闷。

⑥ 工会立场观点有错误。

工人罢工，强调政策（年奖问题），脱离群众，客观上为资本家宣传困难。

劳动公约工人反对工会。

原因是不从工人觉悟程度出发。

2. 如何转变工作的。

（1）通过学习明确了工会面向生产的重要性，外界的刺激，工会以此问题批评大减生产。

（2）阻止生产上无组织现象，合理管制。

发生了两个问题：加油工人不加油烧了马达，资方要开除，文教委员领工人去竞球，工人要发工资报销旅费，工人要工会解决，此事由劳资协商会议上解决。工会态度要处理，工会把此事由工人自己先讨论，如女工对机匠此种行动，影响收入，女工要求开除，通过劳资会议同意开除此加油工人。

球队工人问题处理，工资不提了，停职五个月，文教委员行动由工会处理，工人都满意。如三个人一起都开除，工会也要失威〈声〉信。此事在车间中进行了教育。

(3) 党、团、工不配合影响很大，工作组展开联席会议展开自我批评，近一月时间专门解决这个问题。个人闹意气问题很大，支部与工会干部开展了自我批评后，工作[组]分别谈话，帮助解决，整风，干部有提高。

解决办法：① 干部分工，个人负责制与检查制；② 改善会议时间，解决中心问题。

力量统一有很大作用。

(三) 如何组织生产竞赛

(1) 整顿工会组织，小组按生产编。

(2) 协同资方定生产计划。

步骤：① 与资方交换意见，订出草案；② 吸收工作向老年工人、技术工人、工程师再讨论；③ 编生产小组再研究草案，补充；④ 取得小组一致意见，两〈双〉方订合同。

时间共十三天。

合理化建议十三条，添置工具与修理。

发挥工人的潜在能力，重量不重质的情况，决定：① 劳纪提高；② 重质；③ 重量，三者结合。

突击调查，减少回花下脚，增加纱的产量。

劳动公约的具体实施。

(3) 奖励问题——超额完成任务，资方拿出25%的超额部分，定额问题有争论。

原则：① 直接工与间接工的分别；② 验货验工的分别；③ 人数多少为比例。

清花间40%，保试11%，细纱间60%。

车间评定委员会——计分扣点办法，五点一分。

竞赛后情况：吃饭问题，竞赛开展后自动解决了，不再争先后，挡车与接头工有互助。落纱 45%，空锭减少，木管加到五十根，效率 97%（标准 93%）。

(4) 群众的自觉自愿的原则。

(5) 同各方面配合要好。

(6) 要善于处理奖励与处分问题。

(7) 生产上理论知识要学习，如生产效率等问题。

体会：

① 要有生产计划才能竞赛，切合实际。

② 改变生产中的缺点，如劳动纪律。

③ 论工与论工资不平，工人情绪低落。

（文件编号：E70）

江南党的领导问题

1950年12月27日

（一）严重缺点：

（1）依靠群众的思想很不够，党委均是行政负责人（支书是军代表与厂长）。

例子：① 下令发动生产竞赛——解放不久时，毫无结果。

② 调整工资问题，计算方法不对，一元等于一个单位（福利基金），两亿合作社基金拿去买鸡鸭，结果都臭了。

③ 修船后要评奖，修好后不给，工人很不满。

④ 修船时三斗米问题，每月发给，后勤说只是出一个月的，不发了，工人不满，行政出布告处理。

⑤ 组织工管会（去年10月成立），海司命令三天内要成立，17个委员要指定，只有6个可以选举。成立以后，第一次讨论工人借薪问题，结果取消了借薪，工人从此后不满意工管会。

行政上只要自己方便，不是为了工人管工厂，开会以前工人不知道讨论什么，也不发言。

（2）行政对工会的看法：

只要工会主席参加了，就算是通过了工会，党委不问自己决定能否被群众接〈收〉受，强迫命令，工会主席很苦闷。

例子：工代会问题，工会觉得星期六来不及，党委书记一定不肯，党委决定不能改，工人说以后要用否决权。

（3）领导关系混乱。

初解放时有两个支部，地下党属总工会后由区委领导，行政上由后勤领导，后来统一于区委，行政负责同志还有一个委员会仍由后勤党委领导，后来又交给后勤，区委不管了。

行政关系亦混乱，今年9月行政院决定归重工业部，党的关系仍在后勤，长期无人管。

接管时归海军，6月[归]重工业部，仓库不交，无法生产，双方不管，拖到

10 月仍归海军部。

团的组织归区委，最近要归海军团领导。

工会参加五全工会，又归兵工工会。

(4) 党委九人中只有三人负责。

(二) 生产工资问题。

(1) 突击任务多。

初解放时工人生产情绪高，日夜抢修，三原工资政策工人不满，不合理的工资制度导致不满，工人转向要求福利、增加工资，情绪一落千丈。第一次工代会，工人情绪又转好了一些，八十条船都完成任务。

工资问题没有解决，情绪又跨了。

“八一”舰动员好，两个月完成，评功没有实现，工人又不满，为什么能完成的？海事部工程处研究得很具体，工人动员也好，中间工程也无改变，故能迅速完成。修指挥仪由一个老工人修好，大小创造一百余件。

(2) 主要存在的问题：

① 船务处、工务处、船政委关系没有解决。工务处应服从船务处，但船务处计划很笼统，图样一改再改，浪费很大。如修发报机，工务处三天下了五道命令，漆的颜色也无一定，〈省〉损失六百余亿。

② 团结技术人员问题没有解决。

只有团结没有教育，工人对工程师还是对立的，老工人技术高，看不起工程师，行政上不敢提出团结工程师。工程师中间有派别，福建派保守，并进来的工程师各立门户，互不团结。

(3) 工资问题不合理，很严重。

船舶修理所工资高，减低 2/3 很不满，政策用得不正确，没有教育。在实际过程中不照顾生活，上总指示党委不满，三次减工资(130 单位)，工人公开怠工。

工人问原职、原薪、原制到什么时候为止，党委说总工会成立可以加工资。4 月第一次工代会说明工资不能增加的原因，工人比较明确，只能局部调整。工资委员会成立后，研究结果在 6 月间不能解决，第二[次]工代会上宣布技术标准没有决定，不能解决。第三次工代会没有开，工人非常不满。

(三) 工会工作。

(1) 搞生产观点不明确，只搞福利，任务明确，不知道如何搞。

① 组织不合理，分厂设支会，下面是科长制，分会只有主席做，脱离生产者很多，要减少无法工作。实际上如文教科长打腰鼓队保管衣服，开一个会科长布置会场，组织科长弄不清会费数目，一个工人要借钱，说是没有付会费，工人说干部舞弊，实际上是没有记账。

② 小组没有领导。

组织委员说，小组无法管，会议是不开的，完全不起作用。

研究如何起作用，工作组检查下面小组情况（300余小组），船体厂有两个小组工作很好，工人自发的搞（钻眼部）。

发现了这个小组工作后，工会干部了解了，眼光要向下，工作自有办法。

(2)工人的不满意见：

① 合作社东西不是群众需要的，合作社目的是赚钱，有十二人脱离生产，要发工资，对外要发展生意。

② 医务所不满，医生只有两个人，忙不过来，不负责任。

③ 安全卫生不好，因此发病每月数十件，如铯车不加保存，轧了几个人手指，工人意见多。

(3) 工人反抗的表现：

① 大规模偷盗七亿多。

② 磨洋工。

③ 工会是孟记工会，同国民党一样。

报告缺点：① 党如何起领导作用，不具体，如党支部小组。② 突破重点问题不具体。

(四) 如何改善工作？

(1) 中心问题是加强党的领导。

12月初开始，任务很多，共计十三项——清仓、编制、修40余只船、抗美援朝时事教育、冬防组织、肃特、准备三次工代会、合作社、评功、总结党团工作、拿奖、劳保条例细则、工资方案。

(2) 问题：干部力量分散，进行研究，决定抓一个中心，三个意见：① 援朝；② 工资；③ 搞生产。

(3) 以抗美援朝为中心推动工作：

① 先由党委召集党员布置工作，党员思想有顾虑，党与团不能总结

不能。转变党众关系在抗美援朝下改善，推迟总结，大家思想弄通。

② 组织一个委员会（老工人等参加），积极分子全部动员，成立几个机构——宣传、冬防、慰劳、生产竞赛、秘书组。负责干部亲自下手。

③ 控诉发动——分厂漫谈、小型会议，工人完全动员情绪高起来，开始时对美国不反对，谈到日本人时代工人很痛恨。

工人提出保证书，要增加生产，捐子弹，劳动态度改变了，不早退。

材料室 307 工做好，本来要 500 工。

（4）体会：

① 一个厂内党的统一领导在许多任务中决定方向，发动群众，工会出面。

② 每一时间要有一个中心，结合其他工作。

③ 发动方法——报纸材料不起决定作用，主要是群众切身问题如控诉，大家不愿当亡国奴。

④ 重点突破，一般号召方法，先由电机厂发动起来，其他厂也跟着起来。

⑤ 从党内到党外，从干部到群众。

⑥ 宣传工作，要多样化。

⑦ 团结了工程师、老工人、青年学徒。

⑧ 每一阶段要有中心，如开始时控诉，后来是防特组织纠察队为中心（200 余人）。

巩固到生产问题上去，慰问，军校干部。

（5）今后工作意见：

① 通过此运动，订立劳动公约，联系合同，加强工务处，关系要解决。生产计划要具体，奖励制度要建立，主要困难是不懂生产技术。

② 开好工代会，解决工资问题。

③ 改造党的组织，发挥作用。

（文件编号：E70）

上海国棉二厂增纱运动

1950 年 12 月 28 日

（一）概况：

内外棉五厂，现改为二厂，46 000 纱锭，纺 204 280 支纱；工人 1 356 人，老工人 85％；党员 10 余人，团员 96 人，地下有 5 人，其余为新党员。

解放后生产不好的原因：① 工资最低；② 国民党分子多。

细纱间最低的只有七角。

（二）生产中问题：

第一时期，解放到今年 6 月——职员多参加国民党，思想上对立，车间无人负责，工人仇视职员，职员看不起工人；工会不知道要搞生产，生产很低；纱间工人集体睡觉，职员也一样，领班有三个地方睡觉。

第二时期，6 月后，工会开始自我批评，积极分子参加扩大会议，开了二天，干部面向生产观念才明确。抽调干部，他们有顾虑，认为不好的调训，怕开除，结果说服后训练了 80 余干部，这批干部回去后在群众中孤立。

首先接受合理化建议与福利的意见。如细纱提出粗纱间随便撕花，回丝多了。粗纱间提议落纱时间要短，接受了工人意见后，工会威信就高了。

开会方式——接头、领班、小工分离开比较好。

（三）解决几个问题：

① 交班制度建立后，车间劳动纪律好了，这是一个大转变。

② 加强劳动纪律先从修理班做起。该班最落后，自以为有技术，不买账，二十六人分三个小组。组织读报小组，定出工作时间，吃饭到饭厅，以后各车间都订立公约。细纱间吃饭问题——工人认为桌子太少太不方便，做了新桌子问题就解决了。军代表要节约，反对做桌子，少数在车间吃饭，从卫生问题说起，工人都同意了，画漫画。

清花间薄刀党大亨不守劳动纪律，批评过后就好了，其余工人也更好了。

废除抄身制问题，多半不偷了，只有少数的还是偷，清花间一个惯偷，查出后反省了几天，开坦白大会。

工人问劳动纪律好有什么好处？工会提分清黑白评模运动，选出 43 人。

③ 联系合同——重点车间，清花、钢丝车间开始（男工多），男工容易说通。

清花间七时半才能工作，十一时半要吃饭关车，迟开早关二小时，花衣供给不上，二过粗纱要影响。

联系合同：a. 保证花卷不坏；b. 供应得上。

解决办法，工作时间增加一些，铜匠间老工人交班制最好，主要的有批评，当面都看过。

要从后面订起——钢丝车间、清花间提出，普遍签字。

④ 党、政、工、团是统一领导的，能起核心作用，支部先讨论通过工会，青年团与积极分子进行工作，步调一致，吸收老年工人参加讨论，决定中心工作。

会议——只有一个会议，由工会召开，青年团服从工会决定，然后分工。行政上订出计划，工会解决生产中的问题如爱国公约、交班制等。

⑤ 工会执委工头、职员多，作为附带工作，工会工作主要是依靠积极分子，每一车间等于有一个工作组。

⑥ 尊重老年工人，改造技术，为自动开车办法打包机修理。（漏油）

⑦ 减少浪费。

接头、理纱减少回丝。

浆纱间只要二个人就行，回丝、回茧、下脚用不着浆。

⑧ 细纱间工资问题。

生产亏本不能增加工资道理对工人说明。

支部扩大会议（老工人参加）总结一月工作，粗纱间、钢丝间的工人都指出缺点。接头用四指头要损失很多，以后车间中就讨论这个问题，改正了缺点，减少了回丝。

（四）增纱突击运动如何得来的？

10 月份搞集体合同，突击生产是一个好的机会，通过此运动，超过了纪录。

纺管局订的减省浪费办法，工人说订得太低了。

① 准备工作，11 月 19 日开始，党、政、工、团保证完成任务。党员思想要统一，组织力量相当的调整，党的力量运输部没有，派了二个人下去，每班一人，做好保全部的工作。

② 步调一致配合很好，生产各部门配合得好。如男工与女工互相帮助，

花纱工帮助接头工，帮助理回花。

排钢管要四分钟，无人接头，白花多了。解决方法，有一人专门排钢管，现在做到九〈落〉萝半，超过记录。

细纱间工资问题如何解决？工人要求增加1.05，最高1.20增加2角。

局部调整，工资问题不能提，现在工人把这个问题搁在一边，不谈。

抗美援朝中央定一个中心任务来进行，在一个大会上解决，总结生产，成立冬防委员[会]，慰劳前线，捐子弹，把政治任务与生产任务联系起来了，得了两万多奖金。

奖金分配问题——分四种：① 纪念奖一千余人，毛巾、日记，参加突击生产的大家都有。② 荣誉重点奖——新评出的劳模，十人中一个。③ 精纺优胜奖——细纱间，排与排的，25人。④ 普通奖——每一工友都有，分为七级——接头工、落纱、男工、电气等。

组织——成立一个委员会，每部门有评奖委员会，再由各部分三级分配。

荣誉重点奖有五个条件：

① 生产量并能帮助别人，以身作则的。

② 相当技术，能教人与帮助别人的。

③ 反浪费，能保持正确工作法的。

④ 能帮助时事教育的，援朝中有具体表现者。

⑤ 过去由工会与人事科表扬过的。

细纱间特别满意。

职工代表会议——要把细纱间的过高情绪提回来，因为马达不能应付，他太倦了。一千一百卷就够了。

有利条件——工会有了威信，细纱间工资问题解决了，劳动保险条例有了，福利改进了，公共食堂也办了。

缺点：① 制度形式、劳动纪律个别不好；② 自满情绪。

赵国有：

解放后到现在工人对党的看法。

初期是工人翻了身，做了主人，工作不积极了，党要开会使工人厌倦，不要开会。

东北机械三厂第二车工部车间委员会经验：

生产比赛的经验：

（一）车工部的情况：

主要加工，32 台车床，从破的修成，工人 170 余人，分工五个小组。1949 年是落后车间，废品很多。

二年来长期的竞赛、夺红旗、[向]马恒〈祥〉昌小组学习、红五月、新纪录的运动，废品全部消灭，超过任务。

（二）车间委员会组织。

主任是老工人，24 人为委员，小组长也参加。

体会：

党政工团团结一致，团结技术工人。

如何团结一致：

① 党提出中心任务讨论好后，分给工会来做，工会与团起保证作用。

② 工会工作要搞好小组。

③ 培养典型，推动全面，培养一个小组，这就是办法。

④ 例如爱国比赛：党号召搞好爱国主义竞赛，坚持生产，在任何情形下保证完成。激发爱国情绪，工人生产情绪很高。工人自愿提出公约。

⑤ 具体地订条件，根据工人自愿与可能性，个人与个人、小组与小组比赛，先进小组要带头，一〈齐〉起前进，不要互相排斥，领导上要明白这个目的。

不要成为突击性的。

每星期检查一次，一个月总结一次。

互助——技术好的帮助不会的，车间委员会要研究与帮助。

行政不订计划（与制造科），车间委员会提出与制造科订联系合同。

订联系合同办法：工人完不成受罚，行政不供给行政请看电影，制造科人由上级提要生产计划。

完成不了任务加班不行，白干也不行，工友再讨论办法：

（1）从提高技术着手，不能单靠工人的积极性。

团结技术人员是首先必要的，工人与职员关系原来不好。

① 工人与技术人员的座谈会，双方关系就好起来。

技术人员画样，如铣床的定数，由技术员研究出苏联机器的定数，老年工人觉得技术员有用，具体互相帮助是解决问题的办法，技术员也觉得工人很实际。

② 学习——空的时候技术员去教育工人。

③ 改进工具——流水作业法，改造二种工具，任务就超过了一半。

必须团结骨干，向好的看齐，树立旗帜——典型。

小组好的做模范，个人向个人看齐。

(2) 小组长很重要。

(3) 定计划、定制度要从上而下、从下而上的定出来——由工人自己定，工人自己检查。

制度要由工人自觉遵守，不能单靠组长执行。

(4) 要学习马恒昌经验。

① 达到分工合作。

② 耐心帮助新工友。

③ 交接班制要认真，不交清接班者找不到工具。

④ 检查头一个活，午休学习制，改造工具，提高技术——第一个活要检查是否合格，防止废品。

⑤ 保护机器的严格制度。

⑥ 干部以身作则，提高教育，小组长要学习，帮助工友。

⑦ 接受别人的经验教训，虚心学习。

(三)四种表格、六种制度

1. (1) 交接班制。(2) 工具保管制。(3) 责任检查制。(4) 产品质量检查制，小组长负责制，检查第一个活。(5) 纪律制度。(6) 爱护集体制。

2. 四种表格：

(1) 生产进度表。(2) 质量检查表有无废品。(3) 废品原因检查表。(4) 责任检查表。

3. 责任制如何执行：

(1) 表上写各人的名字，负责的"+"号，不负责的"−"号。过去小组长怕得罪人都写"+"，工会检查出来后进行教育，干部党团员以身作则工友还是不行，工会后来发动大家检讨划"−"。

(2) 爱护机器制——工具不许在机器上放。

(3) 交接班制——下半年班交不大方便,工会研究出一个办法,每人发上一张纸,写上有问题的事故。

制度检查要有标准:评功才能有办法。

① 要注意由工人自己检查,生产委员会下有一个检查小组,由工人自己组织,不能由行政来检查。

② 标准——根据工作具体条件而定,即根据每一小组自己定的计划。

③ 检查方法——划为百分,分为质量、技术等,做到的是 100 分。

第一,质量问题,20 分。第二,没有废品,不修品 20 分,要退修品,要扣分,累进制,废得多扣得多。第三,任务,20 分。

第四,交接班制 10 分,小组互相检查 10 分,工具保护 20 分。

责任制——劳动纪律问题。

第五,生产进程表。

第六,爱护机器制——加油,2 分。

第七,机器开动力,10 分。

一、宣传教育工作:

① 要经常化,根据各种任务,提出不同宣传内容。

② 家属教育很重要。

③ 随时随地进行教育,如工人爱大洋,就要告诉他过去的痛苦。

④ 解决工作问题进行教育,黑板报的作风,三样黑板报有三个内容——时事报、技术学习报、工厂通讯表扬与批评。

⑤ 每一个小组要有通讯员,不要单靠文教委员,通讯员要开训练班,工人学会写,文教委员不脱离生产,主要领导二个青年写与画(漫画组)。

⑥ 宣传方式要多,追根报,谁不交货追到说,根据联系合同而来。

光荣榜,刺激生产。如广播攻台湾(生产),到劳模家拜年,上级对劳模见面握手,上电台广播。

⑦ 组织参观很有作用。

⑧ 各车间各小组报告经验。

通过生产竞赛到本票制达到经济〈合〉核算。

本票制——根据定额核定市价,车间向仓库去买,使工人会节省,有目标。

二、福利问题：

(1) 定期总结，评标，开大会，主要是精神鼓励，又得了物质奖。

(2) 关心工人生活，生活互助会比货款方法好，对工人特别困难的要照顾，如一个工友生病，大家捐钱解决问题，老年工人有病的给他解决问题。

生产搞好了，福利也有办法，工人也觉工会有用。

三、开会问题：

① 有计划的开会，党、政、工、青研究任务，工会召开会议，党团员一〈齐〉起来，会议就减少了，各分开的进行会议就多了。

② 会议要定时，不能超过，解决一个问题，事先通知会议的内容，小时碰头，随时随地解决"碰头会"。

③ 工会具体分工，过去一开会各部都来解决问题时间就拖长了，开会要分头，每个会议也不要全由工会主席包办了，工会主席做领导与检查工作。

（文件编号：E70）

笔 记 一 则

1950 年

(1) 已有其他文件者,如叛变自首文件者不重复。

(2) 个别情况不讨论。

(3) 研究指示精神,按照原则办理。

(4) 对中央指示的基本精神。

① 支书应否传达一次。

② 半天审查,行政通过。

③ 聘请一些人员帮助审查。

(文件编号:E203)

关于工厂管理问题的发言提纲

——以国营国棉十厂与江南造船所二个厂为例

1950 年

(陈修良题头注:

临时抱佛脚

1. 二个厂二个问题。

2. 二个厂试验中途废止,成功经验少。)

一、企业管理方面问题

甲、解放后二个厂行政管理改革旧制度上有进步,这表现在:

1. 整理行政组织减少层次,或添设必要科处使上下贯通,管理上逐步有条理。

2. 提拔了一些优秀工人,消除封建性的包工制,使工人劳动态度转好。

3. 解放初期工人与职员情绪上互相对立,工人翻了身不要职员管,职员也怕工人,使生产纪律废弛,现在开始改变。例如十厂的职员现在也知道万事要和工人与工会商量才行得通,职员也认识自己是工人阶级的一部分,多愿把生产搞好。

乙、生产情况与行政管理上存在着的缺点:

生产情况:

1. 生产量时高时低,工人的生产热忱不能经常保持。

例如国棉十厂曾有五次的生产高潮,即工会成立发会员证、反次布运动、增纱运动,第一次工代会、抗美援朝运动。

生产情况波浪式发展,不能巩固下去,有各种原因:

(1) 行政上领导生产运动没有明确的目标,没有抓紧每一时期生产上的主要目标。如反次布运动中没有很好研究次布的原因在那里,而加以根本克服,运动一过去,次布率又增加了。

(2) 党与工会对生产运动领导不够,政治工作没有与生产运动很好结合起来。

(3) 工资制度没有改革，奖励制度问题没有解决，工人担忧不能经常保持下去。

(平均奖励法，工资问题的复杂性，不能多做多得，如累进制。工人说 CP 什么都好，就是二件事没有办好。)

2. 生产上浪费现象严重。

如江南厂生产计划改来改去，有多达十余次的，废料费工极大，临时多很多。工人说"只有 CP 开得起这个工厂"。

十厂的浪费主要表现在用棉(410 斤以计)用电量高，回丝下脚多，次布率高，至少 4%以上。可用的机器零件作废料，临时工多，平均每天 170 人，一月份达 4145 人工。老工人说："不好开眼看，到处都是浪费钞票。"

3. 质量低，劳动强度不高。

例如十厂，日本人时期细布做成衣服可穿三年以上，现在只能穿一年。过去织布工人最高每人挡 32 台，现在最高只挡 16 台。

行政管理上主要缺点是什么？

旧制度已经不能用，新制度还没有完全建立起来，一切事情多依靠会议来解决，影响生产，这是主要的困难。

具体说来，我们生产管理上有下列的一些问题：

(1) 生产上缺乏具体可以实行的计划，生产计划显得笼统与一般化。

例如江南：造船工程根本没有具体计划，工程处的计划是"某日动工某日完成"。

十厂：生产虽有每季的计划，但不合适于本厂情况，有些一般化。

生产计划不明确的主要原因是：

① 成本核算制度没有建立起来，管理人员缺乏成本观念。厂长不大负责，缺乏对生产上浪费与成本问题的调查研究(供给制办法)。订计划是凭计划科及少数领导干部订出来的，因此时常觉得困难，定得低了觉得开倒车，定得高了行不通。

只有上面订计划，车间得各部门没有订计划，全厂计划因此空洞与一般化。

② 统计不正确，各车间的记录工随便记录，也不检查。因此凭此种记录，订出的节约计划，难免不合乎实际。

（2）劳动力组织与人事管理上不健全。

① 各班工人的技术水平相差大，产量不平衡。

② 工人出勤与流动性大。对有慢性病的工人无具体处理办法，又不能随便招工，劳动组织很难调整。各厂的招工也无统一的办法，如九厂的招工布告可以贴到十厂的门口。工资制度不合理与工厂设备不好，是流动性大的一个主要原因。

③ 临时工多，工作态度不好，技术低，混乱劳动力的组织，影响长[期]工的生产情绪。

临时工多的一个原因是各科互相不知道要用多少人力，缺额时就随便招临时工。

④ 缺乏奖励与处罚的制度，责罚不明，影响生产情绪。

⑤ 如垂直系统调干部人事科不知道，也影响了生产。

（3）缺乏严格的检查制度，负责制没有建立起来。

① 没有工作细则，工人多不按工作法做事。

② 了解生产的干部不多（与日本人时期相差很多），职员不大检查，只有突击检查。

③ 检查标准不合乎实际，上级规定有时高有时低。

④ 上级检查生产不经常，实际情况往往检查不出来，所谓“碰运气”。

⑤ 各部门检查工作不大配合，如次布多了，谁的责任分不清楚。

（4）工资制度极不合理，工人说：“CP什么都好，就是二个事不好，工资与失业问题没有解决。”

① 工资计算法不同，工资高低不一。如十厂有计时、计件、半底薪制、累进制、月给制。

② 技术高的工资不高，技术低的拿较高工资。

③ 同职不同薪——如十厂十一[厂][两]个工场的扫地工有八种工资。

④ 升职不加薪。

⑤ 薪给不相称——如江南一个科长的薪水反比科员低。

意见：

① 建立成本核算制以前，先要一个反浪费算细账运动。

② 工资制度应局部先求解决。

③ 负责制要依赖工人的自觉，马恒昌小组运动的主要成功在这个问题。

二、实行管理民主问题。（以十厂为例，因中途停止只有一些教训）

（一）实行民主管理对生产上的作用。

1. 树立工人的主人翁态度，发扬工人的阶级觉悟，起了很好教育作用。

例如：国棉十厂去年十二月间成立工管会，开好第一次工代会后，工人觉悟普遍提高。一月份生产量空前超过，自动订爱国公约，响应马恒昌小组挑战运动。

二月间第二次工代会议时 422 条提案中工资问题只提了 7 条，其余多是对生产上建议，工人知道这个问题不容易解决。第一次工代会工人最关心的是工资问题。

江南厂也有同样情形，工人说："工资问题只要对我们说清楚就没有什么，有困难大家来想办法。"

2. 改善了工人对行政上不信任的态度，加强[了]职工间的团结。因为行政上处理了工人的意见，如开放水汀，使生产上困难减少。

3. 下情容易上达，使行政上依赖工人阶级的观点也比较明确了一些，同时对生产上存在的许多问题[和]对情况了解也有很大帮助。

（二）不能彻底实行民主管理的几个问题。

1. 研究与执行工人的提案还是不够，开会以后没有很好向工人传达，江南厂对工人提案"不了了之"，引起工人不满。这表现对认真依赖工人阶级的思想还不明确。

2. 党的领导不统一，党内意见不大一致，工管会又变[成]了党政工团联席会议的另一种形式——例如十厂：工管会议上党与工会事先多不知道讨论什么问题，党与工会工作问题要在工管会上去讨论。事先支部都没有很好讨论过的问题提到工管会去，如参干与反动党团登记、劳军、工会业务等问题。

3. 工管会仍以行政为主，常委会议许多科长也参加，讨论的主要是行政上的事务，事无大小都在工管会内讨论，工人代表无法提意见。

4. 工管会的正式决议很少，也没有向车间中传达，上情还是不能下达，工人不知道工管会的作用是什么。

5. 工管会没有工作计划——会议每天都开，究竟做什么也不大懂得，生产计划也订不出来（订了一个多月没有订出来）。工人热烈的等待行政上决定具体生产计划，下面再订计划，但事实上没有实行。

6. 工会组织不健全，车间小组没有开好会议，下情不能上达。

7. 工管会的职责不明——主席、委员的责任是什么多不大懂，常委会与全体委员会议有什么区别搞不清。

（三）对实行管理民主的几点意见：

1. 必须实行党的统一领导，党内意见步调先要一致，然后通过工管会去计划执行，加强党对行政的领导。

2. 工代会议至少每月要开一次，对执行工人意见要有具体答复，交待清楚。各车间应有一种生产会议组织形式，单靠代表传达有困难。

3. 工会、车间与小组的组织要健全，使工人意见容易上达下传。

4. 工管会必须要明确订出工作的计划与行政处理意见，向工人代表会议（车间也要如此做）作报告与经常报告。会议前应有准备，先告诉工人关于会议的日程。

5. 工管会不要与行政会议混合开，使工会觉得是做了行政的尾巴。

6. 在实践中对党与非党员进行民主管理问题，继续进行教育工作。

7. 工管会下面应设专门研究的小组会议，临时成立委员[会]。如工资、技术、福利、合理化建议等的组织，以便讨论解决之。

8. 使非党厂长负责，军事代表是否有最后决定权问题要明确一下。要搞好工厂应派党员去做正厂长。

（文件编号：E185）

市委会议

1951年1月2日

（一）各部各委对市委领导的意见：

扬帆：

好处是决定方针，缺点：突然任务多，干部水平低，不利于工作，结果工作不能统一，工作中发生困难，无结果。例如：① 土改与镇压反革命发生问题，区委认为土改是中心，镇压反革命就不注意。② 郊区扩警，公安局与民政局在冬防工作上发生矛盾，民政局派青年人去做冬防工作，说公安局不能参加，因为旧警多。

具体意见：

① 除统一布置外，要具体讨论与布置，分清职责。

② 公安局参加区人民代表会议。

③ 冬防、登记特务互相结合，民政局与公安局如何结合要明确。

④ 市委秘书处专责检查冬防。

潘[汉年]：

① 区内工作忙，市委没有去解决与帮助，无从结合。

② 土改问题，制度办法。

③ 反动党团登记问题。

（文件编号：E70）

刘长胜在华东工会会议上的总结讲话

1951年1月4日

（一）基层工作要做什么？

（1）如何领导生产问题。

明了为谁生产的目标。

（2）搞生产依靠谁？老工人、技术人员、职员，团结工人阶级，老少工人，工人与职员。

（3）宣传东北的经验。

（4）回忆过去，抗美援朝的宣传工作。

（5）找着具体的一件事与一人解决大家的问题，如生产运动，个别问题推动生产；如劳动模范，如大成纱厂的选劳模回来后的宣传。

（6）宣传教育工作。

（7）消灭事故，检查设备上的问题。

（8）生产计划。

（9）检查合同的执行，检查具体的人与事。

（10）建立制度，竞赛中的制度，如表格、图表。

（11）奖励问题，工厂问题已解决。

（二）组织问题。

（1）各个委员会如何配合各项工作。

（2）爱护模范劳动者。

（3）健全工会组织，以生产为主，对生产有办法。

基层工会的委员不起作用，只有几个干部在负责，委员分工要注意。各委员会配备不齐，积极分子吸收得很少。车间委员会要建立，大厂工作要在车间着手。小组工作——不按生产组织是不对的，感情自由结合是不对的。

（4）提拔技术工人担负行政上的领导工作。

（5）调整会议制度——① 重复的多；② 干部兼职多，会议就多了。时间日期要确定，会议要有准备，解决问题。碰头会很好。

（6）改造工作要好好注意，照顾全面。

(三)宣教工作。

(1)政治教育灵活进行。

(2)文化教育固定化,如识字班。

(3)技术教育,解决师徒关系。

(4)干部业余学习。

(四)劳保福利工作。

(1)与生产结合起来。

(2)实行劳保条例。

(3)主动的关心工人的福利。

(4)团结互助友爱。

(五)工厂民主管理化。

培养工人行政管理经验。

(六)劳资协商会议。

协商要与民主讨论相结合,要真正协商态度不是强迫。

(七)抗美援朝运动。

(八)党的领导问题。

党委统一领导,通过工会实现自己的政策。

(文件编号:E70)

工作组长会议

1951 年 1 月 5 日

纪康：

一月份工作计划问题

上电党领导落后于群众，原因：总支书记做了人事处长，党没有负责。过去党支部弄得很好，军管以后步调乱了，要向军代表汇报，决定关节在于党的领导，行政上管理是加强了，问题解决很快。干部有信心，办法没有，领导如一松，事情就坏了。

军代表与工作组的关系问题：明确了二点：① 军代表参加总支，党统一领导，行政命令通过支部；② 管制要依赖群众。

王一定：

工作计划

十天到二星期内集中党政工团力量深入到车间，1 月中旬到 20 日开全厂大会，通过爱国行动纲领，20 日后登记党团。

2 月 6 日，半个月时间纪念二六，总结工作。

上水范富昌：

冬防工作从一个车间推广到全体。

纠察队已可掌握，扩大组织，年奖问题已解决。

局部改选工厂委员会，冬防组织与工会是二个系统，要变为工会小组，先改变小组与车间委员会，代表会议不改选。

开好代表会议为中心。

江南（王惠康）：

工作组从十三项问题集中一个问题，党委分工后没有合作，后来决定再改进。抗美援朝运动提前完成计划，劳动纪律空前的好转。目前要解决的是加强领导问题。

① 工代会为中心贯彻工作，改选工作。

② 冬防纠察工作，结合反动党团登记工作。

③ 工资问题作适当解决，4 日到 6 日党内讨论，6 日—10 日工会干部与老工人开座谈会。

周炳坤：

个别的在进行竞赛，集中力量搞纠察队，15 日以前抓紧要搞加强其组织，与检查机器；建立骨干，加强政治教育，读报，体育活动；展开防特工作，消防、救护常识的学习，以此为中心工作。

意见的分歧：① 巩固纠察队结合登记反动党团。② 加强生产竞赛。

目前条件要全面生产竞赛不可能，只能先行搞纠察队，作为初步准备。下一阶段搞好工资问题，然后正式进行生产竞赛，此问题已谈过，党员中已如此布置。

改选在工代会议以后。

步调：① 加强纠察队，劳动公约的执行，工代会上号召。② 解决工资问题，重点展开生产竞赛。

法电陈龙祥：

① 传达贯彻工代会议(以抗美为中心)的决议，掀起热潮，展开生产竞赛。

圣诞节问题，因为没有发休假工资，工人要收回子弹费。教训是：没有很好发动抗美援朝的热潮，现在要发动生产运动也无政治基础，所以只好先贯彻工代会的决定，各路线定出爱国公约。

② 健全组织——健全车间委员会，小组调整。

推广经验，六个典型。

③ 整理 2 百余件提案。

④ 工厂委员会问题，委员会做什么，进行全总组织条例的学习。

问题：杨春林调市政工会，江征帆同志在开会，对工作有影响，要解决。

江征帆：

工代会得的教训，没有很快传达决议，忙于事务、移交，工作组开了二星期的会，没有具体帮助订出计划。自流传达，一般没有传达，又碰到圣诞节问题，党员也要白相[①]，领导上没有注意，群众不满说“三天大会，三天大宴”，把福利全吃掉了。

意见：

① 代表大会的决定要贯彻下去，否则前功尽弃。

② 公用事业党委会要整理组织，步调不一致。

③ 董办要调回我们去，要解决。

十厂舒秀华：

12 月统一计划，工作分五大类。

第一星期开三个诉苦大会，捐子弹。

第二星期选举工代代表。

第三星期教育代表——工会改选，成立管委会（二重身份），另一方面发动工人提意见（397 条）。

第四星期开职工代表大会，29 日欢迎代表。

代表会情况：工人情绪很高，提出许多意见；代表会议以前已提出了意见，认为大会上还要提，怕不能回去报告，后来把问题印出来后，没有意见了。

设立意见箱，提议公布，宣布办与未办，未执行的向行政上提出意见。

解决了几个问题：① 改选 19 人委员与各委员会。② 工人相信了工会，看清了工会是做了工作，主席做了检讨影响很好。

<u>现在如何传达：</u>① 代表自己传达，党员收集情况，工人不知道如何传达。写了一个传达提纲，代表不识字的，识字的帮助传达。

② 生产上积极起来，抗美问题与爱国公约没有了初步的认识。

③ 三个车间三个典型组（准备、细纱、机布），代表保证自己生产的完成，引起一般代表都要积极生产，代表起了积极作用。个别代表仍不好，特务钻空子故意为难，如工资问题，要求解决，打击代表。

<u>一月份计划</u>

中心工作方针——发动青年工人参加军校，展开生产，登记反动党团，大

① 上海方言，指玩。

小工作十七件：① 反浪费；② 春季生[产]计划；③ 奖励；④ 工资研究小组；⑤ 行政上，下面整编；⑥ 登记；⑦ 奖励；⑧ 军校干部；⑨ 新党员入党；⑩ 积极份子；⑪ 工会分工；⑫ 开夜校；⑬ 冬防；⑭ ……

归纳六大任务：① 生产，传达工代会决议；② 公约；③ 工资调整；④ 纺部检查制度；⑤ 保证计划完成；⑥ 奖励制度。

抗美援朝运动：军校干部100人动员（很难完成）。

第三类

反动党团登记，思想教育，保卫科长与保卫委员的关系，是否出共同负责。

支部思想不明确，材料供给谁。

第四类是生产问题，提拔十余个老工人（男工）。

第五类，工管会成立，夜校、新党员通过。

纶昌：

① 车间委员会建立有问题，细纱间工资问题将有解决，生产加多，络纱工人工资多，接头工人没有增加。接头工人要厂方与资方协商。

② 工会干部推动不起来，是一个严重问题。

③ 办一个学习班，培养积极分子——要做好动员，学什么，为了组织车间委员会，业余进行每天二小时，多少要影响生产。

④ 工作组问题，沈经常不下厂，上总不解决。

新安：

年奖问题：① 各车间代表同志讨论，特务话语，群众不做声，团结积极分子。② 组织积极分子问题。

计划：① 建团，团支委要改选。② 动员军事干校，进行教育。③ 反动派登记，冬防组织。

生产竞赛还要准备条件：① 健全工会组织，摸新中选出的，无技术的当委员。② 生产无计划。

石林：

工代会决定后进行下列工作，集中几个问题。

① 警队抄身制。

② 其他困难问题会前后解决，如工资问题，车间中讨论，冬防问题在会后解决。

传达问题——当天支委讨论出提纲，实际工作的动员结合起来。

劳动公约的订立：生产情况有条件搞好：行动上好，如布机间过去出次布多，[现]提高25倍；浆缸间不抢盆头，不要加工。车间中按时扫地，工[人]说过去只扫四次，现在半天要扫十六回。炊事员现在不烧生饭了。

不利条件：职员情绪低，工资折扣后没有恢复，市协商会没有通过，资方同意，对纱厂工会很不满。

吴亮平：

各厂任务多如何排法：

① 经常工作，突击工作，只有二项，军干校、党团登记。15日以前完成军事干校动员工作，中心任务要确定。

② 上电复制问题，范围如何？基本问题是搞群众工作。

③ 工资问题要调整。

④ 纱厂工会对职员的工资问题要求市委解决。

王尧山：

今天基本问题：① 初步改善党与群众的关系，工作堡垒尚未建立，有的尚在开始，需要巩固。② 当前任务登记党团，镇压反革命，参加军校。③ 要坚持下去，不要动摇，不安心。

纪康：

刘主席要他们回去，工作由工会自己去搞，我们要不要听书记的话？（纪康要到北京去。）

江征帆：

① 抽回去；② 两头兼行不通；③ 什么时候了结。

整理者名单

团的：① 吴增产；② 冯兰瑞；③ 项霸；④ 纽友杰；⑤ 任建树。

党的：① 何成；~~② 黄维；~~③ 周恺；~~④ 汪征帆；~~⑤ 陶励；⑥ 沈光忠。

（文件编号：E70）

纶昌纱厂工作组谈话

1951 年 1 月 8 日

朱：

反动党派登记问题没有宣传——支部准备先找积极分子谈？群情性急，舆论多。

沈默：

① 学习班问题是对工作消极，觉得是唯一办法，还是在六日班问题解决后决定的。

年奖问题解决，群众情绪安定。工作组没有同群众商量宣传工作，政治觉悟没有提高。工人觉得黄松涛要斗掉，对季荣生做了一些工作，中间群众观望，怕牵涉到两大帮派，原因是我们没有做政治工作，所以邪气当道。工作组进退两难，摸不着头脑。下面群众发动不起来，积极分子掌不住，怕被坏人打击。工会执委不起作用，也是看面色，只看我们与坏蛋的态度。脱离群众由此来，工作推不动。

群众要进步，要学习，对工作组只做零碎宣传工作。

男女工问题，黄、季两派问题阻碍我们工作，上面推不动是由于这个原因。

瓦解反动党派是一个问题——黄松涛勾结敌伪压迫工人。

他们要做工人工作是为了统治工人，本身政治上莫名其妙。

工作组的方针是壮大自己力量，瓦解别派势力，培养大批积极分子，改造他、团结他。

② 时事宣传、抗美援朝还是要搞，联系工人切身痛苦展开宣传。

青工动员问题——300 青工，男工 30 余人，动员中作宣传，参加的人不多。组织青年活动，情绪鼓动不起来。

15 日前向群众宣传党团登记工作，不能引起恐惧。

困难问题——反动党派如何割断其联系，劝其不要担心事，放下石头。

他们要碰头商谈，头子鼓励其登记。

没有考虑到要开刀，要估计震动。

③ 党的领导问题。

区委已有人派来，支部要加强领导。

黄维：

原则上同意沈默的意见，稍有不同的，没有贯彻抗美援朝运动。

沈默同志不要抗美援朝的组织，意见上有过分歧。

党团登记问题思想模糊，重视不够，怕弄坏。

黄松涛问题，青年团员提出来了，我们不警惕。今天我认为工作组要发动常、执委讨论，小组乱说半天，下面不做，无办法，领导方法要改善。

从黄淞涛开刀，季荣生也要打，积极分子就可以发现，不是团结改造他。

杜：

……①

沈默：

① 如何做法不明确，黄淞涛过去不好，现在采取什么态度？

季荣生没有抬过头。

② 先揭发群众、算旧账是不对的。斗起来是不是会加强不团结问题？斗不出〈明〉名堂，群众看冷风。

主要思想错误：

① 沈默敌友不分，右的偏向，看为帮派问题。

② 经济主义的偏向，不进行抗美援朝与反动登记工作。办训练班作为团结积极分子的唯一办法。

（文件编号：E70）

① 原文缺。

十厂工作计划问题

1951 年 1 月 8 日

舒秀华：

一月份计划：

参加军校干部、生产、冬防、登记党团为中心任务。

① 减少浪费；② 春季生产计划；③ 评奖；④ 工资；⑤ 行政整编；⑥ 登记；⑦ 积极分子；⑧ 夜校；⑨ 党员……17 项。

六项：① 传达工代。a. 布机，准备间。b. 公约仪式举行，细纱间 15 日完成。c. 纺部提出完成计划。

分工：a. 行政为主奖励。b. ……①

② 抗美援朝，参加干校，传达委员会工会负责，另订计划。

③ 镇反、登记工作，保卫科负责，支部负责供给材料。

④ 行政编调。

⑤ 工会分工庆祝成立工管会、夜校。

⑥ 党内问题，成立分支，新党员，统计积极分子。

7—8 日——宣传镇反工作；7 日以前青年名单已弄清，团大会，工会开会。

14—20 日——工管会成立，干部入校。

20 日——生产问题。

10 日——开好工会、老工人座谈会（军事干校，镇反为主）、家属会议、纠察队会议。

12 日——13 日，周振中，军队去。

缺点：① 工会行政计划不能包括在支部计划中间——生产问题、夜校、轻视工管会。② 经常工作不能与中心任务混为一谈。③ 全市计划不能与一个厂的计划混为一谈。

组织宣传小组——培养女干部、老工人，以搞运动为主。

成立夜校，小先生、教员由纱工会派来，400 人。

---

① 原文缺。

行政上说，要把他们计划列进去？

行政整编计划：科员、职员要整编。

（文件编号：E70）

区书联席会议记录

1951年1月9日

潘汉年：

民主党派发展党员问题

① 资产阶级不能够成为一个大政党，但也参加了反封建反帝的斗争，他的政党如民主同盟，他不是纯粹的资产阶级，其中有共产党，有小资产阶级分子，只能成为联盟性的组织。

重视发展民主党派问题，因为非党员多，只能入民主党派，执行共同纲领。组织中间层的力量，所以要发展民主党派。

② 发展的对象。

武装部队中不能发展——因为是共产党所领导的，工农力量，保持纯洁性，不能协商。

对象：

民革——公务员、留用人员、党政人员，新老公务员都可以发展，国民党党员，已转变者。

民盟——高级知识分子，如教授、大学生。

民主建国会（黄炎培）——工商业，不宣传为资产阶级的组织，包括从业人员。

老救国会（民政）——进步的知识分子，科技界，中小学教员。

九三学社——思想界人物，政治理论，教授，学术界，人少为主。

农工民主党——（第三党）。

台盟——发展不重要。

③ 名称。

民革——上海市分部筹备委员会。丁超五，219人。

中国民主同盟临时工作委员会，刘思慕、宋云斌、彭文应，308人。

民主建国会——黄，临时工作委员会，胡厥文，615人。

中国民主促进会——谢仁水，梅达君，106人。

中国民主农工党——申葆文，69人。

九三分社上海分社，顾执中，42 人。

台湾驻沪办事处，谢[雪红]，120 人。

共计 1 795 人。

三分之一以上是解放后发展的，走了一些，特点：① 流动，自由走；② 组织领导薄弱。

特点：① 领袖都去北京了，留下干部弱；② 小派别斗争；③ 没有民主内容，开会无结果；④ 关门主义严重，否定偏右人士，不善团结中右人士前进；⑤ 依靠中共，自己不想办法；⑥ 个人主义表现；⑦ 形式主义、旧民主主义的作风。

如何发展？

① 要有计划与步骤，内部整理工作要完成，然后发展。

② 首先要先发展少数骨干分子，不要普遍发展，然后再大量发展。

我们的任务：

适当的领导。第一，组织上明确起来，发扬干部的积极性，我们党员要努力，他们要开除，我们也要开除，不做挂名党员。第二，青年团员，个别党员要加入进去，公开进去，帮助其工作。

这样做的原因：党团员要帮助其发展，中间或偏左的参加进去，十分之一二的党团协助其工作(与他的比例)，党内说明其重要性，不妨害自己的职业与工作(指党与团的工作)。

要防止的——① 跨党问题，联系上交错，名义多，如何解决，处理要适当。按共同纲领行动，动员一批党员、团员去，一部分秘密，一部分公开的，以便了解组织情况，便于说话，侦察特务活动。② 不能包办工作。③ 不要用我们的纲领去进行工作，只能根据共同纲领。④ 党员与统战部发生组织关系，帮助工作。

各群众团体中的统战问题。

区人民代表会议，是民主扩大的旗帜，区协委会议与市的性质相同。

区协委会议的重要性，2 月间成立，个别的区已开。

区委如何掌握人代会的工作？① 向人民作宣传，作为区的中心环节，发扬民主，与党外意见一致。② 区协商会议的任务：真正的人民代表，执行人民的意见如马路、路灯、卫生；统战部由区长兼，下设秘书，干部，区长兼主任，管理该区内的统战工作；区长与市统战部联系，区长兼区统战部长，设一个主任秘书(协会会议的)③ 团区委要考虑设统战部。

（文件编号：E70）

江南厂情况谈话

1951 年 1 月 10 日

（一）1 月份以反动派登记、巩固纠察队为中心，继续进行抗美援朝运动。

十五日以前准备与动员，十六[日]开始登记。

工代会要解决的，调整工资，争取开各种座谈会。问题——工会要拿出方案，党委觉得暂不拿出去。

问题：

① 反动党团登记如何成为群众运动，要求解决？

② 党委改选是否在工代会以后？

③ 如何改选工代表问题，党团都不知，工会自己去布置的。王惠康说：因为有积极分子，所以进行选举。工资问题已有草案，拟发布告。

（文件编号：E70）

二厂情况谈话

1951年1月11日

① 工会计划能不能包括在支部计划内。

② 经常工作与中心工作不能混淆。

③ 目前的主要工作是什么——工代会问题，生产问题为主。

④ 材料问题，引起不满。

⑤ 反特、反偷窃问题，不能同时进行。

⑥ 发展党问题。

⑦ 改选党问题。

⑧ 工作组不知道行政计划与区委布置，有区委有上级工会，工作组不能统一。（工作组自身也要负责）工作组本身不大一致。

问题：

① 内部如何一致——工作组代替包办，帮助工会支部不够，工作组与上面联系不够，有差别。

② 中心工作是什么。

（文件编号：E70）

黄维汇报纶昌情况

1951年1月17日

宣传反特工作，漫画，标语，新积极分子有出现。工人关心登记问题，有些恐慌。开抗美援朝筹备会，开过七人的骨干会议，大约有十余人，作为核心。

问题：登记者已有十一人，范正亭假立功态度，纷纷来问，什么态度对付他？

工作步调：

① 与区委公安局讨论逮捕〈王〉黄松涛，在请示。

② 明天把登记的名单公布。

③ 星期五公开捕〈王〉黄，次日公布罪状。

④ 控诉会。

（文件编号：E70）

基委与组长联席会议

1951年1月18日

传达市委报告，刘长胜同志。

纪康：

① 产业工会与区委如何领导基层尚无办法。

② 指导关系要明确。

③ 原有八个厂的干部如何调整。

工业部：

任务不统一，重新看法不一，讲求解决统一布置。

顾开极：

① 法电、上水谁搞。

② 专职专任很有困难。

③ 以工会问题为主。

江征帆：

准备搞一个纱厂。

吴亮平：

缺点：

① 提出问题多，解决少，专题研究少，例如工会的大小车间问题。

党的核心如何建立，缺少研究，职工团结，管理问题。搞材料汇报情况多。

② 静的研究多，动的少，脱离运动，运用第四条不灵活。

③ 对领导机关提出意见少，对上次的总结有意见，对下责备多，责备上面少，特别是几个产业工会，下面不服气。区委也不同意，例如中纺二厂的工资问题，是纺织工会的责任，不加强区与产业工会基础工作无法加强，如纺织工会不批准文教费。

④ 国营工厂要单独研究,党的统一领导是主要的。

⑤ 下厂工作组要专心专意。

重工业部:

如解决工资问题拖得很久,很值得注意,要负责同志解决。

杜大公:

1 月底前维持现状,2 月初——新的成立。

石林:

① 增产运动工作组不知道,基委对工作组及时指示不够,区代表会议不知道。

② 区委要工作组同志去参加。

③ 许多问题要通过劳务局与纱厂工会,领导上要解决。

周恺:

上级领导是一个问题,很难解决问题。

由区委掌握三个厂,免得发生问题,主要在研究,市委派人在了解。

傅一夫:

同意周恺意见。

① 领导关系要明确,华办自己搞也要由区来搞,区委统一领导为定。

② 以现有材料研究出具体问题。

③ 干部问题,十厂如调出其他干部,工作不好做,妇联不要抽去干部。

吴增亮:

所谓指导:各主管机关领导青委是否也以"工会为中心",青委否可以统一。

江征帆:

① 青委、妇委不懂工会工作,领导关系属于区委。

② 指导问题很不好搞——单位多，通过什么方法来领导。

③ 要以帮助工作为出发，调研为着工作，帮助生产工作为中心。

刘长胜：

① 工作缺点要提出。

② 关系问题要明确一些。

③ 主要干部都要抽回，仍搞基层工作，其他同志要具体研究，不要受影响。新安仍属青委。法电属上总，上水——党委，江南——上总。

④ 工会工作为中心 1、2、3 月，4、5 月搞支部。

⑤ 点滴经验要介绍，

⑥ 调查研究还是很重要，解决问题还要与厂内干部思想打通。

⑦ 领导问题——区委没有问题；工委青年团、妇联如何搞，主要通知各党组。

（文件编号：E70）

市委听取反动党团登记问题的汇报

1951年1月18日

扬帆：

登记情况：

① 关内部，华东动静慢，市委情况，主要在打通思想，使其不怕，已有一些来登记。

② 企业部门——开始慢，系统不同，华东财办、区委很混乱，不统一。财经系统的马虎，基本上尚未开始，有的没有准备就挂登记牌子，有的厂搞典型示范。工会干部不纯，破坏情报很严重，如十四厂敌人放火。

③ 私营厂与学校没有设登记处，寒假前动员，开学后再登记。

④ 地区登记，共计六千余人已登记。

特点：

① 一般有顾虑怕押。

② 劝家属成绩很大，居民有自动广播，劝人来登记的。

③ 外国人有一个来登记的(白俄)。

④ 二个自杀，陆家，一级干部，找他谈话就自杀了，原因是食品业工会干部追材料。一个电影明星自杀，动摇自愧。

⑤ 来登记的一种是：a. 自动；b. 群众压力；c. 政府压力。第一种人最多，所以登记者渐少。不能说因为宣传而得，群众运动还未发动，压力王牌放在最后用，六千人还是少数。

⑥ 党团多于特务顾虑少，现在特务多于党团，占百分之五十多。

目前主要是发动群众。

问题：

① 统一领导分工负责，齐头并进，各系统都动员。

② 动员内容要统一，演讲团内有2学者，去宣传不好，内容不好。

③ 发动控诉方法，才能取得政府宽大，但要注意：a. 不当场指出特务，只说一般的；b. 宣传政策；c. 号召登记与检举；d. 愿坦白示范者可以，有领导有控制，否则会变得不好。e. 不要〈忌〉歧视他，让大家来登记；f. 加强冬防

工作。

④ 登记处规定：

a. 捕人要批准(总处)。

b. 不要一般审查,找来谈要出毛病。

⑤ 青工问题。

a. 普陀区说一切力量搞动员青工,使登记者日少,区委不干,公安局恐慌要市委解决。

b. 企业——以纺管局为主,区委、工会配合。

c. 里弄为主,推进到私营企业。

王征明:

① 党团内有特务。② 了解敌情。③ 教育意义大,内外检举运动。

群众:① 控诉;② 劝说;③ 检举报告。

敌人内部自斗——互相威胁。

敌人对我们——试探态度。

对策:① 先宽后紧,诱敌深入,登记人员对敌怕招待不周,信口开河:毛森也宽大。② 群众紧我们宽。

工厂基本上没有动。

景晓村:

如何发动群众,与互相配合。

① 企业由纺管局等行政单位统一领导,有关区委工会配合,召开会议统一布置。

② 私营企业以区委为主,总工会派遣干部到区委会,以工会名义召开基层工会开会。

③ 学校以教育局统一布置召开会议,以学生会去搞,有支部的以支部为中心。

④ 地区——以派出所为主,工商联、妇联配合,召开大小会议动员。

⑤ 区委掌握区的登记分区,通过支部进行动员,团的主要作用是宣传调查材料,监视坏分子。

⑥ 新城区人代会集中在登记问题较好。

⑦ 矛盾问题，杨树浦区搞青工参加军校，不能平均要求，参加的青工人数不足。

⑧ 各单位先加强里弄工作，进一步是工厂、学校，机关最后，看情况决定。

⑨ 总登记处建立领导核心。

⑩ 市委登记委员会主要是检查工作，交流经验，调整关系。

⑪ 考虑区委是否也成立登记委员会，专门设立机构。

⑫ 宣传问题，宣传部配合，只能从抗美援朝运动中联系起来。

问题：

① 工会干部是登记对象，要审查的是否可以停止其常、执委的职权。

② 厂内特务已登记者可否公布。

杨、潘答：

① 公布要被动，问他是不是已登记。

② 工会干部群众不要他时可以停止他，因为群众还不觉悟，要忍耐一下。

刘晓：

（1）抗美援朝运动的继续，肃清敌人残余势力。这个斗争不是简单的，土改斗争很尖锐。不要造成群众思想混乱，要有组织有领导；不要一般化，不讲政策，一、二月搞下去。现在集中力量搞社会与学校，工厂作准备，条件成熟处可以搞。现在不是普遍搞，有些地方先搞抗美援朝或者工会改造运动，或生产方面的问题如安全卫生、冬防、护厂运动转变到反特务斗争。不能机构一律，宣传工作要搞。着重在：① 干部政策教育；② 收搜集材料；③ 发动宣传，二月间再集中到工厂中去，机关放在最后一步。

（2）登记委员会与登记处及时反映情况，作政策性的研究，技术人员、医生等要注意政策，政策问题通过登记处解决。

（3）经济保卫工作，建立基础，组织部要注意党的纯洁性，宣传部在此运动中建立宣传员工作，创造自己的经验。

（4）区是否成立登记委员会，可以考虑，产业部门应当成立，建立成立。

（文件编号：E70）

十厂谈话记录

1951 年 1 月 19 日

工会主席：

① 组织赵国有战斗队，日夜轮流管理，三个车间为中心。

② 青工问题组织家庭慰问队，平车五人代做七人工作。

军代表亲自下车间群众很高兴，只要上面重视生产，一定能做好，陈厂长到十二时也在车间，工会更要带头。

领班态度低头。

赵国有工作队——一个老工人听了报告后，在细纱间内应用，从一个小组内看，军代亲自掌握，八排附带，工会小组四十余，行政十六个。

③ 工代会决议的执行问题。

按车间实行，缺乏检查制度，各车间定意见牌。

张梅：

1 月份生产情况与问题

特点：

① 生产波浪形发展，高低不一。原因：a. 没有制度；b. 群众发动不够；c. 工资问题没有解决，奖罚不明。

制度主要是：a. 奖励 b. 检查。

大家对生产问题不研究，领导上不注意没有把握。

12 月发奖弄得不好，是抽查的，没有通过群众，办法不妥当，群众至今不懂。

分三等，物质奖，不平等，工人不满意。

② 行政整编问题，管理放松，平车，翻修。

③ 工代会议在准备中对生产有影响，250 次工会的会议，脱离生产时间，工会主席最多一天要开九次会议：常执委，车间主席会，碰头会，车间委员会，文教会，每月要开 250 次会。

④ 机器设备不好，性能已发挥到最高度，十一年没有〈平〉修。

⑤ 职员不好，工会要教育。

12 月次布 4.9%，原因布房间劳动态度，职员不好，没有得奖。

1 月份转机，达到标准，原因重视工代会议，工人说是最后通牒。职员学习了一个星期，没有分析出原因是行政上责任，其他方面也没有研究，做了几条，如开水炉。工资问题没有解决，衣箱已做好，123 条没有分析执行。

爱国生产公约：觉悟程度有提高，职员也订了一个公约，“早到迟退”是第一次，抗美与参干有很大政治教育。

问题：

① 工人主动领导上跟不上，如参军问题，夜校有 400 余人报名。

② 工资问题。

③ 职员问题。走 102 人，工务的 66 人，提拔了 6 个老工人，工会要教育。

二个厂长，陈厂长，国民党员，厂地下党破坏有关系，生活腐化。副厂长，总工程师，对工人不好，听美国之音，消极、独裁，同伪工会有关思想问题。

党员二个技师，一个工程师，一个能力弱，一个有能力，很主观。二个科长技师([redacted]组的)很自大，不走群众路线，自我批评少，多得罪，顾虑多。

事务与工务职员不团结，现在较好。

④ 工管会，十七人组织成，党员四人，开过二次会。

四个主任，一个可以做党员，可以掌握，工人可以掌握，老工人多。

如何做？常委每天一次会议，二个厂长、军代，工人二名。

问题：a. 下层工代会如何开？b. 工管会委员多是工会委员。

⑤ 工资问题。

纺管局没有批准。

舒秀华：

支部没有很好结合，抓得不紧，偏重于参干，不了解为什么没有做好。

① 群众工作没有做好，次布为什么多？标准不正确，铜管弄错，纱不好，布房间同志没有很好检查，党员不召开工会小组会，一般同志关心生产，少部分不好，早退。

② 团结职员方式方法不好，看不惯旧职员作风，团结思想不明确。

原因是支部没有掌握生产，去研究生产问题，1951 年支书一个人保证，没有动员党员。

（文件编号：E70）

上海八厂反动党团登记情况的汇报

1951 年 1 月 20 日

（一）新安：

沪西特务重点约 50 人，1/6，不以青工干校为主，以反特为中心，特工队第二重点。

姿态：① 可怜相；② 顽固。积极分子无办法，基本问题是群众没有发动起来，有点糊涂，“算了”。

解决问题：① 如何发动群众，发扬仇恨心，孤立敌人，坚定积极分子，发动群众，又要防止乱打。② 集中力量打击主要的。

方法：通过抗美援朝打通积极分子，同情心改变。

开全厂的控诉大会，迫其登记——家属控诉。从内线知道三个主要分子，福利会系统一个不出来，秘密附工队都不出来（在会上坦白），执委中一个分子[也]不肯承认。

口号喊得很高，群众还有顾虑的。对大会反映很好，找出旧材料，群众更信，知道福利会是特务组织，从材料中发现许多人。

没有完全打倒×××——① 问材料有没有；② 否[认]自己自愿参加；③ 说登记处迫供；④ 一些人不作声；⑤ 一些人在宣传；⑥ 集体不做夜工；⑦ 宣传被捕者是冤枉；⑧ 口供一致，麻痹群众；⑨ 乱牵一套，不暴露主要的。

群众反映，中间分子说：登记是应当的，不要过分为难。

基本问题：

① 进一步发动群众，反动组织还在活动，群众看法不同。

② 集中打击者，进一步瓦解他，突出坏份子。

③ 掌握材料。

经验教训：

① 敌人策略演变；

② 注意旧工会材料；

③ 工会出面要站自己立场上，善于运用公安局力量，不要使工会代替公安局。内部联系，请公安局人来演讲。

（二）江南：

1. 登记前的准备工作，训练干部，收集材料。

如何搜集材料？

① 通过组织系统搜集党内外、各小组、各车间可疑原因，小组内讨论，提到支部。② 从团内来的，从团员中来。③ 纠察队作为巩固材料不多。④ 工会的不多，组织与宣传科自己有问题。

宣传动员的方法——党内思想动员，团内动员，报告，学习，纠察队——职工学校动员，职工代表会上动员，形成热潮，行政上动员，对职员谈话。

① 先松后紧；

② 特务分子与一般的要分开。

思想动态：

① 党内思想对工程师面子问题有顾虑，纠正后统一起来。

② 工人问反映，谁是特务？老工人说没有特务，保险，帮会分子怕，问要不要登记。党团员中一部分恐惧，特务分子请假，打听，麻痹群众。

宣传方法：

① 材料统一，给他精神威胁。

② 出布告发表缴枪消息，打破老工人的思想。

准备的缺点：

① 一个同志到处问人是否是特务，幼稚。

② 宣传工作，党团员比较出力，工会配合不够。

③ 受过训干部受了登记处不正确的思想，只会强调惩办的一面，工程师都要管关，引起恐慌。

④ 船上烧了电表，特务有意搞的，防得不严，组织护船小组。

2. 登记以后情况。

第一天 42 人，第二天 24 人。第一天所长先登记，广播全厂，发动各车间都去登记，黑板上公布，鼓动群众情绪，内有 19 人主要分子没有材料的也去登记。

手续：

① 先到一个地方，说明意义。职员、工人、主任工程师分开有几十人，党团员问要不要登记：

② 办法：a. 先给一张收条，有事找他，问材料，善后整理，登记处去群众运动结合。b. 普通的党团员要他好好生产。

反映：

① 登记后党员认为太马虎。

② 登记者觉得轻松。

登记处的缺点：

① 幕后有一个记录给登记者看到了，工程师觉得不好，后来取消公开记下；

② 公开公布特务分子（未成熟者）名单不好。第二天，廿四人，内有材料者 8 人。③ 追问过紧，工程师看了表有特务，怕具结，登记处同志没有很好教育，及时解释，觉得是背了包袱，干部是不了解这个意义的。④ 照相没有照好。

新的材料愈来愈多：

① 封建派别，有特务外围组织，群众来反映的渐多。

② 老共产党（革新社）。

如何深入下去：

① 控诉会。

② 可能愈来愈少来登记，问题大的要跑，或者不来，有材料的准备抓。

经验：

① 登记处与群众要配合。

② 团内有不纯分子，工会内也有问题。

③ 抗美援朝的热忱要发扬，专门搞登记不行。

④ 通过组织约你来搞。

⑤ 检举问题——要求有署名，工人有顾虑，后定不署名。

（三）上电：

已经四天。可疑分子四百余人，117 人有材料的，11 月底就准备。

1. 准备工作：

① 党内先行动员，开总支大会，总结保卫工作，各方分支开动员会，小组讨论少。

② 庆祝管制大会，以动员登记为中心，纠察队开二次会，漫画。

2. 登记情况：

① 来开的多是暴露的，护工队最多，因为队长是我们党员，大部分顾虑多，说不是自己。东亚饭店开会。

② 工人很麻痹，不信有特务。

③“登记也死，不登记也死”，特[务]的宣传。

④ 小组工作作得好的如杨树浦，劝告登记有作用，指出有黄卡。

第一天四十人，合格的十六人，六人无材料。有中央党部的干部，滇越路的党部委员。第二天廿六人，第三天廿四人。

⑤ 登记后反映好，觉得忏悔，表现自己是积极分子，表功，不肯自己写材料，要代笔，故意问表格，套口气，有的先写好小册子。

3. 经验：

① 要经解释，不要一问一答，变为代填表格。

② 请吃茶烟不好。

③ 一个个谈太忙，准备后条子（简单的）。

④ 不要谈“毫无关系”，不能说。

⑤ 团内有 23 人中有 8 个是反动组织的，7 人是特务（杨树浦的）.

（四）纶昌：

敌人反提：

① 义社、福利会也要登记群众不了解。

② 故意捐子弹，装做进步，亲戚朋友都是干部。

③ 工人认为没有特务。

④ 坏分子要好人去登记，回来后活动，以掩盖自己。

景晓村：

① 登记目的——肃清残余，暴露敌人组织，找出线索。争取主动，使群众了解。③ 孤立主要分子，头子不肯来登记，但可缩小其市场。

是一个方法，不是镇压的唯一方法，是提高群众警惕性的方法，打入经济保卫工作的基础。

② 为什么人数逐渐减少？来的：a. 自愿的；b. 要动员要压的；c. 捕的方法。

顾虑,动摇。

不来的一定要捕。

（文件编号：E70）

曹漫之在市委会议上的报告

1951 年 1 月 25 日

（一）区人民代表会议问题

从一个区开始取得经验，两个区经验总结如下：

（1）区代表的任务——① 市政建设；② 干部思想问题的改正。

市区以反动登记、参军为主，部区以土地改革为中心。

干部的思想——视为包袱，开始时有单纯任务[观点]，改善居民福利观点，认为不能结合抗美援朝及其他政治任务，更认为不能解决干部恐慌问题。

第二阶段干部思想有了进步，但认为是动员抗美援朝的动员会，认为[与]抗美援朝委员会重复，统一战线思想没有认识，干部认为是陪客多余；党外人士没有此感觉，都很积极，很〈被〉主动。工人代表提了许多意见，认为不够重视。

大会成绩：漏税多，经揭发后，代表回去后检讨，漏税问题解决了。

经验：① 必须明确了解人民代表的任务；② 统一战线观点要明确，区干部对政策了解很差，只听了两次报告；③ 只解决福利问题，不能解决问题，应结合运动任务而来才有作用。

（2）代表名额问题（提篮桥廿七万人口）

不满 10 万人者，不超过 200 人（中央规定）。上海情形特殊，不能包括各界代表，因中小工厂、商店多，决定为 250 名。

工商界代表数量要多，居民代表不能太多，比例要确定，但各区不能统一规定。

经验：

① 里弄代表占工人代表一半，不能过少，以联系居民。

② 照顾工商业，以中小工商业为主。

③ 工人代表以中心工厂各行各业的代表。

④ 民主党派代表不是本区的，因为他们及区的组织有困难，作为特约代表很不满意。

（3）代表产生

工商界以纳税小组，里弄通过冬防小组，工会代表要多民主选举，大新公司代表指定不妥当。

协商产生——民主选举同时又要采取协商。

无组织代表可以邀请，但也要协商。

包办现象很严重。

不许代表发表意见，工人对工资问题有意见。

（二）提议的处理问题

办理不认真很不满，各设一个垃圾箱，没有答复，代表不满。

协商会议上要吸收提案。

提案权不要仅限于代表个人，要吸收各界的意见，不要什么表格，不拘形式。

（三）党的领导问题

民主思想不明确——通过人民会或各界座谈会解决问题，干部因此认为是区政府的工作。

党内思想要统一。

要注意的：

① 民主协商选举代表缺少对群众团体具体指导，发生包办。

② 旧民主主义倾向，自流，不要协商，使不好分子做了代表。

③ 民主发挥法——发扬批评，检查干部作风，会后意见多。

④ 认真处理提案。

⑤ 必须在筹备时即成立党组。

（四）郊区问题

以土改为中心，其他代表有意见，如何办：

① 土改委员会也要，协商委员会也要，以便全面照顾，二个委员会的干部不一定都是同一的，有二分之一的是工商界居民。

② 杨树浦区问题，两个大学不在该区内，但工作归谁领导（如登记）。

刘晓：

① 会议要有政治中心，但有要讨论居民的问题。

② 各区特点要掌握。

③ 代表要起作用。

④ 区政府中有非党的。

（文件编号：E70）

上海市委组织部会议记录

1951年1月25日

本部大会

王尧山：

分工——陈管组织处，整党工作，黄管秘书科与干部处。

三反中任务：

（1）了解干部。

（2）组织处去了解机关支部的工作问题。

（3）少数人研究改进工作草案。

（4）一九五一年，镇反、抗美援朝、审干、生产、整党准备工作。

周克家：

（1）王[尧山]部长思想上不准备参加会议，对各方面工作有影响，有许多工作可以不兼。

（2）部长分工要明确，分了工仍要请示王部长，工作不要拖。分工要具体，思想上要统一。

外面来的同志都找王部长。

（3）发挥组织作用，重视科的工作，交待要明确，对秘书科的看法不明确，使用机构有问题，影响积极性，领导上要发挥集体作用，部务大会要对[秘书科]要指示，计划由部长订不合实际。

各区的报告，各处很少提出意见，交到秘书科很难研究，希望各处长多提出意见。如团中央的指示，干部处转到市青年团，不加研究。

（4）认真研究指示与报告。

各种经验没有总结，国棉一厂的经验没有用，领导同志没有很好研究。

（5）支部工作方面：

对部处长缺乏领导，负责同志没有参加党的会议。

批评与自我批评不开展，意见不能通过支部会议上解决，陈部长有些畏缩，不敢提出意见，造成隔阂。（对三反运动）

领导同志对下面同志帮助少。

强毅：

（1）正付书记对工作帮助不多，委员是一群名人，会议也召不起来，请求改组委员会。程余里、甘乃松案件只有负责同志知道。

那些人要，我们最不明确，最近一个负责同志犯纪律，不处理，也不知道。

（2）处理不严肃，如田章问题，部长不处分，犯了第二次错误，党委不处理，要法院去处理。

刘夫畅：

（1）有时有计划，有时也无计划，步骤不明确，又无批评，工作不能开展。

（2）少创[造]性，对上级指示少研究，召开全区会议不解决问题，文字上怕负责任，如党籍批准问题没有明文规定。

（3）抛开原有的组织，成立各种委员会，如基层工作委员会，组织形式委员会等，混乱现象。

（4）组织部的机构太简单，不能应付，只能应付门市生意。

市委对整党建党工作重视很不够。

（5）作风拖拉，意图不明，如榜样典型拖了很久，不果断，传达中央整党的决定，发生了混乱，就停止了传达。

今后意见：

（1）健全组织机构，党员管理机构要成立。

（2）处可以取消，下设科，科级不一定要人多。

（3）统计工作可以统一搞，不要〈二〉两个处一起搞。

（4）整建工作由企业党委管。

张敬标：

（1）王部长应考虑减少工作，如上课。

（2）时常改变主张，如分配工业干部，难以应付。

（3）可以取消一级，处长是一个中间人。

（4）办公会议可以不开。

梁维舟：

（1）对区组织部帮助少，组织部长联席会议少。

（2）市组不能根据中心运动中提出自己的任务，如三反运动，上次人事会议不解决问题，没有结论。

（3）干二科做什么，政府部门管到那一级不明确。

（4）领导上虚心不够——领导干部是否能完全听完别人的意见。

（5）干部处改进办法。

① 取消一级（二级制），取消科。

② 分三个处，正付处长。

③ 干部处有十五个干部就够了。

方彬：

（1）解放以来冻结[①]情况，使用干部没有标准，浪费现象（如本部有不少同志）。

原因：

① 干部少而弱。

② 市组没有下决心调整。

③ 本位思想。

（2）领导上官僚主义，灵机一动办理工作，系统地布置少。

（3）相互不团结，各有意见，民主生活不够，相互〈漫〉埋怨。

（4）三反运动要征求区委的意见，要具体。

（文件编号：E188）

① 原文如此，应该是指建国初干部人事冻结的某项规定。

饶政委关于当前形势与土改工作的讲话

1951年1月28日在市政府

刘瑞龙：

土改情况

（一）三个阶段：

① 典型试验，小心慎重，去年7月开始，十三个乡。

② 以区为单位，12月开始1 183个乡。

③ 放手发动群众，全面推动。

（二）典型试验的三大收获：

① 干部了解封建剥削的情况，农民要在土地改革很迫切。

② 证明了土改的实试办法是合于实际情况的。

③ 县区以上干部取得了领导的经验，有了把握。

（三）经过情况：

1. 如何搞好的：

干部抓住了经济与政治斗争的重要，依靠贫雇贫中农。

2. 如何搞土改的：

群众发动不好，干部包办代替，农民分了地，还是受气，农民不敢种田，地主反抗，收回房宅。

政策问题。

（文件编号：E70）

安部长在组织工作准备会议上的发言

1951 年 1 月

（一）首先是中央组织部和中央局组织部的组织：部长一人，副部长二人至三人，下设一个办公室，四个处。各处设处长一人，副处长一至二人。处以下可酌情设若干科，并设若干组织员。组织员在处长领导下，按性质、按地区分工，进行日常有关工作。全部人员编制，在组织员及科长以上的干部（骨干）由六十人到一百人左右，并酌情设若干秘书和干事，辅助工作（各中央局组织部的编制，由各中央局决定后，报中央组织部备案）。处及室的工作如下：

1. 干部管理处：

（1）管理有关干部职务名单及其变动。

（2）指定有关调整干部的意见。

（3）了解与审查干部及处理有关干部之奖惩（惩是归纪律检查委员会，但干部管理处应和纪律检查委员会密切联系）。

（4）研究与监督有关干部之训练，培养与提拔。

（5）研究干部工作中各种制度与拟定有关条例。

（6）进行有关干部的登记，统计工作与保管有关干部的档案材料。

（7）处理干部日常行政事务上的各种问题。

2. 组织指导处：

（1）监督党章的实施。

（2）指导党内生活（民主集中制，批评与自我批评，联系群众等）。

（3）研究党组织机构的新设与变动。

（4）研究与检查非党群众组织中的党组及其工作方法。

（5）有关党组织工作决议的执行检查与研究。

3. 党员管理处：

（1）指导接收党员的工作。

（2）管理发放党证。

（3）指导整理党的基层组织与审核党籍问题的处理。

（4）进行党员的登记统计工作。

4. 支部工作处：

(1) 研究各种支部工作及任务。

(2) 检查党委对支部的领导。

(3) 总结及传播支部工作的经验。

(4) 领导直属机关党的生活。

(5) 处理直属机关党生活中的问题。

直属机关的支部工作很重要，但是从来没有作好。在机关中的党员全国有七十多万，这七十多万党员是党的骨干，比农村三百多万党员的质量高的多，党的事业主要的是靠这几十万人的。但是这几十万人党的工作没有作的很好；而究竟怎么才能做好，我们还缺乏经验。今后在各种支部工作里，机关支部工作，应提到一个适当的地位上。如果可能的话，在这次会议上把它讨论一番。

5. 办公室：设主任一人，副主任一人，并酌设秘书若干人及分设若干科，如秘书科、行政科、资料科等。其工作：

(1) 办理秘书工作。

(2) 处理日常行政工作。

(3) 处理通讯报告资料工作等。

(二) 中央分局组织部、省委组织部、区党委组织部和中央局直属市委组织部：也设部长一人，副部长一人至二人，下设四个处、一个办公室。各处设处长一人，副处长一至二人，处下可酌情分设科及组织员若干人。全部人员的编制，在组织员以上的领导干部，应当有五十人左右，并酌情设若干秘书、干事、辅助工作（分局、省委、区党委组织部的编制，由各中央局规定后，并报告中央组织部）。各处室工作如下：

1. 干部管理处：

(1) 管理有关干部的职务名单。

(2) 提供有关干部的调配意见。

(3) 了解与审查干部与处理有关干部之惩奖。

(4) 进行有关干部的统计登记工作与保管有关干部档案材料。

(5) 处理有关干部日常事务工作。

2. 组织指导处：

(1) 监督党章的实施。

(2) 指导党的生活。

(3) 检查非党群众组织中党组的工作方法。

(4) 研究有关党组织工作的决议与检查执行。

3. 党员管理处:

(1) 管理接收党员及发放党证。

(2) 指导党的基层组织的整理与审核党籍问题的处理。

(3) 进行党员统计、登记工作。

4. 支部工作处:

(1) 研究与指导各种支部的工作。

(2) 总结支部工作经验。

(3) 领导直属机关支部生活。

5. 办公室:设主任一人,秘书若干人,并可酌情分设若干科及若干干事。其工作:

(1) 办理秘书工作。

(2) 处理日常行政工作。

(3) 处理通讯、报告、资料工作。

(三) 地委、省辖市委组织部:设部长一人,副部长一人。以下设三个科,科设科长一人至二人,并酌情设若干组织员。全部人员编制,组织员以上干部二十人到三十人,如系工业城市还可增加十人,并设若干干事辅助工作(具体编制,由各省委规定之)。各科工作:

1. 干部管理科:

(1) 管理有关干部的名单及调配意见。

(2) 了解与审查干部并管理有关干部奖惩。

(3) 管理有关干部登记统计与保管有关档案材料。

(4) 处理有关干部日常事务问题。

2. 组织指导科:

(1) 监督党章实施。

(2) 指导党的生活。

(3) 研究与指导支部工作。

(4) 办理党的通讯、报告、资料工作。

3. 党员管理科：

(1) 管理接收党员及发放党证。

(2) 指导党的基层组织的整理及审核党籍问题的处理。

(3) 管理党员的登记统计工作。

(四) 县委组织部：设部长一人，副部长二人至三人，分工管理有关干部及支部工作，接收党员，发放党证，转移党的关系及党费保管，党费的登记统计等工作，并设组织员五至八人，在部长直接领导下，分工协助工作(县委组织部不设科，组织员多少，由省委根据各县党员多少规定，所有组织员必须经省委批准，报中央组织部备案)。

(五) 区委(城市区委设组织部，可相当于县的组织部的编制)：设组织委员一人，组织员若干人，大体每十个至十五个支部，设一个组织员。组织员具体分工领导各种支部工作，具体指导发展党与整理党的工作。所有区的组织员，最好亦经省委审批。

(文件编号：E73)

市委会议

1951年1月30日

2月以登记为中心，安全卫生，总结生产竞赛，准备3月份加强基层工会。

发扬二七[①]，继续抗美援朝、镇压反革命分子。

扬帆传达华东公安会议：

（1）会议性质——加强镇压，纠偏是为了要镇压，毛指示要重新布置一下。

（2）现在是最好时期——抗美与土地改革，以后杀人不利，今天少杀一个，明天要多杀三个。

为什么杀人要定出数目，反动分子分四类，然后可以算出数目。

（3）五种——① 武装土匪，大小股；② 恶霸地主；③ 反动会门头子；④ 隐藏特务；⑤ 其他错综的分子，历史性的特务分子。

（4）对策——① 武装土匪参考湖南的经验，俘虏来的首要的杀一批，当众杀，杀与放要快，关与管要慢。

② 恶霸地主——全区全县提了主要的应杀者，〈翻〉反复审查，然后在土地改革前大杀。土改时期，群众控诉，经法院后再杀一批，数目很大，村、乡中来。

土改后，复辟者，或不敢提的，又是少杀。

③ 反动会门头子——要有侦察工作，因他有群众联系。侦察与控诉相结合。

④ 隐蔽特务——主要是斗智，长期性的，不能用雷厉风行方法，不能定期肃清。是保卫工作的主要责任，要有一套科学的机关，不妨碍追踪，要有证据才杀。已捕到的可以杀一批。

（5）杀人不犯错误的五个条件——稳、准、狠的方针。

① 稳就是要有准备，有材料，有领导。

---

① 二七，指“二七”大罢工。

② 狠——不动摇。

③ 准——要有材料。

④ 群众赞成——山东有群众反对杀某恶霸的。

⑤ 不要杀错。

饶[漱石插话]说：

反动分子一定要分类，第一、二类可以限期，第三类看成绩，第四类不限期。

（1）什么是策略？

① 对的要打得狠，对社会不波动，敌内部波动愈大愈好，社会波动愈少愈好。

② 地主恶霸，法院杀。

③ 特务，军管去杀。

④ 武装土匪，部队杀。

（2）地区分工，统一部署——一松一紧，使其走投无路。城市农村、剿匪区与非剿匪区。

（3）领导与群众相结合。

饶总结：

① 毛已批准。

② 福建计划可以采用，杀人有六条，有证据，群众同意，领导批准，土改与特务，内外要分清，政治与思想要分清。

③ 华东军政委员会是法律，现在太右，不能照此法办理，杀人不能用统一条例，各地情况不同。

④ 先抓第一批的逃亡地主，即全县全区性的。

⑤ 杀人权、捕人权不能向下交，湖南土改搞乱已停止。

⑥ 对敌人不能用七擒孟获办法，敌人不能使其觉悟，抗战时期政策不能用。如何下决心，有把握的要有决心，无把握的要稳重。

⑦ 明显的敌人先打倒之，不明显的然后打倒之。

⑧ 力量不足打人是搬石头打自己脚。

⑨ 先打倒地主恶霸土匪，是孤立隐蔽敌人，目的是打击隐蔽者。

⑩ 争取城市知识分子等一同来打倒敌人。

⑪ 杀人与否要看对我有利与否，不应看其罪恶是否应死。其次是群众坚决要杀的就要杀，不管他是否悔过。

⑫ 城市基层里弄应掌握在公安机关，要创造经验，再开一次会议，宁、沪、杭、青岛四个城市归华东局。

上海计划：（扬[帆]）

已捕到特务 2 000 余人，警备部队 1 400 余人，已杀 167 人，已判死者 111 人，批准者 125，共 402 人应杀。

① 带有政治性的刑事犯要杀。

② 刑事犯有政治问题者要杀。

③ 公安局侦察设立一个科。

④ 加强侦破工作。

⑤ 杀人的九项条件——坚决反动，解放前的首恶分子，解放后继续活动；属于以下成分，恶霸、地主、职业特务、反动军官、土匪、会门头子、党派首要分子；属于各级组织者；对我有重大危害者（放火等）；来源登陆、派遣、深入虎穴者；帮助造纸钞票者；帝国主义系统者（叛国）；事实证明态度坚决者（拒捕，反抗，被捕前造谣生事者）；重犯者。

立功与胁从者不杀。

（文件编号：E70）

下厂工作经验组长汇报

1951年2月2日

（一）江南

体会：

（1）调研是必要的，但首先开始应找现成材料如记录，找工会党的负责人，再分别开座谈会，不妨碍工会日常工作。

〈湾〉弯路，每天开分会的扩大会议，材料不多，〈抄〉炒冷饭，情绪不高。

要在实际工作中去调研，不要机械的分开第二个阶段，调研要与具体帮助工作要结合。

（2）如何改善工作。

党的统一领导，应当在必须解决的问题中进行教育。

缺点：应立提出三个问题，如评功、工资、劳保要同时解决。

主观——认为工资问题是主要的，所以来满足群众要求，党内步调也不一致，做不通，因为评功与劳保群众不感兴趣。从12月份开始转，以抗美援朝为中心，工代会解决工资问题，党的统一领导解决了问题。

（3）第四项决定帮助很大，特别是江南，基委会组织要存在，在重大问题上统一解决，加以压力，否则工作有困难。除非有强力的干部，否则他可以不执行，只靠工作组是不行的。如抗美援朝运动，他们要训练干部，提了意见不接受，后来所以能转变，作为市委决定，才解决了问题。反动党派登记问题也一样，不贯彻党的决定，由总工会管，他不买账，要有最后一张王牌。

（4）培养本厂干部没有很好完成是一个很大缺点。

1月份生产计划不能完成，分头负责制取消，由工务处负责解决不了，无人管的情况。工会干部培养不够，党组同志教育多一些，工会工作没有走上轨道。

（5）工作组计划不够，没有会议制度，工作组没有与党组开联席会议，对工会帮助不够，只帮助党委会开会。

（6）工作组需要重视一个车间与小组，做为重点，一般领导不好。

（二）法电

情况：

(1) 九月五日上总工作组下厂，上总布置帮助整风，总结工作。

(2) 基委要求以调研为主，进而帮助工作。

(3) 下去时工会干部很怕，怕吃排头[①]。另一种想法是“不过如此”，信心不高，调研一个多月，不怕了，无所谓态度。后来帮助召开工代会，一直到离开，工会干部觉得很可惜，需要工作组留在厂内。

经过：

(1) 调研为第一步。(2) 帮助工作。(3) 巩固工代会的成果。

① 调研阶段的体验：

工会材料凌乱，无系统，党材料比较好。

a. 凌乱原因——上层材料多，座谈会材料较好，初期领会不够，停留在上层的调研不好。全面材料可以在干部方面取得，但要深入了解，必须开座谈会。

b. 帮助工作与调研相互结合是很重要的，“天书”包袱太重，执行效果是以调查为主，任务太紧。

c. 对材料缺少整理研究，有些材料不真实。

d. 如何向群众交待，是一个很重要的问题，否则群众会不满。总结即是交待，一年来的总结做得较好。调研结论必须向群众报告、做总结是一条教训，表扬与批评都要提出。

② 帮助工作阶段的体验：

a. 建立重点车间问题，党要有领导(改选问题为例)。召开工代会改选工会很重要(当时干部有拦班，怕落选，无所谓思想)，改选后消极变为积极的。干部包人思想很严重，怕选掉，怕三十六股党上台，用市委名义才解决。

b. 重点突破很重要，建立车间委员会问题，照顾了各方面，建立了十四个车间委员会。工会主席下车间，作风有转变。

体会：

(1) 改选工会预见不够，没有掌握各个环节，取消如圣诞节双工问题，没有组织传达。

(2) 要保持小心、虚心，团结各方，不要多责备干部，树立信心，是主要教

① 整理者注，方言，受批评之意。

训。包办代替，走了以后干部要发生恐慌，顺利开展依靠团结。

(3) 工作组没有了解把党委书记、本厂干部[的]共同讨论，步调上不够一致。

(4) 工作组党的会议没有开过。

(三) 上电

体会：

(1) 工作组任务不明确——调研还是帮助工作为主不明白，〈湾〉弯路走了不少。下去时即去检查，不作帮助工作，没有调研，也没有发扬典型，是不对的。后来扭转后，比较明确。另一偏向，有为调研而调研偏向，25字的材料，多而不深入，对群众情况、生产情况不够。

材料如何用法，如何解决事前问题。调研提纲与当前材料不结合，如方棚事件，没有加以研究。没有因此解决问题。

(2) 厂内同志不满。原因：

① 如调查团时没有帮助解决问题，以后不再去开会，“是要材料还是帮助工作”？

② 材料多而问题提出的少，解决的更少。调查时应与本厂同志一同研究。

③ 点滴经验没有注意，因为要学天书。

走〈湾〉弯路的原因：

① 要求明确。

② 下厂前要有思想准备。

③ 厂内材料先了解。

(3) 如何下厂？

选择典型，要慎重，如纶昌不好。

(4) 必须通过支部。

① 总工会工作组只通过工会是行不通的。

② 培养支委威信，避免包办代替。

③ 才能解决与支部的矛盾。

④ 第四条是“〈上〉尚方宝剑”，但工作组要尊重与各垂直系统的意见，改选问题没有经上总批准，上总组织部不满意，如二厂问题。

市委有大力支持如解决工资问题，号〈开〉召各方面共同解决。

(5) 专职问题。

工代会没有贯彻与组长不专职有关，发生了年奖问题。

又有波折，华东工作会议又离开了工作。

军管问题事先工作组不知道，支书不问支部工作，领导核心就松了，党的决心不大。基委不统一，华东工会有意见，没有拿我们做中心。

领导上问题：a. 方针、任务不明确。b. 步调、方法不明确。c. 拉干部。

周炳坤：

新基委与各方关系问题要解决。

(四) 十厂问题(个人意见)

① 下厂准备工作非常重要——步调、方法、目的。开始上总是以总结工作，后来又是调研为主，干部又不专职。

② 支部统一领导很重要，特别是军代表关系要弄好。

③ 调研与帮助工作必须结合，总之调查有中心、有目的很重要。要求范围太大，党政工团历史都要，调查要有中心，为解决问题去进行。干部背包袱帮助不够。缺少研究，开始只知道是关系问题，后来才知道是党的领导问题，如 12 月份订出工作计划有很大帮助。

④ 与区委配合不够，各方面关系要密切，否则要矛盾。

(五) 新安

成绩：干部有提高。

缺点：① 目的不明确，纠正主观主义是有帮助的，但后来为调查而调查就走了〈湾〉弯路，肯定调研是对的，但掌握上有缺点。② 从实际出发的问题，所以转变是因为研究了开会不到的原因。上大课很主要，了解下面情况。③ 各厂中心问题研究太迟，天书思想有关系。如特务问题，帮助解决中心是要的，再去进行调查，主观肯定是不对的。④ 运动中心发动不快，如抗美援朝问题，宣传进行得慢。运动与特殊问题结合起来很重要，如反特问题。⑤ 工作组内部自我批评很重要，请厂内同志参加。⑥ 帮助工作阶段要同时注意调研工作，如群众思想情况。

石林：

① 领导上思想主观，天书问题是战略问题，因为要一套经验是不可能的。以三个月要求一套办法是主观的。

② 调研埋头搞，与厂内干部要求不一致。

（六）上水

成绩是肯定的：

① 上下交账，任务不明确。

② 上水领导不够。

③ 工作组党小组没有很好健全。

④ 连报纸都看不到，文件看得少。

石林：

建议：① 与长冈乡调查[①]不同，因为已有经验，我们工作基础差，不可能，创造比调查重要。② 重点问题没有抓住，范围不能太大，要抓住几个重心工作，如小组。

周恺：

为什么调研发生问题——材料是有价值，但有许多不好。

缺点：① 要求范围太广，基委决定开工代会，暂停写材料是对的。写历史材料，家家拜访，费时很多。② 研究[完]材料变了三次，写历史材料（调查提纲问题）。

冯兰瑞：

① 成绩是主要的，材料本身有作用。

② 基委缺点：对团材料研究不够，团的提纲没有，妇女有自己企图，有提纲。

吴培良：

成绩很重要，是整风后了解下情，是一个大转变，天书问题也要从这方

---

① 指毛泽东所著《长冈乡调查》。

面看。

傅一夫:

市委这次扩大典型研究不好,怀疑。

（文件编号：E70）

市委扩大会议

1951年2月3日

饶政委：

中心问题是朝鲜问题，美帝侵略计划，用一切办法来维持自己的势力，东欧完全失败后，最后失败在中国。一个战了几年，利用反动派反人民是不行的，因此有直接干涉朝鲜的行为。

主要反苏特点：以各国反动派为配角，以自己力量公开干涉为主，这是与前一阶段不同的。

这是一件冒险的事情——他的假设：① 苏联战后力量大弱，要建设；② 中国要建设不愿作战。因此放手侵略，美帝的错误：① 轻视了朝鲜人民的力量，第一阶段失败的原因；② 中国出兵。

这个战役胜利的意义：① 历史性的百年来第一次的胜利。② 人民力量不可战胜是一个重要试验。③ 侵略堡垒中矛盾扩大，美国内部与其他反动派间的矛盾。

朝鲜问题是一个时间问题，二个前途：① 退后一步；② 前进一步。

不到爆发世界大战的条件，人力没有，部队不够。

退后一步恢复以前情况，由各国反动派出面，美帝仍退到幕后，继续组织自己的力量，现在危险是骄傲、麻痹。

进一步的可能，结果会自杀。

党的主要任务：

(1) 继续抗美援朝的教育，支援前线，警惕沿岸登陆轰炸，目的中心是为了更好的援朝。

(2) 土地改革提早完成，与抗美问题有关系，加强政权的主要一环。

存在的问题是任何工作做好的条件：① 明确政策方针；② 正确的方法、办法(具体说)；③ 要有足够干部；④ 教育干部领导前进。

敌我不分也是问题，农民、地主一视同仁。

农民缺点：采用地主的野蛮办法对付地主，要有无产阶级的领导。

(3) 镇压反革命分子，这是工作缺点，由于：

原因：① 情况不熟悉；② 接收忙；③ 怕乱杀。

(4) 城市工人工作，5 月以后主要搞城市。

依靠工人阶级的思想要确立，中央要求主要城市积累工人工作的经验：

① [对]工人阶级依赖；

② 生产管理工会工作；

③ 领导工商业方法；

④ 城市政权建设，4 月底结束，全党讨论。

刘晓：

(一) 1951 年工作打算。

由于朝鲜战争胜利，上海环境没有大波动。改造上海，加强生产，争取财政经济好转。加强国防，生产任务很大。群众的爱国高潮今年会更高，干部也有进步。

新困难与缺点，基层组织中还没有在政治上充分动员，思想上还会有波动。因此援朝运动还要深入。

工会组织要巩固，如何搞好生产——生产中间加强爱国主义，对群众教育，把各种组织健全起来。

目的：

① 号召全党学会搞生产，累积生产经验，加强管理工作，爱国生产普遍化，经常持久的生产方式。

② 加强主要产业的基层工会工作。

③ 镇压反革命分子，重点放在经济保卫工作。

④ 建设政权工作。

⑤ 建立宣传纲工作。

⑥ 开始整理党的组织，着重支部整理与民主制度的实行，党区代表会开好，开好一次党代表大会。

12 月、1 月以抗美为中心，提高群众政治觉悟。2 月以镇反为中心。3、4 月间加强工会基础工作为中心，扫除妨碍生产的条件。5、6 月间整理党支部，也以工厂为中心，加强党对生产的领导，同时召开党的代表会议。7 月间召开上海党代表会议。下半年以生产为中心，培养一批党领导生产的干部。

（二）二个月工作回顾。

1月份完成青干校，区代表会议，冬防组织，党团工作正在开始，总的方向说来有成绩。工作方法的改善，反对命令主义、脱离群众、任务与政策对立看法。

没有抗美援朝这些任务是完成不了的。

经验：

(1) 代表会比命令、布告好。

(2) 依赖群众积极分子好，只靠党团员不好；依赖群众组织好，只靠少数积极分子不好。

(3) 领导上的进步——① 无中心无计划，忙乱现象，关系不协调。② 一般方式，不善于运用典型经验。③ 督促检查不够，及时纠正弱点与困难。

从典型中看经验教训。

党委为中心的制度没有建立起来，造成对立，二个月来有了改善。

（三）2月份工作问题。

(1) 反特为中心的认识。① 不能看为突击，只是为了长期斗争的准备，给群众以政治教育，检查组织是否纯洁，保密工作等。② 许多工作与反特结合起来，如生产运动。

(2) 新的积极分子提高一步。

(3) 总结工作(1月份的)。

(4) 相互协商，联系方法，以党委为中心，调整各方关系，步调统一。

(5) 反特典型研究。

(6) 各党委与市委很好联系、汇报，市委对区委领导分工找具体人解决，加强办公室工作，每个组长向办公室报告。

联合办公(每月一天)，解决问题。

到区委与市委了解情况，讨论区委工作。

（文件编号：E70）

纶昌纱厂工作组汇报

1951 年 2 月 10 日

（一）斗黄松涛问题与管制季永生问题，与公安局有不同意见。

（二）积极分子有 15 人左右，B 班反美有急躁情绪，已成熟，A 班还有顾虑。

工作组要走，不好收拾，出[redacted]问题要求先解决。

细纱间工的工作基本做好，A 班王阿三有三十人（黄派），全间一百余人，我们可争取的七十余人。

① 定分化中立的工头。

② 找黄派工人个别谈话。

③ 透露消息只打黄一个。

现在布置别的一些车间，不过大，以免震动。识字班已组织起来，有六十余人。

下星期六开始斗争——开一个大会，先〈带〉逮捕后开会，或先开会再捕。

（三）出纱费。

（文件编号：E70）

全总常委扩大会议传达

1951 年 2 月 15 日

张祺：

（一）会议经过：大行政区、大城市、大厂代表参加。

1. 日程：（1）二年来总结。（2）各地汇报，听各方意见，工会基层问题。（3）财务统一问题。

2. 问题：

（1）工人运动不平衡性，全总决议各地做不通，执行不通的可以不实现，但要汇报情况，要有理由。

（2）建立产业工会很重要，局部地分先后建立，党组归地方工会领导，基础工会也要建立党组。

（3）工会工作要服从建设，刘少奇说“三年准备十年建设”，从 1949 年起，主要目的：计划经济，搞出二个五年计划，十年建设中工人要达到一千万左右；力求解决台湾与西藏问题。

（4）工会要注意培养工人的技术与文化，实行计划经济的先决条件。

陈云说财政方针有三：① 国防第一；② 稳定市场；③ 其他。

去年做了二件事：① 一统，财政统一；② 一调——公私企业。财政稳定主要由于货币管理，数目超过公债七倍，公家款子放在银行里，今年要注意税收，掌握主要的，要把店员工会工作做好。过去进口主要是棉、石油、米，不怕封锁，去年东北粮食进口五百万吨，等于进口的二倍。如西南西北铁路开通，粮〈慌〉荒问题可以完全解决。棉去年生产十四亿斤，工业用十二亿斤，稍稍不够，进口几千万斤，广植棉花。

失业救济可以停止。技术人员太不够，暂时不能维持的如地毯业都要包下来。今年资金可以积累二亿美金，工人生活比八一三以前打七折，今后还不能立即改善。公务人员四折，供给制还要维持，如改薪水制要多八十亿斤粮食。

城乡交流。

银行合作社工买不够工业原料，出产多的购买力大，如邯郸。

今年主要生产是农业生产。战前每年收入 2 800 万亿斤，1949 年 2 000 万亿斤，1950 年是 2 450 万亿斤，今年 2 600 万亿斤。农民收入每人只有 600 斤，生活艰苦，要以副产维持生活。前年皖北水灾很严重，损失 7 000 万亩，水田今年较少，值 5 亿美金。

经济核算很重要，工会要配合，要计算。去年编丝得 60 万亿斤。

立三同志总结：

二年准备中要做的事：

(1) 爱国主义的教育，提高政治教育，展开生产竞赛。

(2) 工会协助资方改变管理方法，企业化、民主化。

少数同志提出党政工团关系提法不对，党是领导工会的。

召开工厂会议，工业部长会议已召开，解决工会与行政关系。

私营企业开好劳资协商会议。

(3) 改变不合理条件。

① 工资在二年内全国统一，工资分的订定，标准，实行八级工资制，局部先行试验，个别企业或地区。

② 建立奖励制度。

③ 实行劳动保险制度，集体福利事业，5 月份宣布劳保条例。

④ 统一工作时间与休假制度，年奖制度立即取消，局部三八制实行。

⑤ 卫生条件等的改善，此次会解决。

(4) 协助培养大批技术人才，团结技术工人与职员。

(5) 工会如何建设。

① 巩固基层工会，特别强调介绍上海调查八厂的典型工作。

② 建立六个产业工会(财政、食品、海员、五金、化学、店员)。

③ 建立与扩大中小城市的工会工作，特别要注意店员工作。

④ 克服脱离群众的现象。

⑤ 建立文化娱乐等工作，建立互助委员会工作，东北铁路大■与煤炭作为基金，大城市建文化宫。

⑥ 建立财务制度，发扬群众的监督，会费没有很好使用，使工人不满，干部腐化，3 月实行全库制。

⑦ 工会干部要懂得各种知识。

⑧ 加强家属工作。

如何巩固基层工会——a. 以生产为主，强调展开马恒昌小组运动，以此来健全各种工会的组织工作。b. 集中统一，因地制宜。“护总顾地”原则下要有一个过渡时期，各地不同，产业工会加强独立工作能力。产性大的问题由其解决，地方性大的由地方工会解决，如解决工会家属免费坐车要产业工会解决。c. 训练干部问题，办工人干部学校。

全总工作计划：

① 时事教育，抗美援朝。

② 爱国主义生产竞赛，马恒昌小组。

③ 巩固基础工会。

④ 实行劳动保险制度。

⑤ 4 月开团宣传会议。

⑥ 5 月份总结马恒昌小组运动。

⑦ 7 月份开劳动保护会议。

⑧ 6 月份全总开扩大会议。

⑨ 七一讨论党的决议的执行会议。

⑩ 统计会议，财务会。

⑪ 国际工人会议。

（文件编号：E70）

市委高干会议

1951 年 2 月 17 日

潘汉年传达开展新的爱国运动,中央指示的问题。

(一)为什么要继续扩大这个运动。

1. 朝鲜战争还是在苦斗阶段中,因为美帝还要挣〈执〉扎。

2. 美国谴责中国为侵略国,团结其他帝国主义。

3. 扶日。

(二)要求:

1. ……[①]

2. 支前,慰劳。

3. 广泛签爱国公约,广泛起来。

(三)市委的方针与计划:

1. 落后的无组织群众中展开不够,妇女、基督教中间没有很好打开。

各项目的:

① 展开运动提高群众政治认识,完成中心任务。

② 爱国运动与肃反运动如何结合。

注意的问题:

① 不要顾虑[怕]武装日本。

② 分区示威,女工不参加三八。

(文件编号:E70)

---

① 原文缺。

十厂实现民主管理化问题谈话

1951 年 2 月 21 日

何成：

（一）生产情况

群众情绪很高，浪费很大。

表现在：数目字布产量 41.6，1 月份 42.9，2 月份 40.2，个人有 44.7 新纪录。次布原 30%，12 月 4.3，1 月份 4.25，2 月 5.3%；纱 0.4，12 月份 0.510，1 月份 0.587，0.547。原因，没有奖励。

（二）动态

布机间甲乙二班竞赛，职员很关心数目字。浆纱间马恒昌小组，反日控诉，情绪很高，李富昌老工人要开会反浪费。

党员生产不好，威〈声〉信就低。

说明工人情绪在提高，原因：（1）工人觉悟在半年来有提高，抗美，工代会，及其他政治运动。（2）行政上抓得紧。（3）工代会一般的代表起作用。（4）党团员老工人积极带头。

浪费情况：（1）劳动力调整不好，每月在细纱间有一千多工（乙班）。（2）纤脚头多，每天 180 袋，1 300 钢管（160 台），一个排的统计，计 74 布，钢管不够影响细纱间停车。（3）浆纱间盘织纱，每匹布有一破，每天要浪费 112 匹；长短码浪费也很大，30 天 40 匹布。（4）济物料浪费也很大。

为什么浪费，原因：（1）干部面向生产不够。（2）行政上没有管。（3）少制度。

（三）民主管理化问题

1. 工管会情况，从来开了 12 次常委会，工管会 6 次，解决了一些问题。但缺点是：（1）思想是通的，但不知道如何搞法，主席如何当法。（2）不大解决问题，没有准备，随便谈谈。（3）什么问题在工管会，还是常委会上解决。（4）工人代表开会没有劲，没有解决问题。（5）事先没有准备，意见没有下文。（6）参加 8 次会议，工人没有说过话。（7）工会主席、支书每天去开会，有些勉强，不提高是一个包袱。

2. 要求解决的问题：

(1) 如何当主席与当委员。

(2) 会如何开法。

(3) 委员如何去联系群众。

(4) 常委与工管会如何分工。

(5) 挑好会议日程表。

(6) 老工人说：一月一次开工代会，作用大，每星期开一次小组会。

(7) 职工代表不知道自己的责任，好的自动带头去搞，少数帮别人。

(8) 解决了的问题要答复，执行得不好的不满，如衣箱问题。

3. 存在什么问题：

(1) 工人不知道如何做主人。

(2) 职员要民主化管理，但不知道如何搞好，如提拔一个工人征求大家意见，军代表说这个办法不好，因此怀疑。

(3) 民主与管理有矛盾，工人说还是要管我们。

(4) 干部做起来不能实行。

(四) 如何进行

1. 条件有没有：(1) 生产情绪很高，要解决与领导组织，如干部可大间工作组什么是做主人。(2) 职员中间已经学习过一下，大家要实行，要办法。(3) 已经有一定的组织，开过工代会。

2. 困难问题：(1) 面向生产问题，民主思想不大贯彻。(2) 办法少。(3) 反动党团登记问题是一个问题，厂内同志不一致，纺管局要登记，23 日，是否能告一段落，要明确。张梅说要慢慢的搞，请求解决。(4) 党政工团要配合，不统一在党内问题不解决。

3. 意见与计划：

目的、内容是：

(1) 依赖工人阶级思想要树立起来，民主管理思想，通过竞赛搞好生产。

(2) 通过马恒昌小组来进行竞赛，提高品质，减少浪费，减少成本。

(3) 民主管理要达到的目的：第一，工管会如何开好，起作用，研究出办法，三五次会议。常委与工管会如何分工，如何当主席与委员，如何转达与执行决议。第二，开好职工代表会，二次会议。第三，工管会与职工代表会的关系，代表与群众的关系。第五，车间与行政订合同。第五，以一小组向马恒昌小组应战。

(4) 在什么基础上搞。第一，浆纱间如何以反美扶日政治基础上搞起来。第二，确定民主化思想，还要学习，内容是依靠问题，群众路线。第三，工人中间如何当主人。

(五) 保证

1. 大家一致搞好思想，大家面向生产。

2. 各方面深入车间创造典型。

3. 支部要统一领导，保证生产要有方法，支委看颜色说话，党内民主不够。

4. 工作组要学习，不包办代替。

徐杏梅：

① 工会主席如何做不知道，分工不明确，没有面向生产。支委踢皮球，怕说话，支部没有中心。工会职军代表与支书意见，不知道听哪一方面的话。

② 要防止工人碰钉子，主要负责人成天开会，没有到群众中去，不知忙什么?

③ 工会业务不熟悉，八个车间委员会不知如何运用，各种条例也不懂，如文教、劳保。特务当车间副主任，组织上不好，叫工人不交会费。工会工作忙乱，工会秘书不努力，四个脱离生产干部不统一，各人自搞一套。各个委员会，女工根本不懂。工会干部打人，十九人六个有问题(二个脱离生产，一个是特务，四个不会说话，一个领班是木头)，工会组织推不动，我的信心不高，要健全工会的组织，一个月没有把握。

张梅：

(1) 职工大会后的情况——

改善了工会与工人，与行政关系转好，过去是完全对行政失去信心，因为提了意见不解决。总结与检讨，解决了问题，工人态度改了一些。

职员与工人关系有改善，职员也参加工会会议，而且动员工人参加，过去一向不管工人的事。

生产情况，十天一总结，过去不关心看数字，以后每天都注意，检查数字。

没有解决问题的是：

① 劳动态度。② 工作法。③ 办的事不好，如衣箱。

没有依赖工人想办法，300 余条意见，上面同有办，代表无办法，搁起的不少，与工人一同想办法少。

原因：① 没有订制度。② 没有责任制。

（2）工管会问题

① 包办一切，党委会多，职责不分，整个常委再加几个主任，每次二小时多，一小时学习，其余讨论问题，有关行政上技术问题，使工人代表无兴趣。其次工会也常常谈运动问题，要求解决（工会业务），甚至党内尚未决定问题也在工管会上讨论。减轻了厂长的责任，事无大小都推到工管会，根本不负责，一切事都依赖科长去做，解决不了时要行政的科长参加，变成了扩大会议，如参干、慰劳等。

② 车间也一揽子，工管会在二个月时间内没有向代表报告过工作。

③ 工管会没有中心与计划。

④ 工会不健全——改选后，委员经二个月〈在〉再安排。

支部也是如此。

行政上整编到最近才弄好。

干部兼职的多。

工会组织委员有政治问题，统计者、总务工作者是特务，到处跑。

⑤ 党政工团关系问题。

第一，上面布置要统一，步伐不一致，二个月以来，生产问题管得很少。

第二，一个干部身兼九职，三个工程师都兼工会工作，不解决生产问题。

第三，会议多，每天多到九个会议。

⑥ 民主管理问题。

第一，管理上比日本人还坏，因为认识上不明确，所以办法少。

第二，要有制度，否则要落空，如工资制度，奖励。

第三，具体办法要有。

施秀华：

党内外一致要求搞好生产，实行民主有条件。

① 总的机器要开好，上面领导上要注意，只要各方面来以生产角度为标准，工作一定弄好，检查，生产，不要只问参干等问题。

② 团结很重要，上面乱，下面就更乱，总支不统一。

③ 支部对生产问题熟悉，如成本会计，浪费问题很大，向工管会提出，厂长说：是全上海问题，不容易解决。往往如此，工人都不满。

④ 支书通过谁去向工管会提意见，不明确。

⑤ 生产竞赛还没有目标，成分尚未弄出来，我们不知道，没有努力方向。

⑥ 制度问题很重要，生产力与生产关系有矛盾，要改变，是生产波动的原因。

朱杏林：

① 党团员说找不到负责人，会议要少开，多了解下情。

② 支委分工下车间现在没有了，布机间的多，其他车间没有下去。

③ 减少浪费可以做到。

刘晓：

3 月份要提出一个生产上的目标，有了中心工作，工管会、工会工作、支部工作就可以有了中心。

只有反特，抗美援朝都是空的。

今天要研究 3 月中生产的中心口号，哪些制度先建立起来。

明天研究十厂的中心工作，先搞生产或先搞反特均可以讨论。搞生产中发现特务。

工管会、工会的制度先订出一套[出]，3 月份来试行，不好可以改正。你们先提出意见，2 月份内要订出计划。

（文件编号：E70）

十厂问题谈话

1951年2月22日

刘晓：

今天问题如何具体帮助他们，为了取得经验，准备城工会议。

如何帮助支部订计划，中心问题是生产问题，减低成本要有具体中心口号，浪费很大是否以此为主要。工管会、工会、党团围绕此一中心来进行，步调完全一致，搞好搞坏都是教训。

至于示威、登记只能结合进行。提议十厂与三厂直接掌握，他配合，王、陈参加。

企图做什么？

[刘]少文：

1. 棉纺厂主要问题是提高质量与减少浪费，保持产量。

首先要注意的是清花与钢丝车要抓住，其他配合进行。

清花是花圈不匀，皮棒花多，皮棍本身也有问题。

粗纱、细纱解决皮棍问题。

布机间皮棍跳动使次布增多。

2. 管理问题。

(1) 2月底各种管理规则可以告成，首先在十厂与三厂试验，星期一要讨论。

(2) 解决工资问题，3月底可以有方案，4月在一二个厂中试验。

(3) 生产质量与减少浪费。

3. 民主管理。

召开几个厂来讨论（下星期），3月份所有厂可以成立工管会，注意此问题。

(1) 要变成一种制度，经过职工代表会议，一定掌握中心，要总结出一套问题。

(2) 在几个厂中取得经验。

(3) 检查问题要有帮助解决问题，提到局务会议上讨论，市委工会同志可以参加。

工会主席不知道面向生产，不懂，要有具体的认识。

刘晓：

① 先花几天时间研究情况，厂方行政人员谈话，给他减少浪费与提高质量的任务，提出几条，然后与支部小组老工人一道商量，修改后，以少文为中心定出行政、工管会的工作计划。

② 工作组与市委、基委研究如何做法。

③ 工会车间中广泛研究。

④ 根据支部订出自己的计划与制度。

⑤ 市委再集中意见。

⑥ 再召[开]支部负责人来市委开会，做出市委的计划。经华东局批准，发给各方面，统一领导。

一个星期中能完成——3、4 月的计划。

反特登记告一段落，处理一下。宣传、示威也可以进行。

月底以前订生产计划，3 月 10 日以前定出党工会的工作计划。

王：

明确生产计划，工会领导生产取得经验，党也如此。

（文件编号：E70）

上电工作组谈话

1951 年 2 月 23 日

王一定：

修车的条件与目的：

① 抗美援朝后爱国公约已普遍订立，为了巩固。

② 工会工作与生产如何结合起来，健全车间，通过修车子健全。

③ 通过修理，生产计划化，克服事故，全面生产计划的准备。

④ 试验奖励金制度，过去加班费达 40%，包工合同解决加班费用。

<u>党内要求：</u>党小组如何能联系群众领导生产，支部中讨论中有波折，即交与工程师办理。他们的思想不通，有顾虑，总支批评了这个偏向。

<u>修理计划中的问题：</u>

① 清楚坏到什么程度，要求很难定，定额问题，解决不了，如人工、材料。

② 技师人员对群众看〈重〉得很差，如否定工人的技术保证，信心不大。

<u>工人方面的反映：</u>

① 人很重视，减低〈气〉汽耗，很重视。

② 开始只注意奖励金问题，从加班费来计算，如提高一星期可以得多少加班费。因此规定不低于 3 500 单位，使群众便于接受。

<u>党内反映：</u>① 任务多，如登记、运动，信心不高，不重视。② 不懂如何修。

程万里：

<u>情况：</u>

① 管制上电以后，群众情绪很高，如自发的清理废铁。

② 过去生产是盲目性的，工程任务很大。

③ 连续发生事故。

④ 工人与工程师间不够团结，工程师怕工人。

修车经过：

① 行政要求首先没有先向工人说清。

② 工程师顾虑，有个人路线，上面有一个外国人，怕毛脸。

③ 工人(等等)认为要先统计工作才能计划，首先说服了这个思想，有很大作用。

④ 修什么东西要仔细看过。

⑤ 如何团结工程师，解决办法，从分配奖金中工程师也可以有。

⑥ 奖励办法是一个问题，工人不会计算，过去是用加班费。定出几个方法：创造技术，汽耗，节约，省工。

⑦ 其他车间也要订合同，运输部门用运转累积定出奖励制度。

⑧ 三班制还要等一时期。

杨宇根：

① 老工友先同工程师谈，订出计划。

② 通过修车准备改选，以前毫无工作计划，因为行政没有计划。

③ 工人对奖金问题计算方法以工时计算，100 小时有 50 万，现在只拿 30 余万，不上算。

④ 分配也是问题，工人要求先定出技术标准，工会要支持，反对平均分配。

分支书记：

要讲大道理，说服工人。

工人有顾虑，办法：

① 看大家有多少奖金，两派拚，互相不团结。

② 先有因后有果，要用大字报。

③ 每人订出计划，要有记录，在黑板上发表。

④ 关系不好的调开，调配是一个问题。

组织情况：一个党员，一个团员，工会小组四个。

<u>行动委员会：</u>下设三组，生产、文教、安全卫生，是代替车间委员会的组织，抗美援朝后组织起来的。九人，党员只有一人(副主席)，主任是非党员(老领班)，团员×××。

生产委员会有党员，还有×志芬(过去是党员)。

顾小弟：

① 是否能避免事故?

② 同其他是否要订联系合同？

纪康：

① 做好准备工作，工会党的准备意见还没有提出来，首先要做。

② 联系合同可以考虑。

③ 计划本身奖金问题要提出来。

④ 劳动组织工会组织有九个小组，不按生产，编了以后是否一劳永逸。现在有二个小组，生产与修炉子二个小组。

⑤ 工会要开一次会讨论做出决定，现在布置工作有二套，通过车间与行动委员会。

⑥ 工程师要调整。

⑦ 思想动员，修九号车要教育全体工人，说明重点试验的重要。

⑧ 工会定出具体计划。

⑨ 小组长如何做法。

⑩ 车间委员如何领导小组及委员。

关：

① 王一定兼党委工作要解放。

② 军代表要在北平。

③ 陈妙根是否可以任副组长。

（文件编号：E70）

刘晓在市委会议谈当前工作

1951年2月24日

① 新抗美援朝运动与反特高潮结合起来，贯彻爱国公约普遍起来，如爱国主义竞赛。具体反特的办法，按照中央政府决定，开始镇压。一二个月内，特别是三月份，对反革命分子要采取具体行动，如登记后[对]仍活动的、[人们]痛恨的恶霸等[应]开始镇压，要有决心。

② 这次运动中的落后部门踏破，如落后工人，不要只放青年工人活动分子身上，不要乱动员，工人纪念三八节也是如抗美援朝，女学[生]也如此。

③ 基督教问题，三自运动要搞起来，师生员工为基础。

对天主教问题的步骤——抗美援朝代表会议上吸收多方面的人参加。震旦大学组织一个委员会，先征几个人。

④ 贯彻纲领，统一〈在〉由宣传部领导此一工作。

（文件编号：E70）

饶政委关于城市镇压反革命问题的报告

1951年3月1日或2日

镇反目的：

① 打击敌人。

② 组织的纯洁，要更加巩固内部。

步骤主要是看我们的力量，更好团结内部，不致混乱自己内部，以便对付首要分子。一切政策是怕打乱自己，不怕敌人的混乱。一切为着麻痹敌人，反过来是打自己就不好。

谨慎小心怕弄乱敌人是不对的，这是过去的错误，是原则性的。下面同志很多弄糊涂了。

上海问题：

① 生产问题；

② 敌人捣乱。

华东主要问题是城市工作，在统一领导之下肃清反革命分子。

最近一二月内各项工作都要联系这个工作（对内），对外是展开抗美，生产等工作。调查研究，掌握材料，工人、农民普遍控诉敌人，里弄中也如此，展开群众的斗争。大逮捕、大控诉，民主人士也可以参加。

郊区工作要镇压反革命工作，前一阶段以分土地为主（除主要的以外），后一时间要抓人，乱打乱杀要造成困难。如上海近郊抓错了三十余人，不好。

主要方法是调查研究，搜集材料。

工会工作，普遍展开爱国主义的竞赛，学校内部材料要搜集。

配合民主管理，生产竞赛的工作。

从上到下半个月时间搜集材料。

分工：政府部门管里弄，学校归青年团，工厂归区委，交通部门都要配合。

毛[主席]说：当你们已经注意时，可以慢搞。

请先研究工厂、学校区内如何镇反问题，再开一次会议。

镇反要注意外城与内城（机关、工厂、学校等），禁城（党内）也要镇，步调是先外后内，以便利搞内城，方法是不同。

（文件编号：E70）

罗部长在市委扩大会议报告镇反方针

1951年3月1日

（一）毛[主席]主张放手镇压，没有放手要放手，放手的要继续放手。

为什么要放手？一是由于需要，一是由于时机很好，条件成熟，有利有理。全国有三个高潮，土改、镇反、抗美，不是孤立的运动。

敌人残余势力还很大，不打倒还不能发动群众打倒帝国主义，不能建设国家，〈有〉由此需要镇反，[这]是全党严重的政治任务。

过去少杀人，宽大是必要的，对外说要说明“宽大无边”是错的。党内当作策略来说，为减少抵抗是对的，当时情况是老百姓怕，公务人员动摇。

镇压无边也不对。对于解放后虽不是首恶要严办，解放前的首恶必办，胁从不问。

镇压的目的，要集中[三种人]：

① 惯匪、匪首；

② 恶霸，城市中也有，如流氓、帮会的头子；

③ 特务分子，有证据的反革命分子。

依赖党与群众，加上军事法庭，过左的错误可以避免。

毛说，抓紧上半年时间，特别二、三、四月。

方法问题：

① 党委领导全党与群众动员。

② 要懂得策略，轻松要注意。

③ 分工，地方、政治机关、部队要分工。

④ 不打无准备的仗。

⑤ 反恶霸要作为群众发动的方法，干部有时要包办一下，命令一下。

⑥ 数目字要确定，心中要有数，下面去机械分配是不对的，自己要有名单。

⑦ 小的可先杀，大的也可多关几天。

⑧ 稳、准、狠。

（二）城市反特工作（对上海工作的意见）。

① 公安局工作的看法，有成绩，执行了方针与指示。特点是：特情工作要

加发扬与总结。

② 有缺点与错误，对决定没有很好执行，或者违反。

③ 问题在那里？

a. 打击敌人不够，现在要下决心打。

b. 特情工作上有些错误——利用敌人不好，指示不要用在内部，不要用在外面。不要把他们组织起来，要利用他，不要被其利用。公安工作要守秘密，组织上不纯洁，把特务作为我们干部，同我们一同办公，是违反原则的。

c. 关系问题没有解决好。

要取得全党支持没有解决好，同市委与上级关系也没有解决好，与友邻地区关系也没有解决好，对下的关系也没有解决好。局长不能只做战役指挥，代替侦察科长的工作。

d. 党的领导是对的，全党尚有右的偏向，财经部门有严重问题，工人有不满意的。如上海解放了我们没有解放，工人说怕没有证据，什么是证据，工人怕抓，要放。护工队有一百余人，其中有许多是反革命要求抓的，还有一部分是有技术的反革命，对他们的留用要注意。如上海电力公司过去发生过四百次事故，我们要注意。

e. 各单位的分工值得注意，数目字要确定。三万个反动分子中要抓一批，要清查。郊区的恶霸要清除，显著的恶霸分子要当作反革命办理。

（文件编号：E70）

饶政委传达中央三年准备十年建设的决定

1951年3月3日

（一）中央政治局会议决定传达——饶政委

三年准备、十年建设的方针，1950—1952年是三年准备，还有22个月。

时局问题——

去年10月情况：① 美帝犯朝；② 国内反动分子进行破坏，互相配合。特点是内外敌人对我们的压力很大。对付办法：① 抗美援朝；② 土改；③ 镇反。三个月来情况改变了，三个高潮中进行二个运动，全国人民情绪改变了，压力减轻了。土改后地主势力被压下，敌人受了打击。

朝鲜问题：① 资本家不肯放弃财产；② 美军士气很低，我们是自卫的，打埋伏主要是中朝部队的合作与战略的正确，不怕前进后退。

认清：① 长期性，作为美帝的泥潭；② 准备蒋的登陆，外部问题解决，可以和平建设。准备在22月内的事情：a. 抗美援朝，反对美帝扶日。b. 土改，乱子华东较多，领导不提倡打人，群众斗争要攻，是好的，不出布告，群众乱打是革命，先土改后还债，春耕后生产与教育，缩小乡与区，把农村弄富裕的，是准备工作之一。c. 镇压反革命，中央认为上海不肃清反动分子，城市不能巩固，这是社会的外部。

人民政府内部，包括财经文化的机关，团结多数好的，肃清少数坏分子。

党内，要肃清内奸。在复杂情况中产生[的]党，绝大多数是好的，可能有异己分子。纯洁组织抓人不一定要民主人士参加，杀人不能偷偷摸摸，毛说专政就要杀人。

城市工作：

现在就要注意城市工作，是今后中心工作，全党的中心要移到城市。封建势力肃清后，要注意生产，土地改革后为城市发展作好了基础，这两年内是主要的。但目前如不注意城市，就是路线的错误。

一个经验：要党委领导才能搞好。例如内战时代坚持战争的胜利是由于党的领导，解放后财政工作、镇压反革命等都有党委的领导，决定所有各级党委要直接领导。1951年要开二次城市工作会议，党委负责人报告，4月内召开一次，要明确依赖工人阶级思想，确定所有工厂内要实行党的统一领导，党政工团统一领导。工人区域要建设，高管区维持，生产为着工人，工作中心为着生产有利。工会工作要解决具体，党委要注意典型试验。

① 要华东试验，要市委组织一个委员会，包括党政工团的会议，克服各搞一套，党委书记兼任此一委员会，省委区党委也这样做。中央要求 4 月中旬要把试验结果报告中央，建立委员会。

② 要选择两种典型，第一种如何把基层工会搞好，党政工团统一领导（二个厂），纺织厂为主，毛主席要一个材料历史，如何解决问题。第二种，舍掉一个重点区，要舍一二个工厂，学校、里弄、机关作为典型，派强有力干部下去，作为总结，在四中全会上提出。上海市委要集中强的干部下去。完成这个任务。

整党问题与建党。

统一战线问题。

暂时利用观点不对，是长期的教育与团结，使其赞成社会主义。多数要团结下去，少数不能改造不怕他。

民主党派好人不进去，变成了坏人党，要与我们作斗争。发展要成为我们的任务。党委对统战问题要负责，对中央作报告，党委书记要讲话。

整风提高一步。

统战问题——周而复

（二）统战部的思想问题

二种人：一是革命对象，一是革命的。

（文件编号：E70）

关于创造典型城市工作问题的会议记录

1951年3月4日

刘晓：

计划问题。

目的：今年加强基层，做下列的工作。

① 择四十个工厂作为典型，500人以上的工厂132个以上，1 500人以[上][的]工厂42个，作为一年的重点。

② 准备接好五个区的工作，三个工人区（普[陀]、杨树、市政，二个居民区内有商业区），国立大学八个为重点。

工作步调：

分为三期，第一[时][期]三月到六月，中心择出典型，创造模范，初步取得经验，解决以党为中心，统一计划，解决党政工团关系问题为主。

第二时期六月到九月，取得一定经验后，推动[到]四十余厂的工作中去进行试验，主要的以配合生产、党的工会建设工作为主。

第三时期九月到十二月，着重四十余厂总结经验，来训练大批干部，作为第二年推广经验作为准备。

方式问题：

① 从已有好坏经验[中]取得初步的经验，变成工作的制度，不断的修正与充实。

② 由典型推动中心，然后影响一般工作，现在着重于典型厂。

③ 典型厂工作从一件工作或一个车间出发，如上电修九号车，研究工会与党政工团的工作问题。

中纺十厂解决质量与减少浪费问题，提高布的质量。经过工管会党政工团配合进行。

④ 加强其他部门的工作（指各厂），扩展下去，推广经验。

各级加强一批干部，帮助工作，同时又与训练本厂干部相结合。

第一步调：

① 三月以上电十厂作为重点厂,实验一套办法,根据现有材料加以整理,继续调查,派专人去,如生产等问题。

② 首先统一市一级的领导,组成二个委员会。

饶:

厂长是很重要的,委员会应是厂内的同志。

刘:

委员会同厂内分开,目的为求得统一计划。

饶:

最后调一个同志去当厂长,原料等的帮助也要照顾,取得生产等各方面经验,如成本会计等。

刘少文:

三厂条件较好。

饶:

工作好坏决定于厂长、支书、工会主席,不好的可以改变,三个人不强不能解决问题。

刘晓:

同意搞三厂,重新组织一些力量去,派一个干部去作组长,要有部长资格。上电也组织一个工作组去,纪康仍任此职,集中力量,搞一二个月。

普陀区力量也统一起来,每一区也搞一个典型。

公用事业等也加强,作为实验区,吴〈良〉亮平不动,下面配强,市政府也派人去加强区政府。以区委为中心集中各方力量,里弄也搞一二个典型。

王:

区的工作多,很难照顾到典型,以我们为中心好。

刘：

吴调到上面来工作，张登[①]如在此地也可以搞，调部长去当区委，黎玉搞市政，调一个部长去，杨树浦另外派人，可以得到经验。a. 区的。b. 政权建设。c. 工厂经验。商业区经验由新城区负责，蓬莱等，重点在工人方面。

③ 必须要抽出市一级干部到下面去，现在区的干部少，几个组织员，一个时期的帮助很重要，各按系统加强工作。

干部分配有计划的去，抽去基层干部加以训练。

干部下去保证质量，不是凑数，以帮助工作、训练干部为中心目的，有一个算一个。上面工作加以适当调整，合并的可以合并。

党校停办，下到区委去，干部也去。

④ 市委领导方面：

a. 讨论基层工作，鼓励典型工作。

b. 组织上加以调整，如保卫委员会，文教工作自己搞，主要负责人研究基层工作，成立委员会——职工运动委员会，加以改变，有日常工作，有机关，[刘]长胜负责，有几人办公，现在的基委与他合并，另外也可有一个生产委员会。

c. 4月初开一个典型工作会议。

(a) 根据现有经验加以系统化，以八个厂材料为主。

(b) 典型工厂为主要报告。

(c) 市委整理出城市工作的一些问题。基层工会工作问题；党的建党问题；统一党的领导与市委区委的组织形式；反革命问题；区的代表会议。

向华东城市工作会报告后作为一个办法推行。

工会工作由总工会为主。

要求：① 工会代表公开好，车间小组搞好。

② 党政工团工作关系的解决。

③ 纯洁工会的组织。

是一年内要解决的问题。

以纺织、五金、市政三个工会为主。

---

① 张登，即沙文汉。

刘长胜：

机器厂、上海电机。

饶：

……①

饶：

一般的不动员，工作要被动，过去缺点是：

① 现在一般提高是做不到的，个别创造典型就提高，没有典型，一般提高是走〈湾〉弯路。城市创造典型要一般照顾与动员，同时着重典型。过去是只有一般，没有典型。现在也不要只有典型，没有照顾全面。

第一个问题，不是大的变动，抽动干部不要影响全局。第二，典型中要有强的干部，市委要有一个好的秘书长，照顾全局，刘长胜同志除五一外，不到外面去，一般的工作交与各部门。虽然说话是次要工作，创造典型是目前的主要工作，现在东西已经〈住〉注满[厂]了，短时内不讲话不要紧，现在问题是缺少下一阶段的工作方针。上总要组织三五个人去搞，其他的组织不变，采取维持，内部可以开一个会议，挤出时间搞典型，党与工会工作可以这样做，行政工作不能这样做。

行政上要求是依赖群众的观点，要有党与群众观点就够了。

行政上不能多调动，要影响生产，学生、厂长、教员不能调动，所以党政工团四方面中，行政上主要是思想改造，行政上不能搞典型工作，工会、党团要挤出一批干部来搞典型。

市委要先建立委员会，分工明确一下。财经、文教、保卫自己搞典型，每个委员会搞出一个典型经验，市委书记主要是解决党政工团的问题。

力量要重新组织一下。

② 一年要搞好四十个工厂，布置中只能搞好二三个，毛的经验只搞一个，三个中心要有一个中心，其他的比较。

工会与区委分配下去搞，但是东西是他的，到处去讲的就是自己的典型，

---

① 原文缺。

符合这个原则就对，各厂具体问题不谈，死抓住一个，重点中有重点。

高岗说，只搞一个车间还是不行，目的还是全厂，但作为党团工会，作为中心车间可以这样做，但不要影响全厂，所以主要问题还是搞好全厂。

抓住车间与小组，还要抓住全厂，这与农村不同，可以一家家搞，我们没有经验要创造出经验。东北以工作组去做，但不能统一起来，经验不完全，因此市委可以：

第一，全盘的布置，下面的中心，可以不作为市委的中心，每区自己有中心，告诉他的自己的经验，以我的经验来告诉你。具体指导就是一二个具体典型经验，其次是一般布置去原则指导。

毛主席批杀人的方法，就是介绍好的经验。具体指导要有典型经验，四十余厂万一带不上，放到以后去。

布置有三个办法：

a. 一般布置，照顾全局。

b. 介绍典型经验，开会也是推动办法。

c. 通报全局。

山东经验典型孤立化不好，要照顾全局，市委要有典型与照顾全局。

以三厂为中心是好的，统一布置，抓住普陀，还要抓住学校、里弄，不能各农村由点抓到全面，所以先搞好几个区，还要有重轻的分别。主要的只搞一个区，直接搞好，具体领导通过区长。中心区要组织典型，组织推动组织，各种委员会要加强。以工厂为主，搞一个工厂。

③ 问题：第一是干部；第二，统一领导，各级都如此。

a. 搞典型，厂长、党、工会主席、团书记要强，厂长重要，班子要搞好。

b. 区委书记，工会上级也要有一个人要强。

c. 以厂内四人为主，区委下面搞一个委员会。

d. 普陀区公安局与区政府都要加强。

e. 同厂内联系的人要强，党、工会生产都要解决问题。

即抓住区委，有些地方要让步，要能团结，向市委报告，区委下设委员会，抓住几个学校与里弄工作，政府党组。

f. 抓区与抓厂。

如何抓经验：党的统一领导经验，为着生产保证计划完成。

厂内的管理民主化，生产企业化的经验。

民主化——党与工会如何管理；生产企业化，目的如成本核算，二大经验的积累，依赖工人阶级的力量。二套的制度要取得，统一领导的目的就是为此目的。

g. 市委委员会要研究——根据苏联、东北的经验，专门去要材料。根据现有情况去试验，可能有好或不好，要有办法与主见。

统一领导问题要有一个主见，写出一个东西。

要同土改一样，有许多指示，所有文件都要搜集起来。

二个月内任务：统一领导，分工合作。

工资问题不可能定出一个标准来，生产定额可以定出来，生产竞赛中创造新的纪录，先搞这个。凡合于实际可行的做，不合的不要。

许多厂一齐搞不可能，充分发扬主客观力量，可以说明是条件问题，然后可以展开，每项事情可以展开。

典型试验目的是：以生产为中心，加强统一领导，以民主管理化与企业化为主要方法。

毛主席要一个厂的经验。

生产方面的情形，现在的问题，如何解决，全面的大约来说说，要一个厂的材料，搞一个厂，工人运动历史。

决定以十厂为典型。补充一下，四月底为限。

以区为单位搞出一套经验。

依靠无产阶级思想问题是批评的问题，要解决的是民主管理与企业化问题，建立委员会来布置。

市委下设各委员会。

区委加强各委员会，其余照旧，以后各项工作在以取得典型经验。

刘晓：

① 市委分工，财经、行政归潘，夏搞宣传，二刘[1]、王搞基层工作。

② 经常工作，黎下去后问题是[redacted]资望不够高。

---

① “二刘”，指刘少文、刘长胜。

饶：

将来是厂长制，现在是过渡，组织各方面力量是一个缺点。为了完成生产计划是主要的问题，以党委统一是可以的，各政治部都可以，军事代表制可以不要了。

旧人员好的加强其教育，也可参加党的会议。

提拔好的工人当厂长。

刘晓：

私营厂工作弱，三不管。

饶：

私营的作为第二步的工作，积累了经验后再搞。

建立这个组织，干部抽出来，开一个扩大会，说明问题，服从支部领导，厂长与工人阶级互相依靠，有问题上面通气。

准备工作——通知财委，保证生产，厂内开一个五个人会议（党政工团妇），配好一套工作计划。

厂内动员会：行政厂长报告生产计划，工会号召，党保证完成，一个会议解决问题，一切事情经过支部解决，然后整理内部，半个月内先搞组织，订出计划，然后整理经验，各种制度可以考虑制定与改善，二星期内包括意图，一星期内人事配备，使其有一个月的工作。大纲可以〈高〉搞好。

普陀区同时解决。

（文件编号：E69）

刘长胜在市委扩大会议讲话要点

1951年3月6日

1. 重点实行,要强调国家困难,是照顾工人利益的。
2. 宣传教育工作。
3. 结合镇反与加强工会组织。

(文件编号:E70)

订计划问题

1951年4月底

一、过去计划中的缺点与困难。指示总结与计划结合。

(1) 是根据中央或华东局的指示来的,而不是从地方问题找出中心,有等因奉此之感。

(2) 中心多了怕乱,中心只有一个,不能包括所有问题,因而一齐列上,但下面苦于结合不起来(如武训传问题,工厂就无法与管理问题结合)。

(3) 计划是时间性(如六七月),但有许多事情都不是限期可以完成的(如公约,检查工会法等),因此每月计划不知如何排列,未完成者如再一起排上去又太多了,不外乎又怕下面放松了。

(4) 上海各区情况不同(目前工业区是工资问题,继续了解生产情况),检查工会法与改选工会内容,是重要问题,不能一律照市委统一计划做,无所适从。

(5) 计划是对区委还是对各群众团体的要求也包括进去,发生困难,不提也不是,提也怕不符实际,而且不能代替包办他们的工作中心。

(6) 每次计划订出及执行后如何是根本无法检查的,因为下面各有具体情况与其具体条件不能同时进行。

(7) 基层中工作是有连续性的,我们把一件件事列为中心,每一时期要下面执行,结果不符合下面的具体情况,使下面苦于不能限期完成,因而大家觉得上级原则方针是对的,就是不能执行。例如订爱国公约是一件大事,但事实上下面的情况不是一纸命令所能做到,例如有许多工厂里的领导还严重地脱离群众,如要勉强订出只有形式主义。

(8) 没有计划说不过去,有个形式的计划实在没有用(如六、七月计划工业区基本上没有作,而是以指导问题为中心的)。

二、如何订法的意见,首先要解决几个关键问题。

(1) 首先要弄清全市要不要每月一定要统一的一个中心——可以有可以没有。如镇反突出,五一纪念,目前难以有中心,继续镇反是长期工作,不是本月的事,所以我说可以没有。

（2）上级来的各种任务如何完成。

应当把同一时期的各项问题讨论具体执行办法，正式做出决定，如“七一”。其次方法是：先决定若干试行办法，有意识的去创造一二典型然后推广进行，如工会法检查，典型试验对象不要固定一个地方。看条件选择。

三、市委计划如何订如何执行的问题。

（1）市委具体计划应是根据本市的情况，同时根据上级的指示做出来。

具体的说，应是排定一个月的议事日程，讨论执行办法做出决定。这样市委开会时或者讨论会热烈一些。

（2）有些问题市委在计划上规定具体活动的事项，如某天开什么群众欢迎会，或责令各单位各部门完成某些事情（但不要一律都要如此），例如责成某区某厂要作出一个劳保总结的报告。

四、最要紧的事情——如何保证决定的实行，如何检查计划的完成。

（1）是建立对区对各群众团[体]的经常检查制度——具体说是对各区各群众团体要有固定的人去检查与汇报，某些问题是要求在会议上详细检查的。但由于我们当无正式的检查制度，而且思想尚未弄通，只好重点试验，然后推广之。

（2）经常反覆的检查与修正党的决定，或根据新的情况产生新的决定。

（3）各区及各群众团体必须责令其订出具体的工作计划，即根据其自己情况订出来的东西，加以审查与修正，此项工作不能属于厂，而应属于直接负责各单位的“联络者”。——分头[向]负责同志口头汇报，或书面汇报，经常委审查及时批示。

（4）其试验时期市委及常委会议，可能要增加几次，但事先都有准备，每次会议可能大大缩短，时间反而可以减少，也有可能。

（文件编号：E184）

下厂经验及下厂应注意的几个问题

——在下厂干部动员大会上的报告

1951 年上半年

同志们！大家都要下厂了，我预先庆祝你们工作成功。在过去八个重点厂的工作中，我们获得了不少的经验。工作组的同志一下厂都觉得和下海一样，工厂中的情况非常复杂，问题头绪很多，不知从何处着手，使我们体会到干部在下厂以前应该有一定的思想准备。这正是饶政委曾经指示过我们的，“没有思想准备是会背包袱的”，不然会把厂里的工作搞坏了，或者工作没告一段落就一阵风样的走了。这样厂里的工人是会骂我们的，所以我们在下厂以前应该认识下厂不是一件简单的事情。上一次下厂我们没有做必要的思想准备，这是由于领导上缺少预见性的缘故。今天召开这个会议，向大家谈谈上次下厂的重要经验和下厂应注意的几个问题，就是为了这个目的。但是各个厂的情况，干部的质量和领导的关系都和第一次下厂不同，所以不宜机械搬用，仅仅提供给大家参考。

一、下厂的目的

在我党二中全会的决议中，毛主席指示我们：“从城市解放的第一天起就应该注意生产问题”，也就是依靠工人阶级的问题。我们下厂的目的，主要就是为了解决这个依靠工人阶级的问题。上海解放二年以来，老办法已用完了，而新的办法还没有。如老的办法是搭架子，开大会，讲来讲去总是面向生产，依靠工人阶级。号召多，新的具体的办法少，而且我们对新的工作又不懂，所以要很好的下厂做典型调查、创造经验的工作，找出新的办法是什么，不然我们的工作会没有出路。另外，苏联和东北也有不少经验和办法，全国总工会和中央人民政府规定了很多条例和法令，但这些办法和条例如何拿到实际工作中去运用还是问题。如东北马恒昌小组和赵国有车间的工作经验很好，但是我们还没有，因此我们要根据上海的情况，创造上海自己的一套经验，只有通过实践才能真正得到自己的经验和新的工作办法。依靠工人阶级研究出新的工作办法，就是这次下厂典型试验要解决的大问题。上次下的八个厂中，已经获得了点滴的经验，因为过去没有，所以是很宝贵的。只有干部亲自看过、做过获得的经验，才能巩固有用，这也就是市委决定八个厂要扩大到各个单位的道理。今天在座同志将要学习这些点滴经验，并且要把这些经验带给厂里的干部，这个力量是很大的。上海将来的基层工作要靠大家，市委对于这次下厂抱有很大的希望。

我们在下厂以前，首先要明确下厂的目的，其次也要有一套下厂的办法，现在我就来谈谈关于下厂工作的几个问题。

为什么要以工会工作为中心?

关于工作组下厂的任务，市委的决定中规定为："加强对原有组织的具体帮助，以工会工作为中心，达到加强基层工作的目的。"为什么要以工会工作为中心呢？因为第一，工会是全体工人阶级的组织，不依靠工会，上面讲的依靠工人阶级的话就要落空。第二，是因为工厂中主要的工作是搞好生产，而生产运动主要是由工会来领导，要搞好生产一定要通过工会，许多地方的工作搞不好，大部分都是因为工会工作没健全。我们下厂主要的目的也是要搞好生产，所以应抓住工厂工作中的总枢纽——工会工作。过去我们刚下厂时，这个中心是没有抓住的，说明了下厂干部对于通过工会来搞好生产的思想不明确。下厂以后就碰到党、行政、工会、青年团的关系问题，想专门来解决它，但是愈要解决，愈不能解决。假如能通过工会大家来搞生产，这个关系问题也就解决了。我们说工会没有面向生产，严重的脱离群众，但是工作组也应该明确下厂主要注意的是生产问题，否则我们也要脱离群众的。

以工会工作为主，要不要和如何结合其他工作呢?

下厂以工会工作为主，但是和工厂中党、行政、青年团的工作也要密切结合起来。因为工厂中的工作是一个整体，没有孤立的工作，专门搞好工会工作是不可能的，要搞好工会工作一定要注意党、行政、青年团的工作。

那〈末〉么如何注意结合呢？要注意的地方很多，如党是如何来领导工会工作的，党的会议是否讨论生产问题，党派了多少干部到工会里去工作，党和团的干部是否注意生产问题，好坏党团员各有多少，他们在工会生产工作中的作用如何，党和团的组织形式是否和工会组织一致，军代表是怎样的人，他的民主作风、生产计划、行政管理怎样，这一切都应该了解。因为工会是工厂中的整体，它包括所有的党、团员，在国营工厂中也包括行政，所以以工会工作为中心，是会和党、团、行政的工作很自然的结合的。总的来讲，工厂工作要从生产上来检查，而生产又是工厂中各种组织的共同任务，这就是下厂要以工会工作为中心，并要结合党、政、团的工作的道理。这次下厂的同志是多方面的，有工会、行政、市青委、妇委、市委、区委以及其他各方面的干部，但是下厂不要专门搞一方面的工作，应该认识工作是有整体性的。

为什么要“加强对原有基层组织的帮助”及如何帮助呢？

因为工作组下厂是外力，原有基层组织是内力，光靠外力是不行的，主要应该依靠内力。如中国的革命光靠苏联是不行的，一定要依靠中国共产党和中国人民的力量，我们下厂也就是这个道理。原来厂里干部的工作能力也许比较弱，但丝毫不要看轻他们，因为他们有很多宝贵的经验，他们的缺点主要是没有理论，没有把这些经验加以总结分析和提高，所以下一次他们又犯了同样的错误。工作组工作成绩好不好，要看她对厂内干部的帮助怎样，要看她离厂以后厂里的干部是否叫[她]“妈妈”。我们下厂一方面向他们学习，一方面也要诚心诚意地帮助他们。但是帮助不要以主人的姿态出现，不要包办代替，只有这样的帮助我们才能站得住脚，才能建立威信，这点是值得特别注意的。

如何帮助呢？市委决定上说：帮助首先是要“深入地调查研究，发现问题，不断和他们（厂内干部）讨论研究”。上次下厂开始时没有注意，没有调查研究，事先肯定了问题，因为和实际情况不符合，结〈合〉果想去帮助也帮不进去。发现以后，学习了毛主席的长岗乡调查报告，才扭转了这一偏向，进行了调查研究，发现[了解决]问题的工作方法。~~但有时在调查中发现的不是本质的问题，所以要研究。~~ 厂里 工作组的同志做了很多工作，但有许多基本问题领会不到，所以发现的问题光工作组可能还不行，一定要和厂内同志共同研究，使他们也同样了解。如法电建立路线委员会的工作上就是这样帮助的，在调研工作中发现车间路线委员会没有建立，组织不健全，也是工会脱离群众原因之一。和厂内同志共同研究，提出了问题和解决问题的办法。在提出时厂内很多同志不同意，有的群众说：“过去不解决问题，现在改组还是没有用。”经过说服研究以后，并且重点试验，建立了一个路线委员会，做一个样子给大家看。结果工人放鞭炮，大家很满意，普遍都要求建立了。所以法电帮助工作是经过了调查研究，发现问题，提出问题，说服干部，重点试验，然后推广到全面的过程的。

其次，帮助工作。工作组自己要有主见，没有主见就是领导上的尾巴主义。但是主见和主观主义的思想〈烔〉迥然不同,主见是从调查研究发现问题中得来的。过去有些工作组同志太虚心了,光做学生,这是不行的,我们应该又做学生又做先生。上次八个厂调查的材料不少,但是提的意见很少。下厂和医生看病一样,了解了病况,不开药方是不行的。所以不能犹豫不定,当机立断是很重要的。如纶昌纱厂的中心问题是工会组织被恶霸份子所掌握,不打掉他工作是搞不好的,而全厂仅党员二人,团员二人,工会干部能力很弱。又于[加上]工会干部、群众、工作组意见不一致,搞了三个月,打不打的主意还没确定,第四个月才下决心开刀。打击了恶霸份子以后,这个厂从来不喊毛主席万岁的现在也喊毛主席万岁了,从来没参加过游行的这次也要求游行了。过去工人不大理睬工作组的同志,现在见了工作组同志非常亲热,说明了领导上有主见的重要性。党、行政、工会、团及工作组意见不一致不怕,可以统一,怕的是没有主见,因为下厂和打仗是一样的。

如何创造典型经验呢?

关于创造经验,上次下厂有以下几点教训:

(一)在三个月中要党、政、工、团[有]一套经验是主观主义的想法,事实上是不可能的。时间短,八个厂又太多,工作又没有经验。东北解放早,但只有马恒昌小组、赵国有车间好的经验,还没有一套。~~所以我们可以放弃这个观念,这是急性病,是饶政委曾经指示过我们的。~~正由于存在要一套经验的思想,使工作产生了一些偏向。(1)没有重视点滴经验。如八个厂材料中提到很多好的合作社、小组等,但没有注意分析提高,讲出为什么会好的道理。(2)不要局部性的东西,只要综合性的东西。如注意到成立工厂委员会的经验是要的,而一个车间或一个小组的经验就不要了。对每一个工作委员会应如何搞好工作就没有注意,而是把力量集中在上层,没有深入下去。事实上即使是局部也很重要,回忆起来,局部经验是有的,马恒昌小组的经验就是这样培养出来的。(3)调查材料光是缺点,不注意优点,办法也少,对存在的现有的经验注意分析提高不够。如我们发现工会小组编制不合理,开会没内容,组长不懂得技术,没有威信,是小组不能发挥作用的原因。我们上次很少从反面提出经验,如小组编制应按生产原则,组长应由有生产经验有群众威信的人担任,小组会议应讨论有关生产及工人生活福利方面的问题,这也是一个缺点。

(二)上次下厂没有一定打算,抓不住问题的中心,样样帮助等于没有帮助。在工作组建立了威信，站住脚跟以后，厂内干部会样样事情都来请示。要我们帮助，所以我们自己应该有打算，要能抓住中心。在下厂调查研究以后，要创造什么经验，心中应该有数，根据具体情况确定办法。如纶昌纱厂开始时我们决定依靠积极份子创造大家办工会的经验，这是不对的。后来根据具体情况，他们劳资关系不错，我们就确定试验如何开好劳资协商会议的经验。上电现在主要是通过研究修理九号炉子[车]间创造工会工作的经验。全厂三千多人，假如什么都要搞是搞不好的。只有一个车间搞好了，打下了基础，全厂工作也可以搞好，也有办法。

那么应该如何来创造经验呢？

（一）要善于发现有群众的经验，把群众经验加以整理、分析、提高，再拿到群众中去运用、证实，使群众的经验步步提高，这是从群众中来再到群众中去的方法。苏联的经验很多，但是一定要经过实践的体会，经验才能有用。如江南造船厂二个工会小组经验很好，因为：① 小组讨论了生产问题；② 组长懂得生产技术；③ 能体会工人的情绪；④ 小组团结工作做得好。这种好的经验就要研究为什么好，研究还存在什么缺点，然后把这些经验推广出去。

（二）要根据具体情况，有主见的去创造经验。创造经验不能从主观出发，如这个厂劳资关系不好，想创造订集体合同的经验就不可能。如国棉十厂决定创造民主管理经验，是因为有条件：① 国营工厂；② 工厂管理委员会已经成立；③ 工代会以后，干部群众的情绪很高，要求搞好生产；④ 党、政、工、团对民主管理有了一定认识。所以才决定创造这个经验。但是还存在许多问题，如工代会为什么流于形式，如何解决工代会上工人的提案问题等，还需要进一步努力。

（三）要重视个别的经验，可以试验全国总工会和中央人民政府颁布的法令和条例。例如如何进行生产竞赛、工代会如何开得好、纠察队应怎样组织、劳保条例如何贯彻实施、如何搞好合作社和职工家属工作等等。今天到会有38个重点厂，能创造38条经验就很可贵了。如工会各部门如何工作、支部如何订计划、如何开好会议、如何解决会议多任务多的问题、如何把许多会议和任务统一在支部计划中等。这次市委决定中，也强调了要重视抓紧研究点滴的经验。

（四）要重视综合性和系统性的调查研究工作。如这个厂的情况怎样？

工会、党、民主管理等各方面存在什么问题？有了这样一捆材料对领导上有很大的帮助，我们就可以从几十个厂的材料综合起来，那就看得出全上海的情况是什么，希望大家研究。而且厂内的材料很多，没有综合性的研究，就不会发现工厂中主要的问题。目前城市中有很多问题需要解决，如党、政、工、团的关系问题等。

二、调查研究和具体帮助相结合的问题

经验虽然有，但做得很不够，我们不好的经验教训有以下几点：

（一）不先调查研究，急于帮助解决问题，创造经验，走了弯路。如上电下厂的是上海总工会的同志，认为工厂的问题都了解，以为主要是工会不重视群众的福利的问题。但是在开工代会时，群众提出了很多意见，群众最关心的是如何消灭事故的问题，不是福利问题。因为刚下厂，还不了解，[经过]调查研究，后来工会也就注意生产问题了。

（二）为调查而调查，缺乏研究。认为上面要材料要得太紧，但不是调查研究错了，假如说三月工作还有成绩的话，那〈末〉么主要的就是调查研究材料。我们材料多，但中心不明确，而且使厂内同志产生了厌烦的情绪，对我们采取消极和对抗的态度。调查材料没〈即〉及时整理，工作组本身没有好好研究，我们也看不出，整理也很吃力，调查材料对帮助厂内工作结合是不够的。

要调查什么呢？现在仅来讲讲大体范围。

（一）有关生产方面的问题应很好注意，如工资、劳动态度、劳资关系、工人和行政关系、生产情况和计划等。主要是调查解决生产问题有关的材料，工作要灵活，搞什么调查什么。

（二）工会工作方面。如工会组织原则和形式（是否合乎生产形式）、工会活动、干部作风思想、工会有没有不好分子、如何领导生产、如何搞好工会经常工作等。

（三）党、政、工、团相互关系，经常工作如何，干部思想作风，典型人物，为什么关系闹不好。

（四）工人和职员的生活情况、政治态度，对党、工会、行政各方面有什么意见和要求。工人中帮派问题、职工之间团结问题，有多少积极分子，在那一个问题上积极。了解了这些问题，就可以决定我们的政策，就可考虑是否可以生产竞赛，是否可以建党等。

（五）行政管理问题。上次八个厂都没重视这个问题，说明我们的生产观点不明确，这次一定要注意国营厂的民主管理和私营厂的劳资协商会议的问题。

（六）特务活动问题。怎样活动，有多少人，可以联系解放以前有什么反动组织和主要人物，以及他们在群众中的威信和影响如何？

调查研究工作中应注意什么问题呢？

（一）下去先做一般的了解，对全厂鸟瞰一下，或者找现成书面材料、文件和档案来研究，拜访工厂中党、政、工、团负责干部开一个联席会议，请他们介绍全厂情况。但是上层停留时间不能太久，不然厂内干部会觉得是"炒冷饭"。了解一般情况以后，应很快转入车间中去，开好各种有代表性的群众座谈会，如老工人、工程师、劳模、女工等座谈会。倾听他们的意见，群众会很高兴的，而且效果很大。可以把上层了解的情况和群众意见对照结合起来，这个方法我们肯定它是好的。其他如个别谈话、登门拜访的方法也可以采用。

（二）随时调查随时研究，光调查没研究等于没调查。放得快收得拢，这样才可以找出一些问题来，要有闻必录，这些材料一定要交给市基委会来。工作组每组有一个秘书，专门整理材料，配备要适当。材料交上来应〈即〉及时反〈覆〉复研究，发现问题，再调查研究。这个问题不能肯定，先研究其他问题。这一点希望各单位负责同志抓紧。

（三）要实事求是，不要先下结论再找材料，要从事实中做出结论。写材料的文风也要注意，不能空洞，光写骨头，如不民主、包办代替等。而一定要具体、生动、活泼，否则很难使领导上体会。要很好的学习毛主席调查材料的精神，中央也指出今后要注意文风。文风不正，毛主席讲就是主观主义的隐藏。

（四）调查提纲要不要？是要的，但不要照提纲去调查，不要笼统的提出问题。但调查时心中该有数，不要拿出洋洋大篇的提纲给厂内干部看，而且提纲是要灵活运用的。

下厂调查研究和帮助工作大概有三个过程，仅提供大家参考。

第一步：要抱着甘做小学生的态度，进行调查研究，不要一下马就发号施令。这个阶段的目的主要是调查研究发现问题，打通厂内干部思想。厂内干部是有思想顾虑的，如上级来找错处，怕批评，怕不能解决问题，怕讲别人不好等。这不能怪他们，只有诚心诚意帮助，做出一些成绩才能打消的。这一步的时间不宜过长。

第二步：发现问题，提出厂内主要问题，帮助厂内同志解释这个问题，工作组本身和上级都要讨论研究。这个阶段的目的：① 求得与厂内同志思想认识一致，有了共同斗争的方向，就容易解决问题。② 扫除厂内主要的障碍，如在厂里要创造改选工会的经验，那就要研究过去工会是什么人掌握，有什么问题，如纶昌纱厂是坏人把持工会，要改选一定要把坏份子打掉，否则改选后工会还掌握在他手里。另外如改选时干部的“想调班”、“怕落选”等思想障碍也应注意说服。

第三步：根据具体情况，确定要试验的目的。如我们想创造建立宣传网的经验，但下〈广〉厂以后支部很混乱，那〈末〉么一去就建立宣传网就不行，不能犯主观主义的毛病。我们下厂有各方面的干部，各个要求不同，但都应看清情况从实际出发，否则一定要落空的。

那〈末〉么什么时候我们的工作可以完结呢？这次市委没有具体决定，主要看我们工作的能动性如何。现在我提出下厂的二点要求：① 厂内工作大致走上轨道，离开以后厂内同志可以自己独立工作。② 下厂最起码要学到一个经验。你们下厂达到了这二个要求就可以回来了。

三、工作组统一领导和各方面关系问题

我们要厂里各方面统一，我们工作组不统一就糟糕。过去市委的决定第四条：“党政工团接受上级任务除了生产任务以外，工作组有权决定做与否。”但目前市委决定又有补充，不过第四条的规定是必要的。然而在解决这个问题时，应与各方面进行协商。为什么要这样辩证的看呢？因为市委原来决定第四条的重要意义是解决头绪多、任务多、会议多的问题，使得各方面可以统一。如一个厂工会要开工代会，党要搞青工参干，行政要搞民主管理，工作组研究这些情况后可决定工作任务。因此这个决定是统一步调一致的办法，其次是给工作组有职有权。如没权工人即看不起。[说]市委同志说[就]有后台，工作不行拿出市委的牌头来。如江南工作组反映，厂里干部说过去有市委牌头，服帖；现在改上总领导，[就]不服帖了。[故]市委决定第四条现仍适用。

那么为什么要协商呢？道理很简单，上面统一了，下面即能意见统一。如国棉十厂党、政、工、团、军五方面组成委员会，统一协商，你们其他单位也可进行与各有关单位协商。我们应该尊重垂直系统意见，这使情况一致，意见一致。经验证明，凡是协商得好，工作即搞得好，反之则不行。城市工作要面面俱到，一面不到即出问题。

（一）如何统一领导的经验。

1. 一下厂[就]要通过支部，因为我们是党领导的，如何统一思想、统一领导？即是〈邦〉帮助各方面将各种工作任务统一在支部里。有些任务多是认识的错误，有些是将经常工作看作是临时突击性[任务]。支部的统一，是我们搞好工作之一的方法：会议要统一；一个时期只能有一个工作中心，工作步骤、会议应包括在支部计划中，工作组[要]〈邦〉帮助支部订计划。

2. 和各方面垂直系统分工合作。如果讨论一个问题，我们可以提意见，不要包办，不可打乱他的原来系统，对行政与团都是一样。不过在厂同志也应尊重工作组，我们互相照顾。分工的意思是创造典型，不是孤立的，相互都有关系，问题在于根据具体情况配合得好。

3. 必要时与各方面开联席会议。十厂、上电都成立了工作委员会，你们必要时也可以召开联席会议。

4. 工作组是混合编组，但要决定一个头。市委决定中说："各单位应由各党组党委亲自掌握负责"，否则你推我不管。有二个单位选择一个厂，只要一个工作组，如果大家有意见，由党委会来解决。

（二）各单位与党委会的关系。首先声明我们也没有什么工作经验，究竟如何指导也没有什么办法，主要靠大家来搞。

1. 按照工作需要开各单位会议，上总成立党委会后，各产业工会由上总党委负责检查。区委如何办还没具体办法，虽然区委由市委领导，但实际上不可能，因为情况复杂，党委会不能指导得好。为了搞好工作，将来召开联席会议。

2. 工作报告请用书面一式两份，一份交我们，可以了解情况。

3. 各单位〈会〉汇报情况希望用书面〈会〉汇报。

4. 组织会议，交流典型经验，如此才有组织和联系。

5. 公开出版的东西，必须经过我们审查。

6. 必要时，我们派一些干部到重要单位了解情况。不过不能依靠我们来搞，希望各单位首长亲自掌握，要有信心；有好的经验，多给我们，以便推广出去。经验靠自己创造,不要把我们估计太高。

(三)其他问题。

1. 干部专职专任问题。过去下厂主要干部都是兼机关工作,两头搞不好。市委这次决定,希望各单位干部能专职专任,不要兼职,同时希望接受我们过去的经验教训。

2. 各单位要有专门机构来领导。有的单位的确干部不够,则干脆不搞,典型厂里问题多,可能每天有请示,最好能有中心,不要什么都管。各单位建立一个一人——五人的委员会来负责领导,负责人各单[位]通知我们。

3. 工作组自己[的]组织生活应注意,否则组织生活不严格,使自我批评不开展。同时要有很好分工,办公地点应很好的解决。

4. 下厂准备好必要的办公用具,要有稿纸,尽可能有打字机、铅笔、墨水等。

5. 应注意保密工作,文件不能丢掉。

根据我们[的]教训,每人要备一本工会手册,使得能了解一些工会条例法令内容,否则给人家笑话。看看毛主席的调研材料上的文风,以及八个厂的工会党团调研材料与点滴经验,供你们参考。

(文件编号:E179)

路茂荣关于在工具厂技术学习的汇报[①]

1951年7月7日

一、机器种类和应用

工作母机——工具机，各种机器好坏要看母机。

1. 发展：

(1) 车床(即圈床)用途最广，任何工作都可在车床作，所以称为万能的，发展最早，车床不容易达到精密，所以要发展。

各种形状都可以做，有规则的或无规则的，因制造速度不快，所以要有刨床。

(2) 刨床——做平面的，目的在刨平，补救车床的缺点：① 刀子深入工作品，划了一条线(单头刀式)；② 再使机器左右转，成了很多条的深线连起来成为面积。

刨床再发展为二个工具——牛头刨与龙头刨。

牛头刨——工作品不同，刀子来回刨，做比较小的工具，最长的是36吋—48吋。

做法：刀子固定，工作品是动的，因为刀子要动，力量要松，做出来的工具不能精。

缺点：① 平面不能十分光滑；② 平面不够平。

龙头刨——可以刨大的工具，长的工具。

(3) 铣床——① 进一步解决平面问题，有很多刀子，生产量快，速度可以增加(多刀头式的刀子)；② 可以刨各种形态工具(平面)。

做法——① 铣刀自转；② 工作品前后左右转。

(4) 磨床——适合砂粒，做成砂轮，目的为了更加精密。

解决问题：① 使圆体更圆，磨高速钢，可磨风钢(即生钢)，高速钢的割切速度每分钟80吋到120吋。砂轮割切速度是4 000呎，所以转的很快，使工具更圆。

② 使圆的表面造成光滑。

---

① 本文序号为编者统一编排。

③ 准确性增加。

平面磨床——

① 使平面真正接近平面;② 光滑;③ 准确性增加。

量的方法:

米制——以米、厘米为单位——公尺等于一千厘米,一公尺=三市尺。计算法 1%的厘米(即丝)是一般的标准,再精密的现在达 1/10 000 厘米。

如何测量:① 用机械法——② 光学——③ 电。

机械用公尺,分厘米卡,最好可以测到 5/100,分厘卡可以测到 1/100。

电量——利用电铲。

规格——可用 1/10 000。

2. 使用机器的变化:

① 车床的变化——铲齿车,经车床变出来。

② 插床——经刨床变出来。

③ 铣床——分平、立、万能车床,螺丝、靠换,所谓万能可以做平立各铣床。

④ 磨床变化最多,工具磨,样板,无心,螺丝,钻头,沟边磨床(本厂有)

3. 传动:

① 机械性——用皮带造轮;

② 油气水;

③ 电。

二、产品种类和其用途

材料:金属(铁金属、非铁金属);非金属材料。

(一) 铁金属。

生铁——矿石+焦炭及熔剂由鼓风大炉炼出来。

铸铁——用上述生铁,经熔炼及翻砂过程铸成形体的。普通铸铁的成分。

碳素 2. 5—3. 5%,锰素 0. 5—1. 0%,硫素 0. 03—0. 1%,砂素 1. 0—2. 5%,磷素 0. 1—0. 3%,其余纯铁。

球磨铸铁比密烘铸铁要好。

A. 压铸铁——压口铁。碳素成为离形态——石墨,断面呈现灰色甚软,拉力每平方时 16 000—30 000 磅。

B. 白铸铁——向口铁。碳素与铁成碳化铁,断面呈白色,甚硬,多供炼铁或锻铸铁之用。

C. 斑铸铁——不好用,与白口混杂。

D. 强力铸铁,碳素 2.5—3%,矽素 1—2%,拉力——3 000—5 000 磅/平方吋,石墨炭分布不好,因此演变成密烘铸铁。

E. 密烘铸铁。1923 年美人 mechanite 所发明,放入矽钙,成品很好,是强力铸铁的一种。因为加了一种孕育剂,使石墨炭体之分布情形良好,拉力 50 000—70 000 磅/平方吋。矽钙不容易买,可以用矽铁。

F. 球磨铸铁,球状石墨铸铁,拉力 70 000—11 000 磅/平方吋。1936 年德国人初步发明,1948 年英人制成。用铈作球化剂,后来美人用镁作球化剂,但易着火,所以要先做镁钢合金,或镁镍合金矽铁合金。

方法:第一步加球化剂,第二加孕育剂。

G. 合金炼铁,加入钼、铬、铜等合金。铸铁是强度增加,并能耐酸,碱或高热。

矽铬——耐热,耐麻,耐蚀。

钼——耐热,耐疲[劳]。

镍——耐热,[耐]碱。

矽——耐酸,耐热。

H. 可铸铁——由长时间的热处理而得,只适于小而薄的铸件,拉力 50 000 磅/平方吋,有白心与黑心二种。

(二) 钢。

1. 简说——钢与铁的分别。

铁=钢+石墨炭。钢的成分控制正确,含杂质少。

钢之含碳素,少于 1.7%碳素,锰 0.3—0.9%,矽 3%左右。

化学成份:硫 0.03%,磷 0.03%。

物理性质:拉力大,伸展力大,硬度高,可铸可锻,加合金可铸成特殊的钢材。

2. 分类。

依化学成份分(低碳钢含<0.3%,中碳钢含<0.6—0.6%,高碳钢

含<0.6—1.7%。）

合金钢——加上其他金属的。

依赖硬软分类：

极软钢<0.12%碳素，可装铆钉、钢丝。

软钢<0.13—0.20%。建筑材料，如竹节钢、螺丝钉。

半软钢——造船用，桥梁、机器零件。

半硬钢，含碳素0.36—0.60，用于建筑与基件。

硬钢，0.61—0.80，用于普通工具、机件。

极硬钢——0.81—1.90%，用于精密切削工具。

依制造方法分类：

坩埚钢，即工具钢。

柏麦塞钢，做低级材料、建筑材料用。

平炉钢，原料：生铁与废料，适合于上海。

电炉钢，可做合金钢，有许多种类，高级材料用。

复制钢，用柏麦钢倒在复制钢中再炼成。

依应用性质分类：

建筑钢，低碳、中碳。

机件，依靠中碳合金钢。

工具，高碳及合金钢。

铁轨钢，高碳及合金钢。

炭石钢，合金钢。

不锈钢，铬，钼。

弹簧钢，合金钢。

（三）非铁金属。

A. 钢及钢合金。

黄磷，铜锌合金，镍及镍合金。青铜，铜锡合金，铜镍合金，——电阻线，耐热器具、耐蚀器、电炉丝、热电偶。

B. 铝及铝合金——电线，铝皮，电器。

铝铁合金，铝纱，铝镁：飞机材料。

C. 轴承合金，锡、铜、锑、铅等配合而成，色白。

D. 铅合金,铅、锑、锡合成。

E. 低熔〈金〉点合金、锡、铅、金等合成,防火用,60 度热即熔。

三、热处理

(一) 定义——用加热与冷却的方法,使金属变更其物理性与化学性的一种原理。

(二) 内容——

1. 正常化——使钢件经过加热,临界温度(一定温度以上然后空气冷却,使钢件得到正常组织)。

2. 退火——使钢件经过加热至临界温度以上,然后徐徐冷却(炉冷或后冷的目的:① 使软化易切削;② 晶粒变细;③ 去除应力;④ 增加韧性。)

3. 球化处理。

使工具钢经过一个或几个加热与冷却的周期,使其炭化成球状。便于切削,便于淬火。

4. 淬火。

将钢件加热至临界温度以上,然后急速冷却使其硬化。晶粒变细,强度增加。

5. 配火。

将淬火后之钢件再加热临界温度以下,使其因急冷而产生应力消失,增加韧性,可因需要而配至适宜的机械性质。

安定组织。

6. 表面硬化——加碳,加氮,加氢。

固体加碳,木炭加接触剂。

气体加炭——煤气,发生炉气、骨灰炭气、天然气。

现在用液体氮气。

(三) 设备——

燃料分类——燃气炉、燃煤炉、燃油炉、电炉。(本厂用)

传热方式分——辐射式,传导式——油、盐、金属。对流式。

仪器——电表(指示式、自动调节式)。

(四) 冷却器。

碱性水溶液 10%，盐水 10%，酸性水溶液 10%，冷水、温水、水银、油、温油、盐、空气、金属、铅、合金、真空。

四、工具。（七月十一日［续讲］）

（一）刀具（进化分类）。

（二）夹具。

（三）量具。

1. 刀具的进化——由少数工具品进化到多数工具品，进化到大批制造。

从简单到精密。

A. 钻孔。

① 三角钻，孔直是好处，坏处太慢。

② 麻花钻——比较快。制造方法：［第一，］二个刀口必须在一个直线上；第二，锥形成要 118 度；第三，二个刀刃要相等。

麻花钻制造过程：

① 车床，去（车）多少，要车去 1/10 吋，因外面料子已氧化，所以要车去，以便淬火。

② 铣（钻头铣床），铣槽刀要特制。

③ 热原理。

④ 吹砂，因高速钢可以经空气而〈养〉氧化。吹砂以后，可以把〈养〉氧化部分吹去。

⑤ 磨床，使其外圆，可以少到 0.025 m/m。

⑥ 清边——增加机械能力，十三 m/m 以上钻孔铣后即要清边。

⑦ 开口。

B. 绞刀。

为什么要用绞刀？因为钻孔不一定能使孔正确，同时不够直，因此要用绞刀。

用绞刀注意点：

① 绞去材料不能过多，直径去掉 3%m/m。

② 本身变直。

③ 内孔要直。

绞刀的制造方法：

① 打中心〈空〉孔——当轴心，可以架牢（手绞刀，做一个方头），喇叭口是60度。

② 车床，车毛坯。

③ 铣床，铣方头。

④ 铣床，铣槽。直槽不等分，目的使圆、斜槽要相等。淬火，吹砂。

⑤ 磨外圆。

⑥ 开口。

C. 铣刀。

产生因有铣床产生，开始制铣刀。

（1）平面铣刀。

（2）端面铣刀。

（3）再度铣刀：三角、单角。

（4）其他各种。① 边铣刀，1/4英吋厚以下。② 金属片。③ 棉状铣刀。④ 壳形铣刀，1■英吋以上。

制造过程：

（1）车、工、铣、槽。

① 刀口与中心线一起，三角式与单角形状刀属这一类。

② 刀口与中心成10°，平面边铣刀、端铣刀，为什么要有〈刀〉角度？

（2）热原理。

（3）吹砂。

（4）磨平，磨孔，磨眼。

（5）开口。

旋槽与直槽的优劣——前者可以切得较深。

D. 齿轮铣刀。

齿轮形状：P. A 压力角 pressure angle. D. P.

制造过程：

① 车；

② 铣；

③ 铲，最少12齿，最多130齿。一套是八种（号码）

12. 14.17.21.26.35.55.130 } 样板刀
8 号.7.6.5.4.3.2.1 号 }

④ 热原理；

⑤ 磨；

⑥ 开口。

（五）货币管理问题。

1. 现金中心。

2. 清算中心。

3. 信贷中心。

4. 建设监督。

1. 现金中心。

主要是消灭空白户，银行的业务方针。今年货币管理后空白户已消灭。专门支票市面上可以流通七天，如本厂在银行无存款，不能支付，转票支票只能存到人民银行，对其他地方不通用。

结算收支凭票只能流转一天，如银行无余额要退票。

每月生产要造计划时要先问过各部门，然后做出结算计划。送工业部审核。最后审核属华东工业部，送财政部。发出二个意见书，一送人民银行，一送本厂，没有列入计划的银行要退票。

因生产计划没有确定，银行账不能很正确计算，只好陆续填入。有了余额才能打支票（叫做追补计划表）。

现金收支报告表——工业部根据此表可以审核各厂是否正确。

2. 清算中心。

通过银行，只能付支票（除买零碎东西）。尽量用核〈线〉算支票（不可付现），防止资金外流，四分之三现在集中于银行。

3. 信贷中心。

本厂如无现金，人民银行不允许，要借一定要向人民银行，如有多也一定要存入银行。按照定货的预付款，只能 30%，如不够买材料，要向人民银行申明。如用途正确，银行可以贷款，这是取消商业贷款办法。

现在此项办法本厂尚未实行（资金不能超过 30%）。

4. 建设监督。

建设计划要经华东财政部批准，在人民银行开一个户头（建设户）。现在指定交通银行办理此事。

付款计划每月由本厂造。

如何监督——本厂要送副本与支票等送交通银行。银行支付方法直接打支票给对方。本企业不能打支票。将来还要改变，如定一部机器，银行还要〈看〉去厂看过。

每天现金不能超过 60 万（本厂），现金数与账簿要对，现在限额不能超过 20 万。

只有发工资可以付大款，其余只能支 20—10 万。多了要查明用途。

簿记组织系统

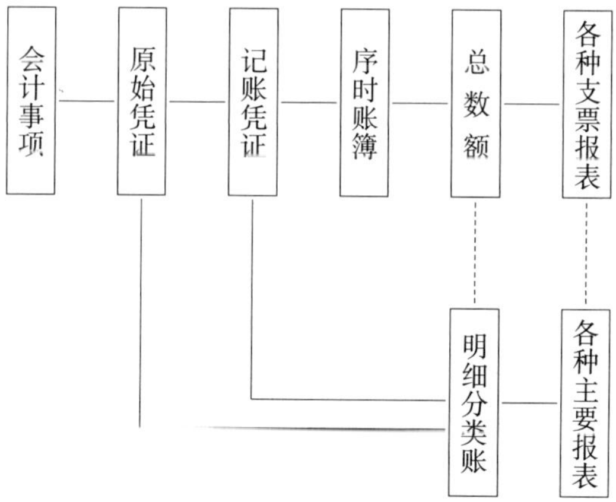

（六）会计。

1. 会计事项。

2. 原始凭证——即收据。

3. 记账的凭证——即传票。（收入或支出传票）

现金转账存款。

4. 序时账——日记账、现金账，本厂只有二种。

5. 总账——

6. 主要报表——月季表、资产负债表、损益表，根据总账做。

从资产负债表可以看出：① 流动资产（产品、应收账、定金等）；② 递延资产表——即不可能收的，如保险费，每月应付的费用都要记上。

资产负债表——多少项(流动、固定、递延、杂款)。

固定资产——房屋、机器、土地。

杂项资产——工业部特有,如接电费的保证金,不流动的资产。

暂付款项,如未确定的应付款,如职工贷款。

现在尚无上交,及属此盈余中可以支付小建修。但年底还要经最后批准。上交数未核定,用摊派法。

折旧——本厂已实行。本厂做到每一部机器,不能算零件。按时间规定折旧,记工卡——即折旧的根据。

(七) 成本合计。

1. 单一成本制度。

2. 分类成本制度。

3. 分步成本制度。

4. 分比成本制度。

1. 单一成本制度——产品只有一种,如发电厂。(煤耗)

2. 分类成本——如水电厂。

3. 分步成本制——产品连续,如纺织厂,每一步骤中计算成本,即按车间计算成本,如有好几[种]纱,可以分步计算。

4. 分比成本——产品多,装配零件成本都要计算,各部要先算零件成本,然后算出一个完整机器的总成本。从领料间到装配都要计算。

成本计算法。① 直接人工——以时间算的工资。② 直接材料。③ 制造费——间接参用,如休息日的额外工,如病假工资等。停电时工资。

本厂定料、定时(人工)、定质已有。

(八) 工资制度。

工人。

1. 资源委员会接收来的(协新厂来的)——个别有调整。

2. 各单位来——照各单位原来工资。

3. 新近来的——是一工资。

4. 中央机器厂来的——工资未动。

(以上四类:)126 工人,技工 76,杂工 23(10 人已学技术),27 个学徒,还有供给与包干制之分。

特点：

① 没有统一办法。

② 职员 28 人是薪水制分 21 级，[从]327.6 单位—80 单位。

③ 技工工资：72.6 单位—143.8 单位；杂工：67.2—91.2 单位；学徒：42.2—80.7 单位。

④ 每月照 306 斤。

⑤ 工人工资有 45 级以上。

考勤问题：

每月发二次薪水，按考勤表发工资。

婚丧假有一定制度，不扣工资。

路程假——因婚丧可以不扣，要主管特别允许。

加班费——照 150%，一小时照一时半算，杂务加班照一小时算。

单位——不照牌价，米贴照 458 米差额算。

（文件编号：E71）

国棉十六厂生产问题

1951年7月11日

俞厂长:

(一)解放来的贡献。(运转方面)

纱13 000件,87 000匹,值358亿人民币,九百多万套衣服,上海每人可穿一套半,如全纺20 s可供二套半。

每人每天产量可产30 s纱,抵手工业每人三个月的劳动〈力〉量。

(二)产量:分四个时期,成绩如下:

1. 纱厂。

(1)解放前。

(2)解放前到“二六”。

(3)“二六”——1950年11月。

(4)去年11月到现在。

第一时期,10小时产量0.484,“二六”时0.479 9,“二六”后0.502 s。

2. 11月份以后提高到0.55(1.11)因马达不够不能〈高〉过分加快。(增纱时)

布厂:

以龙头布的标准,12s为主,解放前38.02,解放后39.11,“二六”后突增45.61(现在)。

3. 用棉量的减少:

解放后409.7斤,“二六”后到突击,408斤半,现在405.1斤。

4. 煤量的减少。(冬夏用平均数)

解放后24斤,34(每件纱计算)现在21.9斤,接近局定标准。

5. 梭子消耗减少。

解放前用40只,日夜二班共80余只。849台纶机每月要用二千余只,每只30 000—60 000元,共值6 000万。

解放后,“二六”——到突击,22.92只,现在17.15只。

原因:① 梭子不合规格。② 排得不好,工人劳动态度问题,一部车可以坏四五只。③ 机匠不管事，现在坏了就研究。

6. 细纱回丝的减少。一磅值4万余，回丝只值一千余。

解放前，回丝量，一千分之4.56，即一千磅纱的回丝量。（一件纱要1.83磅的回丝。）

解放后，回丝1.1磅。“二六”后1.1磅，现在是0.93磅，即有两千五磅的回丝可以变成好纱。

7. 皮棍花的减少。（细纱网）

从皮棍花与出纱的比例看成绩。

解放前总统计占2%以上，“二六”后1.8%，现在只有1.4%。（一件纱比）多出二万五千磅纱，（即多十件纱每月计算）青岛只有千分之0.5。

8. 用料的减少。（细纱间）

解放前12小时内，平均坏118皮棍[米]数，坏数。

解放后“二六”到突击156只坏数，现在用的羊皮多。日本人的，坏的多，改用小牛皮坏的109只。过去皮棍间与细纱间最有意见。现在好的原因舍掉好，共省了二千多万〈圆〉元（每年）。

9. 用浆减少。

过去浆：纱用28%，一匹布用一磅米粉。去年局定22%。

浆后不匀是用浆多的原因。二月减少20包，四月170包，五月137磅。二、三、四月中共2017包，折合五千多万元，如减到22%，可省二千六百担，值二亿二千万元。浆轻对印染厂也有利，过去浆重是为卖钱多。

10. 保全方面的成绩。

① 梳棉机。平车现在90小时，（过去3小时）33人工。

② 粗纺机（大平车）27个人工，现在2 342时，比过去少十个人工。

③ 布机，过去十三个人工（4人）。大平车100小时（十工）（去年）（小平车）。

最近吴梅生小组记录28小时（三工），因反特后大进步。

（三）成绩从何而来：

1. 从清花间说起，和花成份去年起确定。

花卷均匀，去年不合规的只有1%。现在取消二道后几乎没有。

2. 钢丝车工作好。

① 抄钢丝——清洁钢丝，过去十小时四次，今年增至五次(不加工资)。

② 抄的方法有进步，工人合格工作法抄。

③ 棉条重量均匀，过去工人不管，现在工人都做了。

3. 拼条间。

① 四笼头子消灭了，对质量改好。

② 削减工人做五根头。

4. 粗纱的进步。

① 实行标志制，改良纱的质量(即减少单头或三头)。

② 下脚每人自己管，细纱、纱头，分别保存。

5. 细纱间的进步。

① 纺纱时间减少到五十秒。

② 镶接头——接头方法进步，减少次布率。

6. 洋线摇纱间(做 60 s)。

① 减少细纱，照规定拨油(洋线)。

② 摇纱，用剪刀后头不大。

840 码(一小绞)即一亨司，等于 560 根。过去根条不确，外面不要，现在已改正。过去检查后要罚工资，现在用公布办法。

7. 准备间：

绕纱法浪费很大，现在不绕，回丝减少，每天出四万只纱管，每天浪费四十万尺回丝。

8. 断线减少——坏的定经片都换了，可以减少次布。

9. 经纱间——四头按。飞花减少，减少次布，不用扇子，用其他方法。

10. 浆纱间。轨小到八码，每月可省 84 s(过去十二码)。(?)

11. 布机间。

大坏车过去不管，也不修，保全工拖拉不修，现在集体来修。

了机方面——过去时常迟了，现在马上了机，停车时间减少，了时最多半小时。揩车方面在了机时揩。

12. 整理间(即布房间)每匹布都刷过，织布与正布分的好。

13. 打包间，过去不大〈连〉联系，工人时常休息迟到，现在合作得好。

14. 抹花间——被重视起来，下脚分的清楚，账记清楚，掌握数字正确。

15. 纱带布——过去每天出 6 s 匹，现在减至三磅。

16. 机动部门——检查工作认真，修理部配合平车。

（四）缺点与方向。

1. 用棉量要减少——401 斤为目的。（每月节 60 提）

① 从下脚减少，飞花下脚减少，纱钢丝，斩刀花重用。

② 技术上使好花与坏花差异减少。

2. 提高纱布品质。

健全试验科与检查科，严密检查制度。

重轻，粗细，拉力的差异很大，分数多在 80 分以下。

油渍布浪费人工大，当要找出病源，行政上要负责。

检查科问题——什么替都查，职工多不满，什么没有弄好，主要应是检查成品。

细纱间弹簧的性能无法测知，皮圈松宽不一，纱因此有粗细不同。

与试验科要配合进行。

锭带松紧不一，锭带上有飞花也可使锭子的速度不一。

3. 次布问题 ：竹节纱 22％，稀弄（纬纱■）21％，经纱 11％，轧核 9％。

竹节纱的原因：a. 弹簧不好；b. 飞花的问题。

稀弄的原因：梭子不一，机匠排梭原因极多。

经纱：a. 飞花；b. 大接头，2 100 个头要平均，否则成为经纱。

油渍布 6％，数量很大。

当码：龙头 81 码时常不足码，原因：a. 浆纱间长度不够；b. 布机间盘头重轻不一，宽度不同，不到 36 度半，机匠要调节。

次布的主要原因：1）标准没有明确，局方要明文规定，次布标准大家没有讨论。也不知道。2）对下情了解不够，怕讨论。工人中没有很好讨论。3）工人有意见不知道向那里提。党政工团相互间没有传达到上面来。提了意见没有用，有些问题没有马上接受，管委会也没有解决委员，困难没有向大家说明。

4. 建立统计制度：过去根本没有统计，解放前数字只能是估计，1951 前的不可靠。统计制度是沈家门？把每天的工作情况记下来。

5. 加强工管会问题：过去认识不清，今年四月才成立，开过两次会。第一次决定五月份计划，了解品质与次布问题；第二次开职工代表会议的意见加以讨论。主要是福利问题(茅厕)。工会办公室问题、建立会议制度、技术工人的考试条例、细纱间女工病的照顾条例、提拔干部过去无标准,定了五条。第二次会议主要是检查第一次会议决定,解决蒸饭、洗面间、防疫,扩大医务所、产妇室,提拔二个工友为助理员。

(文件编号:E71)

国棉一厂独立经营方案说明

1951年7月12日

1. 国营等厂订合同。

2. 问题——生产成本难以确定。现有材料是否可靠。根据3 741件纱，布十三万码，估计可以完成。

第三季生产计划根据五月份的成本加2.5%。(因天气关系)

七月份上交39亿，按花纱布卖价，三个月上缴177亿，超额利润七亿，厂长基金30%。因机器设备好，成本一般较低，比十六厂不好。

如原料物料价有变动，可能受影响。军布只能重与长，每月厂方损失大(每月一千匹)。

3. 技术人员的意见：(开座谈会)

① 觉得责任重，对财政任务担心。

② 要有利润数，对工人交代不出，对五月份的计算有顾虑。

③ 对厂长利润有一意见。(根据七八月份算，)如不足，要补贴，怕职工波动。

④ 心中无数，用棉量405斤没有把握，一个半月的存棉，不敢保证质量。

⑤ 单纯的技术观点，怕机器坏，怕在节约中机器更坏。不能节约。

⑥ 怕品质产量不够好。

⑦ 怕失败。

⑧ 照三个月的计划成本计算是否正确有一定顾虑，怕没有利润与厂长基金。

⑨ 折旧费518亿余。(流动资金)

4. 问题。

① 要有初步的奖励制度，40%如何奖法。

② 计划成本不高不低为好。

生产学习班情况

1. 四天(生产会议的变态，将来要成为经常性的方法)。

2. 目的：——检查浪费动员。

3. 经验，成绩。

① 明确思想——生产与国防建设的关系，什么是人民工厂，为什么要检查浪费。

② 普遍展开浪费不能解决问题，要从几个问题着手，如退花卷问题。不要急躁，在现有基础上进行工作。有组织有领导的进行。

③ 训练班把群众集中的意见回到上面来。技师、工程师、老工人为主，60人。(一个班的)脱离生产学习，经过学习职工团结加强了。

④ 工程师工人说话，干部学习，他们高兴。

⑤ 学习共产主义与生产关系。

⑥ 干部每星期二天学习生产过程，由工程师讲课。

生产中的浪费问题

1. 从重点着手。

A. 解决顾虑问题。

B. 从技术着手是对的。

C. 从技术到制度了解。

逐步了解到其他车间中的浪费现象，开始发现纺织厂的特点：

① 联系性是大的——从花到布时间还算不出来，大约 60 小时。因此要抓住每一个过程的主要问题。

② 建修制度很差，每一个部门都如此。性能虽不同，特别是布机间四十个问题中二十余条是建修问题。喷雾有十九年未修，地轴油积起来。

③ 工作法是一个重要问题，对品质影响大。

④ 清洁法。

2. 各车间的主要问题。

清花间：

① 花棬率高，一年达十七亿。

② 青花中落棉浪费。(六百担)

③ 花棬粘起来。

钢丝车：

① 棉网点子多，36 平方寸应只有二个点，多的有六个点，硬头纱多。
② 垃圾多。
③ 落棉多。斩刀花 20 格林(标准)，现在是 30 格林。
工作法：
① 头浪费。
条粗：工作法不好：接头法不好，回纱多，头不好。
济物科问题——好坏大有问题。
机械上缺点——保养不好。
细纱间：
1. 济物料——钢筒、皮棍、■挂、皮圈等的浪费。
2. 工作法，清洁法。
3. 每个锭子要正常。
准备间：
1. 机械的检修问题。
2. 按头法。
布机间：
1. 修理。2. 工作法。3. 济物料问题。
要求解决：① 各部门订出制度，如修了机器要签字。② 奖励制度。

吴：
反浪费过去的教训。
① 不了解浪费的主要原因，从小事做着手。
② 同职工团结不好。
③ 领导上要调研。
④ 工管会议，一定要与生产会议结合起来——民主管理。
⑤ 工厂干部必须学习生产问题。
⑥ 搞生产主要与国家计划结合，为了国家。

上机职工情况总结

① 全厂的情况。

1. 发展较快。2. 党团工作情况。3. 各种运动经过。4. 下厂时间情况。

吴:

1. 分析五金工人的特点。2. 体会要短,总结不能太长。

(文件编号:E71)

徐凤英小组工作座谈

1951 年 7 月 13 日

徐凤英：

小组成份

5 年以下：8 人，5 年—10 年：90 人，10 年—20 年：10 人。共 28 人。年龄最大 38，最小 19 岁。

摇车 1 人，揩车一人，络纱 6 人，挡车 18 人。

老工人 10 人(10—24 年工龄)。

积极 4 人。二个老年工人。

团员 3 人，有一个有冷热。

三种纱——32″，卖纱 60 s，纬纱(32 s)60 s 每天二产，32 s 五产，32 s 纬纱六产。共十八部车，锭子——416 与 464 锭。

小组工作：

1. 不团结。

2. 工人不要学习，拿摩温——开了七次会，思想打通，络纱时开会。

成绩：

1. 有 50 多小组应战。

2. 交接班制。

3. 帮助一班。

4. 工作法改正。

产量不能巩固，照 20 s 纱平均，0.530 磅(二月、三月 0.546 0，四月 0.553 7，五月 0.546 6。)

低产的原因：① 五月份没休整(比四月份)。

② 四月加快一只牙子，五月份减少一只，车子慢了。

③ 摇车头请假一星期，〈掉〉调了人不好。

④ 天气较热。

⑤ 团结不够。

⑥ 技术研究小组只开过一次会议。

⑦ 市青委留徐凤英住二天，车间不知道，纺织工会会议多，本厂的会议也多。

党政工团情况：

党与团没有来往，团员个人积极，工会领导也不够，纺织工会独搞。

作法。

丁克明(车间主任)：

个落后份子(摇车)态度转好带动了其他。

其他小组起初不服帖，爱国公约订出后，其他小组也订了公约，写了一封信挑战。乙班也动起来。

仲文行(工会秘书)：

1. 工会认为要先培养好的小组，纺织工会认为要从不好的做起。

2. 外面会议多，自志愿军代表来了以后就多了。

3. 没有注意巩固成绩，只有团注意，订的计划多交与工会研究。但计划要牵涉到行政上各部门，工会就提到支委讨论。

4. 量的问题提到，质的问题没有提到。

5. 外面要求太高。

沈文龙：

1. 从年初与抗美援朝运动起来，向马恒昌小组学习是不够的，小组在团结方面有成绩。

2. 应战是出于面子，不是大家认识了马恒昌小组，但知道纱厂也可以有马恒昌小组。

3. 到今天为止我们不知道生产上好在哪里，浪费减到多少，也不知道起了什么作用。本厂不知道，其他小组说我们比他好，没有表扬。

吕超云：

马恒昌五个条件没有。

作用：① 工会小组健全了。② 大家自发起来，争面子。③ 减少回花，回花不知道。

支书：

1. 推动作用是有的，如爱国公约，推动其他小组。

2. 建立清洁制度也是好的。

缺点：

1. 没有巩固，技术小组没有弄好。
2. 团结问题还没有很好解决。
3. 产量问题，不能赶上三排。

（以上三条）是不是有马恒昌小组的标准

领导问题：

1. 本厂如何领导。

2. 工作组同本厂的关系问题。——到今天还没有解决。

3. 上级组织每天要去开会无法提高。

余敬成：

1. 上级召开会议不够。

2. 浪费减少要计算。

3. 马恒昌小组问题，要更彻底，纺织工会要考虑。

纺织工会：

马恒昌小组与女工不能比，支书要评价。

团支书：

(1) 先进小组是对的，但外强中干，外面不要再宣传。

(2) ……[1]

刘少文：

到处捧是一个普通问题，不是这个小组[2]问题。

(1) 评价问题：

---

① 原文缺。

② 指马恒昌小组。

统一领导问题。

1. 事先支部不知道。

2. 上级找出去宣传支部不知道。

3. 现在工作组还去单独搞。

(2) 今后问题：

1. 埋强干加强，不要再随便宣传，要研究其具体问题。

2. 党支部与工会要帮助，上级工会要通过基层来帮助。

（文件编号：E71）

饶政委在纺管局扩大会议上的讲话

1951 年 7 月 18 日

饶政委：

过去是有成绩的。

把官僚企业成了人民的企业。基本上接收得好，但仅是开头，不能自满。什么[是]官僚资本企业与人民企业的区别？

特点：① 前者是封建官僚的发财，无穷〈的〉地剥削人民，一套管理办法是为了剥削，职员是奴隶，故意造成职工的不团结，为 NO. 1[①]。

② 人民企业的性质。利润是为了人民的利益，管理方法要在自愿中进行，生产领导者没有特权只有责任，他需要周密的计划，在团结友善，互助下面来进行工作。因为生产要有组织，要有各种不同的分工，负责[任]大的更要负责，但没有特权问题。

旧的职员多不能改变自己也是工人阶级一部分，而用特权去管工人，是搞不好生产的。要他站到工人方面来，不觉悟不行，关键是对谁服务的问题。

团结要有改造教育，工人与职员都如此，除了恶霸与生产毫无关系的人以外都要团结，过去分化破坏小帮派，要消灭他，有的人只去搞生产技术，不去搞政治是错误的。不能说只搞生产不搞政治，只有在政治团结基础上才能搞好生产。这个问题第一要解决的，否则改造人民企业是不可能的。不能陷泥坑中去。

基本问题是思想问题与作法与态度问题。可以首先要宣传，过去做过太少了，思想上没有一致。

如何管好工厂？

① 管理要民主，经营合理，对工人阶级与人民的利益相符。

剥削者与我们基本观点不同，因此要有二种管理办法，我们只有依靠工人阶级才能管好工厂。这是基本法子。不是依赖合理化，去依赖工人，而是依靠工人阶级去实行经营合理化，资本家专门搞合理化是失败的。

---

① 指拿摩温，即工头，工人称 Number one。

民主化是决定的，主要的，二者不能混合。

② 弄清职工与生产情况才能依靠工人阶级，过去来不及，现在已经不能如此，没有经验走弯路是必然的。根据情况，参考先进经验才能前进。否则要成为教案，毛的思想是实事求是，照抄是教条主义。可以不要急，时间是我们的。

去年八月以后挂上轨道，恢复的参考，一年以后可以有些经验。

如何搞好典型？

(1) 统一领导，任务、思想步调、做法要一致，计划要统一。

东北提出厂长负责制的办法，华东现在不可能，苏联经验：一长制还有党的监督与保证。

党委统一领导——通过工厂管理委员是党决定一切方针计划去执行。如军队打仗，由党委统一领导，统一领导不等于包办代替，由厂长去负责。厂长而又是党员的就要帮助党支部，你在工厂中主要首先要帮助支部的工作，否则生产一定搞不好，所以他的任务：

① 要依赖工人阶级，要先组织党的先锋队。每个党员都要加强这个责任。

② 支部弱如何办，只要大家虚心，领导人耐心教育，如个人不服从组织，或站在党的外面，就是旧作风，以能力站在党的外面，是丢了自己的光荣身份。非党厂长亦可参加党的会议，如不参加可以在工厂管理委员会上提出来。

偏向：① 党委对生产、对群众工作没有经验都要学习，向工程师技术人员学习。

② 党委如很强，讨论方针政策，把厂长的意[见]成各党委的意见；接受厂长的任命。但不要包办，要支持厂长，支部书记也不能例外。这样的厂长负责制没有坏处。

刘少奇同志说这个办法到共产主义社会还是可以用。不用“暂时”、“过渡”的名词。

经济核算制是必要的，但很有可能把党的领导核掉。

所以我们有从政治着手，依靠工人搞好生产。但一个党员不学习生产知识也是可耻的，不是一个好的党员，没有勇气不能〈彻贯〉贯彻法令就是一〈时〉事无成。

① 搞好典型。

② 决定其他一些学习厂；

③ 允许其他厂创造一些生产经验也有好处。

国棉一厂经验介绍。

① 了解人员情况。

通过劳保了解有问题的，进行控诉。

通过运动进行填表了解。

通过反浪费了解生产情况。

② 全面的订出计划，创造新纪录运动，初步进行民主改革，即初步订出定额进行竞赛，在运动中订出一定的新制度。

③ 继续创新纪录运动，经济核算制的初步实行。

④ 总结三个阶段，贯彻经济核算制。

如何进行的步骤(了解生产情况)。

① 思想上准备。

② 有领导〈的〉地进行，群众性的检查。

③ 比较合理的计划。

思想准备——对过去工作做一个总结(二年来的)，行政上准备党委讨论(简单扼要)。指出普遍的主要缺点，肯定成绩。保守自满情况，表现为略有成绩，严重浪费不承认。思想顾虑不打破职员有顾虑，不利检查浪费，所以领导上进行自我批评。

进行二次生产学习班——首先是解决思想问题。

① 什么是人民工厂要说明，什么是反浪费要说明，是在生产过程中的问题。

② 职工团结技术与劳动相结合。车间中有代表性人物参加，车间党政工团参加。

群众性的检查浪费。

要有目的，有重点，领导上，首先要有数。流于一般无法解决，职员多理想主义。钻研生产问题，一系〈律〉列的研究问题，抓住中心，群众多集中于几个问题上去了。一个典型排的研究从清算到打包，先进行研究。

总结群众意见，订出生产计划，订出成本，然后每一班也订出计划。用爱国公约订出来。

由先进排先订爱国公约。

小车间制度后改。

时间到八月底。

问题：

① 修建问题。

② 工作法问题。

③ 济物料检验问题。

体会：

① 党统一领导依赖工人阶级，领导与群众，生产与政治结合，全党要学习生产。

② 生产会议方式是好的。

③ 工人中要加强共产主义的教育，要联系生产问题。工人运动斗争史教育，爱国主义与国际主义教育。

④ 抓住关键问题。

（文件编号：E71）

十二厂整党问题座谈会

1951 年 7 月 18 日

陶励：

（一）党内问题。

46 人有问题。

4 个脱党，情况不明。

1 个捕去过，蔡志春，参加中统。

1 个有血案。（王）群众说他在 1945 年杀过干部。

其他参加过反动组织，一个是军统分子的嫌疑。

土改时 2 人，抗战时 27 人，解放前夕 56 人（1948—1949），解放后[新增] 16 人。

党内不团结，老党员开会不到，新老党员互相[看]不起。党委多是新党员，[大家对]一个老党员[被]随便降级，提了许妙来不满。新党员说话大家不要听。

党群关系不好，党对团不合作，团员看不起党员。

对积极分子看法是喜欢跳跳奔奔的，如七妹，群众很不满。

（二）党的领导问题。

主要是统一领导问题：① 不深入不了解情况，总支与分支脱节。分析与解决问题。分支反映（三分支），新老干部关系不好，党费交不齐，党员不到会，对提议无兴味，总支不管叫他们自己讨论。总党委有几个人下面也不知道。

② 总支计划性不够，最近区委测验一个问题，什么是党的中心，五个分支有五种说法——抗美援朝、捐献、“七一”、劳保。

③ 领导方法不好——过去是分支书列席总支，总支多联系分支。传达得不好。分支自动纪念“七一”，总支不知道，支部教员无人领导。区委布置的总支不知道，只有组织委员知道（每星期一次，每次二小时）。

共有八个支部教员，二个候补党员，一个是脱党的。情况不明。一个有中统嫌疑（外面材料），群众诉苦时说到受他的苦，说他是捣乱分子。党员也证明他斗过群众，二面作风，到区委去态度更好，还〈要〉受表扬。

自我批评很不够——如对王年珍问题。

④ 对工会的领导——不知通过运用组织，仲同友怕到总支，大家不愿做工会工作，工会主席对党不满。党团员不做工会工作，生产竞赛不通过工会做。党是区的，生产是行政的，行政对区委不满。如布置工作与调干部，总支没有一个人好好考虑工作。

殷对四分支有帮助，同郭关系不好，有些消极。

林的思想方法不大考虑问题。

团独搞一套，党不去领导。

填附表二党员没有带头，只有 19 人去填。

（三）学习问题。

学委党团是占半数以上(17 人，党员 10 人，团员 1 人)九个职员。

(1) 大组长制，下面情况不大了解。

(2) 表没有很好分析，填表不坦白，原因是政治动员不够。

(3) 对劳保指示没有好好的学习，任务观点。

(4) 生产问题政治动员报告，群众提了许多意见，工人有些倦，摸了每个车间分别研究。[拟]出提纲讨论，——要群众讨论党政工团的意见。

杨希康：

(1) 总支问题要解决，否则不好搞工作，不团结问题，还是存在。

对干部做工作很伤脑筋，布置工作只会根据上级来的，下面行不通。对下情不了解，其他委员不发表意见，无有意见，最好的是总支，行政上党员不参加总支，但党不能面向生产。总支不谈生产问题。郭与殷关系很不好，党只搞运动，脱离群众。

(2) 民主发扬不够。

只有布置没有检查，下面意见上面不理。

(3) 党对团没有领导，对团的工作不谈，互相对立，团组织很不健全，而且不纯，群众不要入团。

(4) 新老党员不团结是历史问题。

(5) 党领导无核心，下面乱搞。

王尧山：

基本情况要先弄清。

厂大，面积[大]，行政负责干部不够强，党的支书缺乏公开工作的经验，也是搞不了的。工会主席是一个群众，主观力量不够，但也有骄傲自满情绪，没有给他教育，工作组也去过，增纱[车间]中稍稍提高一些。

党内不纯。

支部情况是一般性的，很难说是一个人负责的问题。市委领导上没有帮助他们解决问题。

支部有没有前途？基本上好的，一部分没有弄清的，个别有问题的，不能称为模范支部，特别重要的是不懂得如何工作。

今后基本方针：如何加强领导上的具体帮助与教育，不能希望马上克服缺点，不能操之过急，不能主观，离开他的发展过程，要求过高，思想上认为十二厂难搞好，今天的汇报有了改变。过高的要求可能认为没有希望。

① 49 人有问题如何估计，是不是基本上好的问题？

② 郭培燕及其他同志的存在能不能帮助他提高？

第一，有问题的比较严重的是二个。其余的问题不大，更要慎重。

第二，总支能不能依靠，进行加强工作——不能踢掉他，要充实，完全不动也不好，还要郭负责支书，明确她是否积极工作，领导是不是能接受，不走了他能不能工作。要看工作比走了更能教育。问题在于全党教育问题看到缺点。就今日全体同志模糊起来。

经过总支的改造，还是另外派干部去，扩大总支。

王忠一：

总支情况是悲观失望，如郭。

王尧山：

在整党中推动工作取得经验，整党准备工作做什么？

① 有系统的进行共产主义教育。

② 在教育中发现党内积极份子。

③ 有计划的了解党内实际情况。弄清敌我，先行解决。其他的慢一步搞。整党目的，启发自觉，联系自己，但不要过早。

1. 派干部去进行教育。

2. 另一些人帮助具体工作。领导要有通盘计划。

（文件编号：E71）

马纯古谈工会法检查问题

1951年7月19日

（一）谁该检查？

（二）检查方法，意见不一致。

① 只看重提一些小事情，看得很单纯。

② 只看为找岔子，怕弄坏关系，影响生产。

（三）检查的成果。

1. 资方交了会费。

2. 劳资关系也好了一些。

（四）检查内容。

① 工会组织性。

② 主要领导生产。

③ 劳动保险。

④ 工管会。

⑤ 意见协商会议。

⑥ 主要建设。

⑦ 经验。

偏向：

(1) 资方只查工会，不检查自己。

(2) 步骤：

① 复查一下二十一多，学习一下。

② 提了一个学习问题(生产总结出来的)。

不怕提意见。

检查工会法与改变工会与检查爱国公约要结合起来。

民主管理是主要问题。

（文件编号：E71）

雷树川介绍一厂的生产情况

1951年7月19日

第一步与第二步合并进行，要解决的问题：

① 小车间制度。

② 奖励制。

③ 工资问题。

第二步学习班情形有发展，小车间制问题职工都同意。

① 第一星期，动员报告与讨论。

② 第二星期，全厂分十三个车间群众讨论。

③ 正式组织。

④ 订出计划。

问题：

(1) 车间中无人负责，科包办，一个工程师负责全面，很难发挥技术干部工作。

统性的特点需要严密的检查制度。过去负责制交班制度都失败了，因为没有检查制度。几个检查师不能起作用，原因是：① 一个人管不了。② ……①

(2) 保全与运转不配合。

保全部订生产计划时与运转部没有联系。保全与运转统一起来，管甲乙两班外，另成立一个科。

饶[漱石]：

① 否定了纺管局的计划，因与党的计划不同。

② 加速典型试验。

③ 青岛等要进行民主改革，不经过生产情况了解。

④ 其他各厂可以试验各种经验，如工资、小车间制度。

---

① 原文缺。

(3) 竞赛中困难：定额未定，分小车间后可以定出定额。心中有数，定出计划。

(4) 小车间组织，设正副车间主任，一个保全员，一个工程师、技师。

好处：

① 可以建立责任制，使每一车间有人管，职员技师顾虑多，怕负责。

② 每一个车间建立核算，成本容易算出来。每一生产过程容易掌握。

③ 党政工团容易配合。

④ 可进一步了解生产情况。

缺点：① 夜班没有技师，发生问题有困难。工程师也没有，采取轮流值[班]与跨班。白班的迟退。② 工程师管全面(干部生产过程)。

吴亮平：

① 一个月时间搞制度改变要影响生产情况的了解。第一阶段事情太多了。第一阶段时间要延长。目的在于定出生产定额。不改变小车间制是否可以定出定额。如果可以，还是延长。发动群众检查浪费作为中心。不要把改变制度为中心。

② 日夜班问题要解决。是否可以考虑设正副主任分别负责。

③ 车间设一个车间管理委员会，可以不要，设生产会议方式解决。党的组织不许，可能形成独立。

④ 先在有一定基础地方试行小车间制度。

⑤ 八月中旬总结生产总结。

奖励制度问题：缺点有五。① 工资不合理。② 有的有，有的没有。

(1) 成本与节约相结合。(2) 比较方式。

吴：

棉花不够是主要问题，这个特点要注意。现在是要减产，不能普提增产。要一二年后才能解决问题。

① 奖励方式要和节约联系起来。

② 质量要提高。

③ 有限度的增产。

④ 奖励要多,不能平均主义,级数要多。

工资制度问题——开始要研究,哪些问题民主改革要考虑。准备下一步做什么?

（文件编号：E71）

大组汇报

1951年7月20日

九厂支书：

过去对统一领导的看法。

工会主席说："过去对关系问题弄不清，意见也不敢提了，主要是对政治关系。"

党支部觉得行政是管生产的，党委管组织生活，后来提出面向生产，要保证，不知道如何保证。厂长认为有信心，关系很乱不知如何做，各有一套，无所适从。

表现在工管会形式化，经验少办法少。

党政工团关系存在的问题。

① 各直属系统无整体观念，对别的系统帮助少，具体办法少，以及不统一在党内领导，如垂直意见统一下进行，互相批评可以减少闹关系。

② 会后如何做？

群众工作归工会，行政问题归工管会，生产问题经党委讨论提到工管会讨论，决定各送一份，厂长下命令，工会发动群众进行，团委在工会中活动。

〈那〉哪些问题归党委？大的原则问题在党委讨论，行政业务不包办。

军代表：

① 依靠工人阶级，过去不明确，首先表现在工管会流于形式。贯彻决定的精神不够，工人意见没有解决。

② 各单位只照顾自己的工作，轻重缓急不知如何结合，不根据本厂情况。

厂长：那些问题属于党委的，很困难，要有一个决定。

十二厂，郭培燕：

① [为]上级交下来的任务各自搞一套，互相隔阂多。

② 如何统一，事务还是任务，什么任务？生产问题，还有什么？生产计划问题有二个意见：第一，先由小组讨论后经党委批准。第二，行政是先订出计

划在党委[再]讨论,决定后再公布。还没有决定办法。

要求上级领导先统一,如检查工会领证问题不能不做。

林一峰:

不能统一原因及要求。

① 工作很乱,上面改变,任务多,每月有 20 余种,党委也无权否定各上级的意见,各有政治老板,各想搞好工作,结果都搞不好。

要求上面先统一,下面才能统一。陈少敏说可以告,但各有中央,向谁告状?请决定一个有决定权的机关。

② 本厂内要统一。

没有统一〈回〉汇报的机构,各方对工作互不了解。没有一[个]统一机构这是问题,因此各搞一套。

③ 各部门要健全分工负责,各部门的业务工作也可以因此顺利完成。

④ 要求有制度,要求会议统一,即党委定出工作口号。什么时候开会,谁负责报告,使会议制度能统一支配。

⑤ 思想要弄通,进行宣传动员对统一问题大家都知道,要大张旗鼓。

厂长:

统一领导要有条件:

(1) 如纺管局来了一个通知,要有一个字典。仁者见仁,智者见智,所以党的机关要像字典,有统一的念法。

(2) 要有一个共同纲领。

十厂,朱杏林:

依靠工人阶级问题。

(1) 行政对工会找麻烦。

(2) 通过一下就算依靠。

(3) 命令方便,通过工会工人讨论觉得讨厌,用生硬方法在做。

① 要加强工会才能依靠工人阶级。

② 保证作用了解为配合作用。去年就听到统一领导不知道如何做。行政

对〈生〉此怀疑，过去工作是各搞各的。现在步调能统一起来，经过镇反统一起来。

③ 党员先锋队要通过工会才能实现。

问题：行政上计划如与党委不同如何办，如行政订 45 码，如何办，请示党委还是请示纺管局。

张梅：

如何依靠工人：

（1）认为依靠只对工会，看法上不注意是党的统一领导。总工会不健全是无法工作。把党看为是群众、党员带动作用。（配合作用）召开会议没有决定权。支部开起会时间很长，常常无结果，主要是：① 中心工作是什么。② 干部争来争去，支部地位没有确定。

（2）乱得苦恼，要求统一。

上面不统一是不可能的（过去试过搞生产计划搞了三次没有搞好）。当时区委搞运动，区委要同时搞生产，是一个失败经验，各方面任务多贯彻不下去。

上面说中心任务较统一，镇反工作统一，具体问题还是不统一。各团要搞总结，党支部学习，有的工会干部搞会员证。

（3）政治与生产结合不起来。

上级无具体办法，二种偏向：政治由另一种人去搞。

（4）干部党政工不分，兼职员会议多，没有解决。

问题：

① 上级生产计划不能改变。党委与厂长意见不一致，清理解决。

② 车间内要不要改变。

③ 工会的地位、作用、任务到底如何？

厂长：

① 认为军代表是政委，厂长是师长。

② 工资问题，要不要经过党委统一领导。

十九厂，支书：

统一领导问题：

① 四月以前上面领导很不统一，五月份后比较一致，各有任务观点。

② 对生产不熟悉，党委领导有困难。无法讨论，依靠党委讨论生产，没有信心。

军代表：

(1) 统一领导同军服一样的需要。

(2) 任务观点是不统一的，主要原因因为时间很难统一，互相闹意见。

(3) 党委统一领导与厂长负责制要发生问题。想不出办法来解决。

厂长：

(1) 没有统一领导各方面工作脱节，贯彻不下去，上情不能下达。工人是不知道，不知如何提高。

要求组织改变一下，老的组织形式不能实现统一领导。上面容易统一，到了车间就难以统一。

问题：

① 厂长对纺织局负责还是对党委负责。

② 党委定期会议可否召开认识会议——党政工团会议谁来主持。

讨论：

1. 思想问题——能不能领导？

2. 组织问题。

① 区委组织问题，生产问题无人管。

② 车间主任问题。

3. 具体问题如何解决？

① 厂长负责与党委负责制。

② 干部兼职多，会议多问题。

③ 具体领导与具体分工问题。

1. 上级组织问题，本厂职责问题解决后，思想上问题不成问题。

2. 党委负责制是不能有厂长最后决定权，如天热纺管局要织 42 码，党委要织 40 码，谁解决。

3. 工资问题——如上级行政认为可以动，党委认为不能动如何办。

4. 行政干部，工会非党干部的调动厂长是否有权调动。

5. 厂里问题谁解决，是否问区委？（十厂）

6. 错的问题谁负责，党委还是厂长。

7. 党委统一领导区委组织机构要解决。

8. 党委负责是否是支部书记负责，党委是否由国家行政上批准。

① 党委统一领导的意义——依靠工人阶级，统一任务，政治领导技术。

顾虑——怕不懂生产，怕错了要负责，支书难做。怕事务多，支部与区委忙不了，干部领导提不起。

② 党委领导问题的方法。（政策领导，如工资问题）

事务问题管不管——经济独立后行政现象。

③ 上级区委对支部的关系。

④ 党委制与厂长负责制。

⑤ 组织问题——各车间组织、机构问题。

大组会报

第一组，二、四、十一厂。

二厂：

检查党群关系——突出生产依靠工人阶级思想不明确。

厂长与支书过去没有谈过什么问题。工厂管理委员会问题。

（一）统一领导：

一致认为要统一领导，第一认为厂长好做，第二认为难做。

（二）如何统一领导：

1. 党内说明是集体领导不是个人领导。

2. 政党干部中要说明统一领导，要加强说明厂长负责制。

3. 向群众说明是党委政策思想领导。

通过评模爱国公约了解人员问题。

第二组，三、五、六、七厂

（一）

1. 对生产任务与党的任务结合不明确。

2. 把军代表看为最高领导者，把党的领导冲淡了。

（二）如何统一领导？

1. 思想要搞明确，关系要明确。

2. 党委与厂长负责制要明确。

非党厂长意见：

1. 政治运动厂长不知道，今后可以知道了。

2. 将来只有让位于党员厂长（年老的）。

职工情况还未解决，生产情况在开始，通过劳保条例获得极大的成绩。

第八组

中机系统。

1. 非党厂长对统一领导与依靠工人阶级思想联不起来。

2. 如何统一？

要求上面统一，各自强调自己的工作，除镇反工作，互相让步，各有不服，各搞一套，行政征求支委意见是形式的。支部不了解自己的任务是搞生产，起保证作用不明确。支部是属于区委的，因为头多所以更要统一领导。

3. 思想顾虑。

① 行政干部对统一领导怀疑是否有周折，工管会与支部关系，工管会决定是否要交与支部讨论。

② 党支部能力不强。

③ 原区委还是属于纺管局党委领导，加强区委会不会妨碍生产，区委只是强调党委工作。

④ 老厂长消极的依赖性。

⑤ 怕剥削厂长与工管会的领导权。

4. 要求：

① 支部要照顾全厂工作，过去即一个抓政策就执行上级的决定，不是根据本厂的情况出发决定中心。

② 搞生产为中心才能统一。

③ 行政干部要求政治眼光。

④ 党内外思想要弄清，党与群众应直接见面，发挥组织力量。

第三组：八、十五、十六、十八厂

(1) 认为不懂技术不能管生产，过去都是互相不知道，增产运动后关系转好一些。四个厂是基本上脱离群众，工作在积极份子中工作。

(2) 为什么不能统一。

① 上面有问题，如工会法检查，搞到停工学习，效果很少，只是少数工会干部提出一些意见。现在纺管局又要评模，不敢提出意见，保卫处一定要完成任务。

十六厂搞得好。

② 职工关系，互相有歧视态度。对职员态度不好，有界限存在。

如何统一领导。

(1) 各种群众组织和加强领导。有计划的组织工作，把中心与日常工作结合起来，分清轻重缓急，请示上级决定。

(2) 组织企业党委统一领导。

(3) 依靠工管会，有人认为工人水平低有困难，其他党员帮助他认识问题。

(4) 职工团结问题——应进行教育，态度要放宽。

问题：

1. 八厂没有专职党委书记(人事科长兼)。

2. 挡车女工挡二〇台车，工资问题如何解决？(拿十六元工资)

3. 劳动力居多的如何办？

十六厂，支书：

(1) 过去没有认识统一领导，"二六"后搞不开，登记参干时还是没有核心。只有碰头关系。增产运动后有了形式，还是各搞一套，讨论时马虎通过。

原因：

① 对委员制没有认识，缺乏具体观点，这是一个大问题。

② 对军代表看法——军代表可以代表党组织，没有支部观点，没有军代表通过，不能解决问题。

(2) 现在是改选工会，无法结合评模工作，请示上级解决，保卫科不答应，纺管局也是党能不能不执行他的通知。上面统一是重要的，但本厂统一要重要。

(3) 提议能发动全党讨论。

(4) 生产计划问题要详细讨论。

[第四组：]十七、十八、十九厂

思想问题

(1) 工人阶级问题的认识——过去在具体工作上不明确。

(2) 统一领导问题。

(3) 群众路线问题。

要讨论问题：

(1) 具体如何领导要解决。

第一，过去是否统一领导的。大家认为各搞各的，是不统一的，要一切到支部会议上讨论分清缓急。

第二，要求决定范围那些属于党委的问题。

第三，要求上级统一任务，要求定出具体办法。

第四，职责不明。

(2) 关系问题。

① 党委会与工管会关系。

② 工管会是否可以讨论开除工人问题。

[第五组：]一、二、三、四、五印染厂

(一) 依靠工人阶级思想。

1. 老区来的干部有点怀疑。因为工人复杂、生活好，经济观点，经诉苦后，思想已有纠正。

2. 非党干部单纯了解，如种田要靠农民。

3. 地下党同志听后很少[谈]，只知道工作不知如何做。共同问题是不懂的，如何办？

① 立场要明确。

② 包括什么是依靠——要有党的领导中心思想，依靠工会，民主管理组织(还有三个厂未成立)。

（二）统一领导问题。

1. 多头问题要解决。

2. 厂内不统一可以解决，军代表认为以后可以不会被批评了。

3. 厂长是否最后决定权，是否违反统一领导。

4. 党委与军代表关系。

（三）如何领导？

1. 支书怕领导，有否最后决定权，大家认为是民主集中制。

2. 干部问题要解决。

（四）工作问题。

1. 要求加强印染厂工作，组织一个委员会领导。（对纺管局要求）

2. 保健制度健全。

3. 学习是一个好的工作方法，如什么是小车间，原始记录是什么？

［第六组：］一、二、三毛纺厂

统一领导问题。

思想检查，不明确表现：

非党干部：

① 大约是局长有问题，所以要统一。

② 企业支部只有保证作用，不像领导作用。

③ 干部（党）过去是地下党员，不知道如何领导。

不明确原因：

1. 支部是半公开性的。

2. 支部没有搞生产。

3. 偏重个人领导，不习惯集体领导，军管是权高一切。

如何统一？

1. 进行学习。

2. 一切任务通过党委。

3. 各组织订出中心计划经党委批准。

4. 建立会议制度，要统一。

5. 党委干部要加强。

① 会议目的不明——统一领导还是经营方针，还是解决依靠工人阶级[的]思想问题，[或]工会法检查。

性质问题——

1. 党还是行政会议。

2. 对华东局指示没有具体方案。

3. 重点放在十九厂，要以此批评依靠群众问题。

（文件编号：E71）

厂支部区委书记联席会议

1951年7月23日

十九厂：

1. 考工问题，考力气。

2. 老虎灶开门问题，党员搬到职员宿舍中去，[如]正付工会主席、合作社经理、文教主任、党支书。

3. 发展党员问题。

施秀华：

1. 支部做计划不明确，只知道搞运动，对生产不懂的。

2. 行政干部不帮助支部，军代表对生产计划不〈相〉向支部报告。

3. 党员向支部提出生产问题，没有地方解决。

4. 行政上对区委意见不重视，特别是干部调动问题。

5. 上面统一是最重要，如若干与反动党团登记问题。

6. 军代表、党团支书做什么不了解，统一领导范围如何，业务还是政治，是不是开会研究？

五厂：

1. 讨论对非党厂长说：以后要支部做出生产计划，不服从厂长可以撤职。

2. 上面要统一，区委书记说上面统一〈由〉有困难。

3. 支书能力要强，党委领导要依赖工人阶级，如看工人不到会就认为是落后，自己主观要求高是问题，如关起门来要工人开会，现在情况是二样了。

十七厂：

厂长很不好，工会主席要面子，行政与工会时常有争论。

不重视会议上时常不同意见。

思想顾虑：

1. 旧人员觉得制度问题，难解决，如NO.1。

2. 军代表管的支部弱。

3. 支部觉得负担不起。

区委意见：

1. 市级领导要有办法，市委要先统一。

2. 干部问题，生产情况不懂得——加强支部。

3. 上面意见要统一，如评模问题。

4. 区委要市委领导要撑腰。

5. 要求市委总结统一领导的经验。

6. 与非党干部要注意团结。

7. 市委要号召区委深入工厂学习经验。

8. 领导上下要密切结合，有政策性问题，市委要统一领导各种运动，要结合生产。

9. 外来与本地干部思想现在不一致，思想要统一。

（文件编号：E71）

军代表联席会议

1951 年 7 月 26 日

（一）非党干部思想。

① 统一领导好，但实际上是怀疑的。

认为党的包办代替。

② 看为个人领导。什么事情[都]请教支书，老头子请教小姑娘。支书多很弱，[工人]表示怀疑："厂里……以后少不了麻烦。"对党委人马也怀疑。

③ 早晚厂长要被党员干部所代替，有消极的想法，只想做工程师。

④ 要有一个共同纲领，如何定出职责。

⑤ 面子问题，过去是厂长领导，现在是工人领导厂长。

（二）军代表意见。

1. 过去只搞运动，现在要搞生产，无办法。

2. 统一领导了，为什么厂务会议不去参加。想一切去掌握，军事代表思想上混乱。十八厂（人事科长）要向军代表要电话与办公室。

3. 军代表认为支书太弱无法统一领导。

4. 厂长与支书的关系职责是否如军队政委与司令的关系。

5. 要求上级派出干部，支部很弱如何能领导——政策办法都少，要求成立党委会。

6. 区委太弱无法领导，对杨树浦区有意见，工人多如何能领导表示很难。一个组织员是一个人事科长提拔为组织员，领导 21 个工厂，毛猴儿如何解决问题，如镇反问题组织员莫名其妙〈的〉地回答。

7. 要求建立企业党委，采取铁路党委办法。

8. 统计。军代表与支书五人，不参加支委的三人，支书不来工管会的五个人。

9. 多数工[厂]取消军代表制，只有一个反对（刘少文）。

10. 五厂军代表思想弄清——① 统一任务，上级谅解。② 在现有基础上解决问题。

一厂厂长说现在反而好做。（文件编号：E71）

国 棉 一 厂

1951 年 7 月 26 日

了解生产情况的步骤。

(1) 基本情况。

① 历史情况——日本人到 KMT 的历史阶段的特点，解放后的特点、设备、固定资产情况。

② 人员情况——着重于技术、工会。

③ 企业经营的特点，供给制特点，财务方面，心中无数的特点。

④ 生产方面效能，能产多少，效能，质量。

⑤ 管理制度——不合理的，包括责任制、检查制、人事安全、民主管理制。

⑥ 工资与奖励制度。

问题——存在的问题总结指出。

(2) 过程：

主要过程。

(3) 检查浪费中所发生的问题。

(4) 定额问题。

四定——分重要分开，群众未发动不能正确，南北厂材料综合，定出定额。停工率 20%。

定量——不追求，根据去年三个月与今年三个月中不同关系中平均量中定出。

定料——无数，从纺发局各取材料比较。过去本厂无料情况、重点排、先进工人的指数，经群众中讨论出来，研究后定出总量。

定质——是主要的要求，排出日程讨论，定出生产计划。

时间——明天研究初步定额根据群众提出的。（党内）

开群众大会动员，情绪很好。

小组汇报。分三十个部分，主要党政工团干部参加。行政负责总结。

群众性讨论三天。

特点：① 有领导的讨论不乱。② 工会配合扩大合理化的建议，技术性问题明天可以总结出来。③ 工会党干部向党委汇报。

（5）经验教训。

王关昌：

（1）分小组讨论发言很多，按工会小组分（再开几队小论）。

（2）展开批评，解决未解决问题，如互相埋怨，如检查回丝问题，不怪别人。

解决了什么？

① 肯定了浪费数字，学习班所提出的问题没有超出。

② 提出办法，提到技术上问题，同行政上商量。如产棉问题典型试验也不能解决，后来工人提出五部车子试验隔距，可以减少的数自己清楚，用五种方式试验。

③ 讨论生产计划由群众讨论之。定出比较合理的定额。

经验：

① 领导上先要心中有数，才能发动讨论，否则不能解决问题。

② 开始用算账，开动脑筋，反复算。

③ 工会工作开始转向生产。

张承〈忠〉宗：

（1）为什么提动脑筋，目的使其了解有浪费。不用先算账，要互相结合，相互监〈环〉督。

（2）如何动脑筋，主要用活的例子。如介绍先进经验。宣传工作很重要，立了“好办法”的墙报。

题目出得好？

① 退花是否是主要的浪费？

② 为什么？

③ 如何减少。办法如何？

目的使其先搞出意见，然后根据群众意见，初步规定定额。

④ 不限〈在〉于我们提出的问题，要群众自己提出。

⑤ 互相比较，可以发现先进生产者。生活难做是浪费问题。从生活难做

中发现浪费问题。谁生活好做就是浪费少。

⑥ 集中先进小组经验针对浪费问题,先做预备,以便作为定额的基础。

⑦ 次布所浪费的数目是 6 千万,现在共省四亿,其他浪费多,群众不拒抗,不吃力。

⑧ 定额必须为工人所了解,是一个大问题,生产计划要让工人都懂得。

定员问题——出勤率较大是一问题。劳动组织不合理。

临时工是一个问题。

放走后,一步定员。

定量问题——

定质定料为主要问题。各种都有几十种问题。要抓重点,可克服的先定,不是把所有定额都确定。

⑨ 随时补充修正。随时改随时看。

⑩ 职员基本上好,个别的老领班态度不好,技师一级已动员参加。最差的是领班与技术员,这一次也组织进去了。

⑪ 抗美援朝与检查浪费要结合。党委要对职员思想更多负责。

⑫ 工作法可以改进的,先随时改。机器上凡行政同意的,由行政上解决之。责任问题绝不能追究,否则工人都不肯提问题。

吴[亮平]:

(1) 八月二十日总结要贯彻一个党委领导的精神。生产运动也可以由党委领导。

(2) 从群众中来、〈从〉到群众中去的精神要贯彻。过去生产计划不是从群众来,不起作用,没有党委领导就没有群众路线,依靠工人阶级是不可能的。

(3) 如何面向生产? 第一,由于不了解生产情况,也解决了党与工会面向生产问题。总结经验是可以了解的。

第二,工会只有从生产问题着手才能面向群众,团结职工。全总搞马恒昌小组,孤立的搞起不了作用。为什么不能起作用? 是因为对生产情况不了解,必须建立在对生产系统了解下才能起作用。所以工会团结职工搞生产是一个重要问题。

第三,不是一个组织面向生产,要党政工团结一致组织起来,解决了组织问题。

(4) 生产中如何教育工人问题。——强调结合抗美援朝,必须用算账办法,宣传深入才能结合。要成为我们的办法,节省了三亿,数目更大。

(5) 检查浪费要有群众的酝酿过程。

(6) 先进小组经验要收集一下,作为定额的基础。如减少工量的先做起,将来再减少。定额开始不能太高,群众要有顾虑。

(7) 绝对不提责任问题。

(文件编号:E71)

关于整党问题的发言稿

1951年7月26日

一、好的方面——都想进步提高，要求提高工作效率，改善领导，有的认为时间短，要求多学。

二、不好的方面（学习的方法）——学习思想不够展开。

表现：

（1）劲头不大，三反时已检讨，还要检讨没有意思，领导上没有改进。

（2）要[求]多读文件，听大报告。

（3）要求调动工作。

（4）也有拿八条当作教条，根据课本在文字上〈斗〉兜圈子。

三、如何开展整[党]学习。

（一）要先论清什么叫做提高觉悟？

（1）要克服自己现有的缺点——如八条是党性、组织性、品质。

（2）要对不了解的问题求得了解——如“应当经常要批评与自我批评”（六条）。

（二）如何开展整党学习？整顿学习态度。

第一，必须〈连〉联系实际，抓住个人特点展开思想引导，也即是思想斗争，即整党教育。例如：

（1）“全心全意为人民服务”——女同志要注意对家庭、孩子与丈夫服务多的问题。（太太思想）

（2）女同志闹意气、不团结、小广播、挑拨是非——第三条“个人利益与私人利益”如何〈连〉联系实际——可以从自己身上找，也可以从别人例子中找，要整得自己痛一些。

第二，要与提高自己与对工作问题的意见分开。

（1）对领导上有意见可以提出来，但不要当作包袱。

（2）不要认为是领导上在检查你的思想，对自己要负责任。

第三，领导干部要带头检讨。

第四，学习时间问题——每人先要有准备，逐个来讨论，可以不延长时间。

第五，方法问题——最好是抛开书本，实事求是，有什么说什么，有系统分析自己。

题外问题：

（1）关于卫生问题。

“爱国”问题——反细菌、国民健康，这个运动是经常性问题。

（2）关于安静[①]问题。

（3）关于研究与政治的学习问题。

（文件编号：E188）

① 原文如此。

向刘晓同志提出的几个问题

1951 年夏

第一问题　关于依靠工人阶级的思想问题

根据事实来看，我们对于依靠工人阶级的思想问题，有如下几个特点：

（1）思想认识有一定的发展过程。

（2）各种干部各有各的认识，各有表现不同。

分述如后：

（一）思想认识发展的几个过程

从解放后到华东局城工会议为止，一般的领导干部对城市中依靠谁的思想不够明确，只知道工会工作重要，对党如何领导生产认识是模糊的，原因是不够认识上海工业化前途的重要，城市的发展与工人阶级领导生产发展是同一个过程。

城工会议以后，明确了这个问题，但如何依靠、依赖那些工人，还是模糊，具体表现在对管理问题所犯的错误，对停工学习中工作没有十分重视。

（二）各种干部各种认识

外来干部，学习过二中全会的决议，多少有些认识，但因长期生活于农村，不了解上海工人的情况，一接触到实际情况，信心就动摇起来，例如某些军事代表，对工人的政治文化水平低，生活习惯看不惯。例如女工穿旗袍，穿高跟鞋，生活比地主好，有些流氓习气等等。直到现在例如国营牛乳厂的军代表还坚决认为上海工人不能依靠，也有人认为北方工人可靠，南方工人不好等。但有一个共同心理，就是对工人的粗手粗脚看不起，对工人阶级在生产中的巨大作用是没有深刻认识的。停工学习的工厂这次对干部的思想上有不少的启发，但还是不大理解。

地下党员对工人的情形比前者了解得多得多，但因政治水平低，党的教育少，解放后担任了一定负责的工作，而又受了不正确的影响，思想上也是一样的模糊，也有一些干部有功臣自满的思想，站在工人的头上，而不大自觉。现在认识上已有不少进步，但如何依靠法，还不懂。

各种具体表现。

1. 强迫命令不重视工人的意见,例如五厂,因为要工人开会,把大门关起来,扣工资,十二厂随便革拿摩温的职,不重视工人的意见,更是普遍,不少的国营厂,工人多提了无数条生产上的意见,真正采纳的没有几条,工人叫做“放在冰箱里”。直到现在,还是严重存在的现象。

2. 对职员的认识,大部分干部认为是小资产阶级,到“七一”为止,多少已有一些改观,但成见还是很深,不愿接近职员,团结改造不耐心,对他们的技术是使用观点,也有少数干部只重职员,不重工人的看法,但这并不是因为他们也属于工人阶级的一部分,要去靠近他,目的是为了学习技术或者也出于使用观点。

3. 对职工采取敷衍塞责,不关痛痒,例如报告刻板的生产计划(停工时期),对工人的福利不关心,只要省钱,不顾死活(例如最近十六厂车间内温度达一百〇四度以上,要求设置通风设备,纺管局不予批准,实际上是违法的)。

4. 最特出的表现在对党的领导不尊重,不久之前,有些厂的军代表在纺管局还争论“谁领导谁”的问题(即行政领导,还是党领导),把党政工团并立看,或明或暗的否认党的领导,对工会组织也同样的表现不爱护不照顾,甚至讨厌。

(三) 原因是什么?

(1) 党员高人一等的忘本思想,多少传染了资本主义的奴役工人的思想。

(2) 长期供给制的影响,片面的任务观点,怕批评,只要对上级交账,对群众不负责。

(3) 组织观点、整体观点差。

(4) 调查研究学习精神差,对职工的情况长期不作了解的工作。

第二,工厂中要不要先从打恶霸着手。

根据上海厂情况看,中南的决定,对我们不适合。因为:

(一) 上海的许多工业是帝国主义用近代式的方法经营起来的,特点是自由劳动力被雇佣(如有些纱厂在日本人时代,在厂外招手,任人愿做工的可以随便进去),用不着一律采取封建恶霸的包工制。

(二) 私营厂大部分是在第一次大战以后发展起来,因方法也多采用自由招工方法,亲戚、朋友、同乡关系较多,但不一定是恶霸。

(三) 全厂性的恶霸在若干厂内是有的,而且必须要打掉。例如纶昌的王松涛,但不能作为普遍的规律看。

（四）工厂中恶霸的特点：

1. 主要依靠者是敌伪与国民党的势力,一九四六年后国民党因上海工人斗争激烈,纷纷组织特务机构与伪工会等,这些为首者多半是恶霸,敲诈压迫工人无所不为。

2. 当地的流氓(如王松涛)青红帮头目。

镇反以后,各厂这些反动恶霸多数已捕去,少数小恶霸多已低头,现在再要发动反恶霸会挤到领班拿摩温职员等的身上去,我们必须慎重。

（五）进行诉苦方法比较提出一般性的反恶霸口号好。

诉苦结果可以使我们了解情况,分清恶霸的性质,决定谁该斗,谁不该斗。

（文件编号：E183）

华东局扩大会议讨论记录

1951年8月15日

曾山同志：

1. 发展地方工业。

2. 领导问题。

3. 农业发展快，工业如何赶得上剪刀差问题。

发展什么？麻纺、布，华东可办机器、工业原料、电机、合作社、农业工具。

饶政委：

地方工业发展大约如下：

1. 小马达机电；2. 轻工业同农业有关的；3. 农具生产。

原则：

1. 私营多的企业，我们要插进去，不在大小，有斗争有团结。

2. 照顾人民的需要，同农业有关，特别手工业。

3. 机器动力。

工厂管理问题。

张承〈忠〉宗：

工厂情形：

① 经过二年的运动，工人觉悟大大提高，产量提高8%，哔叽高11%。

② 管理方法基本上维持原有情况。

③ 五月中旬镇反与劳保混在一起扩大打击面。

经过步骤：

1. 通过管理了解情况，分清敌我，孤立敌人，工人内部问题加强团结。

体验：① 党直接同群众见面，解释党的政策，党内首先要一致。

② 有组织的开展诉苦运动。

③ 加强同积极分子团结。

④ 团结大多数，用自我批评方法，大家监督。（对不好工人）

⑤ 领导上自我批评很重要，公开的进行，加强党与群众团结很重要。

生产情况：

72 400 锭，2 416 台，布产量 12 万匹。

了解步调：

第一步，思想动员，主要思想是保守自满。怕追责任，怕整编，互相推责任。

方法：① 说明人民企业的意义。② 说明为什么要节约，什么是浪费。③ 说明依靠职工技术与政治的结合。④ 行政上自我批评。

第二步：

1. 党内成立生产研究小组，领导上先行研究。如资金管理等。

2. 每一生产过程研究一个排，了解生产上问题，研究先进生产小组。

3. 车间内组织生产学习班，明确检查浪费的必要，进行不合理问题的研究。

4. 然后展开普遍的检查浪费运动。从生产中浪费展开到制度方面。

① 生产中浪费。② 制度上不合理问题。

第三步：检查浪费方法：

1. 先诊脉，算账方法。

2. 开药方，动脑筋。

3. 改进工作方法。

95%的工人参加了检查，2 000 条意见，归纳为 200 余条，可完成的 111 余条，各种办法都有。

第四步：定出定额。

管理问题：

1. 上缴额的确定。

2. 资金问题。(机器尚未估值)过去估价低了一半，清理资财问题，可以减少机物料，多余的上缴 41 亿，人造丝、机器等。

3. 固定资本的折旧问题。中央规定[以]每件纱折。

4. 机器使用问题，前纺供应不上。

5. 劳动力的说明问题。

① 熟练工人分工问题，揩车的问题很多，可以节省三百多人，工资二

亿余。

② 停工率，经常有 15%，主要是夜里。原因工人生活条件不好等。供给制的结果，心中无数，因不计盈亏，保守自满，浪费严重。

6. 责任制问题。

① 工程师管理南北二厂，重在管，职责不明，管不了。

② 运转与保全分开，不能配合，甲乙班无交班制，互相矛盾，生产竞赛矛盾更大。

③ 检查制度。

④ 工人干部——共有十四人（包括职员），新提的 11 人，从人事科与保卫科提到生产管理的只有二人。

⑤ NO. 1 问题，85 人，10 年以上的占一半，受过压迫的 60%，日本人时代提拔的，条件：① 技术好。② 灵活。

7. 工资制与奖励制。

纱厂低于布厂，比技术工人还高。

早退制——布机间。

月薪工资便于计件工，工人提升为职员低于工人工资。

拣坏纱约 500 奖，工人间矛盾。

8. 劳动条件问题。

① 医院，每天二百人病号。

② 托儿所一百人，每月新生 50 余人。

③ 子弟学校，合格学龄的一千七百余人，只能去二百余人。

④ 工房问题，夜里每天只能睡四小时。

9. 定额与生产计划。根据三、四、五[厂]过去数字与其他厂的平均数字，再参考重点排与先进小组。

定料，八月份定 403 斤。

党的统一领导问题。

① 要动员全党了解生产情况。

② 要有组织领导。

生产会议：

1. 工会小组每学期开一次生产问题讨论。

2. 每车间开一次会议,每月举行。

3. 全厂性会议。

吴亮平:

全总有许多指示,意见不一致,如何进行。

一、民主改革问题。华东如何搞,刘子久的意见。

(一) 改变生产关系,社会主义性质的研究,中南局的提法:第一,作为历史阶段在政治上肃清封建反动势力,内容肃清反动制度与一切反动势力,建立民主管理。第二,准备核算制。第三,了解政治情况,焕然一新。斗争对象(刘子久说)封建把头、特务、帮会头子、地主恶霸,分三个阶段。

第一,政治打击。

第二,民主团结。

第三,民主建设。

斗争方式,1. 控诉公审;2. 斗争;3. ……[①]由点到面,由线到面。

问题:

① 民主改革是不是改变生产关系,不能解释,还是"态度""关系"?

② 作风问题与封建问题混在一起,阶级内外问题要分清。汉口一厂杀了20人,许多[是]工人,被斗的156人,共268人被斗争与批评。800个工厂,杀320人。

<u>华东民主改革的内容是什么?</u>

1. 封建势力现在是否成为统治力量?

不是统治力量——从历史上看,上海工业是资本主义化的。

其次上海工人阶级的斗争历史,[封建]势力已经削弱。

解放后做了许多工作,如整编肃反登记(6 000人),工会系统的与基层工会的3 000人,中纺的840余人。

2. 封建势力表现在什么地方?

人事科已打掉。

拿摩温是不是?作为制度来看要改革,作为反封建来看不对,十二厂问题

---

① 原文缺。

上总意见是对的。

3. 改革的策略问题。

① 思想作风问题不要与政治问题混在一起，工人阶级内部问题要分开。

② 一切以生产为主，离开生产不能谈民主改革，要从了解情况着手。

③ 不能急性病。

4. 生产竞赛问题——许多东西不确定，如用棉量，计算标准不同，不了解生产情况很难，领导上要注意对技术上鼓励不够。

座谈会。

饶[政委]：

（1）基本上困难是了解职工情况，过去没有办法，现在可以说话了，一切从实际出发，外面的意见不问。

对中南问题态度，不了解他的情况。

访贫访困，了解情况，是可以的。① 不照他们做。② 不批评。

创造典型：① 要依靠党委。② 要下资本，去年的缺点是没有派干部，决心也有。

口号："依靠工人团结职员，劳动与技术结合，搞好生产。"

（2）了解生产情况后，第二步做什么？

过去最好是在镇反后，强调团结，有意识的先打恶霸。

民主团结是什么？

可以反对做坏事的一些工人，用诉苦，控诉、批评都可以。

批评、补充控诉，要有二个过程，分清敌我与是非，然后，团结，了解情况，为转入了解生产情况，主要内容是什么？

① 通过群众运动，没有运动是不行的。从反浪费着手，在民主团结的基础上进行。反浪费及反保守主义。提高职工觉悟是决定性的。

其他厂在人员情况了解民主团结后，可以进行人事制度的改革。例如，指导员，拿摩温。违背民主原则的制度可以改革。如生产小组（组长选举）建立。

另有一种意见要在了解生产情况后做。

第二阶段生产情况了解后，要改变某些生产制度。如 Hanks 制、交接班制。一切对工人旧的不好制度可以改革掉。

工资问题个别厂可以试验,[并]研究全厂情况。

稳步前进分别试验。

第三阶段,这一阶段结束后,即转入第三步核算问题,如资金行政制度等等。

如何带动其他厂?

在工厂建立 3—5 人的核心,军代表制可以取消。

整风会议——各厂的负责干部参加,从思想解决问题,在动员以前,开干部会议,同生产有关的同志参加。① 人民工厂与官僚资本不同。② 讲成绩与主要缺点,反对技术观点在反党反政治的倾向。反对企业中的官僚主义根源:① 不了解无经验。② 过去领导上不注意。③ 旧的资本主义思想反映。④ 纠正办法,党的统一领导。

然后配备核心,市委此后不要再放松,建立党委内外统一。报告员做报告(对工人),从共产主义到典型,一个月一次。

饶[政委]:

(一) 中南局问题。

华东方面人力车夫,码头,矿山,特别坏的厂可以用,如工人运动没有展开的。芜湖纱厂也可以用,条件:① 农民工人多。② 工人运动不发展。③ 历史短,封建势力大的可以这样做。上海各厂在二十年前情况可以用,如养成工制度,如过去的丝厂,访贫访苦方法,为了农村干部了解工人是可以的。

有霸反霸,无霸不反——要看具体情况为主。

上海工人历史上斗争很多,工人斗争使工厂管理上不能不有所改变。NO. 1 在二三十年前是恶霸的多,现在不是这样。

割断历史是不对的。

过去落后一步的原因:

① 解放后忙于镇压、反封锁,创造典型慢了一步。

② 对历史情况不了解,工人运动历史中断了。

(二) 今后上海如何展开生产工作问题。

不能照抄二个典型厂,这是肯定的,方式要不同,否则要犯错误,华东局对上海市委工作在镇反以前慢了一步,使运动的连接性出了毛病。最好是先把镇反为第一步，然后再是第二步，即有意识的打恶霸，然后民主团结，这是正确的经验。

镇反比反霸还凶，中南同志不了解。

镇反的作用，结束了官僚机关的接收工作，埋伏着的恶霸根本肃清了。坏分子不打倒人民不会起来。目标要正确，主要办法是政府撑腰，发动控诉。平民愤，团结工人群众。

上海的缺点：镇反与民主团结没有连接起来，镇反以后应是团结职工。弄清工人的情况，即民主团结，目的是改革不合理的制度。

第一步镇反。

第二步民主团结，分二个步骤：① 分清敌我与是非。② 加强团结，展开批评。

弄清是非的四种方式：

① 控诉——对站在工人立场的行政人员要控诉其敌人的罪恶（不是对个人），启发阶级觉悟，犯错误的人可以承认自己的错误。目的是使职工团结。

② 坦白运动，向工人坦白自己的错误。

③ 诉苦。

④ 批评——对已经坦白的说，以平民愤。

基本办法是整理中层的办法：

① 捕主要的敌人，消除顾虑，找典型进行坦白，大会不能多，分类进行，不迫不追。

② 其他的进行教育。

③ 民主团结，要提出口号："依靠工人，团结职员，劳技结合，搞好生产。"

要采取改革办法，不妨碍生产条件下解决之，如 NO. 1 制度的取消（不是取消人），用选举办法组织生产小组长，等于取消保甲长。这一点与各厂可以不同。

第三步了解生产情况（生产）。

如何指导？

① 通过反浪费运动了解生产情况，是一个斗争性的，表现进步与落后。人民工厂的认识问题，自满保守思想，不消灭这个思想，浪费问题不能解决。党员要展开批评。用比一比的方法，如比其他厂，算一算——对厂内的东西算

一算。

② 定额问题接着要解决,生产计划的确定。

以上为第一阶段三个步调。

第二阶段。

创造新纪录,全国展开生产运动。

党委领导强调领导的统一,会议要少,统一计划,每一车间工人单打一,领导上是弹钢琴,各小组与车间创造经验。

建立应有的制度。

第三阶段。

巩固好的制度。

领导方法的转变——资金的流转等,领导上注意经济核算的一串问题。

第四阶段。

如何展开?

(1) 建立工厂中的核心 3—5 人,统一领导,反对官僚主义,政治领导技术。

(2) 上面统一领导。

民主建设问题。

(1) 协商会议问题。

对劳动人民教育太少,对民主人士谈的多,因此谈判时单打一,被动,只有团结,没有批评,教育意义不大,负责同志要他时间向工人报告。

一切通过协商会议使我们被其束缚,化时间太多,除重大疑虑问题外,其他一切照政府法令执行。通过依靠工人了解情况以教育资产阶级,统一战线必须无产阶级领导,要有斗争有团结,依靠基本群众的觉悟,推动其前进。

关于上级统一领导问题

刘晓:

(一) 不统一的原因:

① 各委各部有任务不通过党委,要求明文规定通过党委。

② 党委各部门也有自己的计划,到了支部任务过多。

③ 行政对立,不尊重。如纺管局的反对评模运动,传达统一领导问题,党委难以掌握生产任务。

（二）行政负责部长要有一个人与党委联系，要固定的人。

（三）如何加强生产领导。

① 各按系统加强党支部，建立国营纺织业工作委员会，确定重点工厂，派负责干部去工作，工会与团也派干部去，各按系统派人到工厂。

② 取消军代表制，不调出企业，说明是党的干部。

③ 派遣上级干部到工厂，从行政机关中去调。

④ 干部管理问题，归各级党委决定。

⑤ 核心干部问题——脱产的太少，要解决。

饶政委：

① 城市设区已经肯定，但有些企业还是归市委管。

区委分二种，一种属重要区，一种属地区性的。

② 先成立三个产业党委。

③ 军代表的任务已完成，可以调整一下，但不是取消一切军代表（对有些企业）。

④ 劳保登记应在民主团结运动之后，上海在镇反之后进行，效果不好，全部期限完成是不对的。

（文件编号：E71）

纺管局会议

1951 年 8 月 23 日

（七个厂支书工会主席参加）民主管理问题。

十厂，朱杏林：

去年成立管委会的收获：

① 工人觉得工厂归工人管，觉得很新奇，成立后有几百条意见，行政上到现在还没有执行，工人觉得失望，如饭堂问题。职工代表会议有三分之一的代表不愿到会。

② 会议事先无准备，委员到会不知道讨论什么，主席一个人说话。

③ 发言觉得困难，如奖金问题，对各部门生产情况不了解，不好发言（如电动间）。

十厂，刘汉昌：

① 干部领导很重要，如准备局所传达，订好爱国公约，检查督促，思想领导第一。

② 要设法解决问题，如饭堂问题，先造汽车间，工人有意见。

③ 行政上只有书本知识，没有实际知识，老工人要培养提拔，才能有办法，行政上不重视生产上技术问题。

④ 常委会无办公制度。

二厂，戴可都：

1. 工管会二天前通知。

2. 碰头会议。

形式化：

1. 行政上对工人意见不答复。600 余条意见没有下文。

2. 开过一次职工代表会议，此后就一直没有开过，开会公开布告，工人交付，不知道讨论什么？

3. 常委会开过会，问题不集中，工人觉得无话可说。

十九厂，支书：

工管会流于形式。

(1) 行政上在这次工会法检查，变成许多文字发给工人。上下不通气，因为工人不识字，上面虽已经解答过了。

(2) 下半年计划由行政上写成书面，到工管会上讨论，工人根本不懂。

(3) 当了工人代表，群众反而不能接近，觉得做了行政尾巴。

(4) 工人文化低，看不懂点子、决议，决议以后不执行(不懂得)。

(5) 依靠工人阶级后思想不明确，决而不行，如做小菜厨师没有做。

行政上计划多是数目字，工人不懂，技师、领班不相信老工人，如洋线间平车，为着好看，车子排得不好。

(6) 工程师也不多说话。

找原因：① 党委工会不重视，决议不按系统传达，层层脱节，在群众中无威信，认为是行政的工管会。

② 无法传达，工人代表无权召开会议，一个个传达有困难。

第一印染：

① 工人意见没有决定，也没有解决。

② 厂长无法解决的问题，开工管会，工人认为是处理工人的组织(如处罚与开除工人问题)，违反法令。

③ 工人生活问题不解决，如手套、套鞋，工人要求无处去解决。

④ 会议事先不通知，工人无法提意见，厂长自说一套。

七厂：

今年二月成立。

会议不经常，内容复杂，不能解决问题，对工人说明，如工资与工房问题。

缺点：

1. 传达不够，通过代表无法传达。

2. 行政干部苦闷，不懂得如何做。

五厂：

今年四月成立。

开始热闹，后来冷清。

收获：① 工人觉得可以参加行政会议高兴。

缺点：① 会议制度二星期一次，但职工代表会议不开。

② 行政上无具体生产计划，工管会无从讨论生产问题。只能讨论细小问题。最近讨论半年计划时，工人也是无法说话。

③ 温度问题(104°)不能解决。病人多，[医务室]准备开在纱厂。医生问题，只有一个人，纺部没有，日夜班只有一人。

④ 党政工团不重视，会议开会时间不正确，迟到。

⑤ 行政上说名词"固定资产"、"流动资金"，工人无法懂，其通知工人看不懂。

⑥ 工人兼职多，二个劳模忙得多，九个工人委员，六人是工会执委。

⑦ 太少问题都谈很被动，没有步骤。

原因：

① 领班认为一切问题推到工管会。(没有车间行政组织)因此大小问题都在工管会讨论。

② 非党厂长怕负责，"民主"了解抽象，都要提出讨论。

③ 上下不通气，无从收集反映，代表能接近少数工人的意见，开好后传达有问题(因无会议形式)。

苏杨：

(1) 职员能依靠工人，但不知道如何做，"民主"是什么，是不是什么都要讨论。

(2) 会议无准备，搞不懂，工人不要参加，如工程师报告半月工作，工人不知道，劳模说开会妨碍生产，厂长只会搬纺管局的计划，大家无兴味。

第一麻纺：

1. 决而不行，如奖金问题，福利问题，不解决，吃饭在茅厕的也有。

2. 只讨论不能解决的问题，会议长，厂长讲了许多，工人不了解。

3. 工人有许多还不知有一个工管会。

意见：

1. 要扩大民主学习。

2. 生产问题纺管局不批准，如通风问题，从纱车搬到布厂问题。小问题让本厂自己解决（五厂）。

十一厂：

作用：

代表会后工会小组长帮助传达。

缺点：① 工人发言很少，换班思想，“工人是本班人”。

② 无法传达起，有一个代表能上下传达，原因是他是车间委员。

提纲二天前先发，该代表在小组中先问，会后到车间去传达。

③ 对外部问题不讨论。

④ 工人意见提了没有用，不高兴，有顾虑。

⑤ 拖拉，如拣粗纱头问题的奖罚金问题；看中医不能享受劳保；看热度请假；事假多，纺管局要解决。

十六厂：

1. 每二周开一次会，准备不够，收获，开始时大家情绪高。

2. 如何传达，一周一次开小组会时全厂传达，如用干属做养成工。

3. 工人发言还热烈。

吴雪珍：

停工学习后情况有改变，尚未开会。

① 依靠工人阶级思想尚未十分明确，例如派车公的问题，大肚皮[①]怕车子派不到，做到要生产时。

② 停了二个门警，上面不知道，合理化建议表扬出来，此人不好，行政上没有很好征求群众意见。

---

① 指怀孕者。

意见：

① 要实行民主管理，要统一领导。行政支部推不动工作。党员不积极，思想上对统一领导还有问题。行政上只注意半年计划，对了解人员问题忽视了。行政上号召开了行政会议，党员有意见。

② 要搞好职员工作，思想上不明确。

二机：

第一届失败：① 没有代表性，第二[届]工场没有代表。

② 坏人当了代表，工人选坏人。

③ 没有讨论生产问题。

七月份改选后，未改[得]好一些：

① 不兼职，老年工人多，生产好的，每一工场有代表。

② 传达是一个问题，如何解决？通过生产讨论会议，但有一个缺点，工管会要包办工会。

（文件编号：E71）

国棉一厂第二阶段方案

1951 年 8 月 24 日

（一）小车间制度问题。

民主改革的一个发展，旧制度改革。

① 行政人员进行自我检讨，着手对旧制度进行批评。

② 车间生产会议制度的建立。

另一方面结合责任制，先实行交班制，过渡到责任制，群众讨论进行了。

要求：

① 建立责任制、检修制、人事分配制、车间原始记录。一步步实行，先做责任制，最后搞人事制。

② 交班制到责任制方法。从下而上，领导上先做检讨。

③ 深入了解车间，了解生产情况。

步调：

① 典型试验，要求达到了解思想情况。

③ 组织领导，党政工团如何配合。

③ 建立一定制度，交班制为主，NO. 1 制度问题。以厂布机间为主。

④ 组织调整。

⑤ 制度给群众讨论。

（二）奖励制问题。

过去问题——① 面不变。② 不团结，不合理，罚金制。

目的：鼓励性。

奖惩制原则：多奖少罚，目的教育管理。

保全工用集体奖，同时有个人奖，用上电的经验，以记分为主，民主评奖，有了新的制度再[废]废除旧制度。

（三）爱国公约问题。

去年十二月份起，还是没有定额，只有劳动纪律。不听美国之音，没有检查。工会小组改编后，爱国公约无法检查。

重新订公约：

① 工会可以不改被动，提高定额有作用。

② 如何订法：先重点，中间、落后、进步的都有，派一个人去负责，说明道理。订爱国公约小组长开会，分头掌握公约的特点，如不团结，现在有十八个小组，然后开大会推广。

③ 首要有政治动员，说明道理。

④ 定额只要抓住，中间能接受的。

⑤ 结合改造工会。

吴亮平：

第二阶段是决定问题，领导上要更有研究。

基本内容是：根据情况加以改革。

如分二个阶段：第一，政治的改革，如镇反。第二，经济制度上的改革。第三、四要包括经济制度的改革。

过去失败的原因：过去改革没有收获，只有零碎的经验。

① 没有整个计划。

② 有计划而无步调。

③ 不与群众讨论。

第二阶段的主要目的是：民主管理的实行，过去的流于形式就是下面没有制度，贯彻不下去，根本原因是组织形式的不好，车间管理制度没有解决。

民主管理的基本原则：

① 领导与群众相接近，及时了解生产情况。组织机构的官僚主义，公文旅行，不了解下情。

② 技术劳动要结合。（工程师等的做法）

思想斗争。

反对保守，新的爱国主义劳动态度。

组织改革问题：

1. 基本问题是车间问题，先改车间，车间责任制要有专职干部，委任要有一定的民主办法。

2. 车间生产会议的建立。

3. 生产小组，改革 No. 1 制度，用民主选举。

4. 人事制度问题。

竞赛问题，纱厂要从节约起，不是增产。十月后再大进行，如工作法，合理化，提高品质。

（文件编号：E71）

刘晓在市委会议传达华东局扩大会议对上海工业的决定

1951 年 8 月 28 日

下半年工作要有二个思想。

1. 国防思想。

2. 发展,生产建设〈作〉做准备。

当前主要工作:

1. 抗美援朝——应进一步的深入,还有各项具体工作,以推动各项工作。应做什么,不提新的内容。尽可能不开号召性的大会、示威游行等,现在要用具体办法,经常工作坚持下去,打下更好基础。

2. 镇反工作——执行中央与华东局指示进行,清理积案,防止草率,以便有始有终,继续加强群众的教育,提高警惕性,防止麻痹思想,教育干部。清理中层工作要做好,半年内在省市级机关能完成。掌握策略,鼓励坦白,弄清情况。一个不杀,一个不捕,一个不洗,集中训练予以清查。个别顽固份子,加以法办。不〈尽〉仅是机关如此,国营企业中亦如此做:方法主要是从了解情况着手。

3. 加强城市工作。

除执行二中全会决议外,要注意:

① 城市是农村领导的中心,建设也应根据农村的需要,规定方向,同时照清剿残余势力,进行民主改革,加强工商的管理工作。

② 建设的主要内容:

第一,对小型机器与动力工业的建设。

第二,发展轻工业,供给的用品的需要。

第三,发展农具工业。

第四,插入私营企业的经营。

第五,文化教育卫生的建设。

③ 加强工矿企业的管理工作。学会改造的方法,学会在思想上要了解官僚企业与人民企业的不同点,前者是压迫,分化利用的政策,后者是社会主义

的性质，依靠工人阶级为主，加强民主团结与劳动与技术的结合。因此管理者与工人是兄弟友爱的关系。

主要国营企业要推广典型厂的步调，进行改革，有重点的推动，弄清情况有三个步骤，互相贯彻，都是群众性的运动。

第一，镇反。

第二，民主团结。

第三，反浪费，了解生产情况。

经验：

(1) 统一领导与厂长负责制。

(2) 统一的生产计划，加强各方面的工作，才能配合一致。

(3) 加强干部的政治思想教育，特别是单纯的行政与技术观点，同时又要反对脱离群众的搞政治运动。即非生产的观点。

(4) 整风与建党问题。

① 稳步前进，不同地区要采取不同的方式，华东有三种形式。

第一，老区。

第二，老革命区。

第三，新解放区，主要是整风(对干部整风)。

宣传八大标准。

② 方法，分清敌我，党群，与可教不可教。以教育与改造为主。

③ 要与当前任务结合。

④ 典型。

建党问题：

城市建党是很重要的工作，整与建要结合，把工作中心放在工人中去。慎重积极的方针，有步骤的领导，准备与管理，发展要在民主改革以后。目前是加强积极分子的教育工作。

(5) 党的领导。

① 加强思想与组织领导。

② 建立党委制的领导。

③ 加强领导核心，每一党委要有三五人的中心，各部也只少有一个人加强思想领导，陷入事务工作中去。

④ 办好党校，加强领导，了解干部的思想情况，综合经验，加强党刊党报的领导，加强理论学习，宣传员的制度的规定。

⑤ 加强检查工作，总结工作，典型经验的创造，推动全体。

⑥ 文化教育工作。

第一，纠正学校中混乱现象，执行中央的决定。

第二，加强政治教育的质量，派干部去当政治教员。

第三，多办小学教育，提倡群众办学校，普及教育工作。

第四，文艺工作的加强，特别是思想领导。

第五，医药卫生人才的培养，对西医要帮助，中医要提高，满足群众要求。

第六，技术专家生活上思想上特别的照顾，防止外流现象。

⑦ 资产阶级中的工作。统战工作主要是贯彻方针。

⑧ 妇女工作。

党委要帮助与领导，特别是团的工作。

（文件编号：E71）

饶政委对上海工作的批评与指示

1951 年 8 月

饶政委的意见：

从整风到现在一年中工作上是有进步的，有成绩的，不仅表现在个别工作上，在各方面都有进步，特别是展开抗美援朝，镇反工作的成绩，提高政治觉悟，封建势力大大减少，对改变工作方式，政策与任务对立现象有很大的进步。这些都是上海走向深入改造的一步。

缺点：

存在许多问题，是由于深入而产生，没有及时解决，问题愈来愈多，是不可避免的。有些问题应有一个分析，今天不能解决的与应解决的问题，需要与必要，有些新的条件成熟后解决。

急需而可能解决的问题没有及时解决的问题，是有缺点的。说什么都没有解决是不对的。

生产问题应作为主要环节，以推动其他工作，现在要以生产运动为中心，一改过去的镇反运动，其他方面的工作只是照顾，给以方针，集中提生产问题。

现在要组织专门机构处理生产问题。要有专人负责，创造典型，定期的加以检查。作明确的方针，力量不要平均使用，由于照顾，从混乱到有计划，从被动到主动。

上海不能单打一，也不能面面俱到，所以只有一个专门机构负责。创造典型才能解决问题。

现在的思想混乱的主要原因是因为干部要深入工作，负责积极的表现，不解决问题，所以各搞一套，不能说是因为党性不强，当然有些人中间有若干人是思想现在不正确。

① 业务部的要自己解决问题，不能都要市委解决。

② 通过干部会议与区书联席会议解决问题，原则上对了就好。

③ 报告员制度，负责干部去谈话。

④ 抽调一些干部到生产中去，如业务干部，区里也要派干部。

⑤ 建立党委制。

⑥ 十月底以前做好市一级的整编工作。

⑦ 检查要注意。

⑧ 要首先加强国营企业,重点来进行,私营企业中工作也要注意。

检讨:

没有发挥典型,以生产为主推动工作,是基本缺点。

① 原因是二中全会决议没有很好理解,有意识的搞生产不够。

镇反以后如有意识地搞好生产,会更好一些。因此造成工厂中的政治运动,没有很好推进生产工作,发生了生产行政与党委工作的矛盾。

② 虽有企图,贯彻不够,必要的组织改造没有做。干部与组织形式,按接受时期的方式做。

例如区的作用与基层工作的加强组织没有注意,相反的是削弱,调配干部是被动的。为着扩充市一级机构,盲目性的扩大。干部分配不合适,生产干部去做行政工作,骨干市级组织还应扩大,官僚主义还没有完全肃清。

③ 事务主义没有转变过来,不善于从大运动中巩固组织。如抗美援朝要负责,对党组各党委领导没有领导与督促。从计划中检查没有,有问题时才去检查。

④ 若干干部满足于现状——突击工作与老的工作方式,自我批评精神不够,个别地方也有骄傲自满思想。

会后工作意见:(今后几年)

基本打算:以领导生产为中心,各项工作中学习典型经验。培养一批干部为准备明确的生产工作。

第一件工作,生产工作加强国营企业,私营的只搞重点的。目前只搞四十余个大厂工作(一千人以上的 40 余个)。做好一件事,了解情况进行民主团结与改造。

私营企业以爱国主义公约为中心,调整职员与工人,劳资关系为主,说服资产阶级依靠工人,劳资两利,搞好生产。

如何下决心:干部思想动员与说服。行政人员干部思想整风一个星期。

第二件,各系统下决心抽出干部加强重点厂的领导核心。军代表与支书,行政干部调做书记,区的组织员选出若干人。市委本身干部批出一批,使其他干部抽出,工会青年团派自己干部下厂。

第三件：

要求各部门取消与修改自己的计划，成立一个生产部门统一领导组织，成立如下的党委会。

1. 纺织
2. 五金
3. 市政

① 减轻区的负担，多搞私营企业，工业区个别的人参加党委。
② 为着集中力量。

统一运动：普遍推行爱国主义，完成捐献，搞好三自运动，以统一各方面的运动。

区与市成立里弄工作委员会、宣传委员会、大学党委会，检查工作组织。

镇反，以工厂与帝国主义组织为中心。

整党，改变过去的计划，现在没有经验，人力与教材。

组织部做好：

① 办好党校成为整党步骤，先整骨干。

② 继续了解组织情况。

③ 创造三个支部的典型。

④ 完成第一批发展对象。

第四件：政权工作。

① 为实行工人福利，改善与工人的建设。

② 掌握市场，调整税收。

③ 重点加强区的工作。

第五件：领导问题。

① 控制会议。

② 检查工作，巡视团。

③ 常委分头集中领导。

④ 工会训练班与青年团校，市政府办行政干部训练班。

陈[毅]市长：

① 去年工作有打不开的感觉，创造典型研究也为了此，抗美援朝、公约、里弄、宣传网等的建立。

组织形式需要改变。

今年工作比半年前有进步,基本工作初步已〈踏〉突破。三大运动有成就,已不是黄牛。

② 要有一套,需要五年到十年经验,要有忍耐。

③ 专业。战争形势尚未结束,要准备建设。

（文件编号：E71）

饶政委在扩大会议上的结论

1951 年 8 月

（一）原则上谈谈过去工作。

二年多来工作基本上说，要有一个标准。

第一，渡江后如何执行二中全会的决议，第一阶段按前任务是完成了。

第二，生产问题。

（读二中全会决议城市工作的一段）

接管城市工作是按计划进行的。改造来不及，包括生产及一切事业。当时主要情况是克服封锁。——帝国主义与农村的二面，打破一面也是好的。目标是打破二面的封锁。因此任务是：土改提前完成造成城市有发展的可能，城市困难才能克服，如原料与市场问题。

由原来检查工作的变化与进度，执行程度等。

基本结论是：按着中央方针进行的，速度并不很慢，同时开始建设。一步步的学习与发展。基本上是做〈的〉得很好的。有人要我们同东北一样，生产竞赛，订集体合同，是不对的。因为我们原料成问题，维持也有困难。言行要一致，不照事实做，是不行的，如华北有原棉，此地有问题。

干部不了解情况，经验少，要稳定前进。有了市场与原料，生产就能发展。

过去步骤是根据主观条件出发的。

提高群众觉悟，镇反、土改后，现在情况已经变了，现在国内已有市场原料也有了，思想也已经改变了一些。

但是不是[没]有缺点，有缺点，主要是：

1. 过去稳步前进，维持原状，不能认为任何一个部门不可以创造典型。进城后，半年一年后，不创造典型，是延迟我们的改造的。

2. 慢了五六个月，原因是：镇反问题影响了这个工作（搞生产问题）。所以说基本方针是对的。但进度上有毛病。

（二）今后的方针与步调方法问题。

现在经验很多，但没有系统与整理。还停留在片面中，干部也比从前多了。群众积极份子增加了。各阶层团结问题，财政稳收等问题很多。现在工作要有中心了，干部要按重点来分配，这与接管时期有所不同。大家都提出要有中心，从全套接收到有中心，这是一个过程。例如南京进城时冲入大使馆的要严重处份。现在不同了，所以要根据历史情况出发，这即是根据具体情况出发。

现在必需有中心——掌握生产问题，把官僚企业改为人民企业。不掌握这个环节推动其他工作，再一般布置，我们工作就要混乱。

什么是中心：① 善于掌握重要的一环。② 最弱的也要抓住。前者是主动的，后者是被动的，我们抓中心要主动又要被动。

(1) 全局观念要有中心。生产如搞好了，其他建设都能搞好，并不否定与削弱其他的工作。问题是〈踏〉突破中心推动其他工作。各个部门都要以生产为中心，也是为了推动其他工作。

(2) 领导要集中力量创造典型，又要统一领导，依靠各单位，巩固现有的工作，以便抓住重点推动全面工作，尊重典型，放弃全面也是不对的，所以要鼓励大家创造典型经验。

所以领导上要传播典型，克服典型的困难。对各单位工作要放手任其工作。要撑他的腰，鼓励提出办法，但各单位也要有重点与典型的创造。每一部门都要有，如文化、市政，但必须要有统一领导，工作才不会盲目，放手也要学习虚心态度，不能乱搞，所以各单位要虚心服从领导。对错误不能撑腰。

干部问题要解决。

按统一计划各按系统加强生产与干部，不能自搞一套，不要因为这是市委的就不派干部。产业党委干部要从各单位抽调出来，各个工厂干部由各单位自己分配。

国营企业要依靠工人阶级，民主团结，劳技结合，搞好生产。

依靠工人方法是民主政策。私有企业在了解职工工人情况后，不可能进行改造。只能劳资两利中搞好生产。不能性急，可能改革要进行，要有斗争，只有依靠工人阶级、劳资两利的情况下可以改革。

关于捐献问题很值〈的〉得考虑，抗美援朝委员会提出的意见是对的。工人职员捐薪是不对的，应在增产基础上提出捐献。因此就有定额与超额利润问题，这就引起了许多问题。资产阶级大起恐惧，全部利润归了你，大家不愿，我们只能在一定任务完成上，自愿地由资产阶级出钱，我们要让步。上海对捐献要有创造，不能机械的执行中央指示，坐在屋子里发号施令，现在的错误，我们要负责，完全是上面的指示弄错的。部门所发指示有错误，党委要负责，共产党办事要按上级指示与根据具体情况。安分守己，又要敢于提意见，才是好的党员。意见不一致时，要反复说明，但原则要坚持，行不通时要反映情况。

捐献问题过去不敢说，试验了一下，上总、抗美援朝会的联合指示不对，这是开始注意，领导中心不能冒险。

离开资产阶级要走到社会主义不可能。中国工业只占10%。忘记了要犯急性病。

几个同志来谈话，有下列问题：

(1) 里弄问题，很乱很忙，群众不满，——这种乱是由于同志的积极性上面不管，下面自己搞起来，党委如不考虑，只好我来考虑。党委不搞典型，只好我来搞，只能根据典型才能推动工作。

(2) 十二厂的拿摩温问题。

搞乱了也是好的，引起了大家都注意了。

无条[件]执行上级意见的，只能按政策与具体情况，不是对所有上级指示都要执行。

统一领导要：具体情况要分析，有计划、步骤的进行，目的要明确。

怕乱不敢动是不对的，如镇反，正确办法是从不正确中来的。典型是不怕乱的，要有进取精神。

对下面的乱要采取鼓励性。

（文件编号：E71）

胡立教在机关干部会上的整党动员报告

1951年10月26日

（一）为什么整党？

伟大光荣的党——马列主义的，500多万党员分布在各种岗位上，领导中因革命的胜利。华东党员苏北、山东最多，省市较少，共140万，前者占127万。

特点：（1）广大新区分布不平[衡]，有些地方没有党的组织。（2）新党员多于老党员，大革命时160人，第二次战争2 100人，抗日时期27万人，第三次革命战争110万人，占80%。

为什么整？（1）不纯——三个战役后吸收大批党员，白区的党有不纯现象。口号“迎接渡江，发展党员”，不免不好的分子吸收入党，不〈尽〉仅要停止这种现象，而且要加以组织上的清理，不然有很大的危险。敌人埋下了炸弹，这是整党的主要根据。

（2）老根据地党遭到破坏及被俘等摧残，有些党员发生自首、叛变事情，后来又吸收入党，对他们有必要加以审查。

（3）思想不纯，作风不纯，不加强不能继续做党员，500多党员与干部已被开除党籍，可见情况严重，耐心等待与自我警惕。

（4）有许多党员没有革命的远景，对共产主义前途没有认识，满足于现状，闹地位、名誉，各种腐化思想，少数党员贪污浪费，自私自利的观点，放高利贷等。对革命厌倦是一种负担，怕开会、付党费、做模范，要求退党。

消极不起作用的党员。

深入到党内来的分子。

不改造，不教育提高，不清洗一分，就不能提高战斗力量，过渡到社会主义也不可能。

（二）整党方针，整什么？

目的——“从政治上、思想上提高，组织上纯洁与巩固党的组织”。

有步骤、有计划的整，有系统的进行共产主义的教育。

整风与整党的区别与其共同点：

1942年的整风——提高政治觉悟，组织上更进一步的巩固。

当时的情况——(1) 抗日战争最艰苦的时期。(2) 太平洋上日本的胜利，国民党消极抗战，向解放区反共高潮中。(3) 右倾机会主义在党内又重新抬头(王明)，党内情况也很严重，陈刘所领导的支队没有受其影响，皖南事变的教训。

整风的要求：高级干部与一部分中级干部的整风，克服教条主义等，口号是“整顿三风”。

整风中受过逼供信的同志受了考验。

1947年，三查三整。

当时情形：美帝进行反人民的战争遭到失败，改为重点进攻——西北与华东(山东)。土地改革中发现党内的严重不纯，因此提出“土改整党”口号，着重于乡村的发展，清查与地富有关的党员，教育脱离群众的干部，军队中进行一次整训的运动。

去年整风：

改变领导与被领导的关系，方式采取代表会议、党校、干部会议等，展开自我批评。

这次整党不同：

(1) 过去是针对党的主要倾向加以纠正，这次是普遍与全面的教育，政治上、思想上提高一步，同时巩固组织，所以要花三年功夫。

(2) 吸收过去好的教训与纠偏。

这次整党的步调与方法：

(1) 分清党内的敌我的界线，经过镇反与中层清理，已有很好的基础。

(2) 党群界线要分清——提高条件，对毛病的“治病救人”，耐心等待。

……①

(3) 可教与不可教的，不许任何党员不整党。

步骤：

(1) 准备工作。

第一步，基本上三件事——① 干部准备，如办党校，领导整党的干部。② 教材的准备。③ 准备经验——典型试验。

---

① 此处为一句俄语，略去。

第二步，过程(根据华北)。① 教育过程，〈翻〉反复的教育八条。② 登记——要不要做党员。③ 审查。④ 处理。

(2) 整党办法：团结教育的方针。

① 通过与依靠组织，过去坏经验(1947 年)打击了不少的党员。坏支部如何办：如城工部的支部，不承认他的组织，解散其组织。

② 整党与中心工作结合进行，不是孤立地整党，各项工作互相渗透着来做。但也不能忽视整、建的工作，中央作为中心工作提出来，二三年内是中心工作之一。

③ 不能如土地改革一样的大刀阔斧来做，因为整党工作更要精细，逐个地来搞，不是乱搞，要稳健办法来进行。

④ 吸收群众的意见——不要尾巴主义与关门主义的方法。

⑤ 根据各地不同条件提出不同的步骤与方法。

不准乱杀捕人。

(三) 建党问题。

整党是使不够条件者提高，使有条件的党员更多一些；另一方面党需要吸收大批的优秀的积极分子，即劳动人民中的好分子，特别是上海要有建党的计划，因为工人多。

如何发展党？

(1) ……①

(2) 涌现出来的各种分子，要教育与抉择，必须要合于八大标准，不能降低，过去不好的是缺点，不具备条件的候补党员不能转正。

王尧山同志：

市委的计划。

华东局通知：

要求在已经结束或正在进行的典型支部中加紧进行有关整党的调查总结工作，除了各省市必须完成一二个支部的典型经验总结外，并希你们搜集对全国组织工作会议决议传达后的各种反映。　　(文件编号：E74)

---

① 原文缺。

潘副市长关于清理中层问题的党内动员报告

1951年11月21日

（一）口号

机关工作人员是我们自己人，不能用社会上办法镇压反革命。二年来的改造，除少数潜伏分子外，多愿为人民服务，要弄清敌我，不能用镇反方法。

口号："整理机关，加强团结"。分清敌我，以便更进一步提高工作的效率。

（二）条件

① 市府上次捕了二百余人，出头的一批已除去，使我们更有利于[我们]清理机关。

② 清理中层以前有许多人自动交了历史。

③ 抗美援朝的胜利。

（三）要求

以上条件给我们有利的条件。

为什么要清理？

为了团结，没有清理，团结是不可能的。思想改造对机关是重要的，政治面目不清对他改造教育不可能，有包袱的难以教育。

① 弄清政治面目，分清敌我界线，达到团结目的。

② 同党的任务联系起来，必须弄清内部，要整党也要先清理中层。

所以今年要先清中层，因为党不能离开机关，所以年底要完成。

不要主观的逼供信，反而扰乱自己，主要从有重点的进行，不能急于全都弄清。

（四）对象

留用人员与新参加的，特别是其中已有材料者，要达下列目的：

① 过去参加反动组织的，只是历史问题，要使他们放下包袱，安心工作。

② 有轻微罪行而敢于交清历史的。

③ 罪行很大的，可根据其二年的成绩，功罪相抵，可以减罪，所以如此为了孤立少数的顽强分子，团结多数。

政策：

① 不开除，不捕不杀——是不是太宽大？因为不能牵涉大多数要如此做，同时不等于马虎，在交历史时候，我们不予法律处罚，过了时候，不交的就要捕。

② 要宣传宽大政策，“与人为善”，反对追与迫，要以自觉自愿中他自己说，功罪要分别清楚。

（五）步骤与方法

三个阶段打破顾虑，帮助不坦白的，解释政策，不拘形式的示范。

第一，思想酝酿，包括听报告、学习文件、小组漫谈会，核心起启发作用。

1）帮助交历史，小组内组成互助小组（三五人）。

2）或者三五人组成一个核心去推动，愿坦白的与不愿坦白的编在一道，不机械分小组。

第二，个人交历史，小组讨论。是运动中的主要环节，讨论中要分不同的办法。

1）对不老实的，不去穷追，大体分析一下可以通过。有疑问的可以讨论，要他解释，如不满意时，可以请他再解释，或保留下来，又通过又不通过，交上级办理。

2）有材料而不坦白的，小组不讨论交上级。如只坦白一半，仍交到上级，基本上不通过。

要弄清〈二〉三个问题：

① 什么是反革命历史？主要是政治性的历史关节。A. 参加过反动党团与特[务]。B. 道会门的与反动社团与帮派。C. 有具体反动罪行的。D. 个人认为要交清的问题。

② 坦白历史者我们采取什么态度？

实事求是，忠诚老实，使他了解是帮助，不是为难；“和风细雨”，劝他不要避重就轻，不夸大不缩小，不骗人，不要长篇大论，治病救人的方法。

③ 小组签名盖章，不要每一个人签名通过，多数同意可以通过，小组是共同的表示。

第三阶段，总结处理进一步加强团结，总结如何做？

该通过没有通过的可以平反，巩固我们的领导方法。

有材料始终不坦白的分子，用调训办法，给他重新坦白的机会，用经常轮训办法，好的积极分子也要参加，作为骨干。

组织领导问题：

① 组织各级学委会（分、支、小组），统战性的要包括非党员，放手使用非党干部。

② 党组。

具体问题：

① 口号，各单位统一动员，没有坦白的可以参加。

② 党团要不要交历史——可以交到自己组织，如群众提出应解答，即可以不报告与填表。

③ 搞到什么程度为止。

④ 税务局——由党组掌握，区委配合，统一领导原则不变，其他群众团结也如此。区政府清理由区委掌握，市政府要负一定责任。

⑤ 缺乏一个对区委的具体领导，要有典型。

（一）情况

浙江：

某一地委（温州），调查结果支部要解散52%以上。

第一类4.5%[是]最好的；第二类基本上纯洁，少数的不好，38%；第三类自首分子发展的，占多数是自首分子[的]，[在]土改中停止活动的；第四类被反动分子掌握的，24%。

干部也有问题，土改延迟。

整理要求先划分敌我界线，五月就进行典型试验（九个农村支部）。

九个地委干部党员有二万余人，主要对象是机关党员，农村主要是发展党的问题。有党的地方审查工作更为重要。

（二）审查处理

主要是掌握不稳，思想与组织问题弄不清。如广州一个支部集体自首过。

丽水支部的失败：

八个支部都有问题，有五个是小偷为生，不是整党问题，也不能教育，应是解散的问题。

（三）整党的主要问题

1. 领导。2. 处理审查问题。3. ……[①]

领导问题——搞十一个支部，完整的一个也没有。领导重视不够，整党的步骤与方法不明确，步调不明，政府混乱。干部的准备是最重要的，没有很好研究，干部没有训练。

党委重视，干部要强。

坏八条可以讲，但要看支部的条件。全部党员懂得了整党精神后，一部分党员内可以讲。

机关：机关党员有 2 456 人，地下党是党员及新党员仅有 300 人。

少部分有问题，到党校去整。没有问题在职学习，政治水平上提高老干部。

老干部对整党不重视，测验结果，觉得要整党。新党员比老党员考得好，主要是科长以上及格的 15%，高学历不及格的 87%。

青岛：

发展党的问题。

困难问题：工人要求入党的很多，要求学习。

① 工厂干部多，组织工作没有人管。

② 入党手续太繁〈重〉琐。

（文件编号：E74）

---

① 原文缺。

中央关于在学校中进行思想改造和组织清理工作的指示

1951 年 11 月 30 日

全国各地大中小学校的面貌，自解放后，一般地已起了变化，学生群众和大量教职员在思想上、政治上的进步和革命化是迅速的，他们已开始表现出高度的爱祖国和爱人民的热情。虽然如此，但是：

一、在解放以前，国民党反动派曾经在这些新区和半老区的学校中进行了长期的反动教育，并用欺骗、威迫和利诱的方式，在教职员和中等以上学校学生中发展了大量的反动党团员和反动党团所利用的外围组织。有很大一部分地区的学校，并曾受过日伪反动统治者的控制和毒害。

二、在解放以后，我们在教育部门，特别是在普通学校中所派干部极少，在学校行政方面，党的领导骨干多数很弱，对于教职员中的反革命分子和曾被反革命威迫利用过的分子，还未进行系统的清理。因此，这些学校的思想政治情况，虽然自解放以来，特别是抗美援朝运动和大张旗鼓镇压反革命以来，已经有了很大的改进，但是仍然存在着各种不同程度的而有些则是很严重的复杂不纯的情况。

学校是培植干部和教育人民的重要机关。党和人民政府必须进行有系统的工作，以期从思想上、政治上和组织上清除学校中的反动遗迹，使全国学校都逐步掌握在党的领导之下，并逐步取得与保持其革命的纯洁性。因此，必须立即开始准备有计划、有领导、有步骤地于一年至二年内，在所有大中小学校的教职员中和高中学校以上的学生中，普遍地进行初步的思想改造工作，培养干部和积极分子。并在这些基础上，在大中小学校的教职员中和专科学校以上（即大学一级）的学生中，组织忠诚老实交清历史的运动，清理其中的反革命分子（初步思想改造工作的另一个目的是准备学校教育改革，包括学制改〈改〉革、院系改革、课程改革、组织改革等，关于这个问题中央将另作指示）。为此目的，特规定如下各项方针和办法：

（一）各种学校中教职员和高中以上学生的思想改造，应看作是一个长期的工作。这里所说的初步的思想改造工作，主要是指分清革命与反革命，建立为人民服务的观点，用批评与自我批评的方式进行自我教育和自我改造，抛弃原来反动的或错误的阶级立场等这些一般的同时也是最根本的东西。这种初步的思想改造工作，乃是在学校中进行[清][理]反革命分子的思想准备。这种思想准备工作需要的时间，应根据各地和各校的条件而定。在新区和半老区，一般地规定为在一年左右的时间内。经过了这样的思想准备工作，使绝大多数师生有了思想上的自觉，即革命思想在他们中间占了优势之后，并由此在群众中形成了可靠的骨干和一批积极分子之后，再进行系统的组织上的清理，号召教职员和学生向国家忠诚老实地交清自己的历史，并检举所知的反革命分子。这种思想上的准备，在事实上又是组织上的准备，因此，这是一个极其复杂、细腻和艰苦的工作过程。在多数教职员和学生关于革命与反革命的思想问题还没有解决之前，在群众的骨干和积极分子还没有形成之前，我们应该耐心地继续进行思想改造工作，不要过早地生硬发动忠诚老实交清历史的运动。

（二）进行上述思想上和组织上的准备工作，需要依靠有力的领导。特别是在进行组织清理时，如果领导上不能作有效的控制，就极易发生轻举妄动、脱离群众的片面性和极端狂热性的错误，致造成严重的恶果。因此，凡是党的领导还不够强的地方，也不要发动忠诚老实交清历史的运动，而是还应该继续从思想上和组织上积极进行准备工作，并尽可能地着手加强那里领导的力量。

（三）根据有些地方现在已有的经验，有以下几项必须注意：

甲、对于中小学校的教职员，可以利用假期，实行集中学习的方式，小学教职员学习的集中点，一般地可以专区或行署为单位；中学教职员学习的集中点，一般地可以省为单位。此项学习运动，必须由省和专区最负责或最得力的同志亲自掌握，亲自出席做报告，方能获得良好的结果。一般的是要在集中学习的末期，思想酝酿成熟时，才能号召有问题的人自动交清历史。

在这项工作上，曾经做得较好的地方，是我们的干部善于和教职员中的多数，特别是其中的积极分子团结起来，在进行思想检讨或工作检讨时，首先由干部实行必要的自我批评，有了启发的作用。

各省区对于中小学教职员所采取的这种学习和清理的办法，都应该先举行重点试验，待取得经验后，再进行逐步推广。

乙、关于初中学生和小学学生，应注重在平日功课上的政治教育，鉴于他们的年龄较小，原有的反动分子本来较少，其中大部分现在又已经毕业学校，又鉴于他们缺乏政治经验和判断能力，易于感情用事，所以对于他们，应一律不发动清理组织运动。对于其中确有反动组织关系者，应个别地加以改造和清理，只要能接受改造，或自动交〈代〉待清楚，凡年未满十六岁者，不论他们有什么政治问题，均应宣告无罪，不作法律上的处分。

丙、对于高中毕业班的学生，可以结合毕业前的民主鉴定，加以清理。也可于毕业后，和中小学教职员一样，采用集中学习的方式，加以清理。

丁、对于大学一级的教职员，现在北京、天津两地正在举行普遍的学习运动。大学学生原来已经进行过或多或少的政治学习，但也可以考虑在适当的情况下，使他们再参加教职员的学习。待此项学习运动告一段落，再有步骤地首先选择京、津一个或两个群众思想条件充分成熟并有可靠的领导核心的学校，在中央宣传部和市委的直接领导下，进行忠诚坦白交清历史的运动，着手清理反革命分子的工作。先以这些学校作为典型试验，而后逐步推广。

各大行政区可以考虑，以每一个大行政区为单位，分别地实行这种类似的做法。但任何一个大行政区在大学教职员中发动学习运动的时候，都必须首先由最负责的同志做一个有系统的号召报告，随后又继续有几个其他负责同志做一些报告，这些报告都必须有充分的准备。

如有的地方专科以上的学校并不多，教职员很少，则可以考虑把他们和中学教职员集中在一起学习。

专科学校以上（如大学一级）学生中的清理工作可以单独进行。在教职员和学生两方面的群众思想条件和领导条件都同时具备的情况下，也可以和教职员中的清理工作，以一个学校为单位，在一起进行。但为了避免一部分有问题的教授和高级职员，因为惧怕在学生面前“丢脸”，对交清历史发生不必要的顾虑或抗拒情绪，又为了防止在运动中发生学生群众强迫教职员坦白的现象，教职员和学生的清理工作，一般地以在统一领导下分组分头进行为好。所有专科以上学校的这种清理工作，都应该在各中央局和分局的直接领导下去进行，或指定一定的省市委负责去进行。各大行政区每个大学在准备着手进行这项清理工作时，在党方面，都应取得中央宣传部的批准；在政府方面，则应取得中央人民政府教育部的批准。

由于历史条件的关系，如有个别大学的条件在现在业已成熟，也可以经过中央宣传部和中央教育部的批准，即以本校为单位，进行清理工作。

凡是清理工作还没有进行的专科以上的学校，如有学生已到毕业期限，可以采用民主鉴定的方法，也同样地可以于毕业后的暑期内，采用集中学习的方式，加以清理。

（四）在进行组织清理时，必须把重点放在敌我界限和清理反革命分子方面，不要把思想问题和政治问题混为一谈，或轻重倒置。有些地方在学校中乱检查、乱逮捕、乱控诉、乱斗争的结果，不但没有达到镇压反革命的目的，而且引起了教职员、学生和学生家长对党和人民政府的对立情绪，此种影响极坏的办法，必须严予禁止。如其中有罪证确凿的反革命分子必须进行检查或逮捕时，须经省级以上党委的批准，并报中央局备案。

（五）为了加强对学校教育的领导，为了保障对教职员、学生的思想政治改造工作和组织清理工作的顺利完成，必须加强党对学校教育的领导。为此，所有大行政区，应争取在半年内，对所有专署和县政府的教育科，所有较大的公立和私立的中等学校，至少派一个经过锻炼的在文化上、政治上和思想上较强的党员干部去，与各该单位原有的党员和进步分子亲密结合，建立领导核心。各大学于毕业时，应留一部分功课好的优秀的党团员毕业生参加学校的行政工作，以逐渐加强大学的教育领导骨干。此外，应有计划地对于教职员中的积极分子加以训练，并掌握和扩大师范学校和师资训练班，以培养大批的忠实于人民事业的师资。

（六）望各中央局、分局、各省市区党委于一九五二年春季，根据当地情况，适当地订出执行本指示的计划，并报告中央。

（文件编号：E72）

胡立教同志的总结报告

1951年12月22日

饶政委要求把问题先归纳一下：

一、应当认识这次会议是有收获的，典型工作已获得初步经验，虽然尚未全面结束，但各地都是继续完成之中。这次把各种类型经验〈回〉汇集起来，这次会议将给大规模会议的打下基础，为明年上半年完成整团的准备工作。

这次经验完全证明中央方针的正确，上下推荐，经过整理，党的工作将大大进步。

二、中央的方针虽是正确的，但是领导方面还是有缺点的，饶[政委]特别要提出来的，存在二种现象。一种是好的，一种是不好的。

凡各级党委重视了典型的，他的成绩就很大，这不是口头上，而是表现在训练干部，检查与督促的各方面。如上期党校学员就可以看出哪些党委是不是重视，有些党委没有派遣及格的党员派送骨干来，自己吃了亏。上海派来的很差，很多骨干回去时没有用，自己造成被动。

从典型工作来看也如此，派了得力干部去的都有成绩，相反的都失败。如淮阴地委派了二个区委书记去搞典型，结果大家都说无条件，说明无认真态度去做，是绝不允许的。如果失败了是不对的，不能儿戏，苏北区党委应受华东局的指责，在第二期中要纠正错误，负责整党工作同志决不能说是因为忙，这是政治责任问题，应当把整建工作排到党委的议事日程上去。

三、这次会议的主要经验

甲、不论城乡的典型试验，必要有工作组或工作队，这是一个肯定的经验。而且事先必须经过训练，懂得中央的方针。有的地方派遣不得力干部去搞，工作就没有搞好。凡是掌握干部武器的，都能完成任务。

乙、这是肯定的一条经验，机关整党关键不在于有无工作队，主要是首长领导，亲自动手，否则不会成功。首先要各部门的负责首长亲自领导。机关可以不要工作队。

丙、教育问题。

从各面经验证明：整党教育是决定的关键，最费时，大约教育占三分之二时间，处理占三分之一。处理是繁重的事，是经常工作，不能完全结束。

如何进行教育：教育内容不宜过多，时间不宜过多，事实上基本上是八个标准的教育。如何讲解的是一个很难的问题，第一、二条是最难讲的，但很重要，也即是党纲党章，只要承认就够了，不是要精通，所以从猴子变人讲起是不需要的。安子文的说法是对的，即懂得、承认与努力，精通是不可能的，如讲农民领导与解放军领导的，只要说党领导的就通了。农民不能超过一个半月，机关不能超过二个月，否则要妨碍工作。所以要改变教育方法，工人与农民党员要他提出问题来，我们都要看看，要给以答复。总之，所有一切的疑问都要搜集起来，加以研究，但不可能写出一个统一的课本。如中央课本对干部有用，对工农不能用。要根据具体情况进行教育，什么地方[都]那一套是不成功的。如苏北从猴子讲起是不对的。希望山东派人到支部去，搜集问题，但是都加以研究。山东要下一些本钱，各主要要求要收搜起来，再根据他们话来编教材。

现在如何教？不是停下来，教〈得〉的方法不能一样。工人、农民、学校都不是一样，基本秘诀是结合他的生活情况，不要去讲空的理论。现在只好一面研究，一面改正，务求教育有成效。

共产主义只要讲一个概念就够了，“各尽所能，各取所需”可以不讲，有的党员要求深入研究也是可以的。但不是普遍要求弄清楚。

丁、整党工作必须与中心工作结合进行。

有的同志把整党作为中心去进行，理解上是错误的，也不能把中心工作挤去整党工作。凡是做得好的，各种运动一定互相推动与互相帮助的，如镇反工作，没有抗美援朝运动就不好进行。无锡工作组把工作包下来，统一一切工作任务来进行是好的，要善于结合，结合得好就有成绩。

戊、整党与建党工作必须征求群众的意见。

过去有过偏向，如 1947 年土改整党中有尾巴主义的偏向，这次要避免。不要把水平降到群众水平，不要用“自报公议”的方法。吸收意见的最好方法，同时吸收非党员参加，提高他们的水平，再来请其向党提出意见，把教育工作与提意见工作再结合起来。

整党与建党结合起来的办法是正确的，主要问题是如何进行的步骤。建党工作应推进一步，先行整党比较好，如果干部有力量，这是另一方面。一般说，不要同时进行发展党员，一方面又去审查党员。

己、凡一般登记的党员，除了坏分子外，一般的保留下来，以免打击面太大。坏分子应随时处理，不能保留。至于历史上弄不清的，或条件不够的，可以暂时保留，心中有数。你留下来以后如何办？主要是要与他谈清其历史，指出他的缺点，帮助这些人提高。如愿意提高的，可以留下来，看他一个时期。如苏北有一个七十岁的党员，什么也不懂，但愿意做一个党员，应当留下来（他对党有感情），弄得不好要有自杀的可能（浙江与苏北）。这不是降低标准，都只是为了坚持条件而斗争，不能用简单的办法，要耐心地等待，逐个弄清问题，逐个处理之。要有调查研究，对自首分子也如此，要分别对待，不能一般的做，不能说一切自首分子都要开除出去。处理办法按原则处理，有的应请示处理。

庚、整党告一段落后，对支部工作应有改革，应当告诉他如何进行支部工作，如会议的时间、工作方法等等。如机关支部工作，少奇同志说过，每月开一次支部大会够了，用不着每星期一定要开一次小组会议。但不能经常不开会，组织松懈。

四、中央关于整党的步调，四个步调是正确的（即教育、登记、审查鉴定、处理）。但各种典型有五六个步骤的，这也可以，但基本上是四个，可以加一条，即批评与自我批评。这样审查上就不会偏于关节问题，对思想意识（王甫审查上要加上鉴定，即审查鉴定）都可以解决了。如开始了整风的地方，可以通过整风，因地制宜地进行。

五、这次会议只能说基本结束，还未完全结束，因为材料还没有整理出来，留下一些同志加以整理，每一个省市留下一个人共同整理之。

做什么？

① 整理工厂结合整与建的工作（一二，无锡三个厂）。

② 新区农村的经验（福建锡南为主）。

③ 老区经验（山东、苏北）、华北经验。

④ 华东军政委员会党委为主，机关经验（浙江、工业部为主）。

根据此次经验，党校毕业学生回去后要去试验。

1952 年的准备：① 干部。② 教材。③ 典型试验。

第二期试验如再派不好干部去试验，是带有原则性的错误。

党校毕业的学员应有榜样，有些人不能做此项工作。

华东主要是抓苏北，其他地区自己负责。

回去后要向党委〈回〉汇报一下。

（文件编号：E74）

华东局典型会议典型支部整党报告提纲

1951年12月15日

一、情况

（一）三个支部——英电[①]、先施[②]与复旦[③]（黄浦区最近决定）

为什么选择这三个支部：

1. 有代表性。

2. 国营厂忙于团结运动，只好择私营的工厂企业。

（二）开始时间

复旦——九月；英电——十月底，先施是——九月。

进度：都在学八条，复旦与先施因学习共产主义一个单位时间拖得很长，英电则先从八条入手。

（三）三个支部的组织情况与思想情况

共有党员172人，（英电91人，先施24人，复旦57人）。其中候补47人，占党员总数27.48%。1949年以来入党的112人，占66%（其中28%是解放后入党）；除参加土改后养病者外，实际参加的为159人，占92.8%。

过去都有一定成绩，党员表现热心积极，但由于解放前后发展党员工作不够积极，追求数目字，入党后工作很少教育，故一般党员对党认识模糊，阶级觉悟不高。例如复旦同志说："站在党的立场说话可以，站在工人阶级立场说话搞不通。"知识分子对劳动创造世界想不通，认为"脑力劳动创造一切"。

组织上不纯现象。~~——如英电有些是放高利贷的，参加过反动党团。~~个人打算大，如先施不安[心]工作，参加反动社会团体的不少，历史还未查清。~~过去解放以来英电退党者9人，开除的9人；先施[退党]4人，开除1人。~~

党群关系不好——如英电群众说："共产党伟大，英电的党不伟大"；"先施支部是垃圾支部"。

---

① 指英商上海电车有限公司。

② 指上海市南京路四大百货公司之一的先施公司。

③ 指复旦大学。

（四）对典型的领导问题

市委决定"市委掌握区委领导"，市区共同组织工作组下去，共十余人。有不少是没有经过训练的，质量不高，多属区组织关系、市委的干事之类干部。

（五）学习阶段的课程：

复旦、先施——第一单元，整党动员报告学习（方针与要求）。

第二单元分三课——社会发展规律、社会主义与共产主义、从新民主主义到社会主义。

第三单元——八条（先学一、二、三条）。

英电——（1）整党动员报告与学习；（2）八条学习第二条、第一条、第六条。

上课时间——团工作忙，每周最少 9 小时，最多 10 小时半（复旦），估计明年 1 月中旬学习可以结束，进入组织整理的阶段。

对整党的顾虑：

地下党员与新党员一般不了解的——顾虑多——（1）整党与建党的关系如何，上海以建党为主，是否整党是教育？（2）坏八条是敌我界线，坏分子是否即是反革命分子？（3）可教与不可教的界限如何分，等待多久？（4）八大标准如何掌握？各地标准是否一样，领导上决定，还是群众决定，还是支部决定？

二、学习中所发生一些问题，与我们的一些体验

（一）整党动员工作很重要，不完整地解释中央组织会议的决定，会使同志们对整党方针认识上较为模糊——整党动员阶段必须普遍地、明确地、通俗地解释中央的指示，即既要说明教育、改造、团结、爱护，也要说明整理组织、纯洁队伍的必要，同时必须说明整党与建党是应当与可以结合的过程，把二者统一地说明。

从复旦与先施支部走过的〈湾〉弯路中看，片面地解释问题是不正确的。

1. 一种说法——片面强调纯洁队伍会引起不必要恐慌。如先施公司，未能完整地向党员讲明为什么要整党，因此一般党员就消极地认为整党就是"整出去一批"，有毛病的[党员]就产生对抗情绪。

复旦——同样很怕整，联想到苏联清党与西欧的清党，认为是"三次大战要爆发了，整党才能经得起考验"。

2. 另一种不完整的说法——为了迁就落后的怕整，或认为上海主要是建

党，整党只是“教育教育”，只是“团结、爱护、改造、教育”。如说“整党不是为了整出去一批，而是为整进来一批”。教育不好可以“限期延期，延期限期”，对待整党不看为一件严肃的事。甚至连党员的八大标准也[未]敢正面提出来，怕吓跑了。

因此造成如下的一些不好效果：

1. 一般怕的情绪是可稳定了，但造成松弛现象，认为整党只是“补一课”，[因]为党员标准奋斗方向不明确。如先施同志认为“上海整党没有北京的严肃”。

2. 会造成漫无边际的学习理论偏向，特别是知识分子的学生与职员党员。如说：“杜鲁门为什么不能掌握马列主义？”“地球上没有人类之前，地球是谁创造的？”复旦为研究中国工业化问题到工商联去找工业发展的数字。

3. 正确的动员例子是英电。

即把中央整党方针明确通俗具体地解释。

我们的体会：

1. 动员以前必须对支部的认识与思想情况作一个大概的调查研究，动员报告才能具体而生动。好的例子是英电。

2. 对落后分子与有历史问题，或坏分子迁就要说明确说明整党的目的与方针。任何片面性的曲解中央方针是不对的。

（二）学习共产主义与八条问题应注意的问题。

1. 工人与职员可直接学八条，第二条可以提〈先〉前，讲明共产主义社会远景，其他各条可以穿插或者合并地讲明。如英电~~，工人要是启发阶级觉悟，说明剥削制度不合理~~。先施第二单元中对社会发展规律、新民主主义等问题讲得太多，时间拖得长，效果不大。

2. 工人与职员学习共产主义，主要教育是反对剥削制度，启发阶级觉悟，收效较大，特别是从其本身事实说起最好。

对学生的教育，主要是改造立场与观点问题。特别是知识分子的优越感，如否定“劳动创造世界问题”：脑力劳动比体力劳动要强得多，马克思列宁毛都是知识分子。

但知识分子问题多，只讲八条还是不能满足，如何讲法。值得研究，我们觉得：

(1) 讲课的干部必须要理论与实际工作经验的同志去担负,既要从理论上说服,也要根据事实去说明。如参观工厂看到工人的创造力,可以改变其观点。

(2) 要防止其从书本出发扯得太远,如复旦一〇五条问题中没有一个"党"字。

(3) 知识分子片面性与爱面子性特别重,教育上更要耐心,着重于启发与照顾他们的自尊心。

3. 工人职员对工人阶级领导革命问题多半是"受宠若惊",对中国革命的过去历史,即中国革命是工人阶级领导与城乡半无产阶级领导问题要有较详细的解〈报〉释,我们对此问题没有很好谈。

4. 掌握八条的问题,还须要详细的解〈报〉释。

(1) 有些同志认为不要"懂得"、"承认",只要作为努力方向就够了(指对工人)。什么叫做合乎标准?

(2) 只要承认一条就够了,就是说"一切服从党","共产党好","社会主义好"就够了,或者"四舍五入"。

(3) "觉悟高"是指的什么内容,要不要懂得八条? 有的说只要"觉悟高",用不着合乎学八条。

上海建党任务很重大,如果不清楚,没有决心、耐心进行一系〈律〉列的共产主义的教育,有降低党员标准的危险。

5. 一个人包下去教比较好。

三、整党学习的方法问题

(一) 如何使得理论与实际〈连〉联系?

知识分子要特别防止空谈,要启发好的例子,用座谈方法互助启发。

1. 如复旦学习第一条时,有同志反省自己入党动机是为了"打倒国民党",不是为了社会主义前途,[不是]为了使自己成为工人阶级先锋队的一员。想通以后,觉得以后更要努力工作了。

2. 工人与店员多从实际出发多,要逐步提高其理论的知识。如过去为什么苦痛、受压迫、文化低,是因为旧制度不好,是为了资本家而生产,所以要吃苦,不是命运不好,家里穷,没有财产的关系。依赖自己收入开一〈片〉爿小店不解决问题。

（二）整党动员以后，会有许多人急于交代历史，我们应不加阻止，但不能即去追问，也不去轻易去表示结论性的意见。应鼓励其努力学习，欢迎他向党坦白一切。同时领导上要研究其问题的性质。

（三）组织领导问题。

1. 要防止工作组的包办现象，任支部搞其他中心工作（如各项运动）。我们采取支委兼小组长，或由总支组织一个学习委员会（复旦）去掌握小组，方法较好。

支部要有总的计划，统一领导，否则有被冲垮的危险。

2. 互助组可以要，目的是使其更懂得。工作地点时间不同的单位，采用互助组方法比较有效，对落后分子同样的帮助有很大的作用，也容易培养、团结积极分子。

四、群众积极分子学习与编组问题

复旦过去因领导思想上认为上海以“建党为主”，有偏重于对群众教育的思想，党员与群众一样教育，一样讨论，结果不好。我们觉得应当是：① 上课在一起，讨论时要分开，因为党员有顾虑，讨论不出问题；② 群众水平更低，不能有同样的要求；③ 群众分组讨论，组成核心，党要领导。

五、建党问题

整党与建党典型可以同时结合进行，具体方法应是：

（一）进行共产主义教育，学习党员的八项标准。

（二）整党时期，分清党内的敌我关系与党群关系以后，对吸收党员造成有利条件。

没有进行民主改革的私营工厂与[没有进行]思想改造的学校，我们通过骨干了解人员情况后，对建党可以造成有利条件。

（三）积极分[子]的甄别与登记是必要的，但必须与日常工作联系起来，全党进行，单靠组织工作者去搞，得不出什么结果。

（四）入党手续，都要先谈话。上海区委与支部干部弱而少，觉得有些困难，十月份全市只发展103人，是一个问题。

（文件编号：E186）

饶政委关于整党问题的讲话

1951 年 12 月

一月份要布置反贪污问题，工厂民主改革，开始进行增产节约、思想改造、学术文化教育工作等。

农村工作：明年主要是 主要 把农村工作转到城市工作，没有工业的地委，仍以农村工作为主，主要是：

① 生产提高单位产量作为中心来搞，每省每县有一个最高的标准，总〈合〉结经验，以活的例子去教育。

② 劳动互助，总结过去经验，领导各方面要耐心做，不要命令。

③ 公营农场、县也搞，快一点有好处。

领导上抓住这三项工作。

城市工作：小城市搞手工业、合作社等，大城市搞工业生产。

省委区党委一律要以城市为主，工会与工厂管理工作，民主改革，发动群众，教育，团结干部，联系广大工人阶级，然后生产改革。有领导有依靠，过去没有一定的方式，做得不具体，现在要无例外的进行。

最大问题是工资改革问题，民主改革后进行，要搞好生产，没有群众运动不行，没有领导也不行。过去只有领导，没有发动群众，或者只有群众运动而无领导都是错误的。两者不可偏废，群众运动没有发动以前，必须强调领导与核心领导。没有领导与方向，一定会大乱。

文化教育问题：

许多大中小学还是老一套，非改革不可。入手也要经过思想学习运动，有人要把他变为马列主义是不对的，只要确定一般的毛泽东思想就够了，树立正确标准。所谓改造思想就是指出哪一方面是合法的思想、正确的思想。

经过提高思想，孤立反革命分子，达到组织上的纯洁，使学生为人民服务。学习与生产结合起来，特别是上海要说清楚，许多资产阶级也来学习，因此把重点放在他们身上，要希望他们变为马列主义是错误的。自由职业者、文化人完全不同，他们可以改变过来。广大的学生〈智〉知识分子转变过来是完全可能的。

为教育改革做好基础，经过这三个改变后，老的基础可以改变。

一、整党建党与其他各项工作的结合

整党与建党工作也可以围绕这三项工作去做，才能搞好，否则是搞不好。同时，为着搞好这些工作，也要先行整党与建党。目的是为了加强党的领导。

其他群众运动都应继续进行。一切运动的关键在于党的核心的建立，组织上是不是纯洁，发动机不好，力量发动不起来，所以整党建党工作与其他工作都有密切关系。有些同志认为任务多不能整党建党是不对的，同时要整、建，也不能与其他工作脱离关系。

二、经验

第一，凡属正确的整党建党工作可以提高一般工作的效果，要把这个经验[向]全党去说，打消顾虑，怕打乱日常工作的顾虑。

典型试验主要是取的这个经验：凡是不离开日常工作的整党都有效果，党员要教育，但单靠教育还不能解决问题，还要在实际中去考验党员，如检查他的标准。发展党也一样，要有教育（即八大标准），不经过实际考验，要犯错误。因为工农实际工作有，但不一定能说通，知识份子会说易懂，但不一定合乎标准。

第二，八条问题。讲清八条是对的，要给党员知道的完整一些，加入党为了什么？需要费时间去教育是对的，但遇到了高低的问题，有的企图降低，有的要提高，这都是错的。

降低条件不对，因为党是执政党，降低条件，就是削弱党的力量，不能去掉一个条件，但也不能要求每条都很完备，这就是提高了。问题是在乎要看是否真诚的能为八条而努力，不要在学习中使党员丧失自信心。

宣传八条要看对象说话，特别是党的性质问题，要正确地说明，但不可能什么都清楚。不要太深，不要把面扩大，只要几个原则弄清楚，主要是能解答群众提出的疑问，否则连我们自己也要弄糊涂。例如共产主义是不是吃大锅饭、贫人党等。这样我们就不是一个教书的，不要在文字上去解决问题，要经事实上去解〈报〉决问题。如一个农民在火线下救伤兵，这一条就可以说是好的，这样不会丧失自信心。同时也要批评他不正确的一面，如不肯卖棉花。

最好先问党员对党的认识，然后研究一下，根据理论去解答，不要从书本去谈问题。这样这些人也可以作为宣传员，要把一切糊涂问题收搜起来，加以解答。

第三，典型会议要求把所有问题都集中起来，然后如何解答，整党工作就可以展开了。

整党目的：① 肃清坏分子及不可救药的分子。② 提高党员，同时去教育群众。所以八条原则上不能降低，要用通俗的话解答各种问题。这一条解决了，其他好办，整党工作就可以展开，要深刻宣传马列主义是长期的事。

中央政治局中曾讨论过，说如果一二条讲不清，不要因不清而停止下来，如发现了糊涂问题，就要解决，希望收集问题。

要求收集问题。

第四，有些省委、区党委根本没有管典型，这证明对整党不负责任，对典型必须负责检查与帮助，否则一定是搞不好。这些党委要负责，不能自生[自]灭，比没有典型还要坏。回去后要向党委提出，对典型不关心，是政治上的错误，对党不负责任的表现。

第五，发展问题。

积极份子经教育后合乎标准，可以鼓励其申请入党，另一方面又要慎重，要经过审查。

入党介绍人负责问题，主要是指故意[知]其不好而掩护他，如不了解可以不负责任。

第六，组织处理问题。

落后分子要争取，如有的人连饭不要吃[而]考虑党籍问题者，可以考虑其党籍问题，等候他的觉悟。要分别敌我，进步与落后，可教与不可教，要有耐心等待，急一下会伤感情，可能不正确。整党好了后，要求改变一下，改革支部工作，继续创造，下次会议要研究支部工作的方法(另一是整党问题)。

第七，整风问题。

办法——按去年办法，自我批评，改善党群关系，主要内容是反贪污，时间不要太长。准备整党地区作为先行步骤(第一个步骤)，然后再学标准，任务太多组织不好，会使工作混乱。

反贪污问题(黄浦区)

1. 由区委掌握，还是各行政系统为主(行政方面动员不反官僚主义)。

如何保证(要求与镇反一样搞)？不通过支部是作多的毛病。

2. 基层支部要不要整风？去年华东系统干部材料区委没有，今年要考虑。意见：基层要整，继续整党。

（陈修良注：

上海典型支部应考虑解决的问题：

1. 根据上述结论应讨论自己的工作，加以改变。

① 教育方法与内容是否合适，效果好不好。

② 整党工作与各项工作的结合问题——支部的统一领导。

③ 把现在的学习中所发生的问题收集归类，送给办公室。教材准备。

2. 组织整理问题。

① 根据各支部的情况，提出具体步调与方法的计划。

② 收集每个党的历史材料与思想情况，使领导上心中有数。

③ 如何掌握八条要研究。）

（文件编号：E74）

关于组一科、组二科、秘书处、纪检处和整党办公室的整党问题讲话稿

1951 年

组二科：

一、任务、范围、相互关系

历史上有问题，没有解决，到底做什么。

支部工作科任务范围是什么，每一具体工作没有指导过，过去搞重点没有用。

组织形式如何搞法，下面的组织情况、编制完全不了解。

干部处过去材料也没有交出来，如公安局的编制也不知道。

下面要一个勤杂人员也要组二科批。

去年成立二个组织形式委员会，最近建立产业党委，我们也不知道。

有关的通知也没有。

发展党问题，登记积极分子、统计工作、参加民主党派、整党、编制。

支部一级都属于组二科。

等于组织科，值得研究。

组一、二科分工不明，如开除出党问题。

分工不明不能发挥积极性。

二、领导上对干部了解培养使用问题

忙的忙，空的空，如何放在合适的岗位上值得研究。这〈对〉与上一问题有关系。全科十一人，大部分干部不明确工作任务（冯晋搞基层，×××搞编制）。×××全年没有工作，其他同志都差不多，都苦闷得很。林福其也没有工作，到十一厂去后搞不出〈明〉名堂，讨论工作问题时都哭了。打电话也[不]开心，没有工作做，产生自卑心理。

三、领导作风与工作方法意见

(1) 意图不明，考虑不周，时常变化，许多材料束之高阁，没有用处。1950 年上半年支部材料搞了许多，不合领导意图，失去时间性，领导上看也不看。

1950 年要开党代表会议，〈化〉花了二月时间，用不上。后来又变为党代表

会议,也没有用。整理八个厂的材料,后来刘长胜报告出来了,书也出了,科内材料没有用,许多统计表也没有用。

积极分子材料写好后也没有用。

王[尧山]部长要党校去登记党的工作,也没有用,浪费了很多的表格,考虑不成熟。

张宗林先要市委批,结果又说要区委去批,不明确。

(2) 工作只有布置没有检查,只有一般号召,叫得多做得少,拿不出办法来。如发展党的工作,打电话到各区去问可发展 2 000 人,但王部长打如意算盘要发展十分之一团员,年底要发展五千党员。工作布置下去后,可以高枕无忧,什么不管。发展党停留在口头[上],没有办法。三个月只发展了 346 人,连 2 800 人也没有完成。

江宁区把建党工作委托给组织部是错的,市组没有同意。十一厂是不是建党的重点,没有领导与帮助。王部长对区委说把十一厂作典型,部内根本不管。

总结工作写好了不看不指示。

党员管理处是不是建立了,也不知道。

发展十分之一团员根据什么?

部也不督促各处各科的工作。

(3) 部的领导没有通盘计划,非常凌乱,没有明〈事〉确制度。

发展党有偏向也没有指示,如候补党员转党问题也没有处理指示。

在三反运动中组二科做什么也没有明确。

公开党后也是形式主义,没有全盘计划。

(4) 对下面的关心帮助不够。

处对科帮助不够。对刘处长谈问题,很简单地解决,没有一次开过正式的处务会议,也不参加科务会议,不同大家讨论,领导意图不告诉大家。

对区委组织,部领导也有许多意见,希望多开专业会议。

(5) 领导上混乱,头多,部长多,找也找不到。部务会议解决不了问题,部长也不听大家意见。部长如何分工,不明确,[报告]不知道送给谁看。部长忙于开会,不考虑部的问题,不能虚心倾听意见,上下隔阂,再扩大下去对工作不利。王部长有些报告下面不满意。

组一科：

工作比较正常具体。

(1) 部的领导政策思想领导不够，少远见。表现在党籍问题，对中央的指示钻研不够，因此意见时常变化。如恢复某一党员的党籍问题。

处理反革命问题时牵涉到党内问题如何处理，不明确。

搞统计通夜工作，如〈时〉事先弄清楚不致于浪费人力。

王部长处理问题少决心，好多问题采取拖的办法。

王部长对别人意见不倾听，包括对部长意见不慎重，如一个叛党分子开除了党籍，王部长不同意，弄得很不好解决。

对外讲话老一套。

部长与一般同志不接近，新派了二个干部来了二个月，没有谈过话。

(2) 分工方面不明确。

部长多，一个也找不到，分工不明确，[不知]请示谁好。

处理党籍由纪委处理，还是由组织部处理，不明确。

清除坏分子，用名义不好，有的[是]市委，[有的是]组工部，或区委名义。

党员与干部的处理与干部科分工不明。

意见：

(1) 只有布置没有检查。

去年底发展党员完成[计划的]十分之一。

(2) 公安局党委领导系统没有问题。

市府党委——公安分党委——公安总队党委——团——营——支部。

如此领导很不好。

(3) 领导区的问题。

区的组织部长联席会议不解决问题。

(4) 部长的组织生活不健全，学习要经常。

(5) 对刘处长意见：对部的意见不具体化。传递作用。

但一科与整党关系如何，典型试验。

(6) 部、处意见不同时，处长只要直接找部长谈话，不知处理。

(7) 王部长作风，对同志的意见不倾听。

有些问题处理采取家长式的方法，不通过处、科解决问题。

秘书科：

（1）主观主义、官僚主义很严重。

对上海指示与下情了解很少，对电报研究不足、[对]报告内容研究都很少。深思熟虑很差，时常改变。如党员管理处工作问题应有一定内容，[否则]违反中央指示。

四个月工作计划问题都落空。

1950年要发展党一倍，1951年要发展五千人，向中央报告，心中无数。

报导经验没有研究，如卫生部的发展是党的经验问题。三个支部的材料印了以后没有用，违反政策的地方很多，审查时粗心大意。

（2）发扬民主依赖大家，搞好工作不够。

如订计划时对归纳问题不关心，听也不听，还是根据个人的意见。部的综合报告应供大家了解，[却]个人执笔付印。

组织工作准备没有下文。

整党经验没有发表，光讲八条，经验累积不够。

（3）召开会议无准备，办公会议没有解决问题。

（4）使用干部不照顾情绪与条件，大小不一。[对]陆琦同志作为小丫头的使用办法，急躁，急于处理问题，对下面态度不好。

（5）领导上明确职责不够，助手作用不够，点点滴滴布置工作，不知道有没有完成任务，工作细节没有明文规定。报告要由部长执笔，秘书科不了解情况。

发整党建党文件，没有明确，没有交待，看得很松，引起下面思想混乱。

纪检处：

计划不具体，报告内容一般性。

工作范围：（1）检查；（2）处分；（3）教育纪律。

只做了处分工作，其他工作做得太少。

问题在于：

（1）书记缺乏领导，不加过问。市委一年来没有讨论过工作，也没有交待任务。如三反的几条纪律，事先不知道，在支部中看到，开会发文件都忘记了中心任务。运动时没有具体指示，市委没有执行中央指示。

（2）委员会不起作用，不重视此一工作。

(3) 对王部长意见：

对纪委多没有指示。

拖拉作风，不能及时。

得不到领导支持，怕出去检查，如马乃松问题。

粗枝大叶，不听群众意见，如顾准与王纪华送来文件来，不给处理。党的原则不明白，市委对条件不重视。

处分同志意见时时变动，轻重不一。

处理暂行办法是否还要，不明确，下面很乱，如批准问题。

(4) 组织领导很差。

有头无尾，影响工作效率。

会议制度不固定。

对思想教育学习没有抓紧。

处没有检查督促。

主动研究不够，如全市党员情况不了解。

整党办公室(邹一凡)：

(1) 1949 年提典型，王部长批评为农村方法。

(2) 公开党的问题，形式主义，没有提出办法，部内讨论结果没有执行。科负了责任，部、处不负责任。

(3) 支部工作如何搞? 1950 年的提出要深入支部，摸索经验，每次遭到批评，说是急性病，党的小组会上也遭批评，强〈大〉调上海大、复杂，稳步而不前进。

(4) 成立整党办公室问题。

安子文说“党委领导，组织部掌握”。为什么要成立“整党学习办公室”，好像不要整理组织。

(5) 复旦大学问题。

总支内大多数有问题，区委派的二个人有政治问题。

（文件编号：E188）

关于妇女问题笔记一则

1951年

一、苏俄时代的妇女。

列宁说"妇女们是被压迫最苦痛的人"。

谁是他们的压迫者：

（一）上帝与牧师——迷信、封建与落后，宿命说"如戴面纱"。

（二）地主、资本家与沙皇——经济与政治的压迫者。

（三）丈夫与公婆——封建性的直接压迫者。他们说："生了女子不如生一块石头。"

事实表现：婚姻不自由；文盲多（如苏联千分之一的识字率）；不健康与早死；法律上的不平等，男人打死女人不属死罪。经济上是完全没有权利。

二、十月革命解放了妇女。（妇女与儿童的保护）消灭了资本主义的制度。

（1）党与政府正确领导，法律上保护了妇女与儿童——如苏联一旦解放就宣传[废止]买卖婚姻，禁止早婚，不准阻碍妇女自由地参加工作，给妇女劳动的一切保护，宪法上的规定给予妇女解决实际的困难，妇女与儿童的保护。

如工会法上规定——妇女不拿20公斤以上的东西，二人[最多]可举的五十公斤东西。怀孕妇女不做夜工与额外加工，产前后七七天的休息。规定哺乳时间（三小时一次半小时）。女工产后有妇婴的补助费，诊疗站，不做工的可以父亲代领。

保险金办法：孩子补助金120卢布衣服费，180卢布哺乳费（工资不超过500卢布）。55岁以上有养老金，男子60岁。

抚婴问题：

① 十个孩子的〈孩子〉母亲称为"母亲英雄"，有奖金。

② 办托儿所与儿童宫。

（2）妇女自己的努力（解放初期妇女的活动情况）

① 组织自己与提高自己。——文化与技术科学的学习，妇女组织方式的改变。

② 积极参加社会主义建设,列宁说:“没有妇女的参加,社会主义不能建设。社会主义是靠节约与国家资本的积累而来。”

妇女劳动英雄的众多。

(3) 妇女在家庭中的生活。

特点:

① 勤劳。② 节俭的。③ 愉快与团结。④ 平等。⑤ 整齐与健康。

三、今天的苏联也是明天的中国。

(1) 我们国家工业化的前途(一件袜子的故事)——国家财富的增加、工业的发展与农业的提高与改造,使我们能消灭失业,稳定与降低物价,消灭私人资本的剥削,文化教育的大大的进步。

(2) 妇女的地位将日益增加他的重要。

十月革命后苏联如何建设?

1917—1920 年,国内战争(1919 年第一次清党)。

1921—1925 年和平恢复时期——经济困难,主要是由工业品的缺乏引起农民不满、工人失业。新经济政策的实现,工农联盟的巩固,工业化开始,走向社会主义的路。

1926—1929 年,为社会主义工业而斗争。(1929[年]清党)

① 农业集体化,进攻富农。

② 社会主义竞赛——资本的积累。

③ 党内斗争的恶化——托派。

1930—1934 年(第二[个]五年计划),为实现农业集体化而斗争——消灭富农(剥削制度的消灭),建立了社会主义农业经济的基础,农民成了劳动的阶级,消灭了个体经济。

1935—1937 年,社会主义工业建设而斗争。

“技术决定一切”。

伟大的文化革命——脑力劳动与体力劳动者隔阂逐渐消灭。

新宪法的出现——妇女与男子完全平等(122[①])。

德苏战争——到现在。

---

① 原文如此。

德苏战争对苏联经济的损失。

苏联人民如何节约生产，恢复工业与农业。

（文件编号：E204）

后　　记

刘建平、赵晋、刘彦文、徐进、于之伟、张放参加了沙文汉、陈修良工作笔记的编校工作。沙尚之先生参与了部分三校工作。杨奎松负责统编并终校。

图书在版编目(CIP)数据

中国当代民间史料集刊. 15,陈修良工作笔记：1945～1951/华东师范大学中国当代史研究中心编. —上海：东方出版中心,2015. 11(2025. 3 重印)
ISBN 978-7-5473-0873-8

Ⅰ. ①中… Ⅱ. ①华… Ⅲ. ①中国历史-现代史-史料-1945～1951 Ⅳ. ①K270. 6

中国版本图书馆 CIP 数据核字(2015)第 246990 号

中国当代民间史料集刊 15

出版发行：东方出版中心
地　　址：上海市仙霞路 345 号
电　　话：62417400
邮政编码：200336
经　　销：全国新华书店
印　　刷：上海万卷印刷股份有限公司
开　　本：710×1020 毫米　1/16
字　　数：630 千字
印　　张：41. 25　　**插页**：2
版　　次：2015 年 11 月第 1 版　2025 年 3 月第 2 次印刷
ISBN 978-7-5473-0873-8
定　　价：128. 00 元
